4차 산업혁명 시대의

창업실무

지은이 **윤두열**

현재 신안산대학교 세무회계과 교수로 재직 중이며, 주요 경력으로는 안산시 의정비 심의 위원, 안산시의회 결산 검사 위원, 시흥시 옴부즈만 자문위원, 안산지방노동사무소 취업알선 추진협의회 위원, 중소기업청 싱글 PPM 인증 심사위원 등을 역임했다.

저서로는 『조직관리론』(학문사), 『인사관리론』(학문사), 『인적자원관리론』(무역경영사), 『성공을 위한 창업과 경영』(무역경영사) 등이 있다.

지은이 **이정이**

현재 신안산대학교 세무회계과 교수로 재직 중이며, 주요 경력으로는 한국정부회계학회 섭외이사, 한국회계학회 고등직업교육분과 위원, 한국회계정책학회 이사, 한국지식경영교육협회 교육이사, 한국지식경영교육협회 회계 · 세무 경진대회 출제위원 등을 역임했다.

저서로는 『원가관리회계』(시대고시), 『전산회계운용사2급』(시대고시), 『회계원리』(시대고시) 등이 있다.

4차 산업혁명 시대의 창업실무 2판

초판발행 2023년 12월 8일

지은이 윤두열, 이정이 / **펴낸이** 전태호
펴낸곳 한빛아카데미(주) / **주소** 서울시 서대문구 연희로2길 62 한빛아카데미(주) 2층
전화 02-336-7112 / **팩스** 02-336-7199
등록 2013년 1월 14일 제2017-000063호 / **ISBN** 979-11-5664-001-1 93320

책임편집 김현용 / **기획 · 편집** 권오상 / **교정** 김정미
디자인 표지 최연희, **내지** 박정화 / **전산편집** 김미경 / **제작** 박성우, 김정우
영업 김태진, 김성삼, 이정훈, 임현기, 이성훈, 김주성 / **마케팅** 길진철, 김호철, 심지연

이 책에 대한 의견이나 오탈자 및 잘못된 내용에 대한 수정 정보는 아래 이메일로 알려주십시오.
잘못된 책은 구입하신 서점에서 교환해 드립니다. 책값은 뒤표지에 표시되어 있습니다.
홈페이지 www.hanbit.co.kr / **이메일** question@hanbit.co.kr

Published by HANBIT Academy, Inc. Printed in Korea

2nd Edition

4차 산업혁명 시대의

창업실무

윤두열, 이정이 지음

START-UP PRACTICE

한빛아카데미
Hanbit Academy, Inc.

머리말

4차 산업의 시대가 열리며 창업시장은 새로운 전기를 맞이하고 있다. 특히 IT 산업의 발전을 통한 창업시장은 온라인을 기반으로 하는 성공적 사례들이 속속 등장하고 있다. 이를 반영하듯 최근 많은 사람들이 새로운 도전의 기회를 통해 더 성공적인 삶을 성취하기 위해 창업을 선택하고 있다.

각 분야에서 뛰어난 두각을 나타내고 있는 전문가들은 공통적으로 뼈를 깎는 고통 속에 끊임없는 노력을 통해 자신의 입지를 확고히 하고 있다. 창업도 마찬가지다. 최근에 실시한 한 설문조사에 따르면 직장인 5명 중 1명이 과거에 창업의 경험이 있으며, 이 중 68%가 2년을 채 버티지 못하고 사업을 포기한 것으로 나타났다. 이러한 설문 결과는 창업이 얼마나 힘들고 어려운 과정인지를 잘 보여준다. 따라서 창업에 있어서 정확하고 철저한 준비만큼 중요한 것은 없다.

창업환경이 복잡해지고 경쟁이 치열해질수록 성공확률을 높여 줄 수 있는 체계적인 창업지식이 더욱 요구된다. 따라서 창업자들은 실제 상황과 유사한 환경을 설정하고 가상의 창업 과정을 통해 실제 창업에서 발생할 수 있는 실패확률을 최대한 줄이고 성공확률을 높일 수 있도록 노력해야 한다. 업종, 아이템, 자본조달, 창업 형태, 체인점 선택 등은 창업자 자신이 직접 조사하고 확인하여 결정해야 한다. 창업과 그 운영은 남이 대신해주는 것이 아니다. 그 성공과 실패는 전적으로 자신의 책임이다. 그만큼 창업자는 할 일이 많다. 경쟁자보다 몇 배 더한 노력 없이는 성공을 확신할 수 없다.

이제 창업은 보편화되고 일반화되어 가고 있으며, 이에 맞추어 시장은 더욱 세분화되고 전문화되어 가고 있다. 지피지기면 백전백승이듯 창업을 위해서는 무엇보다 자신을 아는 것이 중요하다. 물론 이론적 설명만으로 창업을 모두 이해하고 성공을 확신시키기에는 한계가 있다. 그러나 기초를 튼튼히 다지고 채우는 것만이 빠른 성공을 가져올 수 있다는 아주 간단한 진리하에 창업을 결심하였거나 미래에 창업을 꿈꾸는 많은 이들에게 작으나마 도움이 되기를 바라는 마음에서 본 교재를 집필하게 되었다.

이 책은 1장 창업의 개념, 2장 프랜차이즈, 3장 창업의 방법 등 총 11개 장으로 광범위하게 구성되어 있다. 본서에서 다루고 있는 많은 부분이 학문적으로나 실무적으로 부족한 부분이 있을 수 있겠지만, 이 책을 통해 창업자, 학생, 그리고 미래에 창업을 꿈꾸고 있는 많은 예비창업자에게 성공의 작은 나침반이 되기를 간절히 바랄 뿐이다.

이 책이 나오기까지 지원을 아끼지 않으신 한빛아카데미를 비롯한 편집부 관계자와 나의 주변에서 격려와 도움을 주신 모든 분께 깊은 감사를 드린다.

2023년 11월

저자 윤두열, 이정이

차례

머리말 ..... Ⅳ
차례 ..... Ⅵ

CHAPTER 01 창업의 개념

Ⅰ_ 창업의 본질 3
1 창업의 의의 3
2 창업의 특성 5
3 창업의 요소 6
4 창업의 중요성 9
5 창업의 성공 요건 10

Ⅱ_ 창업의 분류와 창업자 13

Ⅲ_ 창업자 16
1 창업자의 자질 16
2 창업자의 자세와 정신 19
3 창업자의 성격 유형과 특징 21

CHAPTER 02 프랜차이즈

Ⅰ_ 프랜차이즈의 개념 31

1 프랜차이즈의 의의 31

2 프랜차이즈 창업의 장단점 32

3 프랜차이즈 창업 절차 34

4 가맹계약서 검토 사항 40

Ⅱ_ 프랜차이즈의 형태와 종류 43

1 프랜차이즈의 형태 43

2 프랜차이즈의 종류 44

Ⅲ_ 프랜차이즈 본사 47

1 프랜차이즈 본사의 역할 47

2 프랜차이즈 가맹점의 역할 48

3 본사 선정 시 검토 사항 50

CHAPTER 03 창업의 방법

Ⅰ_ 창업 준비와 시기 63

1 사업자의 유형 63

2 사업자등록증 64

3 창업의 시기 70

Ⅱ_ 창업의 절차 72

1 사업 구상 74

2 사업 아이템 선정 74

3 사업규모 결정 76

4 사업 형태 결정 77

5 창업조직구성 79

6 사업타당성분석 81

7 사업계획서 작성 81

Ⅲ_ 업종별 창업절차 81

1 제조업 82

2 도 · 소매업 83

3 서비스업 85

CHAPTER 04 창업 아이템 선정

Ⅰ_ 창업 업종과 아이템 개발 91

1 업종과 아이템 개발의 중요성 91

2 유망 업종의 이해 92

3 유행 업종 93

4 유망 아이템의 요소 94

Ⅱ_ 사업 아이템 선정 ······ 98

1 사업 아이템 선정의 원칙 ······ 98

2 기피해야 할 아이템 ······ 101

3 판매업 선정 ······ 102

4 서비스업 선정 ······ 104

5 외식업 선정 ······ 106

Ⅲ_ 창업과 사업 아이템 ······ 108

1 생활 속의 소비와 관련된 사업 아이템 ······ 108

2 소비자 욕구와 사업기회 ······ 108

3 환경 변화로 인한 새로운 사업 아이템 ······ 109

4 사업 아이템 선정 유형 ······ 110

Ⅳ_ 유망 아이템 사례 ······ 113

1 음식점 아이템 ······ 113

2 틈새 창업 아이템 ······ 116

3 자판기 아이템 ······ 118

4 여성창업자를 위한 아이템 ······ 119

5 여름철 아이템 ······ 120

6 컴퓨터 관련 아이템 ······ 120

7 무점포 아이템 ······ 121

8 길거리 아이템 ······ 122

9 실버 아이템 ······ 122

CHAPTER 05 사업타당성분석과 사업계획서 작성

Ⅰ_ 사업타당성분석의 개요 128

1 사업타당성분석의 의의 128

2 사업타당성분석의 필요성 128

Ⅱ_ 사업타당성 평가 요소 129

1 창업자 평가 129

2 매출액 추정 131

3 시장성분석 134

4 기술성분석 137

5 재무분석과 일반관리계획 138

Ⅲ_ 사업계획서의 성격과 필요성 139

1 사업계획서의 성격 139

2 사업계획서의 필요성 141

Ⅳ_ 사업계획서 작성 142

1 사업계획서 작성의 기본절차 142

2 사업계획서 작성 시 유의사항 143

Ⅴ_ 사업계획서 구성 및 내용 144

1 사업계획서의 구성과 내용 144

2 사업계획서 작성 사례 146

CHAPTER 06 점포입지와 상권분석

I_ 상권조사와 상권분석 156

1 상권의 개념 156

2 상권의 특성 158

3 상권의 설정 161

4 상권의 조사와 분석 162

II_ 상권과 점포입지 169

1 상권과 입지의 관계 169

2 지역별 입지 특성 170

3 업종별 입지 특성 176

4 점포입지와 적정 업종 178

III_ 점포입지 선정과 설계 180

1 점포입지의 중요성 180

2 점포입지 설계 182

3 점포입지 선정 184

4 입지선정 시 유의사항 188

IV_ 점포계약과 관련 법규 192

1 권리금 192

2 점포조사 195

3 임대차계약 199

4 상가건물임대차보호법 204

CHAPTER 07 자금조달과 운용

I_ 자금의 조달 211

1 창업자금의 의의 211
2 자금조달의 중요성 212
3 자금조달의 원천 213
4 자금조달 계획과 실천 215

II_ 자금조달과 운용 218

1 자금소요계획과 조달계획 218
2 자금조달계획 220
3 자금조달 방법 222
4 자금조달 시 고려 사항 225
5 자금운용과 관리 228
6 담보제공 관리 230

III_ 창업자금 지원 233

1 소상공인마당 자금지원 234
2 기술보증기금 자금지원 236
3 중소벤처기업진흥공단 자금지원 236
4 근로복지공단 자금지원 236
5 여성가족부 창업지원 236
6 한국여성경제인협회 창업지원 236
7 생계형 창업자금 237
8 지방자치단체의 창업지원 237

Ⅳ_ 손익관리 238

1 손익의 구조 238

2 이익관리 240

3 이익을 내는 점포관리 244

4 손익분기점과 매출 246

5 매출증대 실천 방안 248

CHAPTER 08 점포진열

Ⅰ_ 진열의 의의와 원칙 255

1 진열의 의의 255

2 진열의 목적과 방법 255

3 충동구매와 진열 256

4 진열의 기본요건 257

Ⅱ_ 점포장식과 진열 261

1 점포장식 261

2 상품별 진열 268

3 진열의 유형 271

Ⅲ_ 진열의 색채 276

1 색의 효과 276

2 색상의 효과 279

3 색상과 진열 281

Ⅳ_ 점포의 조명 ········ 282

1 조명과 색채 ········ 282

2 조명의 기능과 차별화 ········ 285

3 조명의 방법 ········ 286

4 조명과 점포의 이미지 ········ 288

5 조명시설과 디자인 ········ 288

CHAPTER 09 접객관리(접객판매)

Ⅰ_ 고객행동 이해 ········ 293

1 고객심리 변화 ········ 293

2 고객심리와 구매동기 ········ 294

3 소비행동의 다양성 ········ 296

4 고객대응 ········ 298

Ⅱ_ 상품판매와 접객자세 ········ 301

1 경영정책에 대한 이해 ········ 301

2 매장의 장악 ········ 302

3 상품지식 ········ 303

4 서비스 자세 ········ 304

5 셀프 체크 ········ 306

6 판매화법 ········ 308

Ⅲ_ 접객기술 309
1 고객대기 309
2 어프로치 자세 310
3 고객본위의 응대 312
4 세일즈 기술 313
5 반품취급 318
6 불평 · 불만처리 319
7 고객반대와 처리 321
8 계산대 고객접객 326
9 판매의 종결(closing the sales) 327

Ⅳ_ 판매제시 329
1 판매제시 원칙 329
2 커뮤니케이션 수단 330
3 상품제시 매너 331
4 고객과의 거리 332
5 신뢰 형성 334

CHAPTER 10 고객관리

Ⅰ_ 고객관리의 개념 339
1 고객관리의 개념 339
2 고객정보와 관리 341
3 고객의 데이터베이스 구축 343

4 점포행사 346

Ⅱ_ 고객의 유형 346

1 고객의 구매 변화 346

2 고객의 유형 347

Ⅲ_ 전화를 통한 고객관리 352

1 전화를 받는 요령 353

2 전화를 거는 요령 354

3 전화를 연결하는 요령 355

4 전화응대 예절 357

5 전화의 효과적인 의사소통 357

Ⅳ_ 고객카드 361

1 고객카드 종류 361

2 고객카드 자료수집 362

3 고객카드 기재 사항 363

4 고객카드 작성 시 유의 사항 363

5 고객카드 활용과 이점 364

CHAPTER 11 판매촉진 및 광고전략

Ⅰ_ 판매계획 372

1 판매계획의 의의 372

2 시장조사 372
3 소비자조사 373
4 구매결정의 영향 요인 373
5 판매예측 374
6 판매할당 374

Ⅱ_ 판매촉진 374

1 판매촉진의 의의 374
2 판매촉진의 목표와 유형 375

Ⅲ_ 광고전략 377

1 광고의 의의 377
2 광고의 기능 379
3 광고의 유형 380
4 광고매체홍보 382
5 광고의 매체별 특성 383
6 창업의 홍보 386

Ⅳ_ 인쇄물 홍보 387

1 명함 387
2 팸플릿 388
3 카탈로그 389
4 DM(direct mail) 389
5 전단 392
6 스티커 392
7 인쇄물의 배포 392

V_ 컨택트마케팅 홍보 393

1 컨택트마케팅의 개념 393
2 컨택트마케팅의 특성 393
3 컨택트마케팅의 종류 394
4 상담사의 상담기법 396

VI_ 인터넷 홍보 398

1 인터넷 홍보의 의의 398
2 인터넷 홍보의 특징 399
3 인터넷 홍보의 형태 400
4 배너 홍보의 형태 및 특징 401
5 POP 광고 402
6 다양한 인터넷 홍보기법 409

참고문헌 410

INDEX 413

CHAPTER 01

창업의 개념

I. 창업의 본질

II. 창업의 분류와 창업자

III. 창업자

Start-Up Story

창업 망설이게 하는 걸림돌 1위 '실패에 대한 두려움'

잡코리아 조사, 성인남녀 5명 중 1명 '창업 해봤다'
창업 경험자 68% '2년 내 사업 접어'

직장인 5명 중 1명이 과거 '창업을 한 경험이 있다'라고 답한 가운데, 이 중 68%가 2년을 채 버티지 못하고 사업을 접은 것으로 나타났다. 취업 준비의 시작, 잡코리아(대표 윤병준)가 최근 아르바이트 대표 포털 알바몬과 함께 성인남녀 1,348명에게 '창업 경험 및 애로 사항'을 묻는 설문조사를 실시했다.

잡코리아에 따르면 설문에 참여한 응답자 중 19.2%가 "과거 창업을 한 적이 있다"라고 답했다. 창업 경험은 직장인과 구직자에게서 각각 5명 중 1명꼴(직장인 20.6%, 구직자 20.2%)로 나타났다. 대학생 중에도 창업 경험이 있다는 응답이 13.6%로 나타났다.

연령별로는 30대에서 25.8%로 가장 높았으며, 40대 이상 24.3%, 20대 12.5% 순이었다. 성별로는 남성이 20.8%로 여성(17.8%)보다 소폭 높았다.

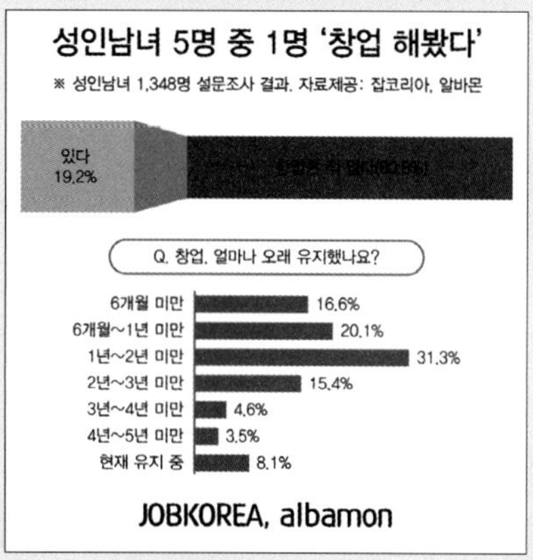

창업의 주된 이유는 '돈'이었다. 잡코리아, 알바몬이 창업 경험이 있는 응답자들에게 과거 창업을 했던 이유(*복수응답)를 물은 결과 절반 이상의 응답자가 '돈을 많이 벌기 위해서(51.0%, 응답률)'라고 답했다. '꿈꿔왔던, 하고 싶은 일을 하기 위해서'라는 응답도 37.5%의 높은 응답률을 얻어 2위에 올랐다.

여기에 '취업이 어려워서(18.5%)', '지금이 아니면 못할 것 같아서(13.1%)', '시간, 경제적인 여유를 누리며 일하고 싶어서(10.1%)' 창업을 선택했었다는 응답도 이어졌다. 이 밖에 '정년 없이 오래 일하기 위해(8.1%)', '취업에 도움이 될 경험을 쌓기 위해(8.1%)', '너무 좋은 사업 아이템을 발견해서(6.9%)', '조직 생활이 맞지 않는다고 느껴서(4.2%)' 등의 이유도 있었다.

잡코리아는 막상 창업 기간은 그리 길지 않았다고 분석했다. 잡코리아가 창업 유지 기간을 질문한 결과 '현재도 계속 유지하고 있다'라는 답변은 8.1%에 그쳤다. 창업 경험자 중 가장 많은 31.3%의 응답자가 △1년~2년 미만까지 창업을 유지했다고 응답했다.

또한 △6개월~1년 미만이 20.1%, △6개월 미만이 16.6%에 달하는 등 68%에 이르는 응답자가 창업 2년을 채 견디지 못하고 사업을 접었던 것으로 나타났다. 창업 기간이 채 1년에 미치지 못한 응답자도 36.7%에 달했다. 반면, 3년 이상 창업을 유지한 응답자는 8.5%로 조사됐다.

응답군별 창업 유지 기간을 살펴보면 연령이 낮을수록 유지 기간이 짧았다. 잡코리아 조사 결과에 따르면 20대의 52.5%가 1년 안에 사업을 접었다. 같은 기간 사업을 유지한 30대는 38.3%, 40대 이상 11.9%였다. 특히 대학생의 경우 75.0%가 1년 안에 사업을 접었으며, 2년 안에 사업을 접은 비중은 93.8%에 달했던 것으로 나타났다.

현재 창업을 고려하고 있느냐는 질문에는 43.3%에 응답자가 '그렇다'라고 밝혔다. 전체 응답군 중 창업 의사는 40대 이상에서 50.6%로 가장 높았으며, 직업별로 직장인이 46.5%로 높게 나타났다.

언제쯤 창업을 시도할 계획인지를 묻자 향후 △2년 이내(23.8%)와 △3년 이내(23.6%)가 나란히 1, 2위에 꼽혔다. △1년 이내에 창업을 시도하겠다는 응답도 19.3%로 높았다.

한편, 창업을 망설이게 하는 결정적인 걸림돌(*복수응답)에 무엇이 있는지 물은 결과 '실패에 따른 비용 손실에 대한 두려움'이 51.6%의 응답률을 얻어 1위에 올랐다. 2위는 '창업자금 마련의 어려움(33.8%)'이, 3위는 '원금 회수 기간까지의 생계비, 수입에 대한 압박감(22.6%)'이 차지했다.

또 '정말 타당성 있는 사업인지 검토가 어려운 점(20.4%)'이나 '치킨집, 카페 등의 뻔한 아이템(18.9%)', '해보지 않은 일에 대한 두려움(15.6%)', '경력단절 및 취업 공백에 대한 압박감(7.5%)' 등도 창업을 망설이게 하는 것으로 조사됐다.

출처: MoneyS 2020. 03. 13.

I 창업의 본질

1 창업의 의의

1. 창업의 의의

창업은 새로운 사업을 시작하는 과정으로, 자금과 인력을 동원해 제품이나 서비스를 제공하기 위한 기반을 구축하는 것을 포함한다. 이는 건물, 설비, 필요 인력의 배치 등을 포함하여 이전에 존재하지 않았던 기업을 설립하는 것을 의미한다.

창업은 새로운 사업을 시작하는 것뿐만 아니라 기존 사업체를 인수하는 것도 포함한다. 상품과 서비스의 유형, 자금의 규모에 관계없이, 새로운 사업의 시작은 모두 창업으로 간주된다. 또한, 새로운 기업조직을 만드는 것부터 기존 기업이 전혀 새로운 제품을 생산하거나 판매하기 시작하는 것까지 모두 창업의 범위에 포함된다.

중소기업창업지원법(이하 "창업지원법")상의 창업은 "개인기업이나 법인기업을 신규 설립하는 경우를 말하며, 제조업, 광업, 건축·엔지니어링·기타 기술서비스업, 정보처리, 기타 컴퓨터 운용 관련업, 기계장비 임대업을 새로이 시작하는 것"이라고 규정하고 있다. 다만, "사행산업 등 경제질서 및 미풍양속에 현저히 어긋나는 업종(1. 일반유흥주점업, 2. 무도유흥주점업, 3. 기타 사행시설 관리 및 운영업)의 창업에 관해서는 적용하지 아니한다"라고 규정하고 있다.

개인기업의 창업일은 관할 세무서장으로부터 사업자등록증을 받은 날, 법인기업은 법인설립등기를 한 날이 창업일이다. 그러나 형식적인 절차만을 거친 창업으로 창업의 효과가 없는 경우는 순수 창업으로 보지 않으며, 이런 경우에는 창업지원 혜택이 부여되지 않는다.

창업은 학교를 졸업하고 사회로 진출하는 젊은 사람들에게 뜻깊은 기회가 될 수 있다. 이는 그들이 수동적인 태도를 벗어나 새로운 분야에 도전하고, 자신의 능력과 가능성을 추구할 수 있는 발판이 되기 때문이다.

자신의 능력으로 미래를 극복하려는 사람, 진취적인 사람, 졸업 후에도 적절한 직장을 찾지 못한 취업 재수생, 적성에 맞지 않아 조기에 퇴직한 청년층, 구조조정으로 인해 해고된 퇴직자, 승진 기회가 없어 직장을 떠나는 도피성 퇴직자, 능력급제에 따른 부적응자, 그리고 부업을 찾는 전업주부의 여성 등이 창업을 고려한다면 그들은 창업에 대한 기초 지식이 필요하다.

2. 중소기업창업지원법이 적용되지 않는 창업

'중소기업창업지원법'에 따르면 다음과 같은 경우는 창업으로 인정하지 않는다.

① **타인으로부터 사업을 승계하여 승계 전의 사업과 동종의 사업을 계속하는 경우(포괄승계)**: 기존 사업을 단순히 인수하고 동일한 사업을 계속하는 경우에는 새로운 중소기업을 창설하는 효과가 없어 창업으로 보지 않는다. 단, 동일한 사업을 승계하더라도 다른 업종의 사업을 새롭게 시작하는 경우에는 창업으로 인정된다.

② **개인사업자인 중소기업자가 법인으로 전환하거나 법인의 조직변경 등 기업 형태를 변경하여 변경 전의 사업과 동종의 사업을 계속하는 경우(형태 변경)**: 기업의 형태를 변경하는 것

만으로는 중소기업 창업의 실질적인 효과가 없으므로 이 경우도 창업으로 보지 않는다. 하지만 조직변경 전후의 업종이 다르고, 변경 전의 사업을 종료하면서 변경 후의 사업을 새롭게 시작하는 경우에는 창업으로 인정된다.

③ **폐업 후 동일한 업종의 사업을 다시 시작하는 경우(폐업 후 동종사업 계속)**: 일시적으로 사업을 중단하거나 장소를 이전하기 위해 사업을 일시 중단하고 새로운 장소에서 사업을 다시 시작하는 것처럼 동일한 업종의 사업을 재개하는 경우는 창업으로 간주하지 않는다. 그러나 폐업 후에 다른 종목의 사업을 새롭게 시작하는 경우에는 창업으로 인정된다.

2 창업의 특성

창업은 본질적으로 모험적이고 불확실한 속성을 가지고 있어, 성공하기 쉽지 않다. 주변에서 수많은 기업들이 창업되고 있지만 대부분은 실패하고 문을 닫는다. 성공이라 평가받을 수 있는 기업은 아주 소수에 불과하다. 이는 창업이 쉽게 접근은 가능하지만 성공에 이르기는 어렵다는 특성 때문이다.

그럼에도 불구하고 많은 사람들이 창업에 도전하고 그것을 선망하는 이유는 창업을 통해 다양한 욕구와 목적을 실현하고자 하는 강력한 동기가 있기 때문이다. 창업의 궁극적인 목표가 부를 창조하는 것일지라도, 부의 창조와 부분적으로 연결되거나 전혀 연결되지 않는 다양한 동기들도 포함하고 있기 때문이다. 큰 수익을 얻고자 하는 욕구, 보다 만족스러운 경력을 쌓고자 하는 욕구, 자아성취에 대한 욕구, 명성과 영예를 얻고자 하는 욕구, 사회나 인류에 공헌하고자 하는 욕구 등이 여기에 포함된다. 이런 비경제적인 요인들 역시 창업의 주요 동기가 된다.

창업의 특성은 다음과 같이 정리할 수 있다.

① **평생직장 개념의 변화**: 과거에는 직장에 들어가면 특별한 사유가 없으면 수년이나 평생 근무하는 것이 일반적이었다. 하지만 최근에는 사회 변화와 연봉제, 계약제, 정규직과 비정규직 등과 같은 제도 변화에 따라 고용 형태가 단기화되며 평생직장에서 평생직업의 개념으로 전환되고 있다.

② **창업 연령의 하락**: 창업을 시작하는 연령대가 점차 낮아지고 있다. 과거에는 사회 경험을 쌓은 후에 창업하는 것이 일반적이었지만, 요즘에는 학교를 졸업하자마자 창업을 시작하거나 학생 신분으로 자신의 사업을 시작하는 경우가 늘고 있다.

③ **소자본창업의 증가**: 과거에는 어느 정도의 자본을 모아놓고 창업을 시작했지만, 현재는 큰 자본 없이도 창업하는 경향이 있다. 많은 자본을 보유하고 있는 것보다는, 창조적인 아이디어를 가지고 있거나 자신의 기술을 활용하여 소규모 사무실이나 점포에서 창업하는 경우가 늘고 있다. 이는 다양한 네트워크를 활용하여 전문지식이나 노하우를 바탕으로 한 수익사업 형태를 추구하는 아이디어 기반의 사업이 가능해졌기 때문이다.

④ **창업의 사회적 영향력 강화**: 창업이 가져오는 사회적 영향력은 점차 확대되고 있다. 현대에 창업은 개인적인 선택이 아니라 가족 전체의 미래를 결정하는 중요한 항목이 되었다. 하지만 성공한 창업 사례보다 실패한 사례가 더 많다는 점을 기억해야 한다.

⑤ **창업 유형의 다양화**: 창업의 방식은 다양화되고 있다. 최근 창업 유형은 1인 창업, 동업, 가족 창업, 무점포 창업 등 시대적 변화를 반영하는 경우가 많다. 뿐만 아니라 창업 분야도 제조업 및 유통업 중심에서 서비스업 중심으로 이동하고 있다.

⑥ **의사결정의 불확실성 증가**: 창업 결정은 불확실성을 동반하는 위험한 의사결정이다. 완벽한 준비에도 불구하고 성공은 보장되지 않는다. 좋은 창업 아이디어만으로 수요가 저절로 생기지 않으며, 새로운 사업을 추진하는 과정에서 예상치 못한 또는 감당하기 어려운 변수들이 발생할 수 있다.

⑦ **전략적 자원의 활용**: 창업은 다양한 신규자원을 동원해야 하므로 일정한 위험부담이 따른다. 창업은 투자자원에 대한 보상은 장기적일뿐만 아니라 그 결과도 불확실하므로 높은 위험을 수반한다.

⑧ **모험적 특성**: 창업은 기업가정신을 표현하는 진취적이고, 창조적이며, 모험적인 특성을 가지고 있다. 변화를 잘 파악하며, 뛰어난 상상력과 창의력을 가진, 결단력 있는 사업가에 의해 주도된다.

3 창업의 요소

새로운 건물을 건설하려면 설계도면, 대지, 건축자재, 시공자의 시공 능력, 충분한 인력 등이 필요하다. 마찬가지로 창업에도 창업자, 창업자금, 사업 아이디어 등이 필요하다.

그림 1-1 창업의 요소

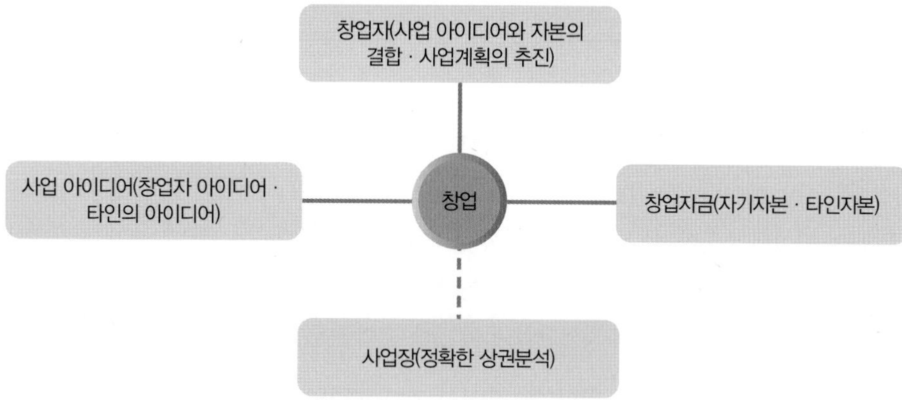

1. 창업자

창업자는 사업 아이디어 확보부터 사업의 타당성 분석, 사업계획서 작성, 계획 실행 등을 주도하고 책임지는 창업의 핵심 요소이다. 창업자는 기업설립에 필요한 유형과 무형의 자원을 동원하고, 이들을 효과적으로 결합하여 기업 시스템을 구축하고 관리하는 역할을 담당한다. 사업의 성패는 대부분 창업자의 기업가적 자질과 사업수행능력에 의해 결정된다. 사업을 성공적으로 이끌려면 창업자의 경험과 지식, 성공에 대한 집념, 리더십, 의지력, 성격, 체력 등이 뒷받침되어야 한다. 또한, 창조적인 아이디어와 창업자 자신의 전문성을 상품화하고 판매할 수 있는 마케팅 능력과 기업가적 자질 역시 필수적이다.

창업은 소극적인 성격을 가진 사람이나 대인관계가 부족한 사람에게는 적합하지 않다. 고객응대와 영업활동이 대부분 대인관계에 기반을 두고 있기 때문이다. 특히, 가족과의 관계는 매우 중요한 요소이다. 사업 진행이나 점포 관리에 가족의 적극적인 협조가 필요한데, 스케줄 조정 및 부수적인 업무 협조로 경비 절감과 심리적 안정감을 얻을 수 있다.

창업자는 기업의 주체로서 능동적 조직 활동을 통해 사업 아이템과 자본을 결합하여 기업을 설립해야 한다. 무계획적으로 행동하거나 즉흥적으로 문제를 해결하려는 창업자, 과거의 명성이나 실적에 집착하는 창업자, 불성실한 창업자는 바람직한 창업자가 될 수 없다.

한편, 창업지원법에 따르면 창업자란 중소기업을 창업하는 자와 중소기업을 창업하여 사업을 개시한 날부터 7년이 지나지 아니한 자를 말하며, 초기창업자란 창업자 중에서 중소기업을 창업하여 사업을 개시한 날부터 3년이 지나지 아니한 자를 말한다.

2. 사업 아이디어

사업 아이디어는 창업 기업이 무엇을 생산하고 판매할 것인가를 의미한다. 창업에서 무엇을 할 것인가에 대한 사업 아이디어는 매우 중요하다. 오늘날과 같이 치열한 경쟁 환경에서 단순히 기존 제품이나 서비스를 모방하거나 조금 수정하는 것만으로는 성공을 기대하기 어렵다. 새롭고 차별화된 사업 아이디어를 기반으로 창업을 진행해야만 성공의 가능성이 있다. 무수히 많은 새로운 사업 아이템이 쏟아져 나오는 시장에서 생소한 업종을 선택하여 새로운 수요를 창출하는 것은 쉽지 않다. 따라서 수요가 명확한 업종을 선택하는 것이 바람직하며, 기능, 가격, 서비스, 디자인, 업무처리 방식 등에서 차별화를 두어 선택한 업종에서 경쟁력을 발휘해야 한다.

창업자가 반드시 사업 아이디어의 창안자일 필요는 없다. 타인의 아이디어를 활용하여 이익을 창출할 수도 있다. 하지만 창업자의 경험, 지식, 기술, 특성 등을 활용하여 사업을 구축하는 것이 가장 바람직하다.

3. 창업자금

자본은 제품화를 위한 사업 아이디어, 기술, 기계와 설비, 재료와 부품, 건물 등을 모두 포함하는 포괄적인 개념이다. 생산에 필요한 자재나 부품, 기계 및 생산설비, 공장, 필요한 인력 등은 모두 자본을 통해 가능해진다. 사업 아이디어를 제품화하는 데에는 적절한 기술과 물적 요소들이 투입되어야 한다. 따라서 창업자본의 안정적인 확보와 운용은 성공적인 창업을 위해 매우 중요하다. 자본은 창업자 자신이 출자할 수도 있고, 다수의 참여자가 제공할 수도 있으며, 창업과 경영에 직접적으로 참여하지 않는 제3자로부터 조달할 수도 있다.

창업자금은 창업에 필요한 인력, 설비, 기술, 원자재 등을 활용하기 위한 필요 비용을 의미하며, 이를 위해 창업자는 자기자본 또는 타인자본을 활용할 수 있다. 창업자는 창업 과정에서 선택한 업종이 자금 규모에 맞지 않거나, 자금 규모에 맞는 업종을 선택하였음에도 추가적인 자금이 필요한 문제에 직면하기도 한다. 계획한 비용보다 더 많은 지출이 발생하는 경우가 많기 때문이다. 초기 창업자금은 창업자의 능력에 맞게 최소화해야 한다. 과도한 부채 의존은 이자와 같은 금융부담으로 인해 경영이 악화될 수 있으므로, 자금력에 따른 적절한 사업 규모로 창업하는 것이 바람직하다.

4. 사업장

창업에서는 사업장의 위치, 즉 점포의 입지가 사업의 성패를 결정하는 중요한 요소가 된다. 제품의 특성과 상품성만큼이나 주변 상권과 점포의 위치가 중요하다는 것을 의미한다. 좋은 아이템과 많은 시설 투자로 사업을 시작했다 하더라도 사업장 선택이 적절하지 않으면 결과도 좋지 않을 수 있다. 이런 경우, 부득이하게 사업장을 이전하거나 새로운 아이템으로 변경해야 하는 등 추가 부담이 발생할 수도 있다.

4 창업의 중요성

창업은 개인의 관점에서 보면 개인적인 부를 창출하기 위한 활동이지만, 그 중요성은 개인의 차원을 넘어 사회 전체에 이른다.

1. 부의 창출

창업의 궁극적인 목표는 이윤을 창출하는 것이다. 창업을 통해 창출되는 이윤은 개인은 물론 사회적으로도 가치가 있다. 많은 사람들이 물질적인 풍요를 누리기 위해서는 사회 전반의 부가 증가해야 한다. 이러한 측면에서 창업은 부의 축적을 위한 필수적이며 중요한 활동이다.

2. 일자리 창출

창업은 새로운 일자리를 만들어낸다. 일자리는 개인에게는 생활 수단을 제공하고, 안정적인 기반을 마련해주며, 국가 차원에서는 경제 활동 인구를 늘리고, 실업문제를 해결하는 근본적인 방안이 된다.

3. 자원의 활용

창업은 가치 있는 자원들을 활용하여 더 큰 가치를 가진 새로운 재화와 서비스를 생산하는 과정이다. 창업 활동이 없다면, 풍부한 자원이 있더라도 이를 활용해 부를 창출하는 활동이 이루어지지 않거나 저조해질 것이다.

4. 생활 수준의 향상

직장생활은 생계를 유지하기 위한 수단일 뿐만 아니라, 삶 자체의 일부이며 우리의 삶의 질을 결정하는 중요한 역할을 한다. 이런 관점에서 볼 때, 창업은 창업자와 종업원에게 삶의 터전을 제공하고, 삶의 질을 향상시키는 활동이라고 할 수 있다.

5. 환경 개선

기업의 생산 활동은 폐기물을 포함한 여러 오염물질의 배출로 인해 자연환경에 영향을 끼친다. 이로 인해 오염물질을 배출하는 생산시스템을 새롭고 친환경적인 시스템으로 교체하는 기업들은 환경오염을 줄이는 데 기여하게 된다. 이는 바로 친환경 경영과 그린마케팅이 요구되는 현재 시대의 필요성을 반영하는 것이다.

6. 과학기술의 발달 촉진

기업은 새로운 기술의 개발을 필요로 하기 때문에 이 과정을 통해 과학과 기술의 발달을 촉진한다.

5 창업의 성공 요건

창업은 전문지식, 창의적인 아이디어, 특별한 노하우, 다양한 정보, 그리고 실질적인 경험을 통해 네트워크를 활용하여 수익을 창출하는 사업이다. 이러한 네트워크는 개인의 한계를 극복하고 더 큰 성장을 돕는다. 창업 과정에서는 예상치 못한 문제가 발생할 수 있으며, 잘 계획된 사항들도 항상 순조롭게 진행되는 것은 아니다.

성공적인 창업을 위해서는 창업절차, 마케팅과 경영전략, 아이디어, 자금조달 및 활용 등에 대한 깊은 이해가 필요하다. 또한, 사업을 운영하면서 회계, 경리, 인사관리, 서무 등의 관리업무와 생산과 판매에 이르는 다양한 업무영역에 대한 지식과 능력도 필요하다.

1. 철저한 창업 준비

모든 준비를 철저히 마친 창업이라 하더라도 확실한 성공이 보장되지는 않는다. 창업은 신중한 계획수립과 철저한 준비가 필요하다. 주변 사람들의 권유나 다른 사람의 성공 사례만 가지고 무계획적인 창업에 도전한다면 그 실패 가능성이 높아진다.

창업 과정에서는 계획사업에 대한 예측, 목표시장에 대한 분석, 구매계획, 자금조달 및 운용계획, 재무분석, 손익분석 등의 제반 사항을 꼼꼼히 따져 준비해야 한다.

2. 자금능력에 맞는 사업규모 설정

아무리 훌륭한 사업 아이템이라도 자금능력이 부족하면 창업은 쉽지 않다. 자금능력은 자신이 보유한 자본규모를 파악하고 금융기관 등에서 차입 가능한 금액을 합산해 파악한다. 부채의존도가 높아지면 금융비용 부담이 커지므로 무리한 차입은 지양해야 한다.

사업진행 과정에서는 예상치 못한 장애로 인해 사업진행이 지체되어 개시자금의 지출이 초과되고, 판매부진에 의한 매출액 미달로 운영자금의 회수기간이 길어질 수 있다. 따라서 창업 시 소요자금을 정확히 산정하여 자금계획을 세우고, 사업진행 과정에서의 불확실한 요소들을 고려하여 소요자금 이상의 여유자금을 확보하는 것이 중요하다.

자금 부족으로 인하여 사업에 실패하는 경우가 없도록 자신의 자금조달 능력에 맞게 사업규모를 계획해야 한다.

3. 시장 변화의 주시

상품은 일반적으로 도입기 → 성장기 → 성숙기 → 쇠퇴기 → 소멸기의 수명주기를 거친다. 이런 상품의 수명주기에 따른 시장 변화를 고려하는 것이 중요하다. 너무 이른 시점에 도입기의 상품을 사업 아이템으로 선정하면 시장이 성장할 때까지 기다려야 하는 상황에 직면해 손실을 감수해야 할 수도 있다. 반대로 쇠퇴기의 아이템을 선택하면 투자비용의 손실을 안게 될 가능성이 높다.

따라서 창업 과정에서는 사업 아이템의 시장 변화를 분석하고, 그것이 중장기적으로 지속 가능한지, 상품의 수명주기에서 어느 사이클에 있는지 고려해야 한다.

4. 정보화 활용

정보는 창업을 하는 데 필수적인 요소이다. 정보화시대에는 개인 컴퓨터, 인터넷 등의 다양한 매체를 통해 정보를 얻고 이를 최대한 활용하는 것이 중요하다. 개인이 얻은 정보는 한계가 있을 수 있기 때문에, 정보 컨소시엄을 통해 정보와 지식의 향상 효과를 극대화하는 것이 바람직하다. 이를 위해 연구모임이나 동호회에 참여하고, 다른 사람들과 정보를 공유하는 것도 좋은 방법이다.

5. 지속적인 자기계발

정보화 사회에서는 끊임없는 자기계발이 필수적이다. 경제신문 구독, 경제 및 경영 관련 세미나나 토론회 참석, 관련 서적 읽기 등을 통해 지식을 업데이트하는 것이 중요하다. 또한, 성공한 창업가의 이야기를 듣거나 그들을 직접 만나보는 경험도 도움이 될 것이다. 성공한 창업가들의 공통점 중 하나는 시간과 노력을 투자하여 꾸준히 자신을 발전시켜 나간다는 것이다.

6. 인맥 구축 및 활용

폭넓은 인맥은 창업에 큰 장점이 될 수 있다. 독특한 아이디어나 전문적 지식을 상품화하는 창업은 특정 분야에는 전문가일지라도 다른 분야에는 취약할 수 있다. 이때 다양한 분야의 전문가들과의 인맥은 매우 유용한 자산이 된다. 경영자 혼자서 모든 것을 다루기에는 한계가 있기 때문에 협력자가 있다면 그들로부터 많은 조언과 도움을 받을 수 있다.

7. 혁신적이고 독창적인 경영 방식 도입

혁신적이고 독창적인 경영 방식을 개발하고 적용하는 것도 중요하다. 남들이 이미 실행하고 있는 방식을 단순히 따라하기만 하는 것은 실패로 이어질 수 있다. 또한, 평소에 신용을 중요한 자산으로 여기고 이를 적절히 축적하고 관리하는 신용관리가 중요하다. 가능한 한 현금흐름을 중심으로 한 사업 모델을 추구하고, 단기유동성 확보에 초점을 맞춘 자금운용이 바람직하다.

8. 품질 개선과 틈새시장 공략

고객의 다양하고 개별화된 요구에 따라 틈새시장을 공격하는 전략도 중요하다. 항상 고객의 입장에서 생각하고 그들의 요구를 충족시키기 위해 노력하는 것이 필수적이다. 고객의 욕구 변화를 신속히 파악하고, 고객에게 접근 가능한 서비스를 제공하는 고객밀착 경영체제를 구축해야 한다.

Ⅱ 창업의 분류와 창업자

창업은 분류기준이나 목적에 따라 분류할 수 있다. 여기에는 업종별 경영의 독립성, 소유자의 수, 점포의 유무, 사업 아이디어의 원천, 자금 규모 등을 고려한 분류가 포함된다.

기본적인 분류는 다음과 같다.

1. 업종별 분류

제조업, 음식 및 서비스업, 유통업으로 분류할 수 있다.

① **제조업**: 제조업 창업은 원료를 투입하여 새로운 제품을 생산하고 판매하는 사업을 의미한다.

② **음식 및 서비스업**: 서비스업 창업은 형태가 다양하므로 한 마디로 정의하기 어렵다. 산업사회의 고도화와 함께 서비스산업의 비중이 계속 증가하고 있으므로, 이 분야에서의 창업은 미래에도 활발히 이루어질 것으로 예상된다.

③ **유통업**: 도매점이나 소매점의 창업을 말한다.

2. 독립형 창업과 프랜차이즈 창업

독립형 창업은 창업자가 스스로 판단하고 독립적으로 사업을 운영하는 창업 형태를 말한다. 창업 초기의 업종선정, 점포입지, 점포준비, 상품구입과 판매, 운영, 홍보 등 모든 업무를 독립적으로 처리하며, 결과에 대한 책임도 스스로 진다. 규제나 간섭 없이 자유롭게 이익과 손실을 관리할 수 있다.

반면, 프랜차이즈 창업은 가맹점 사업으로 프랜차이즈 본사와 가맹점 계약을 맺고, 가맹점 형태로 사업을 시작하는 것을 의미한다. 가맹점은 본사로부터 상품, 관리 등을 받지만, 동시에 계약 조건에 따른 경영 규제와 간섭을 받게 된다. 예를 들어, 본사의 상호를 사용하거나 원자재를 공급받고 경영기술 지원을 받는 반면, 경영은 본사와 계약한 내용에 따라 행동해야 하며, 자의적인 의사결정은 제한될 수 있다.

3. 개인 중심 창업과 동업(=팀 중심) 창업

개인 중심 창업은 업종과 제품의 결정, 자금 조달, 경영 등을 개인이 주도하는 방식이다. 이 방식의 장점은 책임과 권한이 명확하며, 의사결정이 빠르다는 점이다. 하지만 자본과 경영기술이

한 개인에게 의존하는 한계가 있다. 우리나라 사람들은 대체로 동업보다는 개인 창업을 선호하는 경향이 있다.

반면, 팀 중심 창업이나 동업은 두 명 이상이 공동으로 창업하는 방식을 의미한다. 경쟁력이 약한 점포끼리 합치거나, 자본 부족을 겪는 사람들이 힘을 합치는 공동창업은 어려운 시장 환경을 이겨내기 위한 적절한 전략이다. 경쟁이 치열하고 빠르게 변화하는 시장환경에서는 혼자보다는 함께 창업하는 것이 더 이로울 수 있다.

하지만 사이가 좋다고 해서 무작정 모든 것을 함께 하는 것은 아니다. 무슨 일이든 계약서에서부터 의사결정, 수익배분 등의 모든 사항에 대한 원칙을 명확하게 규정해야 한다. 무엇보다 신뢰가 중요하므로 투명성을 보장하는 시스템을 구축하고, 친인척 채용의 금지 등과 같이 공과 사를 구분하는 업무원칙을 세우는 것이 필요하다. 이러한 원칙에는 창업 초기 조건과 만약의 사태를 대비한 조건까지 포함되어야 하며, 이는 안전장치로 작용한다.

다음은 동업의 성공을 위해 동업계약서에 반드시 명시되어야 할 내용이다.

- 장기적인 비전과 명확한 동업의 참여 목적
- 동업자들의 역할 분담
- 동업자들의 수익 배분
- 비용지출, 인력채용 등의 주요 경영 사항에 대한 의사결정 구조
- 추가 투자에 대한 규정과 지분 조정 문제
- 리스크에 대한 책임과 부담의 문제
- 동업자의 권리양도 및 양수에 대한 규정
- 재무회계에 대한 투명성 확보 방안
- 공사분리의 명확화

4. 점포 창업과 무점포 창업

점포를 준비하여 창업하는 것과 점포 없이 창업하는 것으로 구분할 수 있다. 일반적인 창업은 공장이나 점포를 준비하는 과정이 필요하다. 그러나 무점포 창업은 공장이나 점포가 없어도 주거 공간을 활용하여 주로 컴퓨터와 인터넷으로 창업한다. 이렇게 되면 매장 보증금 등의 부담 없어 효율적으로 창업할 수 있다.

예를 들어, 인터넷 창업, 소규모 통신판매사업, 번역 사업, 정보제공업, 자동차 세차업 등은 점포가 없어도 창업할 수 있는 사업들이다. 자금조달에 어려움이 있는 창업자들에게 무점포 창업은 매력적인 옵션이 될 수 있다.

5. 사이버 창업과 오프라인 창업

사이버 공간인 인터넷을 통해 창업하는 방식과 오프라인에서 창업을 하는 방식으로 구분할 수 있다. 과거에는 IT 벤처기업들이 주로 온라인상에서 창업하였지만, 요즘에는 온라인과 오프라인이 결합된 온·오프라인 창업 방식이 점차 증가하고 있다.

6. 창업 방법에 따른 분류

① **신규 독립 창업**: 창업자가 독자적으로 아이템을 결정하고 의사결정을 하는 형태

② **대리점 사업**: 본사로부터 경영지원은 받지만 소유권이 보장되는 독립사업 형태

③ **기존 사업의 인수**: 기존의 독립점이나 대리점을 인수하여 창업하는 형태

7. 가족 창업

가족 창업은 부부, 부자, 형제 등 가족 구성원이 공동으로 창업하는 형태를 말한다. 이 경우, 가족 간의 돈독한 유대와 신뢰가 기반이 되어야 한다. 이런 창업 형태는 잘 관리되지 않으면 가족 간의 관계를 악화시킬 위험이 있지만 가족 간에 서로를 의지하고 힘을 합친다면 창업비용과 인건비를 절약하고, 창업에 대한 부담감과 실패에 대한 두려움도 함께 극복할 수 있다. 이를 통해 힘든 창업환경 속에서도 경쟁력을 높이고 성공적인 창업을 이룰 수 있다.

가족 창업은 가족 구성원들이 함께 일하는 특성상, 매출 증대의 시너지 효과와 운영의 효율성이 높다. 따라서 가족 창업에 있어 업종 선택은 중요한 요소이다. 육체적인 노력이 많이 필요한 외식업, 장시간의 근무와 많은 투자가 필요한 주점업, 편의점, PC방 등은 가족 창업에 유리한 업종으로 간주된다.

다음은 가족 창업을 성공적으로 이끌기 위해 반드시 준수해야 할 원칙이다.

- 대부분의 불화는 금전 문제에서 시작되므로 명확하게 구분하고 관리한다.
- 서로에게 비즈니스에 대한 조언이나 피드백을 할 때는 유연하게 받아들이고 존중한다.

- 가족 간의 단합과 신뢰를 바탕으로 공사의 구분을 명확히 한다.
- 역할과 책임 분담을 확실히 하여 각자의 역할에 대한 책임 회피를 피한다.
- 이익의 분배 방식에 대해서는 명확한 원칙을 세우고 공정하게 이행한다.
- 운영이나 감정에 관한 문제가 발생하면 솔직하고 개방적인 대화로 문제를 해결한다.
- 합당한 이유 없이 가족을 사업에 참여시키는 것은 자제하여 기업의 전문성과 효율성을 유지한다.

Ⅲ 창업자

1 창업자의 자질

창업자는 새로운 시대에 맞는 경영 감각과 사회적 신뢰를 얻을 수 있는 교양과 인격을 겸비해야 한다. 사업수행에 대한 창의력과 그것을 지속적으로 추진할 수 있는 능력도 중요하다. 창업자는 단순히 현실에 만족하는 것이 아니라 지속적인 변화에 도전하여 새로운 사업 기회를 능동적으로 찾아야 하며, 그러한 노력에 자신의 모든 것을 투자하고 희생할 수 있는 강한 기업가정신이 필요하다. 뿐만 아니라 개인의 영리추구가 아닌 경영의 전체적인 영역에서 윤리적인 가치를 인지하고, 사회적 책임을 실천하는 태도를 보여야 한다. 창업자는 자신의 역량을 통해 자아실현을 달성하겠다는 강력한 성취욕구와 타인에게 종속되고 싶지 않은 독립성이 있어야 한다. 또한, 자신이 갖추어야 할 능력과 자질을 충분히 인지하며, 자신의 능력을 발전시키는 데 적극적으로 투자해야 한다.

1. 창업자의 기본 자질

창업자가 갖추어야 할 사업가적 자질은 기업의 규모와 성격에 따라 달라진다. 사업가적 자질을 잘 갖춘 창업자는 위험성이 있더라도 창업에 도전할 수 있다. 이런 능력이 부족하다면 더욱 신중한 준비와 철저한 자기분석을 통해 가능한 한 자신에게 적합한 사업 분야를 찾아야 한다. 이런 능력은 창업자가 인식하든 인식하지 못하든 그의 내면에 무의식적으로 쌓이며, 창업자의 잠재적 능력으로 작용한다.

사업가적 자질은 사업 분야 선택에도 영향을 미친다. 개성이 강하고 행동적인 특성이 강한 사람이라면 혁신적이고 변화를 반영하는 업종을 선택하는 것도 좋을 것이다. 그렇지 않다면 비교적 안정적인 업종을 선택하는 것이 바람직하다.

표 1-1 창업자의 자질

선천적 자질	① 새로운 것에 도전하는 모험심 ③ 가능성에 대한 집념 ⑤ 선천적으로 타고난 사교성	② 쉽게 좌절하지 않는 의지력 ④ 사람을 통제하는 통제력 ⑥ 신용과 책임감
후천적 자질	① 학문과 지식 ③ 경험 ⑤ 목표와 소명의식	② 자격 · 사회적 지위 · 직장에서의 신용 ④ 원만한 인간관계 ⑥ 교제인물의 폭과 깊이

2. 창업자의 자질 측정

창업자는 행동 지향적, 모험적, 창의적, 미래 지향적인 자질이 있어야 한다. 자신이 이런 창업자의 자질을 어느 정도 갖추고 있는지는 〈표 1–2〉의 측정표를 활용하여 알아볼 수 있다.

표 1-2 창업자의 자질 측정(표)

자신이 준비된 창업자인지 창업 전에 창업자의 심리적인 성숙과 창업자로서의 자질을 검사해 본다.

문항	예 (5점)	아니요 (0점)
1) 나의 생활방식을 다른 사람에게 구체적으로 설명할 수 있다.		
2) 일을 계획적으로 하는 편이다.		
3) 일을 맡으면 적극적으로 하고 싶은 생각이 든다.		
4) 실패해도 실망하지 않는 편이다.		
5) 약속을 지키는 편이다.		
6) 창업을 위해 정보를 수집하고 있다.		
7) 친구가 많다.		
8) 다른 사람이 나와 다른 의견을 내도 귀를 기울이는 편이다.		
9) 어려울 때 함께 고민해줄 친지가 3명 이상 된다.		
10) 도전정신이 왕성한 편이다.		
11) 자신의 의사가 확고한 편이다(또는 그 의사를 타인에게 전달할 수 있다).		

12) 건강에 자신이 있다.		
13) 기초적인 재무지식이 있어 재무제표 정도는 이해할 수 있다.		
14) 좋아하는 일이라면 먹고 자는 일도 잊어버린다.		
15) 창업을 하는 데 가족들을 설득할 자신이 있다.		
16) 잘될 줄 알았던 일이 생각처럼 안 되어도 곧 잊어버릴 수 있다.		
17) 즐겁지 않은 모임에 가서도 참고 즐길 수 있다.		
18) 누군가에게 맞으면 반드시 반격한다.		
19) 외부 사람이 말을 걸어오면 일단은 들어준다.		
20) 친한 친구의 출세가 마음에 걸린다.		
총점		

출처: 소상공인진흥공단

자가 평가

평가 방법

- 1~15번은 독립과 관련하여 자기 주변의 성숙도를 체크하는 항목
- 16~20번은 창업자의 자질, 즉 창업과 관련된 적합도를 체크하는 항목

채점 방법

- '예'는 5점, '아니요'는 0점으로 계산한 후 총점 계산

채점 결과

총점 60점 이상 (A급)	• 창업할 수 있는 환경이 성숙되어 있고 창업자의 자질도 충분함 • 자신이 추구할 업종을 검토하고 그 업종과 관련된 전문정보를 수집했다면 언제든지 창업해도 좋음
총점 35~55점 (B급)	• 그럭저럭 창업할 만한 환경이 성숙되어 있음 • 자신이 운영할 업종을 눈여겨보고 폭넓은 정보의 수집이 필요함
총점 30점 이하 (C급)	• 창업을 해야 할 동기가 명확하지 않음 • "OO 체인점, 월수입 1,000만 원"과 같은 숫자에 현혹될 위험성이 높음 • 다시 한 번 자신에게 맞는 업종이 무엇인지를 진지하게 생각해 보아야 함 • 창업 관련 세미나에 참가하고, 관련 업종의 추가적인 정보 수집이 필요함

3. 성공하는 창업자

성공하는 창업자는 분석력, 예측력, 조직력, 추진력, 조정력, 설득력, 포용력 등의 다양한 관리 능력을 중심으로 실천적 자질을 갖추어야 한다.

① 가족이나 배우자의 이해와 협력을 받는 사람

② 종업원 관리에 뛰어난 능력을 보이는 사람

③ 고객에 대한 서비스 정신이 투철한 사람

④ 신용도가 높은 사람

⑤ 신속하고 효과적인 사무처리 능력이 있는 사람

⑥ 적극적이고 과거에 얽매이지 않는 진취적인 사람

4. 실패하는 창업자

소자본창업에서 실패한 창업자 대부분에게 나타나는 특징으로, 개선되어야 할 사항이다.

① 개인적 욕구가 지나치게 강한 사람

② 이론에만 치중하고 행동을 구체화하지 못하며 불만이 많은 사람

③ 결단력과 판단력이 부족한 사람

④ 의타심이 많고 자주성이 부족한 사람

⑤ 자신의 경험과 능력을 과시하는 사람

⑥ 다른 사람에게 지시를 내리는 대신 명령을 받는 것에 익숙한 사람

2 창업자의 자세와 정신

창업은 창업자의 사업수행능력, 선택한 업종에 대한 경험 및 지식, 그리고 열정과 노력이 필수적이다. 그렇기 때문에 자신의 경험과 지식이 풍부한 분야에서 창업하는 것이 성공에 유리하다. 만약 그렇지 않다면, 전문적 지식을 신속하게 습득하거나 해당 업무를 대신 수행할 수 있는 직원을 확보하는 것이 중요하다. 또한, 창업환경을 둘러싸고 있는 거래처나 인간관계의 폭이 넓다면 창업이 유리할 수 있다.

창업자가 성공적인 창업을 위해 가져야 할 자세는 다음과 같다.

1. 창업 철학 소유

창업은 단순한 수익 창출 이상의 것이어야 하며, 창업자의 깊은 신념에 기반한 창업 철학이 필요하다. 이러한 창업 철학이 없다면 창업에 성공하더라도 그 결과를 통한 보람을 느끼지 못할 것이다.

2. 지속적인 자기계발과 성실함

다양한 정보와 새로운 기술에 대한 지식은 경쟁력을 높이게 된다. 또한, 풍부한 지식과 경험은 시대의 흐름을 이해하고, 그로부터 새로운 사업 아이디어를 발굴하는 데 중요하다. 성공적인 창업을 위해서는 지속적인 자기계발과 성실함이 필수적이다.

3. 왕성한 의욕과 강인한 집념

창업자는 남보다 먼저 앞을 내다보며 자신의 가능성을 끝까지 믿는 신념을 가져야 한다. 숨겨진 재능을 발견하고, 독특한 이이디어로 신념을 가지고 과감하게 도전해야 한다. 누구나 해오던 분야보다는 아직 개척되지 않은 분야에 도전하는 것이 바람직하다.

4. 사회적 책임의식

창업자는 민주주의 시민으로서 질서의식 확립, 국가에 기여하려는 강한 신념과 사회에 공헌하겠다는 사회적 책임의식을 가져야 한다. 이는 단지 당장의 이익을 추구하는 것이 아니라, 일에 대한 열정을 바탕으로 명확한 목표와 계획을 세우고 이를 통해 자신의 역할을 충실히 수행하는 것을 의미한다.

5. 성공 가능성에 도전하고 모험하는 정신

창업자는 설정된 목표를 달성하려는 의지를 다지고, 계속해서 더 높은 목표와 기준에 도전해야 한다. 높은 사업몰입도와 함께 결단력과 인내심을 기르는 것이 필요하다.

6. 미래지향적인 시각

창업자는 다른 사람들보다 한 발짝 앞서 미래를 예측하고 준비해야 한다. 기회를 잘 포착하고,

그에 따라 자신이 가진 자원과 능력을 집중하여 문제를 찾아내고 해결책을 모색해야 한다. 또한, 일의 결과에 대해 스스로 책임을 지는 태도가 필요하다.

7. '늦었다'라고 생각할 때가 최적기

어떤 장애 요인이 있더라도 이를 극복하려는 강한 의지가 필요하다. 문제를 해결하기 위한 노력과 자신의 강점과 약점을 냉정하게 판단하며, 모든 상황을 긍정적으로 받아들이는 낙관적인 자세가 중요하다.

8. 시대 흐름에 민감하게 반응

창업자는 신속하게 결정을 내리고 그 결정을 즉시 실천에 옮겨야 한다. 실패에 대한 공포를 버리고 시대의 흐름에 민감하게 반응해야 한다. 이러한 민감성은 비관적인 상황을 효과적으로 관리하는 데 도움이 된다.

9. 일에 대한 애정이 이익보다 중요

당장의 이익보다는 자신이 하게 되는 일에 대한 애정이 필요하다. 피드백을 통해 자신의 실수와 결점을 신속하고 과감하게 수정하는 능력이 필요하다. 장기적 관점에서 주도적으로 문제를 찾아내고 해결방안을 제시하는 태도가 중요하다.

개성상인 5계명

1. 남의 돈 가지고 장사하지 않는다.
2. 업종을 정했으면 한눈팔면 안 되지.
3. 목숨을 잃더라도 신용만은 못 잃어.
4. 능력 없는 자식한테 회사 안 물려준다.
5. 우리가 바라는 건 잘사는 나라 만들기

3 창업자의 성격 유형과 특징

성공적인 아이템 선택은 창업 성공률을 높여준다. 시기에 적합한 업종 선택은 기존 시장에 진

④ **사회형**(Social, The Helpers): 인간관계를 중요시하고 타인의 요구에 민감한 반면, 도구나 기계를 다루는 능력은 상대적으로 부족하다. 지지적이며 타인을 보호하는 교육이나 사회복지 직종에 효과적이다.

예 간호사/간호조무사/레크레이션 지도자/물리치료사 및 작업치료사/보육교사/사회복지사/상담가/유치원교사/중 · 고등학교교사/직업능력개발훈련교사/직업상담원 및 취업알선원/초등학교교사/특수학교교사/학원강사

- SE: TV연출가, 가정복지사, 교사, 기관장 및 최고경영자, 기자, 나레이터, 미용사, 목사, 스튜어디스
- SI: 상담심리학자, 수간호사, 간호사, 영양사, 양호교사, 임상심리학자, 철학자, 재활치료사, 정치학자
- SA: 간호사, 가정복지사, 교육치료사, 꽃꽂이 강사, 무용수, 배우, 문예인, 소설가, 스님, 요리사, 유머작가, 편집인
- SC: 경찰관, 간호사, 간병인, 백화점 판매원, 보건위생사, 비서, 복지사, 수화통역가, 전업주부, 호텔 조리사, 모델

⑤ **진취형**(Enterprising, The Persuaders): 타인을 통제하는 것을 선호하며, 공격적이고 자기 만족적이다. 이들은 권력과 지위를 중요시하며, 체계적인 활동이나 과학적 능력은 부족하다.

예 법무사/보험계리인/부동산중개업자/상품판매원/생활설계사/생활체육지도자/선물거래중개인/손해사정인/아나운서/애견미용사/여행안내원/외환딜러/운동감독 및 코치/이 · 미용사/자동차 영업사원/장례지도사/조리사 및 바텐더/증권중개인/판 · 검사 및 변호사/핀드매니저 및 투자분석가(애널리스트)/호텔종사원

- EA: 산업디자이너, 기자, 편집기자, 실내장식가, 언론 기자, 연주가, 컬럼니스트
- EC: 가구조합 감독원, 생명보험원, 세무사, 호텔 경영자, 조달관리자, 철도 승무원
- EI: 교수, 수사관, 산업기술자, 기업인, 기자, 농산물 생산관리인, 응급의료 기사
- ER: 감독원, 부동산 계획사, 생산감동, 상점 관리인, 한복기사, 파출소장, 해양경찰
- ES: 경영지도자, 고객기술 서비스 관리인, 고용기사, 간호사, 도매업자, 리포터, 변호사

⑥ **관습형**(Conventional, The Organizers): 실제적이고 구조화된 상황을 선호하는 사람들로, 체계적인 정보 관리와 기록에 능하며 매우 의존적인 특성을 가진다.

예 감정평가사/공무원(일반직)/공인회계사/관세사/구매사무원/번역사 및 통역사/법률사무원/변리사/비서/사무원/사서/생산사무원/세무사/속기사/시장조사분석가/역무원

- CA: CAD 설계원, 감정원, 은행원, 인쇄기사, 회계사, 보석감정가, 문화재 관리원
- CE: 교통통제관, 검사관, 경리사원 도서관사서, 법무사, 은행원, 안전관리사, 사무장
- CI: 거래기업 신용분석원, 거래심리원, 검사관, 은행원, 회계사, 보험대리인, 세무사
- CR: 가구 조립공, 비용회계원, 계산서기, 계량기사, 사진제판기사, 인쇄기사, 통계학자
- CS: 공인회계사, 계산원, 관세사, 사서, 판매관리원, 시스템 회계원, 접수원, 증권사직원

성공적 창업은 주어지는 것이 아니라 만드는 것이다. 창업의 성공 여부는 개인의 기질과 밀접한 관계가 있다고 한다. 성공적인 창업을 위해서는 자신의 창업 자질을 이해하고 그에 부합하

는 아이템을 선정하는 것이 중요하다.

그림 1-2 Holland의 RIASEC 유형

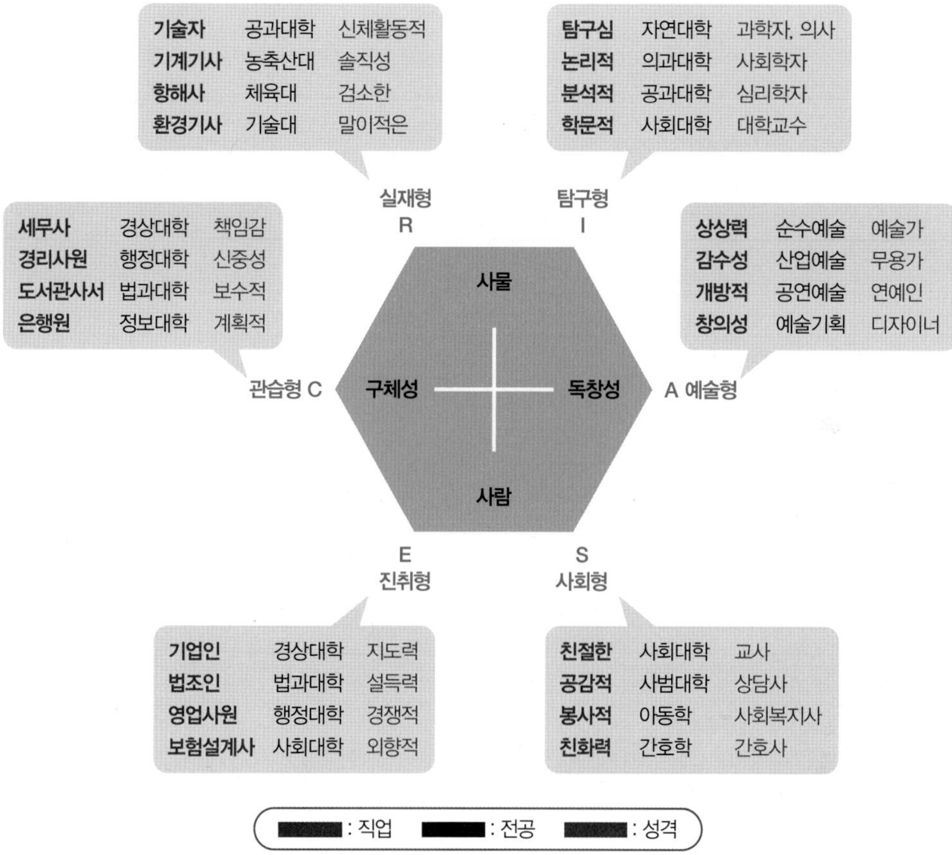

연습 문제

01 창업의 특성에 관해 설명해 보자.

02 창업의 요소에 관해 설명해 보자.

03 창업의 중요성에 대해 논의해 보자.

04 창업의 성공 요건에 대해 논의해 보자.

05 창업가가 갖추어야 할 자질에 대해 논의해 보자.

CHAPTER 02

프랜차이즈

I. 프랜차이즈의 개념

II. 프랜차이즈의 형태와 종류

III. 프랜차이즈 본사

Start-Up Story

'美 3.3배' 프랜차이즈 왕국된 韓…. 남는 게 없어도 몰리는 자영업자들

한국은 전 세계에서 프랜차이즈 브랜드가 가장 많은 국가다. 맥도날드, KFC 등 유명 글로벌 프랜차이즈 브랜드를 보유한 미국(3,000여 개)이나 식도락의 천국 일본(1,300여 개)보다도 많은 1만여 개가 포진한 그야말로 '왕국'이다. 커피, 치킨, 떡볶이, 피자 등 외식업뿐 아니라 무인 편의점, 세탁소, 요가강습소, 마사지숍, 야구 연습장 등 업종도 다양하다. 이들 브랜드를 믿고 가맹점을 개설한 가맹점주만 33만 명인 시대다. 원하는 때에 손쉽게 창업을 할 수 있다는 점은 프랜차이즈가 가진 가장 큰 이점이다. 창업을 하려면 경험과 수많은 시행착오가 생기기 때문에 적지 않은 비용과 시간이 필요한데 프랜차이즈 본부에서 메뉴와 상품을 대신 개발해주고 재료도 제때 공급해주니 편리성 면에선 독립 창업을 따라올 수가 없는 것이다. 그러나 그 편리함의 이면에는 시장의 포화, 제한된 유연성 등 위험성도 자리하고 있다. 전문가들은 본사가 가맹점과 상생할 수 있는 방안과 운영 전략을 연구하고 도모해야 한다고 강조했다.

지난해 서울 강남구 코엑스에서 열린 'IFS 프랜차이즈 서울'에 참가한 관람객들이 다양한 프랜차이즈 업체를 보고 있다.

가맹점 33만 개 역대 최다…. 각 점주 수익률은↓

2일 공정거래위원회에 따르면 국내 프랜차이즈 브랜드 수는 2022년 말 등록된 정보공개서 기준 1만 1,844개에 달한다. 코로나19 이전이었던 2017년에만 하더라도 5,741개에 불과했던 국내 프랜차이즈 브랜드 수는 2018년 6,052개, 2019년 6,353개로 점차 늘기 시작하더니 코로나19의 영향을 받기 시작한 2020년에 7,094개에서 2021년엔 1만 1,218개로 58.1% 성장했다.

2021년 11월 19일 직영점 의무화 법안 시행으로, 직영점을 1년 이상 운영한 경험이 있는 브랜드만 프랜차이즈 브랜드 등록이 가능해짐에 따라 지난해 전체 브랜드 수는 전년 대비 5.6% 증가하는 데 그쳐 증감률이 평년 수준으로 회복되기는 했으나, 국내 프랜차이즈 브랜드 수는 여전히 증가 추세다. 업종별 브랜드 수 비중은 외식업종이 79.7%로 가장 높았으며, 서비스업종(15.2%), 도소매업종(5.1%)이 그 뒤를 이었다.

프랜차이즈 브랜드 수가 늘면서 자연스럽게 가맹점 수도 증가했다. 공정위가 정보공개서를 토대로 작성한 2022년도 가맹사업 현황에 따르면 2021년 말 기준 전국의 가맹점 수는 33만 5,298개로, 전년 대비 24.0%(6만 4,813개) 늘어 처음으로 30만 개를 넘어섰다. 문제는 가맹점 수가 늘어나면서 가맹본부는 성장했지만, 가맹점주들의 수익률은 늘지 않고 오히려 줄어들고 있다는 점이다.

국내 외식업 전체 프랜차이즈 가맹점 연간 평균 매출액 추이 (단위: 원, 자료: 공정거래위원회)

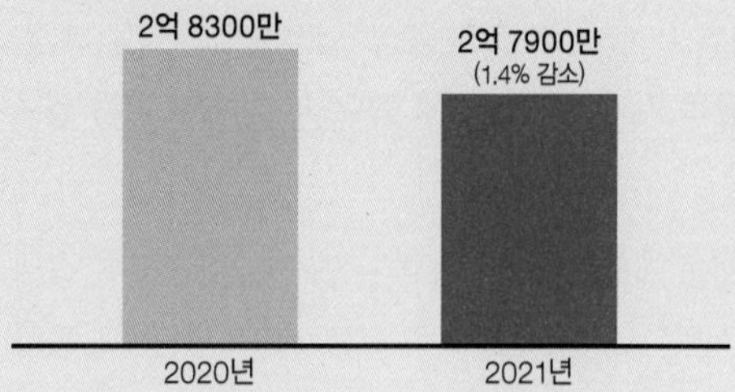

2021년 말 기준 전체 가맹점의 평균 매출액은 약 3억 1,000만 원으로 전년과 큰 차이가 없었지만, 외식업종과 도소매업종이 코로나19로 인한 사회적 거리두기 정책 등의 영향으로 각각 1.4%씩 감소했다. 이 가운데 외식 가맹점당 평균 매출은 2억 7,900만 원으로 전년 대비 1.4% 하락했는데, 특히 치킨 · 한식 · 피자가 각각 2.2%, 6.0%, 6.5% 감소했다.

가맹본부→가맹점 횡포 · 불공정 거래도 성행

물가 급등과 전기 · 가스 요금 인상 등을 고려하면 자영업자인 가맹점주들의 사정은 더욱 각박해지는 현실이다. 설상가상 일부 프랜차이즈 본사들은 가맹점에 공급하는 물품을 시장 가격보다 비싸게 공급한다거나 마케팅 비용을 전가하는 방식으로 횡포를 부린다는 지적까지 제기되고 있다.

최근 서울 여의도 국회의원회관에서 열린 '가맹점 · 대리점 불공정 피해 증언대회'에서 차돌박이 전문 프랜차이즈 이차돌은 회사 로고가 들어간 물티슈 · 냅킨 · 종이컵 등을 '필수물품'으로 지정해 가맹점에 강매해온 것으로 알려졌는데, 이 필수물품에 매장 운영과 무관한 머리 끈 · 거울 · 가방 고리까지 포함했다는 증언이 나와 업계 안팎의 공분을 사기도 했다. 이차돌 가맹점주들에 따르면 본사가 필수물품으로 공급하는 제품은 시중에서 판매되는 제품보다 가격이 월등히 높았다. 이를테면 1,000개짜리 물티슈의 경우, 시중 가격(1만 5,000원)의 2배가량인 2만 9,000원에 판매했고, 8,000매짜리 냅킨은 시중가(2만 3,000원)보다 50% 비싼 3만 4,000원에 공급했다.

연도별 국내 프랜차이즈 가맹점 수 추이
(단위: 원, 자료: 공정거래위원회)

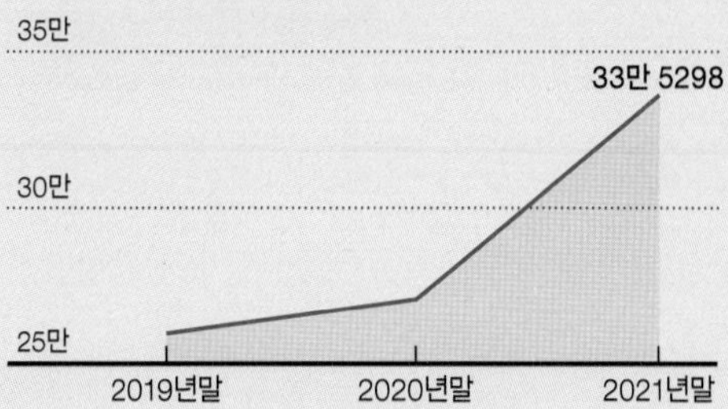

가맹점주들은 본사가 가맹점에 피해를 전가하는 식으로 수익을 창출하고 있다고 호소하고 있다. 본사에 종속적인 위치에 있지만, 단체구성권이나 협상권 등이 제대로 마련돼 있지 않아 갑질 행위에 일방적으로 당할 수밖에 없다는 것이다.

앞서 메가커피의 경우 본사 측이 지난해 말 축구 국가대표 손흥민 선수를 홍보모델로 기용했다가 광고를 포함한 전체 광고비 60억 원 중 절반을 가맹점에 부담하라고 하면서 논란의 중심에 서기도 했다. 이에 반발한 일부 메가커피 가맹점주들을 중심으로 현재 가맹점주협의회 구성 논의가 이뤄지고 있다.

칼 빼든 공정위…'필수품목 지정' 관행 개선 역점

이처럼 프랜차이즈 본부와 가맹점주 간 불공정 피해 사례가 누적되자 공정거래위원회가 칼을 빼 들었다. 공정위는 올해 가장 역점을 둘 분야로 '필수품목 거래 관행 개선'을 꼽으며 가맹본부 표준 정보공개서 개편을 추진하겠다고 밝힌 상태다.

공정위의 이 같은 관행 개선은 가맹본부가 필수품목을 과도하게 지정하고 일방적으로 가격을 인상해 차액 가맹금을 취득하는 행태를 방지하기 위한 움직임이다. 필수품목이란 프랜차이즈 가맹점의 통일성을 위해 소스, 식용유 등 가맹본부가 가맹점에 공급하는 품목이고, 차액 가맹금은 필수품목에 대해 가맹점주가 지급하는 유통마진(적정 도매가격을 넘는 대가)을 뜻한다.

한기정 공정위원장은 지난달 8일 대한상공회의소에서 열린 '공정 프랜차이즈 실천 캠페인 발대식'에서 "공정위는 필수품목 분쟁 사례가 많은 외식업종에 대한 실태조사에 착수하고, 불공정 행위가 발견되면 제재할 방침"이라며 "필수품목의 투명한 공개와 필수품목의 합리적인 지정 · 운영을 유도하기 위해 관련 제도를 정비해 나갈 계획"이라고 밝혔다.

이은희 인하대 소비자학과 교수는 "프랜차이즈 가맹점주들은 장사가 잘 되더라도 본사와의 관계로 인해 영업이익이 줄어드는 현상이 발생해 문제점으로 지적된다"라며 "본사들은 가맹점주들의 수익률을 높여줄 방안을 연구, 함께 상생할 수 있는 방향으로 나아가야 가맹점 폐업률을 줄이고 브랜드 자체가 살아남을 수 있을 것"이라고 조언했다.

출처: 아시아경제 2023. 06. 02.

I 프랜차이즈의 개념

1 프랜차이즈의 의의

프랜차이즈는 사업 경험이 없는 창업자가 접근하기 쉬운 창업 형태로, 독립형 창업과 비교될 수 있다. 프랜차이즈 창업은 본사가 사업에 관한 각종 개점 및 경영에 필요한 노하우를 미리 구축하여 제공함으로써, 창업자는 편리성과 안전성을 확보할 수 있으므로 손쉽게 창업이 가능하다.

프랜차이즈 본사는 가맹점에 해당 지역의 독점적 영업권을 부여하는 반면, 상품 종류, 광고, 점포 인테리어, 서비스 등을 직접 관리하며 운영한다. 또한, 교육지원, 경영지도, 판촉지원, 금융지원 등의 경영 노하우도 제공한다. 반대로 가맹점은 본사에 가맹비와 로열티 등을 지불하고, 사업에 필요한 자금을 직접 투자하여 본사의 협조와 지도를 받아 독립된 사업을 운영하는 사업시스템이다. 따라서, 프랜차이즈 사업은 본사와 가맹점이 상호 신뢰성을 바탕으로 건전하게 운영될 경우 서로에게 이익을 가져다주는 사업시스템이다.

프랜차이즈 사업은 미국에서 처음 시작되었으며, 싱거 재봉틀 회사(Singer Sewing Machine Co.)와 GM이 각각 재봉틀과 자동차 판매를 위해 도입하였다. 우리나라 프랜차이즈 사업은 1979년 롯데리아가 처음 시작하였다. 미국보다는 약 100여 년 늦게 시작했지만 프랜차이즈 산업은 앞으로 급성장할 것으로 전망된다.

- **프랜차이즈(franchise, 가맹사업)**: 다수의 가맹계약자에게 본사의 상표, 상호 등을 사용할 수 있도록 하여 본사와 같은 이미지로 상품판매, 용역제공 등의 영업 활동을 하며, 각종 영업지원과 통제를 한다. 가맹계약자는 본사로부터 받은 권리와 영업지원에 대한 대가로 일정액을 지급하는 거래관계이다.
- **프랜차이저(franchisor, 가맹사업자)**: 가맹사업 관련 권리를 부여하는 자, 본사.
- **프랜차이지(franchisee, 가맹계약자)**: 가맹사업 관련 권리를 부여받는 자, 가맹점.

그림 2-1 프랜차이즈 형성 구도

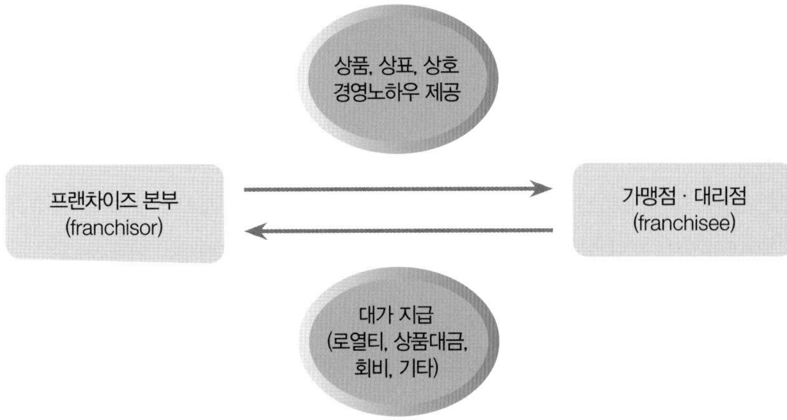

2 프랜차이즈 창업의 장단점

프랜차이즈를 통한 창업의 장단점은 다음과 같다.

1. 장점

1) 실패 위험성이 상대적으로 낮다.

본사에서 이미 검증한 사업 아이템으로, 통일된 상호를 사용하여 가맹점을 모집하고 사업을 지원하기 때문에 사업 경험이 부족한 사람이라도 매뉴얼을 따라 사업을 전개하면 실패 위험성을 줄일 수 있다. 또한 이미 확립된 마케팅 전략, 상품, 경영 노하우 등의 전문지식을 적극적으로 활용하여 사업을 펼쳐나갈 수 있다.

2) 저렴한 투자나 간단한 절차로 창업할 수 있다.

프랜차이즈 창업은 본사가 제공하는 정형화된 상품구성과 통일된 점포설계, 그리고 홍보지원으로 창업비용을 최소화하고, 단기간에 최소의 투자로 최대의 효과를 얻을 수 있다. 인테리어, 간판, 홍보물 등을 상대적으로 저렴한 비용으로 공급받을 수 있고, 표준화된 아이템으로 전국적인 차원에서 통일된 브랜드와 사업망을 구축할 수 있기 때문이다.

3) 안정적인 사업 운영과 본사의 지속적인 지원이 가능하다.

프랜차이즈 창업은 본사의 영업력과 전문지식을 활용하여 상권분석, 계약 관련 서류 등의 검토, 상품조달 및 진열, 영업 및 홍보 등에 대한 컨설팅을 받을 수 있어 안정적으로 사업을 할 수 있다. 또한, 가맹점 종업원들에 대한 교육 프로그램을 활용하거나 직접적인 교육 지원을 받을 수 있다. 그러나 독립형 창업의 경우 도매상이나 제조업체에서 상품을 직접 구입하고 신상품 정보를 수집해야 하기 때문에 시행착오를 겪을 수 있다.

4) 시장 변화에 신속하게 대응할 수 있다.

소비자 욕구의 다양화로 인해 고객의 취향과 구매패턴이 시시각각으로 변화하는 상황에서 신속하게 대응하는 사업능력이 필요하다. 프랜차이즈는 본사 차원에서 구성된 팀을 통해 이런 변화에 즉시 대응할 수 있다. 가맹점은 별도의 노력 없이도 효과적인 대응 전략을 제공받을 수 있다. 그러나 독립형 창업은 이러한 시장 변화를 체크하고 대응하기에는 인력이나 정보수집력에 한계가 있다.

5) 본사의 지명도 및 판촉지원으로 사업 인지도를 높일 수 있다.

본사의 브랜드를 활용하면 소비자에게 쉽게 접근할 수 있으며, 영업, 광고, 판촉물의 주기적인 지원을 통해 효과적으로 인지도를 높일 수 있다. 또한 가맹점 간에 일관된 상호를 사용함으로써 지속적인 광고효과도 얻을 수 있다. 그러나 독립형 창업은 단일 상호로 운영되기 때문에 브랜드 파워가 약하고, 단독으로 광고 활동을 해야 하므로 비용에 대한 부담이 크다.

2. 단점

1) 사업의 독립성 및 독자성을 살릴 수 없다.

본사의 승인 없이 가맹점에서 독자적인 사업 아이템이나 서비스 방식을 도입하는 것은 불가능하다. 이는 본사가 가맹점을 일관된 기준에 따라 통제하여 전체 가맹점이 일사불란하게 움직이도록 하는 것이 중요하기 때문이다. 가맹점은 본사의 정형화된 영업 방침 및 운영 방식을 따라야 하므로 자율경영이 어렵다. 이러한 제한으로 인해 가맹점은 자신의 지역상권 변화에 신속하게 대응하기 어렵고, 더 효율적인 경영 방법을 개발하더라도 활용할 수 없어 자구책을 마련하는 데 한계가 있을 수 있다.

2) 본사와 비교해 상대적으로 약자의 위치에 서게 된다.

프랜차이즈 사업은 본사가 주도하는 사업 아이템에 가맹점이 참여하는 구조이므로, 가맹점은 상대적으로 약자의 위치에 서게 된다. 본사의 정책이 마음에 들지 않아도 따라야 하며, 양측의 이해관계가 상충하면 가맹점은 일방적인 손해를 볼 수도 있다.

3) 지속적인 추가 지출의 부담이 따른다.

가맹점은 본사와의 계약 조건에 따라 일정 기간마다 정해진 로열티를 정기적으로 지급하기 때문에 지속적인 지출 부담을 안게 된다. 또한, 광고비, 가맹점 개·보수비용 등을 부담하기 때문에 자영업자에 비하면 추가 지출 부담이 높다.

4) 본사의 약체화나 도산은 사업실패의 요인이 될 수 있다.

본사가 약체화되면 상품공급, 경영지도, 판촉지원 등이 원활하게 진행되지 않아 영업에 차질이 생길 수 있다. 특히, 본사가 경영악화로 인해 도산할 경우 가맹점에는 치명적일 수 있다. 이 경우 프랜차이즈 시스템 자체가 그 의미를 상실하게 되며, 의존하던 상품이나 서비스공급, 영업 노하우 등이 사라지게 된다.

예비 창업자는 프랜차이즈 창업에 큰 관심을 갖는다. 매장 인테리어부터 상품공급, 홍보 활동까지 지원해주는 프랜차이즈는 분명 매력적이지만, 일부 본사는 부실한 영업력과 과장된 광고로 창업자를 기만할 수도 있다. 또한, 가맹점의 수기 너무 많아 경쟁력이 떨어지서나 과도한 설비 및 인테리어 비용을 요구하는 경우도 있다. 따라서 프랜차이즈 창업을 준비하는 단계라면 현재 운영 중인 가맹점을 직접 방문하여 사업내용과 문제점을 철저히 파악하고, 계약 시 불리한 조항은 없는지 계약서를 꼼꼼히 살펴보는 것이 필요하다.

3 프랜차이즈 창업 절차

프랜차이즈 창업을 결정한 창업자는 먼저 가맹점 창업에 대한 광범위한 정보를 수집해야 한다. 최근의 유행하는 아이템과 인기 브랜드는 무엇인지, 앞으로 어떤 아이템이 전망이 좋을지, 그리고 가맹점 본사에 대한 상세한 정보를 파악해두어야 한다. 이후에는 본사와의 가맹에 대한 기본적인 사항들을 협의하고, 점포입지에 대한 조사와 분석을 한다. 이 모든 절차를 거친 후에 가맹계약을 체결하고 운영교육을 받은 다음 영업을 시작하게 된다.

프랜차이즈 창업의 일반적인 절차와 내용은 다음과 같다.

1. 창업문의

창업자는 자신의 자금, 인력지원, 적성, 운영시간 등을 고려하여 적절한 아이템과 브랜드, 그리고 본사를 선택하기 위한 기본 정보를 다양한 경로를 통해 수집해야 한다. 매스컴이나 주변 사람들의 의견보다는 프랜차이즈 본사로부터 직접 해당 브랜드의 기본 사항, 창업비용, 수익성 등에 대한 정확한 정보를 얻는 것이 중요하다. 이 과정에서 연구소나 컨설팅 회사의 창업자문을 의뢰하면 보다 객관적인 입장에서 판단할 수 있다. 그리고 선택한 프랜차이즈가 공정거래위원회로부터 정보공개서를 등록한 곳인지 반드시 확인해야 한다.

① 전화, 홈페이지 게시판, 이메일 등을 통한 문의

② 창업자의 상황(자금, 인력, 적성, 시간 등)에 맞는 업종 확인

③ 지인의 소개 또는 직접 방문을 통한 문의

2. 창업상담

기본 정보를 바탕으로 프랜차이즈 본사와 사업내용 및 가맹 절차에 대해 상담한다. 가능한 본사를 직접 방문하여 그 분위기와 경영규모를 직접 확인하고 상담하는 것이 좋다. 이때 프랜차이즈 본사는 창업자가 사업장을 효과적으로 운영할 수 있는 사람인지 판단하게 된다.

① 정보공개서 제공 요청

② 해당 브랜드의 가맹계약서 사전 점검

③ 현재 운영 중인 가맹점 방문 점검

④ 본사 및 운영 중인 가맹점주와 상담

⑤ 브랜드의 특징, 규모, 성장 가능성, 차별성, 수익성, 본사 지원 사항, 가맹점 의무 사항, 개설비용, 교육내용, 사후 관리 시스템 등을 점검하고 확인

3. 가계약

프랜차이즈 창업을 결정한 후 창업자는 가계약을 통해 본사로부터 자신이 희망하는 상권을 우선적으로 독점하는 권한을 얻게 된다. 이 권한을 통해 상권에 대한 우선적인 창업 권리를 부여받는다. 즉, 가계약은 해당 지역에 대한 입점의사와 브랜드 사용 및 협업에 대한 의지를 표현하는 것으로, 그에 따른 가계약금을 지급하는 것이 일반적이다. 가맹점의 경영에 문제가 없고 선

A/S에 관한 조항, 그리고 시설설비나 기계대여가 강제조항인지, 선택조항인지 등을 확인해야 한다.

6. 본사의 권리와 의무조항

본사의 권리와 의무조항은 본사가 가맹점에 제공하는 서비스와 지원에 관한 사항이다. 본사는 가맹점에 대한 교육을 실시하는지, 교육을 한다면 언제, 어디서 진행하고 기간은 얼마나 되는지, 교육비의 부담은 어떻게 처리하는지, 다른 지역에서 교육을 받을 경우 숙박비와 교통비는 어떻게 처리하는지, 운영 매뉴얼의 제공이 명시되어 있는지, 본사 부담의 광고 및 홍보는 어느 정도인지, 가맹점의 광고 및 홍보 비용은 어느 정도인지, 그리고 본사가 개점 후 어떤 지원을 하는지 등을 확인해야 한다.

7. 가맹점의 의무와 권리조항

가맹점이 효과적으로 운영되기 위해서는 가맹점의 본사에 대한 의무와 권리조항을 이해해야 한다. 이는 책임소재를 명확히 하여 불이익을 예방할 수 있다. 가맹점의 의무와 권리조항이 합리적인지, 다른 가맹점과의 형평성에 문제가 없는지 확인하고, 영업시간, 영업형태, 판매 아이템, 서비스 등에 관한 어떤 의무조항이 있는지 확인해야 한다. 또한 본사에 대한 보고 형태와 방법, 의무 사항을 준수하지 못할 경우의 불이익 조치, 가맹점의 자율성 범위, 가맹점의 권리 침해 시 본사에 어떤 요구를 할 수 있는지 등을 확인해야 한다.

8. 계약기간, 갱신, 그리고 해지에 관한 사항

계약기간과 갱신, 그리고 해지에 관한 사항들은 민법이나 상관습에 의한 사항으로 예사로 넘기기 쉽다. 그러나 계약해지가 발생했을 때의 손해배상 문제는 재산에 직접적인 영향을 미치는 중요한 사항이므로 유의해야 한다. 계약기간이 언제까지인지, 계약만료 이전에 해지할 경우 어떤 조건과 불이익이 있는지, 계약을 갱신할 경우 가맹비, 관할지역 보호조건 등을 반드시 확인해야 한다.

9. 계약내용 변경 및 종료 사항

계약내용의 변경 및 종료에 관해서는 다음 사항들을 반드시 확인해야 한다. 계약내용을 조정하고자 할 때 어떤 절차를 거치는지, 가맹점이 어떤 상황에서 계약을 일방적으로 해지할 수 있는지, 가맹점이 계약을 임의로 해지할 경우 어떤 불이익이 있는지, 본사가 어떤 경우에 계약을 임의로 해지할 수 있는지, 본사가 계약을 일방적으로 해지할 때 가맹점은 어떤 보호를 받을 수 있는지, 그리고 계약 해지 시 해약금과 해약조건 등에 대한 규정이 명시되어 있는지 등을 반드시 확인해야 한다.

10. 분쟁해결 및 소송조항

본사와 가맹점 간에 분쟁 발생 시 어떤 방법으로 해결할 것인지를 명시한 부분이다. 분쟁이 발생했을 때 이를 어떻게 해결할 것인지, 그리고 소송이 필요할 경우 어느 지역의 관할 법원에서 진행할 것인지 등을 반드시 확인해야 한다.

Ⅱ 프랜차이즈의 형태와 종류

1 프랜차이즈의 형태

프랜차이즈의 형태는 입지형, 취급점형, 방문판매형, 지역형, 섹타형, 그리고 도매형이 있다.

1. 입지형

입지형 프랜차이즈는 하나의 브랜드 상품으로 일정한 장소로 찾아오는 고객을 대상으로 사업하는 형태이다. 이는 가장 일반적인 체인점 형태로, 아이템에 제한이 없다.

- **의류점**: 이랜드, 마루, 해피랜드, 아가방, 나이키, 리복 등
- **치킨점**: 멕시카나, BBQ, 네네치킨, 페리카나 등
- **커피점**: 카페베네, 스타벅스, 할리스 등

2. 취급점형

취급점형 프랜차이즈는 하나의 브랜드 상품이 아닌, 여러 브랜드로부터 비슷한 상품을 공급받아 판매하는 형태이다. 이 형태의 특징은 도매상이나 총판을 통해 다양한 브랜드의 상품을 공급받아 판매함으로써 사업주의 위험부담을 줄일 수 있다.

- 안경점, 악세사리점, 기계공구점, 종합가전제품점 등

3. 방문판매형

방문판매형 프랜차이즈는 상품을 전시하는 점포나 사무실이 있지만, 주요 판매 활동은 영업사원이 직접 고객을 찾아 판매하는 형태이다. 이 형태의 특징은 본사가 광고 지원이나 판촉물 제공을 통해 판매를 촉진하며, 사업의 성패는 대체로 영업사원의 능력에 의해 결정된다.

- 아동용 도서대리점, 자동차대리점, 보험대리점, 건강식품대리점 등

4. 지역형

지역형 프랜차이즈는 최종 소비자와 직접적인 거래를 하지 않고 주로 소매점에 상품을 공급하는 형태의 사업이다. 대부분의 도매형 대리점이 이 유형에 속하며, 영업 범위가 넓기 때문에 기동력이 중요한 요소가 된다.

- 설탕대리점, 밀가루대리점, 라면대리점, 시멘트대리점, 과자대리점 등

5. 섹터(sector)형

섹터형 프랜차이즈는 취급 상품이 부패하기 쉽거나 유통 기간이 짧아서, 지역형보다 더욱 좁은 권역에서 소비자나 소매상을 대상으로 주로 배달 판매 방식으로 사업하는 형태이다.

- 우유대리점, 요구르트대리점, 생수대리점 등

6. 도매형

도매형 프랜차이즈는 취급 상품이 많아서 하나의 브랜드로 체인점을 개설하기 어려운 경우, 유통 구조나 소비 구조가 단일축선상에 있는 여러 본사를 대상으로 체인화하는 사업 형태이다.

- 수입품점, 문구점, 팬시용품점, 주방용품점 등

2 프랜차이즈의 종류

프랜차이즈는 다양한 업종과 업태에 적용될 수 있으며, 그 종류는 매우 다양하다. 여기서는 일

반적으로 분류되는 프랜차이즈 종류를 설명하고자 한다.

1. 가맹점주의 권한 범위에 따른 분류

1) 단일단위 프랜차이즈

계약 가맹점에 한해, 일정 지역 내에서 가맹 기간 가맹본부의 권리와 영업권을 모두 부여하는 가장 흔하고 전형적인 프랜차이즈 시스템이다. 이 방식의 장점은 소지역단위의 가맹점에 일정한 지역 범위의 독점영업권(Exclusive Right)을 확보해준다. 대부분의 국내 가맹본부들이 이러한 가맹점 모집 방식을 선택하고 있다.

2) 지역단위 프랜차이즈

주로 중소 도시 내에서 일정 기간 하나의 가맹점에 여러 개의 점포를 개설할 수 있는 권한을 부여하는 방식이다. 이러한 방식에서는 지역단위 가맹점이 본사와 지역별 사업개발 계약을 맺고 사업개발에 대한 대가를 지급한 후, 일정 지역에서 사업을 개발하는 권리를 얻게 된다. 따라서 만약 지역단위 가맹점이 계약 내용에 따라 사업을 성공적으로 개발하지 못하면, 계약을 해지하고 프랜차이즈 권리를 박탈할 수 있다. 이러한 시스템은 아직 우리나라에서 보편화되어 있지 않다.

3) 지역분할 프랜차이즈

지역분할 프랜차이즈는 일정 지역 내에서 일정 기간 개인 또는 집단에 가맹본부의 권리를 부여하는 방식이다. 이 권리를 받은 분할지역 가맹본부(Master Franchisee)는 다시 이 권리를 최종가맹점(Sub Franchise)에 하나 또는 여러 개의 점포에 대하여 가맹점 영업을 하도록 하는 형태이다.

최상위 가맹본부는 최하위 가맹점에 교육을 포함한 모든 운영 노하우를 제공하고, 그에 따른 대가를 받게 된다. 이 경우 분할지역 가맹본부가 가맹점주가 될 수도 있다.

2. 본사가 채용하는 목적에 따른 분류

상품유통을 통한 판매가 효과적으로 이루어지도록 개발되었는지, 프랜차이즈 패키지를 만들어 개발되었는지에 따라 상품판매형 프랜차이즈와 비즈니스 패키지형 프랜차이즈로 구분할 수 있다.

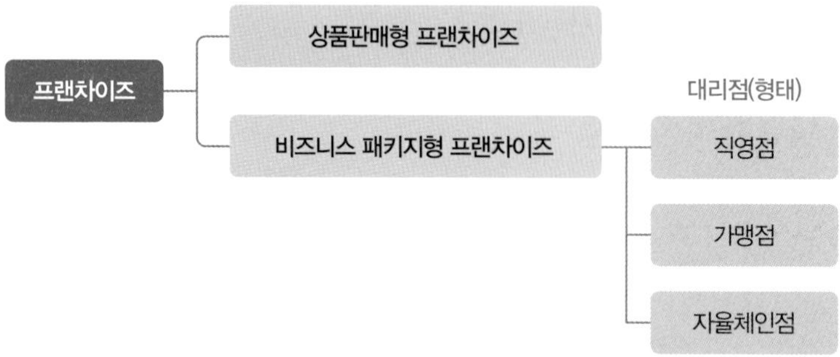

1) 상품판매형 프랜차이즈

상품판매형 프랜차이즈(Product&Trade-Name Franchise or Product Distributing Franchise)는 브랜드 파워가 강한 상품의 제조회사가 일정 지역 또는 위치에 기반을 둔 프랜차이지(Franchisee)에 자사 상품을 제공하고 판매 권한을 주는 방식이다. 이러한 방식은 도매업자의 관계보다 제조회사와 프랜차이지 간에 좀 더 긴밀한 관계를 유지하고, 프랜차이즈 회사로부터 마케팅 지원 및 기타 서비스를 받을 수 있다. 여기서 일반 도매업자는 한 회사의 제품을 독점적으로 판매하거나 여러 회사의 제품을 동시에 취급할 수 있다. 이 방식은 자동차 딜러, 주유소, 타이어 판매점 등 실제 상품 또는 대표 브랜드를 프랜차이즈화하여 매출을 창출한다. 대표적인 예로는 SK주유소, 삼성전자 등 대부분 대리점의 형태로 국내에 소개되어 있다.

2) 비즈니스 패키지형 프랜차이즈

비즈니스 패키지형 프랜차이즈(Business-format Franchise)는 우리나라에서 빠르게 성장하고 있는 프랜차이즈 사업의 형태이다. 이랜드, 놀부, 파리바게트, 롯데리아 등 우리가 흔히 알고 있는 프랜차이즈들이 대표적인 예다. 이 형태는 매장을 패키지화하여 가맹점주(Franchisee)를 모집하고, 해당 매장을 통해 고객에게 일관된 제품 또는 서비스를 판매하는 방식이다. 이는 직영점, 가맹점, 자율체인점 등으로 세분화된다.

① 직영점(Regular chain)

직영점은 프랜차이즈 본사가 직접 매장을 운영하는 형태를 말한다. 이때 매장에 투입되는 자본과 매장 운영을 누가 행사하느냐가 관건이다. 본사가 두 가지 모두를 행사하면 매장은 당연히 직영점이라 할 수 있다. 그러나 자본과 운영이 혼재되어 있는 매장의 경우, 직영점과 가맹점의 구분 기준은 매장 운영의 주체가 누구인지에 따라 결정된다.

프랜차이즈에서 직영점과 가맹점을 구분하는 기준은 매장에 투입된 자본이 아닌, 매장 운영의 주체이다. 이렇게 함으로써 프랜차이즈 시스템을 체계적으로 구축하고 명확한 기준을 세울 수 있는 것이다.

② 가맹점(Franchise chain)

가맹점은 가맹점주가 자본을 투자하고 매장을 직접 운영하는 형태를 의미한다. 본사의 기술과 노하우가 가맹점의 자본과 결합하여 빠르게 사업을 확장할 수 있는 합리적인 유통시스템이다. 이 때문에 프랜차이즈의 꽃이라고 불린다. 일반적으로 체인점, 전문점, 가족점 등이 이 범주에 포함된다.

③ 자율체인점(Voluntary chain)

자율체인점은 특정 업종이나 분야에서 동일한 상호를 전국적으로 사용함으로써 상호의 인지도를 향상시키고 고객에게 신뢰감을 주는 체인 형태이다. 공동브랜드를 통한 상호만을 공유할 뿐 매장 내의 상품이나 서비스에 대한 규제나 간섭은 전혀 없다. 국내 프랜차이즈 중 25시마트(편의점)나 키친나라(잡화체인점)는 자율체인의 형태로 운영되고 있다.

자율체인점은 독립점포와 프랜차이즈의 중간 형태로 볼 수 있으며, 공동브랜드나 동일 업종의 결합을 통해 사업을 전개하는 체인 방식이다. 체인본부는 최소한의 기능만을 수행하고, 가맹점주는 그들의 독특한 특성을 유지하며 융통성 있는 경영을 추구할 수 있다. 이로 인해 지역 특성에 맞는 점포이미지를 구축하고, 가격고정이나 상품취급 등의 한계를 극복할 수 있다. 하지만 이런 자율성에도 불구하고, 체인본부의 강력한 관리 아래 브랜드이미지를 구축하는 것에는 제한이 있을 수 있다.

Ⅲ 프랜차이즈 본사

1 프랜차이즈 본사의 역할

프랜차이즈 본사는 가맹점에 대한 운영시스템을 마련하여 가맹점에 제공하고 경영지도를 한다. 국제 프랜차이즈 연맹의 윤리강령에 명시되어 있는 가맹점에 대한 본사의 의무 사항은 다음과 같다.

- 본사는 가맹점을 속이거나 착취하기 위한 수단으로 상품이나 서비스를 제공하거나 판매를 촉진하도록 강요해서는 안 된다. 또한, 소비자가 오해하거나 혼동을 주는 방법으로 타사의 상표, 회사명, 슬로건 등을 모방해서는 안 된다. 피라미드 방식이나 다단계 판매 방식을 채택한 사업을 운영할 경우 잠재적 가맹점 희망자에게 손해를 입히지 않도록 해야 한다. 광고할 때는 최종소비자에게 미치는 영향을 고려해야 하며, 모호한 표현을 사용하지 않고 이해하기 쉽게 표현해야 한다. 마지막으로, 정부에서 제정 공포한 법률, 규정, 명령, 지시 등을 준수해야 한다.
- 프랜차이즈 사업에 관련된 모든 정보는 정확한 문서로 작성되어 가맹점주에게 제공되어야 한다. 가맹점과 본사의 관계는 계약서에 명시되어야 하며, 계약서는 양측의 권리와 의무를 명확하게 규정해야 한다.
- 본사는 가맹점 선정 시 프랜차이즈 사업을 잘 수행할 수 있는 사업경영능력, 교육, 인격, 개인적 자질, 자금력 등을 가맹기준으로 정한다. 본사는 가맹점의 사업경영능력을 향상시키고 운영기법을 개선하기 위해 가맹점주와 그의 직원들에게 필요한 교육을 제공해야 할 의무가 있다. 소비자의 이익을 보호하고 프랜차이즈 시스템의 일관성을 유지하기 위해 가맹점을 지도하는 것 역시 본사의 역할에 포함된다.
- 본사와 가맹점 간의 거래는 공정하게 이루어져야 하며, 만일 가맹점이 계약을 위반하게 될 경우 본사는 먼저 해당 위반 사항을 가맹점에 알리고, 그들이 시정할 수 있는 충분한 시간을 제공해야 한다. 본사는 접근하기 쉽고 친근한 태도를 유지해야 하며, 가맹점으로부터 들어오는 작은 요청이라도 반응하고 대응해야 한다. 가맹점의 불평, 불만, 또는 고충을 해결하는 데 노력을 기울이고, 공정하고 합리적인 커뮤니케이션을 통해 신뢰를 구축해야 한다.

이처럼 본사는 가맹점에 대한 충실한 의무를 성실히 이행하며, 가맹점의 이익을 우선적으로 고려하는 역할을 수행해야 한다.

2 프랜차이즈 가맹점의 역할

가맹점은 본사와의 관계에서 적극적인 판매 활동을 수행하고 그에 대한 책임을 이행해야 한다. 가맹점은 자신의 매장을 최선으로 운영하고 영업실적에 대해 책임져야 한다. 동시에, 판매 활동과 관련된 모든 비용은 가맹점이 부담하며, 가맹점이 지켜야 할 판매촉진 역할은 다음과 같다.

1. 광고비 부담 의무

가맹점은 본사가 진행하는 지역적 광고에 대한 비용의 일부를 부담한다. 가맹점이 자체적으로 지역적 광고를 할 때도 그 범위와 규모는 본사에 의해 결정될 수 있다.

2. 본사가 제공하는 운영 매뉴얼 준수

가맹점은 본사가 제공하는 운영 매뉴얼을 준수하여 전국적인 통일성과 기업의 모양을 유지하고, 고객에게 양질의 상품과 서비스를 제공한다. 이 매뉴얼은 점포의 입지선정, 집기, 비품, 간판, 유니폼 등의 통일성, 영업시간, 종업원의 서비스 태도, 구매 및 판매 방법, 로열티 지급 방식, 다양한 보고서 작성 및 제출, 그리고 상품의 품질관리기준 통일성 등을 포함한다.

3. 계약상품 매입 및 계약 서비스 제공 역할

가맹점은 본사가 제공하는 상품이나 서비스를 구매해야 하며, 협의 없이 경쟁업체의 제품에 대한 주문·제조·판매 행위는 금지된다.

4. 지시 준수 및 통제 용인의 역할

가맹점은 본사의 일관된 판매정책에 따른 지시를 준수하고, 본사의 통제를 받아들여야 하는 의무가 있다. 본사의 지시 범위와 한계는 필수 사항이지만, 가맹점의 이익을 침해하는 지시는 금지되어 있다.

5. 영업비밀 보호 의무

가맹점은 본사가 제공하는 상호, 상표 등의 영업표지와 특허권을 보호하며, 노하우와 영업비밀을 비밀로 유지해야 한다. 때로는 프랜차이즈 계약이 종료된 이후에도 비밀유지의 의무는 지속될 수 있도록 약정하기도 한다.

6. 프랜차이즈 사용료 지급 의무

가맹점은 본사에 가맹비와 로열티를 지급해야 한다. 가맹비는 프랜차이즈 계약 후 사업개시를 위한 노하우의 대가이며, 로열티는 본사가 제공하는 영업표준이나 지속적으로 제공하는 각종 서비스에 대한 대가이다. 로열티는 일정 기간의 매출액이나 이익에 기반하여 일정액을 지급하도록 설정하기도 한다.

7. 겸업 금지의 의무

프랜차이즈의 양도, 해지, 갱신 등과 관련된 조항 중 하나는 가맹점주의 겸업피지의무에 관한 조항이다. 이는 주로 겸업금지특약에 포함되며, 계약종료 사유와 상관없이 가맹점주는 특정 지역 내에서는 정해진 기간에 경쟁적 영업에 종사할 수 없다는 내용을 담고 있다.

8. 독립성 유지원칙

프랜차이즈 계약에서 흔히 볼 수 있는 원칙으로, 가맹점은 본사의 지점, 대리인 또는 고용인인 것처럼 표현하거나 행동하지 않아야 한다. 이는 가맹점의 독립성 유지원칙과 가맹본사의 가맹점에 대한 법적 책임의 한계를 명확히 하는 데 그 목적이 있다.

9. 운영권 양도

가맹점주는 본사의 사전동의 없이 프랜차이즈 운영권을 타인에게 양도할 수 없다는 의무를 진다. 사망과 같은 사유로 영업을 이어가지 못할 경우 상속권자의 권리를 최대한 보호하면서도, 본사가 우선적으로 매수할 수 있는 선매권을 갖게 된다.

본사와 가맹점은 각각 상대방이 프랜차이즈 계약을 위반하면 계약을 해지할 수 있다. 계약이 해지될 경우, 가맹점은 본사의 영업표지의 사용이나 기타 영업운영과 관련된 양식이나 교범, 선전문구, 간판 등 기타 표지물의 사용을 중단해야 한다.

3 본사 선정 시 검토 사항

프랜차이즈 창업의 성공 여부는 프랜차이즈 본사의 올바른 선정에 의해 결정된다. 본사는 개점 전 입지와 점포, 설비, 제조판매의 기술과 메뉴, 광고 및 홍보 전략 등의 필요한 노하우를 제공하거나 지휘한다. 또한 개점 후에도 제품이나 재료의 제공, 제품개발 등을 포함하여 점포의 관리 및 운영에 관여한다. 가맹점은 이에 대해 가맹비와 로열티를 지급한다.

본사를 선정할 때 다음 사항에 유의해야 한다.

1. 가맹본사의 업종 및 취급상품에 대한 경영기법과 노하우

가맹점에서 취급하는 상품 또는 서비스에 대한 기본 사항을 반드시 점검해야 한다. 취급할 상품의 범위와 종류, 타사의 상품과 서비스와 비교했을 때의 경쟁력, 상품가격과 품질이 고객들에게 인기를 얻을 수 있는지, 광고가 전국적으로 잘 되어 있는지, 상품이 계절이나 기후에 따라 어떤 영향을 받는지, 그리고 상품이나 서비스가 독창성이 있는지 등을 철저히 조사해야 한다.

2. 본사의 연혁, 재정과 경영상태 및 대표자 이력 등 확인

① **본사의 연혁**: 본사가 언제 시작하였으며, 몇 년이나 되었는지 연혁을 확인한다.

② **본사의 재정과 경영상태**: 본사의 대차대조표는 양호한지, 같은 업종의 경쟁사와 비교했을 때 얼마나 탄탄한지, 그리고 자금력은 어떠한지 등을 확인한다.

③ **본사 경영진의 경력**: 대표자의 일반적인 정보나 관련 분야의 경력 정보는 대표자의 신뢰성을 판단하는 데 중요한 역할을 한다. 또한 본사의 주요 간부와 경영진은 어떤 경력이 있는지, 대표자가 전과자이거나 사기 경력이 없는지 등을 확인한다.

④ **직영점의 유무**: 본사가 직접 시범점포를 운영하여 사업성을 검증한 경우는 비교적 신뢰성이 높다. 반면, 직영점이 없거나 검증 과정 없이 최근 인기 있는 유행 아이템을 단순히 모방하여 가맹점을 무분별하게 모집하는 경우에는 주의가 필요하다.

⑤ **본사의 인지도, 매출액, 경영투명성**: 소비자들이 본사를 얼마나 알고 있는지, 최근 3년간 프랜차이즈 부문의 총매출액과 내년도 예상매출액은 얼마인지, 그리고 경영 정보가 공개되어 있는지 확인한다.

⑥ **직원 수, 직무배치 및 전문성**: 본사의 직원은 몇 명인지, 주로 어떤 직종에 치중되어 있는지, 분야별 전문인력은 확보되어 있는지 확인한다.

⑦ **장·단기 발전계획**: 본사의 장·단기 목표가 무엇인지, 그중 어느 부문에 초점이 맞춰져 있는지, 연구·개발비는 얼마나 되며, 매출의 어느 정도 비율을 차지하는지 확인한다.

⑧ **본사의 법적 분쟁 유무**: 본사가 가맹점으로부터 소송을 받은 적이 있는지, 만약 있다면 그 내용과 결과는 무엇인지, 그리고 현재 진행 중인 민사나 형사소송이 있는지 등을 확인한다.

3. 가맹점의 경영현황 및 본사의 지원 파악

① **가맹점의 수 확인**: 가맹점의 50% 이상이 안정적인 수익을 얻고 있다면 긍정적인 지표이다. 현재 가맹점의 수, 지역별 분포, 전년도에 등록된 가맹점의 수, 계약이 해지된 가맹점의 수와 그 이유는 무엇인지 확인한다.

② **가맹점의 경영현황**: 가맹점의 평균 매출액과 평균 순이익, 최근 3년간 가맹점주가 변경된 가맹점의 수, 실패의 주된 원인, 그리고 가맹점 모집 법규를 준수하는지 등을 파악한다.

③ **본사의 가맹점 지원**: 본사가 가맹점을 지원하기 위한 관리조직을 운영하고 있는지, 정기적인 교육과 판촉 활동이 진행되고 있는지 확인한다.

4. 가맹조건에 가맹점의 불이익이 있는지 확인

제공되는 노하우에 대한 가맹비와 로열티가 적절하고 공정한지, 인테리어 비용이나 각종 설비비에 거품이 있는지, 본사의 판매마진이 적절한지 등을 검토한다. 본사와 가맹점 간의 의견 차이가 커 마찰을 불러일으킬 만한 요소가 있는지 확인한다. 또한 가맹조건이 과도하게 가맹점에게 유리하거나 무조건적인 가입을 권장하는 본사는 주의해야 한다. 가맹점의 자격요건을 까다롭게 하는 곳일수록 건실한 회사가 많은 편이다.

5. 상권보호 수준 확인

본사가 무분별한 사업확장이나 지역별 가맹점 수를 지속적으로 늘리고 있다면 기존 가맹점의 판매에 악영향을 미치게 된다. 따라서 본사가 해당 지역의 상권을 철저히 분석하고, 영업구역을 합리적으로 설정해 주는지 확인해야 한다. 이 과정을 통해 영업이익이 좌우되기 때문이다.

본사가 지역별, 가맹점별로 판매지역을 명확하게 설정하였는지, 이 판매지역이 영업하기 충분하게 넓은지, 그리고 지역별 상권이 최대한 보호될 수 있는지 확인해야 한다. 만약 경쟁업체가 존재한다면 가맹본사의 대응 전략이 어떠한지 파악해두어야 한다. 마지막으로, 계약서에 상권보호조항이 명시되어 있는지도 반드시 확인해야 한다.

6. 과대광고나 허황된 광고를 하는 곳인지 확인

"월 수익 몇천만 원 보장"과 같은 과대광고를 하는 본사는 가맹점을 무분별하게 확장하려는 부실한 회사일 가능성이 크므로 신중한 검토가 필요하다. 특별한 광고를 하지 않아도 장사가 잘된다고 알려진 체인점이 오히려 안정적이고 신뢰할 수 있는 회사일 확률이 높다.

다음은 주의가 필요한 프랜차이즈 본사의 특징이다.

- 소규모 투자로 높은 수익을 보장한다고 주장하는 회사
- 시범점포를 보여준 후 모든 것을 맡기라고 강요하는 회사

- 사업 관련 증빙자료 제공 없이 우리만 믿으면 수익을 보장하겠다고 주장하는 회사
- 계약을 위해 조급하게 수단과 방법을 가리지 않는 듯한 인상을 주는 회사
- 자본 없이도 사업이 가능하며, 집에서도 운영할 수 있다고 홍보하는 회사
- 지금 기회를 놓치면 평생 후회할 것이라며 빠른 결정을 강요하는 회사
- 사업을 운영하는 것은 어렵지 않으며, 쉽게 수익을 얻을 수 있다고 주장하는 회사
- 회사의 역사나 직원의 배경 등에 대한 정보 공개를 꺼리는 회사
- 정부 기관이나 유명인사를 내세우며 신뢰성을 어필하는 회사

표 2-1 프랜차이즈 순위

한식		분식		패스트푸드	
1	원할머니 (791점)	1	역전우동0410 (792점)	1	버거킹 (826점)
2	본도시락 (788점)	2	이삭토스트 (765점)	2	맘스터치 (792점)
3	한솥 (779점)	3	신전떡볶이 (762점)	3	노브랜드 버거 (753점)
커피		**치킨**		**기타도소매**	
1	투썸플레이스 (800점)	1	교촌치킨 (830점)	1	다이소 (855점)
2	빽다방 (769점)	2	노랑통닭 (807점)	2	오피스디포 (795점)
3	더벤티 (763점)	3	푸라닭 (801점)	3	이마트에브리데이 (792점)
교과교육		**외국어교육**		**기타교육**	
1	소마사고력수학 (782점)	1	폴리어학원 (760점)	1	에듀플렉스 (782점)
2	와이즈만영재교육 (751점)	2	에이프릴어학원 (753점)	2	에듀코치 (747점)
3	셀파우등생교실 (707점)	3	JLS정상어학원 (748점)	3	씨엠에스 (739점)

※ 창업경영신문 프랜차이즈 랭킹은 공정거래위원회에 등록된 정보공개서의 계량적 정보를 바탕으로 자체 개발된 평가 기준에 따라 표준점수를 산출한 것이므로 가맹본부 평가 시 참고 자료로만 활용

출처: 창업경영신문, 2023년 11월 7일 기준

연습 문제

01 프랜차이즈 창업의 장단점을 비교하여 설명해 보자.

02 프랜차이즈의 창업절차에 대해 설명해 보자.

03 프랜차이즈 창업 시 가맹점 계약서 검토 사항에 대해 논의해 보자.

04 프랜차이즈 종류를 나열해 보자.

05 프랜차이즈 본사의 역할을 설명해 보자.

읽고 생각하기

일본 내 한식 프랜차이즈 동향

프랜차이즈는 본사에 로열티를 지불하고 그 대가로 본사 브랜드, 매장 이름을 사용할 권리, 매뉴얼 및 경영 노하우 등을 받아 제품 또는 서비스를 판매하는 방식으로 작동한다. 브랜드 파워를 이용할 수 있으며, 제품 개발, 홍보 등의 측면에서 본사의 지원을 받을 수 있어 경험이 없어도 도전할 수 있다는 점이 장점인 프랜차이즈는 처음 사업을 시작하고자 하는 사람에게 좋은 선택지가 될 수 있다.

최근 후쿠오카의 유명 몰 등에는 한식 프랜차이즈 식당이 하나씩은 꼭 들어가 있으며, 여전한 한류의 인기에 힘입어 2025년 완공 예정인 후쿠오카 국제공항 확장 계획에 포함된 신복합시설에도 한식 프랜차이즈가 입점될 예정이다.

일본 내 프랜차이즈 시장 개요

일본 프랜차이즈체인협회의 발표에 따르면, 2021년 4월~2022년 3월까지의 통계를 보면 일본 내 프랜차이즈 시장 체인 수는 1,286개, 점포 수는 약 25만 개이며, 매출액은 약 25조 9,000억 엔에 달한다. 2020년 조사 결과(2020년 4월~2021년 3월)와 비교했을 때 체인 수는 22개 감소, 점포 수는 3,729개 감소했으나 매출액은 오히려 2020년 조사 대비 약 1.8% 증가했다.

특히 외식업에 한정해서 보면, 체인 수는 11개 감소, 점포 수는 900개 감소했으나 매출액은 약 414억 엔 증가한 것으로 나타났다. 이는 2021년 9월까지 정부의 긴급사태 선포와 주류 제공 자제 요청, 영업시간 단축 요청이 이어지며 큰 타격을 입은 많은 점포들이 문을 닫았지만, 살아남은 업체들은 오히려 매출이 늘었다는 것을 의미한다. 매출이 두드러지게 증가한 쪽은 테이크아웃 수요에 부응한 체인이었다.

일본 프랜차이즈 시장 현황

(단위: 개, %, 백만 엔)

	체인 수		점포 수			매출액		
	체인 수	증감	점포 수	증감	전년비	매출액	증감	전년비
총계	1,286	−22	250,288	−3,729	98.5	25,880,903	460,493	101.8
소매업	313	−9	105,750	−2,506	97.7	19,253,119	440,562	102.3
(소매업 중 편의점)	16	−1	57,577	−455	99.2	11,109,526	313,898	102.9
외식업(a+b+c+d)	547	−11	51,877	−900	98.3	3,711,705	41,447	101.1
a. 패스드푸드	243	−1	29,599	−378	98.7	2,220,931	92,363	104.3
b. 일반 레스토랑 (1+2+3+4)	166	−4	10,942	−245	97.8	944,015	−11,918	98.8
1. 일본요리 초밥집	54	−2	1,898	−141	93.1	146,666	2,499	101.7
2. 서양요리 스테이크 · 피자 · 파스타	43	0	3,860	55	101.4	334,047	8,062	102.5
3. 중화요리집	8	0	940	−13	98.6	97,932	2,469	102.6
4. 야끼니꾸집 · 기타	61	−2	4,244	−146	96.7	365,370	−24,949	93.6
c. 이자카야 · 펍	98	−4	4,832	−302	94.1	170,643	−54,016	76.0
d. 커피숍	40	−2	6,479	6,504	100.4	376,116	15,019	104.2
서비스업	426	−2	92,661	−323	99.70	2,916,079	−21,517	99.3

자료: 일본 프랜차이즈체인협회

그렇다면 한식 프랜차이즈 시장은 어떤 상황일까?

한식 프랜차이즈 주요 품목 및 수요 동향

일본에서 인기 있는 한식 프랜차이즈 품목은 치킨이다. 네네치킨처럼 한국의 인기 치킨 프랜차이즈가 일본에서 UFO치킨의 신메뉴로 성공을 거두고 있는가 하면, 일본 현지에서 만들어진 CRISPY CHICKEN n' TOMATO와 같은 한국식 치킨 전문 프랜차이즈도 있다. CRISPY CHICKEN n' TOMATO는 테이크아웃 및 배달을 전문으로 하여 2019년 12월부터 프랜차이즈 사업을 개시한 이후 코로나 시기에도 전국에 250개 이상의 매장이 생길 정도로 인기를 끌었다.

인기 한식 프랜차이즈 CRISPY CHICKEN n' TOMATO와 앞으로의 대표 메뉴
자료: CRISPY CHICKEN n' TOMATO 보도자료 및 후쿠오카 무역관 제공

후쿠오카에서 '앞으로'라는 인기 한식 프랜차이즈를 운영하고 있는 THINK DO 정승훈 대표는 "한식 프랜차이즈의 주요 품목으로 전통적인 인기를 구가하고 있는 삼겹살, 비빔밥, 순두부, 치즈닭갈비 외에 최근에는 넷플릭스 등에서 소개된 한국 드라마나 예능, 그리고 유튜브의 영향으로 뿌링클 치킨, 한국식 핫도그, 설빙 등 한국 젊은이들 사이에서 실제로 인기있는 음식이 트렌드로 자리잡고 있다."고 전했다. "심지어 간장게장, 양념게장, 낙곱새와 같이 매니악한 요리도 찾는 손님이 점차 늘고 있는 경향이다."라고 덧붙였다.

매운 요리에 익숙하지 않은 일본에서 매운 한식에 대한 관심이 날로 높아지고 있다. 일본의 인기 식당 예약 어플인 핫페퍼 구루메의 '핫페퍼 구루메 외식총연'에서 22년 6월 555명을 대상으로 실시한 '먹어보고 싶은 매운 한국 요리는?'이라는 앙케이트 결과에 따르면 일본인들이 먹어보고 싶은 매운 한국요리로 찜닭이 1위, 낙지볶음, 오징어무침, 불닭, 감자탕이 각각 2~5위를 기록했다.

먹어보고 싶은 매운 한국 요리 랭킹 (단위: %)

순위	메뉴명	먹어보고 싶다	먹어봤다
1	찜닭	53.2	11.5
2	낙지볶음	52.4	10.3
3	오징어무침	49.4	17.3
4	불닭	47.6	15.1
5	감자탕	46.7	16
6	부대찌개	43.8	27.6
7	닭발	43.4	10.1
8	게장	38.4	23.6
9	양념치킨	36.9	37.8
10	비빔면	31.5	47.4

자료: 핫페퍼 구루메 외식총연, 2022년 6월 조사

한식 프랜차이즈 개업을 원한다면

일본에서 한식당을 개업하기 위해서는 적합한 재류 자격 및 비자(경영관리비자 등) 취득 외에 추가적으로 다음과 같은 세 가지 절차가 필요하다.

일본 내 한식당 개업 시 필요한 절차

- 식품위생법에 따른 영업허가: 보건소 식품위생과에 신청
- 식품위생책임자 배치: 조리사, 영양사, 제과 위생사 중 하나의 자격을 갖춘 1인의 식품위생책임자를 두어야 함. 지역 보건소에서 실시하는 식품위생책임자 강습을 수강하고 시험에 합격하면 자격 취득 가능
- 기타 신고 및 절차: 개폐업 신고서 등 개업 수속 외에도 방화 관리자의 신고(30석 이상의 점포인 경우), 심야 영업 허가의 신고(밤 12시 이후 영업을 하는 경우) 등 경우에 따라 추가적으로 필요한 신고가 있음.

자료: 일본 식품위생법, Food's Route Magazine 기사(2023.01.19.) 등 종합

프랜차이즈로 가게를 시작하는 경우 위와 같은 절차를 진행함에 있어 본사로부터 다양한 경영지원을 받을 수 있다는 장점이 있지만 로열티 부담 등의 단점도 있으므로 신중한 판단이 필요하다. 일본 내 한식 프랜차이즈 개업과 관련한 정보는 개별 한식 프랜차이즈에 직접 연락하거나, Food's Route나 Entre와 같은 일본 내 프랜차이즈 개업 정보 사이트를 활용하여 얻을 수 있다.

THINK DO 정승훈 대표는 일본에서 한식 프랜차이즈를 차리고 싶은 사람들에게 다음과 같은 조언을 전했다. "한식은 일본 내에서 독보적인 장르로 고객을 확보할 수 있는 수익성 있는 분야입니다. 특히, 후쿠오카는 한국 여행 경험이나 한국인 친구가 많아 한국에 대한 최신 정보가 많은 젊은 여성들이 주요 고객층이어서 애매한 '한국풍 요리'로는 승부할 수 없다고 생각합니다. 음식의 현지화는 어느 정도 필요하지만 가게의 분위기 만큼은 한국 분위기를 살릴 수 있어야 성공할 수 있다는 점을 유의해야 합니다."

출처: KOTRA&KOTRA 해외시장뉴스 2023. 04. 06.

Start-Up Story

중년의 파산… 그러나 재기의 끈을 놓지 않는다

대한민국에서 게임산업이 태동하기 시작한 때인 1993년 청년기부터 20년이 넘도록 외길인생을 걸어왔다. 중소게임개발회사에서 10년을 보내고, 대기업에 스카우트 돼 입사 후 10년을 보내면서 게임 전문가로 자리를 잡았다. 20여 년 게임 인생은 그 과정에서 굴곡도 많았지만, 일 보 후퇴 후 이 보 전진하는 성장 곡선을 그려왔다.

내 게임 인생의 경험과 역량을 온전히 다해 노년이 돼서도 게임개발을 계속할 수 있는 환경을 만들고 싶다는 바람과 목표로, 2013년 말에 회사를 퇴사하고 2014년 2월 드디어 개발회사를 창업했다.

기술력 인정받고 창업… 출발은 순조로웠다

모바일게임도 최소 수십억 원의 대규모 개발비를 투입해야 간신히 소비자들의 눈높이를 맞출 수 있는 상황이었다. 회사설립 초기의 투자유치가 게임 완성의 성패를 좌우하는데, 창업 당시는 스타트업의 투자유치가 대단히 어려웠다.

나 또한 도저히 풀리지 않는 투자유치에 고군분투하다가 중국과의 공동개발 계약 체결에 성공했다. 또 기술보증기금으로부터 높은 기술력 평가를 받은 덕분에 벤처기업인증과 함께 3억 원의 기술보증 대출금을 받았다. 회사설립 초기에 10억여 원의 초기개발비 확보에 성공한 것이다.

그 후 메이저 퍼블리셔가 회사로 먼저 찾아와서 적극적인 의지를 보여 좋은 조건에 판권계약과 투자계약을 완료했다. 충분한 자금을 확보한 덕분에 게임 완성도에만 집중할 수 있었다.

이후 회사설립 1년 반 만에 모바일 RPG 개발을 완료하고 준비를 거쳐 2015년 게임을 출시했다. 개발비에 대부분의 자금이 투입돼 마케팅비를 투자하기 어려운 상황이었지만 게임 출시 전 다수의 게임전문매체의 기사와 인터뷰 등을 통해 많은 소비자에게 사전에 정보가 제공됐다. 출시와 동시에 단기간에 70만 회를 넘는 다운로드 수, 하루 매출 6,400만 원, 구글 매출 순위 15위를 기록하는 등 고무적이고 희망적인 성과를 거뒀다. 이때까지만 해도 '실패'라는 단어는 생각조차 해보지 않았다.

유저 이탈, 매출 급전직하… 악순환의 늪으로

하지만 신규 유저 확보를 위한 마케팅 활동이 전혀 없는 상태에서 기존 유저의 이탈이 시작됐다. 매출의 하락 속도는 급전직하했고, 게임출시 수개월 만에 매출은 손실로 전환됐다. 콘텐츠의 업데이트와 유지관리를 위한 개발비 등 회사의 경상비는 증가하며 매월 영업손실을 메우지 못하는 상황이 이어졌고, 결국 개인자금으로 급여 등 회사 운영자금을 조달하는 상태가 지속됐다.

신규 게임 개발을 병행하면서 부족한 경영자금을 조달하기 위해 중소기업 지원기관 등에서 대출 등을 통해 2억 원, 은행의 신용대출과 대표이사 개인 마이너스통장 1억 원, 예 · 적금 담보대출 등으로 수억 원 등 대표이사 개인이 동원할 수 있는 가능한 자금을 모두 동원해 회사에 투입했다.

역부족인 상황이 1년 이상 지속되면서 급기야 현금서비스 돌려막기가 시작됐고, 친구 등 지인들에게 2,000만 원, 700만 원 등 손을 벌려 부족한 급여와 급한 운영비용을 충당하는 상황까지 내몰렸다. 하지만 주변의 많은 개발사가 폐업하고 파산을 신청하는 상황이었음에도 나는 어떤 경우에도 폐업과 파산은 절대 고민하지 않았다.

산업과 경제 전반의 현황을 보면 재기와 재도전의 방법을 찾기에는 대단히 어려운 여건이지만 나는 인생의 목표를 이루기 위해 도전했던 첫 창업의 꿈을 재창업으로 반드시 이룰 것이라는 목표를 놓지 않고 재도전과 재기를 위해 부단한 노력을 하고 있다.

임금 체납, 존립 위기… 폐업과 파산신청까지

급기야 직원들의 급여가 체납되는 상황이 두어 달 이어지며 회사 존립 자체가 불안정해지자 자연히 폐업에 대해 고민하지 않을 수 없었다.

법조계에 상담을 청했다. 근로복지공단에 체당금을 신청해 체불임금과 퇴직금을 해소하는 방안에 관해 설명을 들었다. 회사가 더 이상의 생존방안을 기대할 수 없는 상태라고 판단된다면 폐업과 파산도 재출발과 재도약에 좋은 방안의 하나일 수 있다는 조언을 얻었다.

폐업은 할 수 있으나 파산은 지금 내 나이에 선뜻 결정할 수 있는 선택지가 아니어서 한 달 이상을 아무런 결정을 내리지 못하고 고민하다, 결국 폐업과 파산신청을 결정하게 됐다. 더 이상의 방안이 없는 벼랑 끝 상황까지 몰린 상태에서 폐업과 파산신청을 결심하게 된 것이라고 보는 것이 정확하다.

사업자의 폐업신청은 신청서 접수 하나로 간단히 처리되지만, 무려 30여 종의 파산신청 준비서류 리스트를 받아본 순간 그저 암담한 생각과 내 인생에 대한 회의, 무엇을 위해 내가 고행과 희생을 감수했던 것인가 등 형언하기 어려운 복잡하고 힘든 심정이 먼저 들었다.

스스로 부끄럽지 않게 열심히 일했고, 성실하고 정직하게 회사 운영을 하며 성과는 직원들에게 돌려주고, 직원들의 피해는 최소화하고자 한 노력의 결과가 폐업과 파산인가 하는 마음에 한없는 허탈감과 삶에 대한 깊은 회의감이 몰려왔다. 지금에서야 하는 말이지만 아내와 자식이라는 내가 책임져야 할 가족이 없었다면 그 깊은 삶의 회의를 이기지 못했을 것이다.

2017년 4월 파산선고 첫 기일에 판사가 내게 직접 신문했던 내용이 너무 당황스러워 잊히지 않는다.

"특수성이 있는 게임업계에서의 오랜 경력과 경험을 볼 때 제가 직접 취업을 알선해주기는 어렵지만, 취업이 충분히 가능할 것으로 보이는데 파산이 아닌 회생을 하는 것이 어떤가요?"

회생의 어려움을 입증하고 여러 차례 법정에 서는 과정을 거쳐, 10개월여 만에 파산선고가 내려졌다.

회사정리, 폐업, 파산신청, 파산 절차와 선고, 면책 절차와 선고 등 지난 1년여의 세월이 내 인생에서 가장 큰 울분과 삶에 대한 회의, 깊은 회한과 괴로움을 겉으로 표현하지 않았지만 내 몸 깊숙이 켜켜이 쌓여 있었다가 나도 모르게 큰 한숨으로 몸 밖으로 나오는 것 같았다.

재도전의 노력… 하지만 현실의 벽은 높았다

중국에서의 단기취업을 마치고 한국으로 돌아온 후, 면책을 받은 것은 성실하고 투명한 회사경영에 대한 노력을 인정받은 것으로 생각해서 이에 대한 감사함은 재기를 통해 미력하지만 산업과 경제에 기여하고 고용창출에도 노력하는 것으로 작은 보답이라도 하기 위해 가상현실 등으로 업무영역을 넓히며 재기에 노력하고 있다.

하지만 현실은 녹녹하지 않다. 현재 국내 게임회사들의 중국 진출이 막혀버린 상황에서, 국내시장은 메이저 Top 3 게임회사와 중국 게임들이 시장의 대부분을 점유하고 있다. 중소게임사들은 줄폐업이 진행 중인 경우가 많아 이미 나이가 지천명이 넘은 내가 취업처를 찾는 것은 대단히 어려운 환경이다.

폐업하기 전에 개발한 개발 리소스를 현재 게임 트렌드에 맞도록 변형해 개발기간을 단축하고 빠른 매출기반을 확보하는 계획으로 재창업을 시도하고 있지만 게임개발회사에 대한 스타트업 투자 자체가 완전히 막혀버려서 재창업 시도는 쉽지 않다.

창업진흥원의 장년 재창업지원도 두드려보고자 했으나, 이전과 동종업종으로 재창업을 하면 지원자격에서 제외된다. 장년의 나이까지 오롯이 한 분야에서 업무 경험과 스킬을 쌓아온 장년 재창업이 완전히 새로운 도전을 하는 청년창업과 무슨 차이가 있는지 이해가 안 되는 일이다.

지난 2017년 정부는 실패한 벤처사업가의 재창업을 세 번까지 지원하기 위해 '삼세번 재기지원펀드'를 조성했고, 2018년부터 시행하고 있지만 내 주변의 많은 폐업 · 파산 사례 중 재기지원펀드의 투자를 받은 실제 사례는 단 한 건도 없어서 엄두도 내지 못하고 있다.

이렇듯 산업과 경제 전반의 현황을 보면 재기와 재도전의 방법을 찾기는 대단히 어려운 여건이지만, 나는 인생의 목표를 이루기 위해 도전했던 첫 창업의 꿈을 재창업으로 반드시 이룰 것이라는 목표를 놓지 않고 재도전과 재기를 위해 부단한 노력을 하고 있다.

폐업과 파산이라는 질곡의 세월을 지나는 동안의 패배감과 좌절감을 잊지 않고, 면책으로 얻게 된 재도전의 자신감을 재기 성공으로 반드시 현실화하겠다는 각오를 이번 수기를 작성하며 거듭 다짐해본다.

출처: 중기이코노미 2020. 02. 17.

창업 과정은 주로 업종선정, 입지선정, 그리고 개업의 세 단계로 구분할 수 있다. 이 과정에서는 사업타당성분석과 사업계획서 작성이 이루어진다. 일반적인 창업 과정에서는 먼저 사업 아이템을 결정한 후에 입지를 선정한다. 하지만 외식업, 판매업, 서비스업 등과 같은 업종군은 선택했으나 세부업종과 아이템을 확정하지 못한 경우에는 먼저 적합한 입지를 선정하고 그에 맞는 세부업종이나 아이템을 결정하기도 한다.

창업자의 의사결정은 사업의 성패에 큰 영향을 미치는 중요한 과정이며 그에 따른 책임이 따르게 된다. 다른 사람의 말만 듣고 충분한 사전조사나 준비 과정 없이 창업하는 것은 큰 위험이 따른다. 따라서 창업을 하고자 한다면 평소에 관련 정보를 체계적으로 수집하고 데이터베이스화해 두어 필요할 때 사용할 수 있도록 준비해야 한다.

I 창업 준비와 시기

1 사업자의 유형

개인이 직접 사업을 운영하는 경우를 개인사업자라고 하며, 이는 법인사업자와 구별된다. 모든 세금은 사업자가 장부를 작성하여 이를 근거로 스스로 계산하고 납부하는 것이 기본 원칙이다. 부가가치세법에 따라 개인사업자는 일반사업자, 간이사업자, 면세사업자로 구분된다. 이처럼 개인사업자를 구분하는 것은 모든 사업자가 동일한 방식으로 부가가치세를 부담하는 것이 아니라, 각각의 사업자 유형이나 규모에 따라 다른 세금 납부 절차와 세율이 적용되기 때문이다.

이는 부가가치세법에 따른 분류이므로, 부가가치세의 신고 및 납부 절차만 다르며, 소득세의 계산, 신고, 납부 절차 등은 일반사업자와 동일한 방식으로 이루어진다.

2 사업자등록증

사람이 태어나면 출생신고를 통해 주민등록번호가 부여되는 것처럼, 사업을 개시할 때는 규모 또는 업종과 관계없이 사업장의 관할 세무서에 사업자등록을 신청하여 사업자등록증을 발급받아야 한다.

사업자등록은 사업을 시작한 날로부터 20일 이내에 필요한 서류를 준비하여 사업장이 위치한 관할 세무서의 민원봉사실에서 신청하거나 홈텍스에 접속하여 공인인증서 로그인 후 신청하면 된다. 여기서 말하는 '사업을 시작한 날'은 다음과 같은 사실이 발생한 날을 의미한다.

- 제조업은 제조장별로 재화의 제조를 시작한 날
- 도·소매업의 사업은 재화 또는 용역의 공급을 시작한 날

민원봉사실에서는 전산 발급 대상인 과세특례자와 개인사업자 중 제조·도매업을 제외한 일반 사업자인 경우 사업자등록 신청 즉시 처리해준다. 그러나 전산 발급이 되지 않는 사업자, 즉 수동 발급 대상자는 접수증을 발급받고, 처리기한인 7일 후에 민원봉사실에서 사업자등록증을 받을 수 있다.

사업자등록증에 기재된 사업자등록번호는 모든 상거래에서 해당 사업체를 식별하는 데 사용되며, 거래 시 고유번호로 활용된다.

1. 사업자등록증(견본 예시)

사 업 자 등 록 증
(일반과세자)
등록번호 : ○○○-○○-○○○○○

상　　호 : 출판창업사무실
성　　명 : 권오상　　　생 년 월 일 : 1975년 08월 15일
개 업 연 월 일 : 2023년 12월 31일
사업장소재지 : 서울시 서대문구 연희로2길 62, 2층
사 업 의 종 류 : (업태) 제조업　　　(종목) 출판업

발 급 사 유 :
공 동 사 업 자 :

사업자 단위 과세 적용사업자 여부 : 여(　) 부(∨)
전자세금계산서 전용 전자우편주소 :

2024년 01월 01일
서 대 문 세 무 서 장 (인)

2. 사업자등록 신청 시 구비서류

개인사업자	법인사업자
• 개인사업자등록신청서 1부 • 허가증 사본 1부(인 · 허가사업체) • 동업계약서(해당자에 한함) • 임대차계약서(사업장을 임차한 경우) 사본 1부 • 주민등록증 • 도장	• 법인 및 사업자등록신청서 1부 • 법인 등기부등본 1부 • 정관 사본 1부 • 재무상태표 1부 • 사업허가증 사본 1부(해당자) • 주주 또는 출자자명세서 1부 • 임대차계약서 사본 1부 • 법인 도장

3. 사업자등록신청서 작성 시 유의 사항

- 사업자등록 신청 시 해당되는 사업자 유형을 먼저 생각한다.
- **사업자등록을 받을 수 없는 경우**: 타인 명의로 신청, 허가증 사본 미첨부, 신청내용이 실제 사업과 다른 경우
- 사업자등록번호를 부여받으면 특별한 이유 없이 변경하는 것은 지양한다.

■ 부가가치세법 시행규칙 [별지 제4호서식] <개정 2015.3.6.>

홈택스(www.hometax.go.kr)에서도 신청할 수 있습니다.

사업자등록 신청서(개인사업자용)
(법인이 아닌 단체의 고유번호 신청서)

※ 사업자등록의 신청 내용은 영구히 관리되며, 납세 성실도를 검증하는 기초자료로 활용됩니다.
아래 해당 사항을 사실대로 작성하시기 바라며, 신청서에 본인이 자필로 서명해 주시기 바랍니다.
※ [ ]에는 해당되는 곳에 √표를 합니다.

(앞쪽)

접수번호		처리기간	3일(보정기간은 불산입)

1. 인적사항

상호(단체명)		전화번호	(사업장)
			(자택)
성명(대표자)			(휴대전화)
주민등록번호		FAX번호	
사업장(단체) 소재지	층 호		

2. 사업장 현황

업 종	주업태		주종목		주생산 요소		주업종 코드	개업일	종업원 수
	부업태		부종목		부생산 요소		부업종 코드		

사이버몰 명칭		사이버몰 도메인	

사업장 구분	자가 면적	타가 면적	사업장을 빌려준 사람 (임 대 인)			임대차 명세		
			성 명 (법인명)	사업자 등록번호	주민(법인) 등록번호	임대차 계약기간	(전세) 보증금	월 세
	㎡	㎡				. . . ~ . . .	원	원

허 가 등 사업 여부	[ ]신고 [ ]등록 [ ]허가 [ ]해당 없음	주류면허	면허번호	면허신청
				[ ]여 [ ]부

개별소비세 해 당 여 부	[ ]제조 [ ]판매 [ ]입장 [ ]유흥

사업자금 명세 (전세보증금 포함)	자기자금	원	타인자금	원
사업자 단위 과세 적용 신고 여부	[ ]여 [ ]부		간이과세 적용 신고 여부	[ ]여 [ ]부

전자우편주소		국세청이 제공하는 국세정보 수신동의 여부	[ ]동의함 [ ]동의하지 않음

그 밖의 신청사항	확정일자 신청 여부	공동사업자 신청 여부	사업장소 외 송달장소 신청 여부	양도자의 사업자등록번호 (사업양수의 경우에만 해당함)
	[ ]여 [ ]부	[ ]여 [ ]부	[ ]여 [ ]부	

210㎜×297㎜[백상지 80g/㎡ 또는 중질지 80g/㎡]

(뒤쪽)

3. 사업자등록 신청 및 사업 시 유의사항 (아래 사항을 반드시 읽고 확인하시기 바랍니다)

가. 다른 사람에게 사업자명의를 빌려주는 경우 사업과 관련된 각종 세금이 명의를 빌려준 사람에게 나오게 되어 다음과 같은 불이익이 있을 수 있습니다.
1) 조세의 회피 및 강제집행의 면탈을 목적으로 자신의 성명을 사용하여 타인에게 사업자등록을 할 것을 허락한 사람은 「조세범 처벌법」 제11조제2항에 따라 1년 이하의 징역 또는 1천만원 이하의 벌금에 처해집니다.
2) 소득이 늘어나 국민연금과 건강보험료를 더 낼 수 있습니다.
3) 명의를 빌려간 사람이 세금을 못 내게 되면 체납자가 되어 소유재산의 압류·공매처분, 체납명세의 금융회사 등 통보, 출국규제 등의 불이익을 받을 수 있습니다.

나. 다른 사람의 명의로 사업자등록을 하고 실제 사업을 하는 것으로 확인되는 경우 다음과 같은 불이익이 있습니다.
1) 조세의 회피 또는 강제집행의 면탈을 목적으로 타인의 성명을 사용하여 사업자등록을 한 사람은 「조세범 처벌법」 제11조제1항에 따라 2년 이하의 징역 또는 2천만원 이하의 벌금에 처해집니다.
2) 「부가가치세법」 제60조제1항제2호에 따라 사업 개시일부터 실제 사업을 하는 것으로 확인되는 날의 직전일까지의 공급가액에 대하여 100분의 1에 해당하는 금액을 납부세액에 가산하여 납부해야 합니다.
3) 「주민등록법」 제37조제10호에 따라 다른 사람의 주민등록번호를 부정하게 사용한 자는 3년 이하의 징역 또는 1천만원 이하의 벌금에 처해집니다.

다. 귀하가 실물거래 없이 세금계산서 또는 계산서를 발급하거나 발급받은 경우 또는 이와 같은 행위를 알선·중개한 경우에는 「조세범 처벌법」 제10조제3항 또는 제4항에 따라 해당 법인 및 대표자 또는 관련인은 3년 이하의 징역이나 공급가액 및 그 부가가치세액의 3배 이하에 상당하는 벌금에 처해집니다.

라. 신용카드 가맹 및 이용은 반드시 사업자 본인 명의로 해야 하며 사업상 결제목적 외의 용도로 신용카드를 이용할 경우 「여신전문금융업법」 제70조제2항에 따라 3년 이하의 징역 또는 2천만원 이하의 벌금에 처해집니다.

대리인이 사업자등록신청을 하는 경우에는 아래의 **위임장을 작성하시기 바랍니다.**

위 임 장	본인은 사업자등록 신청과 관련한 모든 사항을 아래의 대리인에게 위임합니다. 본 인: (서명 또는 인)		
대리인 인적사항	성명	주민등록번호	전화번호	신청인과의 관계

위에서 작성한 내용과 실제 사업자 및 사업내용 등이 일치함을 확인하며, 「부가가치세법」 제8조제1항, 제61조제3항, 같은 법 시행령 제11조제1항·제2항, 제109조제4항, 같은 법 시행규칙 제9조제1항·제2항 및 「상가건물 임대차보호법」 제5조제2항에 따라 사업자등록 ([ ]일반과세자[ ]간이과세자[ ]면세사업자[ ]그 밖의 단체) 및 확정일자를 신청합니다.

년 월 일

신청인: (서명 또는 인)

위 대리인: (서명 또는 인)

세 무 서 장 귀하

신고인 제출서류	1. 사업허가증 사본, 사업등록증 사본 또는 신고확인증 사본 중 1부(법령에 따라 허가를 받거나 등록 또는 신고를 해야 하는 사업의 경우에만 제출합니다) 2. 임대차계약서 사본(사업장을 임차한 경우에만 제출합니다) 1부 3. 「상가건물 임대차보호법」이 적용되는 상가건물의 일부분을 임차한 경우에는 해당 부분의 도면 1부 4. 자금출처명세서(금지금 도·소매업, 액체연료 및 관련제품 도매업, 기체연료 및 관련제품 도매업, 차량용 주유소 운영업, 차량용 가스 충전업, 가정용 액체연료 소매업, 가정용 가스연료 소매업, 재생용 재료 수집 및 판매업 및 과세유흥장소에서 영업을 하려는 경우에만 제출합니다) 1부	수수료 없음

유의사항

사업자등록을 신청할 때 다음과 같은 사유에 해당하는 경우 붙임의 서식 부표에 추가로 적습니다.
① 공동사업자에 해당하는 경우
② 종업원을 1명 이상 고용한 경우
③ 사업장 외의 장소에서 서류를 송달받으려는 경우
④ 사업자 단위 과세 적용을 신청한 경우(2010년 이후부터 적용)

4. 사업 시작 전 사업자등록 가능

- 예외적으로 사업 시작 전에 상품이나 시설자재 등을 구매해야 하는 경우 사업자등록을 먼저 진행하여 세금계산서를 받을 수 있다.
- 이 경우 사업을 시작할 것이라는 사실이 객관적으로 확인되면 사업자등록증을 발급한다.

5. 간이과세자로 등록하려면 간이과세적용신고도 함께해야 한다.

- 영세한 소규모 사업자의 신고 편의와 세부담 경감을 위해 간이과세제도가 마련되어 있다.
- 간이과세 적용신고는 사업자등록신청서의 해당 부분에 표시한다.

① 간이과세 적용조건

- 연간 매출 예상액이 8,000만 원 이하이다.
- 연간 매출액이 8,000만 원을 초과할 것으로 예상되거나 간이과세가 배제되는 업종 또는 지역에서 사업을 하고자 하는 경우에는 일반과세자로 등록해야 한다.
- 연간 매출액의 규모는 상황에 따라 변동할 수 있으므로 매년 확인하는 것이 필요하다.

② 간이과세 배제업종

- 광업, 제조업(단, 과자점, 떡방앗간, 도정·제분업, 양복·양장·양화점은 제외)
- 도매업(겸업 시 도·소매업 포함), 부동산매매업
- 간이과세가 적용되지 아니하는 다른 사업장(일반과세자)을 보유하고 있는 사업자
- 전전년도 기준 복식부기 의무자가 경영하는 사업
- 변호사, 심판변론인, 변리사, 법무사, 공인회계사, 세무사, 경영지도사, 기술지도사, 감정평가사, 손해사정인업, 통관업, 기술사, 건축사, 도선사, 측량사업 등 전문직 사업자
- 기타 사업장소재지, 사업의 종류·규모 등을 감안하여 국세청장이 정한 간이과세 배제기준에 해당되는 사업자

6. 개별소비세 등을 부과하는 사업자의 등록 신청

개별소비세 등이 부과되는 경우는 거래 가액이 크고 소비성이 높은 제품(예 가전제품, 골프용품 등)을 판매하는 사업장을 의미한다.

휘발유, 경유 등을 제조하는 정유회사에는 교통세가 부과된다. 개별소비세법 또는 교통세법에 따른 개업, 폐업, 휴업, 변경 신고는 부가가치세보다 우선되며, 이 경우 부가가치세법에 따른 별도의 신고는 필요하지 않다.

주류를 판매하는 유흥음식업소, 식품잡화 등의 사업자는 신청서에 주류 판매 사실을 기재하여 제출해야 한다. 특별소비세 신고는 부가가치세 신고와 별도로 매월 신고해야 한다.

7. 공동사업자의 사업자등록 신청

2명 이상 공동으로 사업을 운영하는 경우 1인을 대표로 선정하고 모든 공동사업자의 주민등록 등본을 첨부하여 대표자의 명의로 신청한다. 공동으로 사업을 운영하고 있음을 증명할 수 있는 동업계약서 등의 문서도 함께 제출해야 한다.

8. 사업자등록을 하지 않을 경우의 결과

사업자등록을 하지 않는 경우 가산세가 부과된다. 사업개시일부터 사업자등록을 신청한 날의 직전일까지 공급가액에 대하여 개인 및 법인은 각각 1%에 해당하는 금액이 가산세로 부과된다.

9. 사업자등록 사항의 변동

사업자등록 사항 변동의 경우는 다음과 같다.

- 상호, 법인 대표자, 사업의 종류 변경 시
- 사업자의 주소, 거소 또는 사업장 이전 시
- 상속으로 인해 사업자의 명의변경 시

사업자등록 사항이 변경되었을 때는 관할 세무서의 민원봉사실에 사업자등록 정정신고서와 사업자등록증을 제출해야 한다. 또한, 휴업 또는 폐업 시에는 즉각 휴업 또는 폐업신고서를 관할 세무서장에게 제출해야 한다.

3 창업의 시기

창업 시기를 결정할 때 창업에 적합한 연령은 몇 살인지, 국가경제 상황이 어떨 때 사업을 시작하는 것이 더 나은지 고려해야 한다.

1. 경제 흐름 분석을 통한 창업

사업은 장기적인 경제 활동이므로 불경기 상황에서 시작하는 것이 현명한 선택일 수 있다. 그 이유는 다음과 같다.

첫째, 더 철저하고 신중한 사업을 추진할 수 있다. 불경기에는 어려운 경제 상황이므로 더 신중하게 결정하기 때문에 실수를 줄일 수 있다.

둘째, 경쟁자가 비교적 적은 상태에서 사업을 시작할 수 있다. 어떤 사업이든지 경쟁이 없으면 기본적으로 생존 가능성이 크다. 이러한 관점에서 불경기에는 신규 창업이 줄고, 기존 사업의 경우에도 사업확장을 주저하게 되므로 사전에 철저히 준비한 예비창업자는 불경기가 오히려 창업의 적기가 될 수 있다.

셋째, 주변 여건이 창업에 유리하다. 금융기관이 보유한 공장, 기계 등의 기존 시설을 저렴한 가격에 활용할 수 있으며, 호황기 때의 절반 수준의 가격대로 좋은 입지와 시설을 선택하여 사업장을 취득할 수 있다. 도·소매업이나 서비스업의 경우 점포와 사무실을 좋은 위치에 저렴한 임차료와 좋은 조건으로 계약할 수 있다.

2. 창업적정연령

창업적정연령은 창업자 개인에 따라 다르며, 창업 최적기도 창업자마다 다를 수 있다. 그러나 일반적으로 50세가 넘어서 새로운 사업을 시작하는 것은 상당한 제약이 따르는 것이 사실이다. 일반적으로 경험과 자금, 인맥 등을 충분히 갖춘 30~40대가 창업에 적합하다는 인식이 널리 퍼져 있다.

그러나 사업의 성공은 단순히 경험과 이론만으로는 부족하며, 때로는 과감성과 적극적인 행동이 요구되기도 하므로 가능하면 창업은 일찍 시작하는 것이 좋다. 또한, 새로운 사업을 시작할 때 해당 사업 아이템이 이전 근무 경험과 밀접한 관련이 있다면 사업 운영을 보다 효율적이고 원활하게 진행할 수 있다.

3. 연령에 맞는 창업 유형

1) 20대의 모험창업

자신의 전공이나 직업에 구애받지 않고 다양한 분야에서 창업에 도전할 수 있다. 만약 실패하더라도 재기할 수 있는 잠재력이 높다. 이들은 창업에 대한 열정이 높지만, 개인적으로 가진 인적·물적 자원이 적고 사회적 경험도 부족하므로 사전준비를 보다 철저하게 하는 노력이 필요하다.

2) 31~35세의 선택창업

자신의 적성에 맞는 분야를 찾아서 창업을 고려하는 것이 바람직하다. 자신의 적성과 이전 업무의 상관관계를 고려하여 사업 아이템을 발굴해야 한다. 회사생활을 통해 구축한 인맥이나 사업적 관계를 활용할 수 있다면 좋겠지만, 그렇지 못한 경우에는 자신이 즐거움을 느낄 수 있는 사업 분야로 창업을 고려하는 것이 좋다.

3) 36~40세의 기반창업

개인이 일정한 분야에서 쌓아온 기반을 최대한 활용하는 방향으로 창업을 진행한다. 대체로 이 연령대의 창업자들은 사회적으로 일정한 위치를 확보하게 되며, 가족과 사회에 대한 책임이 상대적으로 더 크게 느껴질 수 있다. 따라서 창업을 진행할 때는 신중함이 요구된다. 그동안 쌓아온 인맥과 개인적 경력을 최대한 활용하여 창업의 불확실성을 줄여나가는 것이 중요하다.

4) 41~50세의 전문창업

이 연령대는 자신의 경력사다리가 거의 완성된 이들로, 자기 분야에서 전문가로 인정받는 경우가 많다. 그러므로 자신이 해오던 분야의 연장선상에서 새로운 창업을 계획하는 것이 비교적 수월할 것이다. 비록 덜 익숙한 분야라 할지라도 자신의 인적 특성과 보유자원의 측면에서 적합하다고 판단된다면 성공할 가능성은 충분하다.

5) 50대 이상의 안정창업

50세 이상의 연령대는 신체적, 정신적 측면에서는 약간의 어려움이 있을 수 있지만, 광범위한 경험과 삶에서 얻은 지혜, 그리고 성숙한 여유와 관대함을 잘 활용한다면 창업성공 가능성은 예상보다 높을 수 있다. 너무 폭넓게 계획하거나 급진적인 변화가 요구되는 분야나 업종보다는 보수적인 접근으로 안정적이고 위험성이 낮은 분야를 선택하는 것이 바람직하다.

6) 60세 이상의 실버창업

고령화사회를 거쳐 급속히 고령사회로 진입하고 있음을 고려할 때 60대의 창업도 점차 주목받고 있다. 60세 이상의 소비자 수가 급증하는 추세를 고려하면 건강 관련 상품이나 노후의 여가 생활에 관한 실버상품 수요가 확대될 것이므로 실버시장이 확립될 것으로 예상된다. 60세 이상의 창업은 다양한 제한 사항이 있을 수 있으므로, 자신의 건강과 시간이 허용하는 범위에서 과도한 부담이 없는 창업을 선택하는 것이 바람직하다.

표 3-1 창업자의 연령과 창업 유형

연령	창업 유형	판단 기준
20대	모험창업	• 자신의 전공이나 직업과 관계없이 어떤 분야로 창업을 결정하더라도 성패의 결과는 크게 달라지지 않음. • 재기 가능성이 높음
31~35세	선택창업	• 자신의 적성에 맞는 분야 선택 • 자신의 적성과 업무 간의 상관관계를 적절히 판단
36~40세	기반창업	• 사회생활이나 일정 분야에서 쌓아온 기반을 최대한 활용
41~50세	전문창업	• 학력에 관계없이 자신의 업무 분야에서 최고의 실무전문가인 점을 십분 활용하여 창업
51세 이상	안정창업	• 사회적 경험과 전문지식이 풍부하나, 다양한 지식이 오히려 고민을 깊게 하는 원인이 될 수 있음. • 모험성이 없는 안전한 사업 분야 선택
60세 이상	실버창업	• 고령사회에 대비하여 실버시장의 확장이 예상되며, 이에 따른 수요 증가 기대 • 건강, 시간, 자본 등이 허용하는 한도 내에서 안전한 분야 선택

Ⅱ 창업의 절차

창업 절차는 사업 아이템(업종) 선정 단계, 점포입지 선정 단계, 개업준비 단계로 구분한다.

1단계: 사업 아이템 선정

사업 구상 – 정보수집 및 비교·분석을 통한 아이템 선정(성장성, 수익성, 안정성 고려) – 사업 타당성 분석과 사업계획서 작성 – 자금 준비 및 조달

2단계: 점포입지 선정

상권 및 입지 조사 분석 – 점포선정 – 점포조사 및 하자확인 – 점포계약 준비 – 점포계약체결

3단계: 개업준비

실내·외 인테리어 – 상품·집기매입 – 영업신고 및 허가신청 – 사업자등록신청 – 종업원 채용 – 개업홍보 및 안내 – 개업

그림 3-1 창업절차도

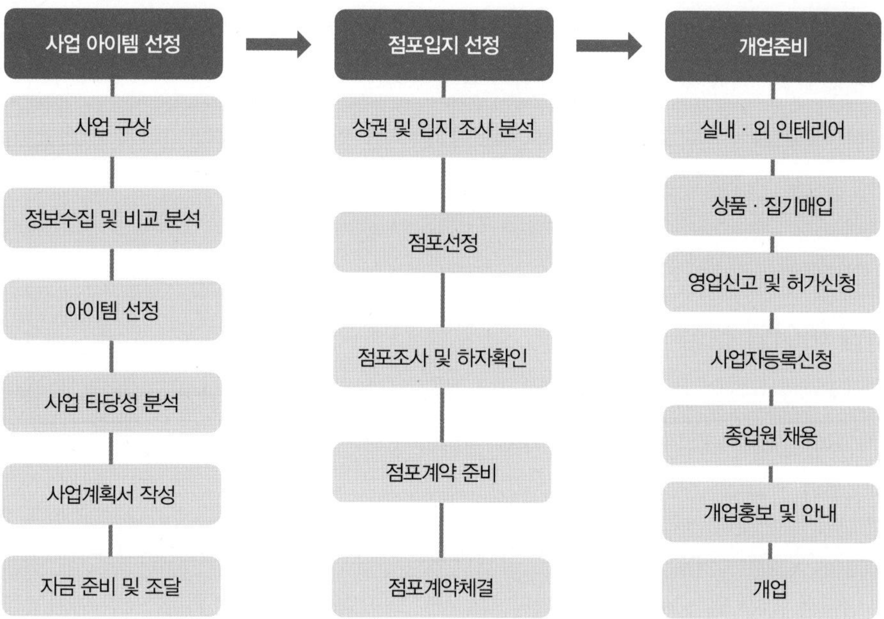

그림 3-2 도·소매업 및 서비스업의 창업 단계

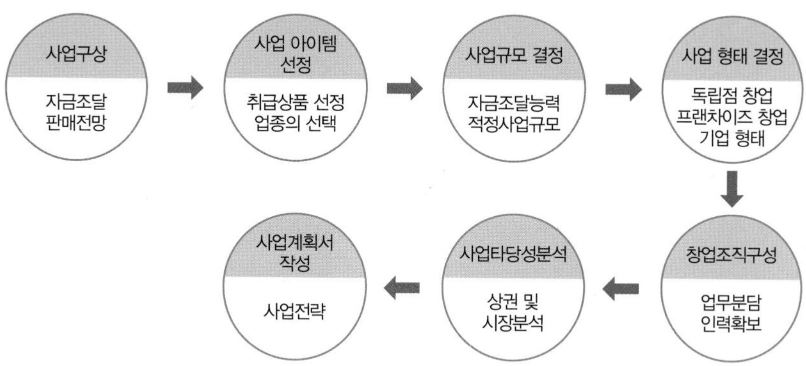

성공적인 창업을 위해서는 창업의 기본절차에 따르며, 꼼꼼한 검토와 준비가 필요하다. 일반적 절차에 따라 도·소매업이나 서비스업의 경우 대체로 〈그림 3-2〉의 단계를 거친다.

1 사업 구상

창업을 위한 아이디어 구상 및 계획단계에서는 검토해야 할 사항이 많다. 먼저 창업을 시작하기 전에 필요한 자금조달 규모를 결정해야 한다. 자금목표를 설정할 때는 소요자금의 약 1.5~2배는 확보하는 것이 바람직하다. 사업을 하다 보면 예상치 못한 비용이 발생할 수 있으므로 계획단계에서 여유 있는 자금조달계획이 필요하다.

또한 사업을 운영하며 취급하게 될 품목은 무엇인지, 어떤 방법으로 판매할 것인지, 그리고 어떤 가격조건으로 판매할 것인지 등의 판매전략도 수립해야 한다.

2 사업 아이템 선정

창업의 성패를 좌우하는 것은 사업 아이템이다. 창업 준비단계에서는 취급할 아이템을 선정해야 한다. 어떤 품목을 어디서 구매하고, 어떤 전략을 통해 판매할 것인지 계획을 세워 창업을 준비해야 한다.

선택한 사업 아이템이 개인의 경험, 경력, 성격에 맞는지, 또 성장 가능성이 있는지, 자신의 자금범위 내에서 할 수 있는 사업인지를 판단하여 사업 아이템을 선정해야 한다. 사업 아이템을 선정할 때 유의해야 할 사항은 다음과 같다.

1. 성장기의 업종과 아이템

제품의 수명주기는 보통 도입기, 성장기, 성숙기, 쇠퇴기, 그리고 소멸기의 5단계를 거친다. 이 중 성장기에 있는 업종과 아이템을 선택하는 것이 가장 이상적이다. 성장기에 있는 업종이나 아이템은 성숙기 단계에 이를 때까지 꾸준하고 안정된 매출이 가능하기 때문이다. 따라서 시장이 포화상태에 이르러 매출성장이 둔화된 성숙기보다는 도입기 또는 성장기에 있는 업종이나 아이템으로 창업하는 것이 더 유리하다.

2. 경력이나 적성에 맞는 업종과 아이템

창업자가 창업 분야에 대한 전문지식이나 경험이 있거나 본인의 적성에 맞는 업종을 선정하면 유리한 환경에서 창업이 가능하다. 자신의 적성을 고려하지 않고, 적절한 준비 과정 없이 무작정 창업에 도전하는 것은 무모한 행동이다. 사업의 유형에 따라 전문적 지식이 필요한 경우가 있다. 이때 창업자가 자신의 능력이 부족하다고 판단되면, 이를 보완할 수 있는 인력을 확보하는 것을 고려해야 한다.

성장기에 있는 업종이라 할지라도, 그것이 자신의 적성과 맞지 않는다면 실패할 확률이 높다. 흥미 없는 분야에 최선을 다하는 것은 어려운 일이다. 경험이 있다면 그 분야에 대한 이해도가 높아지며, 자신감과 여유가 생기게 된다. 그러므로 자신의 경험과 지식을 활용할 수 있는 업종인지 꼼꼼히 살펴봐야 한다.

3. 자금능력에 맞는 업종과 아이템

사업 운영 중에는 예상하지 못한 추가 비용이 발생하여 더 많은 자금이 필요한 경우가 많다. 그래서 미리 여유 있는 자금조달계획을 세우는 것이 중요하다. 무리한 자금조달로 인해 부채에 의존하게 되면, 이로 인해 과중한 금융비용을 부담하게 되고 나아가 경영 부실을 초래할 수 있다. 그러므로 자신의 자금규모에 맞는 업종과 아이템을 선정하는 것이 중요하다. 아무리 훌륭한 업종이나 아이템이라 할지라도 자신의 자금규모에 맞지 않으면 그림 속의 떡과 같다.

4. 기타 사항

업종을 선택할 때 추가적으로 고려해야 할 사항들은 다음과 같다.

1) 면허·허가·등록 유무 확인

창업하려는 사업이 별도의 면허, 허가 또는 등록을 필수로 해야 하는 업종인 경우 해당 요건을 확인하고 필요한 자격증을 보유한 인력을 미리 확보하여 대비해야 한다.

2) 범법성 업종인지 여부 확인

법률을 위반하는 사업은 당연히 배제해야 한다. 사회에 부정적인 영향을 미치거나 법률상 규제가 많고 위법의 소지가 있는 업종은 피해야 한다.

3) 세무 문제가 복잡하고 자료 처리가 어려운 업종인지 여부 확인

유통 과정이 복잡하며 증빙자료 처리가 어려워 세무 처리를 고민해야 하는 업종은 피하는 것이 바람직하다.

4) 흔하고 쉬운 업종인지 여부 확인

누구나 쉽게 시작할 수 있는 업종의 창업은 비교적 쉬울 수 있지만 이는 과도한 경쟁을 초래할 수 있다. 이러한 업종은 특화된 사업이 아니므로 부가가치가 낮으며, 이로 인해 장기적으로 이익을 창출하기 어렵다. 특히, 이러한 아이템은 난립으로 인해 경쟁이 심화되어 매출이 분산되고, 가격경쟁 등으로 인해 사업을 지속하기 쉽지 않다.

3 사업규모 결정

사업의 규모는 창업자의 자금조달능력이 허용하는 범위 내에서 결정되어야 한다. 초기 단계에서 지나치게 큰 규모의 사업을 시작하면 부담이 따를 수 있다. 창업자가 강한 의욕과 기대감으로 큰 규모의 사업을 진행하게 되면, 사업을 제대로 해보지도 못하고 자금문제 등으로 고심하게 되거나 좌절을 겪을 수 있다. 성공적인 창업을 위해서는 창업자가 적절하게 관리하고 유지할 수 있는 사업규모를 결정하는 것이 필요하다.

1. 창업하고자 하는 업종과 아이템에 대한 고려

창업을 위한 사업 분야는 산업분류표상 제조업, 광업, 건설·운수·창고·통신업, 도·소매업, 서비스업 등으로 분류한다. 제조업은 일반적으로 절차가 복잡하며 규모가 크지만, 도·소매업과 서비스업은 상대적으로 작은 규모로 시작할 수 있는 업종과 아이템이 많다.

2. 시설투자 규모의 고려

시설투자자금은 시설장치비, 인테리어공사비, 간판설치비, 임차보증금, 점포권리금 등으로 구성된다. 이러한 시설투자자금은 고정자금으로 유동성이 떨어지므로 자금조달 과정에서부터 장기적으로 운용 가능한 자본이나 장기차입금을 확보하는 것이 필요하다. 같은 업종이라도 시설투자가 크게 필요한 경우와 그렇지 않은 경우가 있으므로, 사업규모를 결정할 때는 이러한 시설투자를 어느 정도 할지 그 규모를 고려해야 한다.

3. 경쟁점의 사업규모 고려

경쟁점의 사업규모를 조사하고 분석하여 동종업계의 평균 사업규모를 파악하는 것도 중요하다. 경쟁업체보다 영세한 규모의 사업을 시작하면 경쟁력에서 열세를 면치 못하게 된다. 이러한 문제를 창업 후에 해결하기 위해 사업을 확장하려 하면 영업에 방해가 되고 불필요한 지출 요인이 발생할 수 있으므로 창업하기 전 미리 규모를 결정하는 것이 바람직하다.

4. 자금조달능력 고려

창업자의 자금조달능력을 기준으로 자금조달 규모를 결정하고, 이를 바탕으로 사업규모를 결정한다. 일반적으로 시설자금은 예상 금액을 산출하여 비교적 정확하게 계산하지만, 운영자금의 예산 계획은 소홀히 하는 경향이 있다. 판매시장 개척, 점포 광고와 홍보, 단골고객 확보 등 정상적인 영업 활동이 이루어지기까지 많은 시간과 자금이 소요되며, 초기에는 고정고객 확보를 위해 외상거래를 하는 경우도 있어 자금회전이 어려울 수 있다.

또, 운영자금에 대해 소요기간을 너무 짧게 잡거나 대략 어느 정도일 것이라는 애매한 자금계획을 수립하는 경우가 많다. 이는 예상치 못한 자금지출로 인해 경영에 차질을 초래할 수 있다. 따라서 사업규모를 결정할 때는 투자 및 비용 항목을 세부적으로 나누어 분석하고, 이를 기반으로 한 자금계획을 수립하는 과정이 필요하다.

5. 금융지원 등 각종 정부 지원 제도의 수혜 가능성 고려

제조업은 도매업, 소매업, 또는 서비스업에 비해 다양한 금융지원제도를 이용할 수 있다. 다양한 금융기관을 활용하면 자기자본이 없어도 타인의 자본, 즉 금융차입을 통한 창업이 가능하기도 하다.

4 사업 형태 결정

창업을 준비하는 창업자는 업태선정(제조업, 도·소매업, 서비스업) 및 업종선택과 동시에, 독립점포로 운영할 것인지, 프랜차이즈 형태로 운영할 것인지 등을 결정해야 한다. 뿐만 아니라 점포 유무(유점포, 무점포), 고객접객 유형(대면판매, 측면판매, 방문판매), 서비스 여부(셀프셀렉션, 셀프서비스)도 결정해야 한다.

1. 독립점 창업과 프랜차이즈 창업

1) 독립점 창업

창업자가 직접 상호를 정하고 업종을 선택하며, 외부의 간섭을 받지 않는 창업 형태이다. 창업자는 모든 사업 관련 업무를 독자적으로 처리하고, 그 결과에 대해 전적으로 책임을 지는 점포 운영 방식이다.

2) 프랜차이즈 창업

창업자가 프랜차이즈 본사와 가맹계약을 체결하여, 브랜드, 상호, 경영노하우, 각종 판매촉진 등을 제공 받는다. 그 대가로 창업자는 본사의 영업방침을 따르고, 일정한 로열티를 내며 사업을 운영하는 방식이다.

2. 기업 형태

사업을 시작할 때 어떤 형태의 기업으로 운영할 것인지 대한 문제에 직면하게 된다.

1) 개인기업

개인기업은 사업주 개인이 자금을 투자하고 경영을 담당하는 기업 형태이다. 법인기업에 비해 외부의 간섭 없이 자신의 능력을 자유롭게 발휘할 수 있으며, 성공적인 경영성과가 있을 경우 그 수익은 모두 사업주 개인에게 돌아간다는 장점이 있다.

하지만 경영의 결과가 부실할 경우에도 모든 손실이 사업주 개인에게 돌아가므로, 위험을 분산하거나 줄일 수 없다.

2) 법인기업

법인기업은 법인이 사업의 주체가 되는 기업 형태를 의미한다. 우리나라의 상법에 따르면 영리법인은 주식회사, 유한회사, 합명회사, 합자회사로 구분된다.

① **주식회사**: 각 주주가 자신이 인수한 주식의 금액을 한도로 회사에 대한 출자의무를 지고 그 밖의 회사의 채무에 대해서는 책임을 지지 않는 회사이다. 주주들은 주주총회를 통해 주요 의사결정에 참여하며, 업무 집행과 회사대표는 이사회와 대표이사가 한다. 또한, 주주의 지위를 나타내는 주식은 자유롭게 양도할 수 있다.

② **유한회사**: 균등액의 출자로 성립하는 자본에 대한 출자의무를 부담할 뿐 회사채권자에 대

한 책임은 부담하지 않는 사원들로만 구성된 회사이다. 소규모 및 폐쇄적인 회사로, 기관구성이 간소하며 사원 수는 최대 50명으로 제한된다. 또한, 지분을 증권화하는 것은 인정되지 않으며, 지분을 양도하려면 사원총회의 특별결의가 필요하다.

③ **합명회사**: 회사채무를 회사재산으로 완전히 변제할 수 없는 경우, 사원 각자가 연대 무한의 변제책임을 지는 무한책임사원으로만 구성된 회사이다. 사원들은 원칙적으로 업무집행 및 회사대표의 권한을 가지며, 지분양도는 모든 사원의 동의가 필요하다. 이러한 특징으로 인해 인적 신뢰관계를 바탕으로 한 소수의 공동기업에 적합한 형태이다.

④ **합자회사**: 무한책임사원과 유한책임사원으로 구성된 회사이다. 사업 경영은 무한책임사원이 담당하고, 유한책임사원은 출자한 금액 범위 내에서만 책임을 진다. 유한책임사원은 회사의 대표 권한이 없으며 경영에 참여하지 않는다. 이들은 자본을 제공하고 이익분배에만 참여한다.

표 3-2 개인기업과 법인기업의 비교

구분	장점	단점
개인기업	• 이윤의 기업주 독점 • 설립의 용이 • 적은 자금 소요 • 신속한 의사결정 • 영업상 비밀유지 가능 • 인적관계 긴밀	• 사업주의 무한책임 • 영속성 부족 • 자본조달 한계 • 경영능력 한계 • 납세상 불리
법인기업	• 대자본조달 용이 • 주주의 유한책임 • 주식의 양도 · 매입 자유 • 소유와 경영의 분리 • 높은 공신력	• 설립절차 복잡 • 의사결정 지연 • 보고 의무

5 창업조직구성

인적자원은 이익 창출의 가장 기본적인 요소이지만 필요한 인재를 찾는 것은 쉽지 않다. 창업조직에 필요한 사람이 있다면 직접 만나 의사를 확인하고 보수 등을 결정해야 한다. 팀워크가 잘 이루어져야 사업의 성장과 발전이 가능하므로 직접 만나 탐색하는 시간을 갖는 것이 중요하다.

창업조직을 구성하는 체계적인 방법은 다음과 같다.

1. 조직은 소수정예로 구성

창업 초기에는 기반을 다질 때까지 인원을 최소한으로 유지하고 관리하는 것이 중요하다. 인원을 과도하게 확보하면 초기 인건비 지출에 큰 부담을 초래할 수 있다. 따라서 적절한 인원을 확보하고 업무를 분담하여 소수정예로 이루어진 효율적인 조직을 구성해야 한다.

2. 경력자의 초빙은 신중하게 결정

창업에 필요한 재능과 기술이 부족하다면 능력 있는 인재를 확보해야 한다. 초기 창업단계에서는 조금 무리가 되더라도 유능한 인재를 초빙하는 것을 고려하게 된다. 이때에는 인재의 능력뿐만 아니라 성격, 협동심, 그리고 좋은 팀 분위기를 유지할 수 있는 인간관계 측면까지 고려하여 신중하게 결정해야 한다.

3. 인재 파악 및 확보 전략

창업에 필요한 인재를 어떻게 확보할지 전략을 세워야 한다. 기술이나 자원이 필요한 시점과 빈도를 평가하여 전일제 또는 시간제 직원을 확보한다. 법률이나 세무와 같은 특수한 문제에 대해서는 외부전문가의 도움을 받는 것이 바람직하다.

1) 채용 기준

직원을 채용할 때 고려해야 할 평가항목으로는 업무수행능력과 잠재적인 발전 가능성 등이 있다.

① **업무수행능력**: 직무를 효과적으로 수행할 수 있는 능력을 갖춘 직원을 채용해야 한다. 이를 위해 교육 수준, 신체조건, 자격증이나 면허증 소지 여부를 확인한다.

② **발전 가능성**: 시간이 지나면서 능력이 향상되고 장기간 근무할 수 있으며, 향후 발전 가능성이 있는 사람을 채용해야 한다.

2) 모집 방법

인재를 모집하는 방법과 모집원은 다음과 같다.

① **광고**: 광고의 형태는 다양하며 비용 대비 효과가 뛰어난 방법을 선택해야 한다. 지역생활정보

지에 광고를 내거나 온라인 구인구직 사이트에 채용공고를 내 인재를 모집하는 방법이 있다.

② **교육 및 훈련 기관**: 각급 학교 또는 직업훈련기관에 구인 정보를 의뢰하여 적합한 인재를 선발하는 방법이다.

6 사업타당성분석

창업의 성공 가능성은 합리적이고 체계적으로 분석 및 평가해야 한다. 사업타당성분석은 창업자의 주관적인 사업구상이 아닌 객관적이고 체계적인 검증을 통해 창업의 성공확률을 높이고 효율적인 창업업무를 수행하게 한다.

사업타당성분석에는 보통 창업자의 계획사업 수행 능력, 시장성과 판매전망, 기술적 타당성, 수익성과 경제성, 입지성, 자금수지 및 성장성 등을 종합적으로 분석하는 것이 포함된다.

7 사업계획서 작성

성공적인 창업을 위해서는 사업 활동에 대한 체계적인 사업계획서를 작성하는 것이 중요하다. 사업계획서는 사업이 어떤 방향으로 가고 있으며, 어떻게 그 목표에 도달할 수 있는지를 설득력 있게 설명한 행동 지침이자 창업에 대한 문서화된 자료이다.

Ⅲ 업종별 창업절차

창업에 필요한 절차를 효율적으로 처리하지 못하면 창업 기간이 늘어나고 초과 비용을 부담해야 한다. 창업절차에 대한 이해와 충분한 준비를 통해 효율적으로 수행하면 낭비를 줄이고 창업비용을 절감할 수 있다. 이는 사업의 정상화를 앞당기고 최선을 다하게 한다. 창업절차의 상관관계와 과정, 그리고 이에 따른 세부 절차를 충분히 이해하고 진행하면 계획된 창업절차를 원활하게 진행할 수 있고 이로 인해 창업기간을 단축할 수 있다.

1 제조업

제조업은 특정 생산기술에 대한 전문지식을 갖춘 인력과 공장 및 기계설비가 필요하다. 공장과 기계설비 등은 투자자금과 사업 규모에 따라 결정하게 된다. 제조업 중에는 허가증, 신고증, 등록증 등이 필요한 업종과 없어도 생산 활동을 할 수 있는 업종이 있으므로 사전에 확인이 필요하다. 제조업 창업은 창업준비절차, 회사설립절차, 공장설립 및 자금조달절차, 그리고 창업준비절차로 구분된다.

그림 3-3 제조업의 창업절차

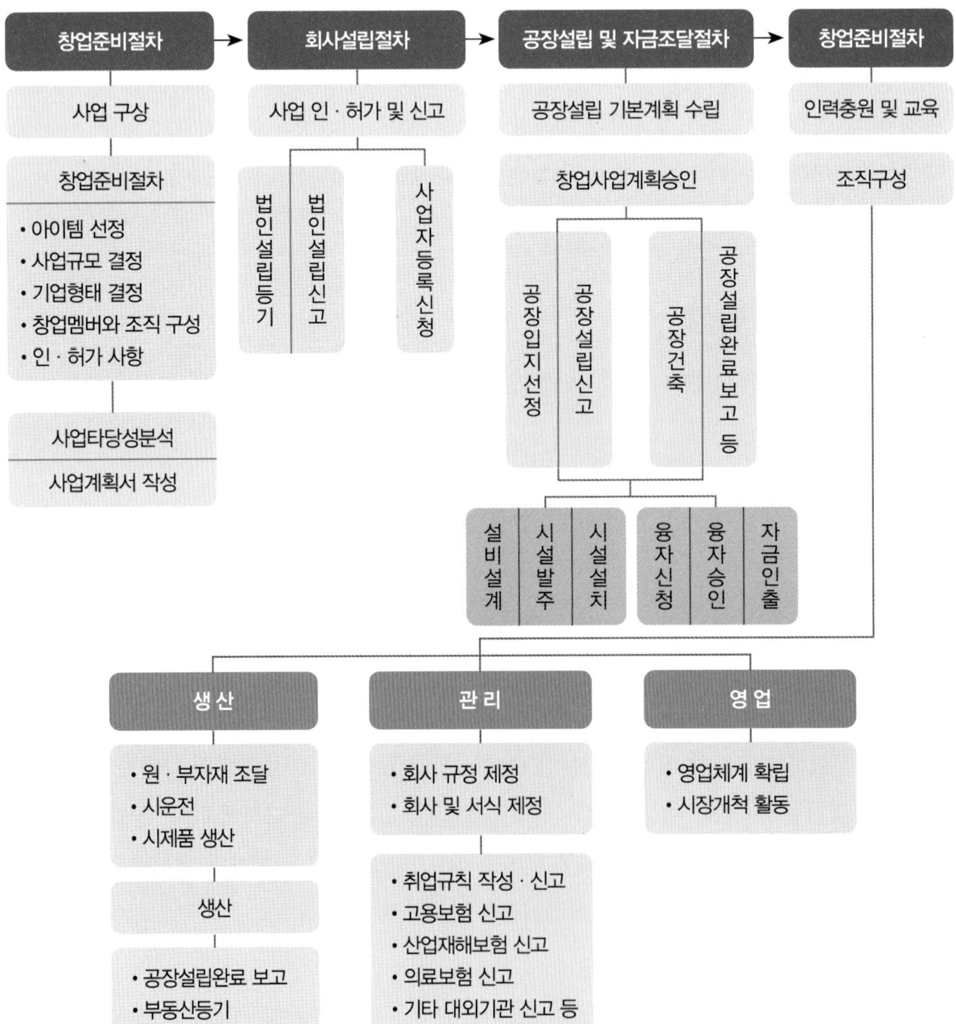

1. 창업준비절차

본격적인 창업절차에 앞서 사업구상을 구체화하는 과정이다. 업종과 사업 아이템 선정, 사업규모 결정, 기업 형태 결정, 창업조직 구성, 그리고 기타 핵심 요소 결정 등의 창업준비절차를 검토해야 한다. 사업의 핵심 요소 결정과 더불어 하고자 하는 사업의 성공가능성을 평가하는 사업타당성분석을 거쳐 사업계획서를 작성하는 단계이다.

2. 회사설립절차

사업 인·허가 신고 절차에서부터 사업자등록신청, 법인설립등기, 법인설립신고 절차를 이행하는 단계이다. 창업업종에 대한 정부의 각종 인·허가 및 신고 절차를 이행하는 단계로, 법인설립의 경우에는 자본규모, 주주 구성 등을 결정한 후 상법의 규정에 따라 법원에 설립등기를 신청한다. 이후 법인등기부등본 등을 관할 세무서에 법인설립신고와 함께 사업자등록을 신청해야 한다.

3. 공장설립 및 자금조달절차

제조업의 기본절차인 공장설립절차와 이에 따른 시설자금 등의 조달절차를 이행하는 단계이다. 공장입지 선정 시에는 공장에 필요한 용수, 전력, 도로망, 대기 및 수질오염, 폐기물 관련 법적 사항 등을 신중히 검토해야 한다. 또한, 공장설립에 관련된 정부의 정책자금 및 지원혜택에 대해서도 확인해야 한다. 공장을 확보하는 방법에는 새로운 공장입지를 선정하여 신축하는 방법과 기존 공장을 매입하는 방법이 있다.

4. 창업준비절차

본격적인 영업개시에 앞서 대내외적으로 정비해야 하는 생산, 관리, 영업, 규정, 교육, 홍보 등의 절차를 이행하는 단계이다. 필요한 인력을 모집하고, 일정 기간의 예절을 포함한 교양교육과 직무교육을 거쳐 조직을 구성한다. 이후 생산, 관리, 영업 부문으로 구분하여 사업을 개시한다.

2 도 · 소매업

도·소매업은 제조업에 비해 창업절차가 상대적으로 간단하지만, 마찬가지로 철저한 사전준비

그림 3-5 **서비스업의 창업절차**

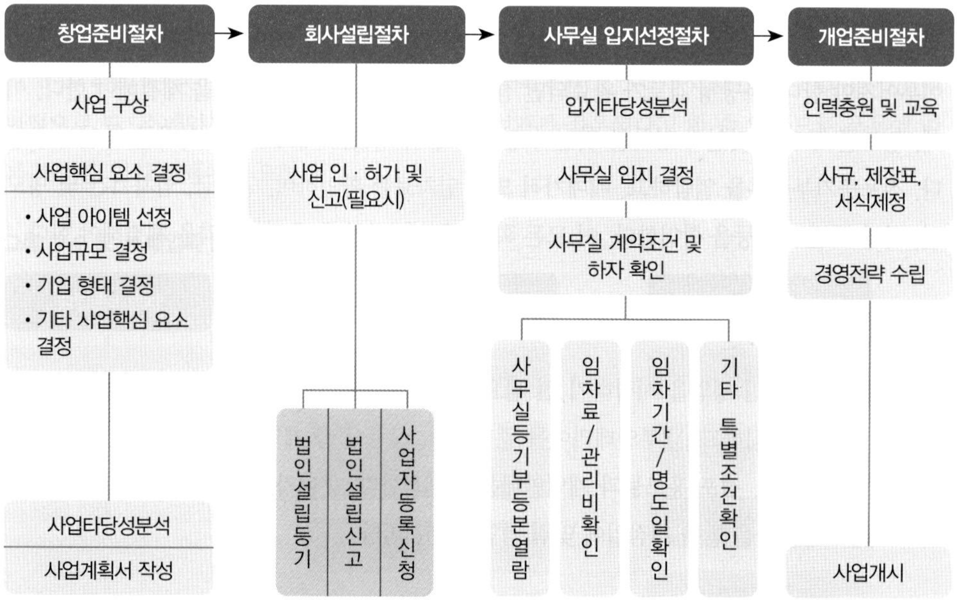

1. 창업준비절차

창업에 앞서 사업 구상과 사업 핵심 요소들을 검토함으로써 사업타당성을 사전에 분석하고 사업계획서를 작성하는 창업준비단계이다. 서비스업은 창업자의 능력이 사업의 핵심 요소로 작용하는 경우가 많다. 창업자의 지식, 경험, 노하우 등이 사업에 적극 활용되면 훨씬 유리하기 때문이다.

서비스업에서 가장 중요한 것은 서비스의 질이다. 고객에게 편의성과 이익을 제공함으로써 고객만족도를 최대화하는 것이 서비스 품질향상의 핵심이다. 고객만족을 극대화하고 품질 좋은 서비스를 제공하기 위해서는 다음 사항을 지켜야 한다.

① 서비스의 세부 내용을 충분히 이해하고 있어야 한다.

② 지속적인 직원 교육과 차별화된 전략을 수립해야 한다.

③ 창업자의 철학이 반영된 서비스를 제공해야 한다.

④ 서비스의 수준을 관리하기 위해 지속적인 홍보가 필요하다.

⑤ 고객이 만족할 수 있는 품질의 서비스를 제공해야 한다.

2. 회사설립절차

사업 인·허가와 법인설립 신고를 통해 법률적 자격을 취득하는 과정이다. 서비스업은 공공위생과 관련된 업종, 사행행위 등 행정규제가 필요한 업종, 전문지식을 요구하는 서비스업 등에 대해서는 관련법에 따라 시설기준 및 자격요건 등을 규정하고 있다.

설립절차의 핵심은 창업업종에 대한 정부의 인·허가 또는 신고 절차의 이행, 사업을 수행하기 위해 세법에서 요구하는 사업자등록신청, 그리고 법인으로 설립하는 경우 법인설립등기와 법인설립신고 등의 절차를 이행해야 한다.

3. 사무실 입지선정절차

사무실 입지선정은 서비스를 제공하는 데 가장 적합한 장소를 찾는 과정이다. 고객이 쉽게 접근할 수 있는 위치가 이상적이지만, 이는 비용 등의 여러 요소를 고려해 결정해야 한다. 제공하는 서비스의 종류에 따라 고객이 직접 방문하는 서비스는 교통이 편리한 곳, 고객에게 직접 방문하여 서비스를 제공하는 업종이나 고객이 통신수단을 주로 이용하는 업종은 공간비용이 저렴한 곳에 입지하는 것이 적절하다.

4. 개업준비절차

개업준비는 필요한 인력을 확보하고 각종 사항을 마련하여 사업에 착수하는 과정이다. 서비스업은 고객서비스가 핵심적인 요소이므로, 고객 응대 직원에 대한 훈련과 교육이 필수적이다.

① **서비스 분야 업무**: 서비스 분야별로 직원을 교육시켜 영업준비를 한다.

② **관리 분야 업무**: 각종 내규 제정 및 업무에 필요한 서식을 제정한다.

③ **영업 분야 업무**: 영업체계와 시장조사를 실시하여 영업에 대비하고, 자사제품이나 서비스를 홍보하여 고객의 반응을 다양한 관점에서 측정한다.

연습 문제

01 사업자 유형에 관해 설명해 보자.

02 창업 시기에 대해 논의해 보자.

03 사업규모 결정 시 유의 사항에 대해 논의해 보자.

04 아이템 및 업종선정에 대해 논의해 보자.

05 업종별 창업절차를 비교하여 설명해 보자.

CHAPTER 04

창업 아이템 선정

I. 창업 업종과 아이템 개발

II. 사업 아이템 선정

III. 창업과 사업 아이템

IV. 유망 아이템 사례

윤홍근 "K-푸드 대표 프랜차이즈로 거듭"…BBQ, 중남미 진출 본격화

제너시스BBQ 그룹은 파나마를 시작으로 중남미 시장 진출 본격화에 나선다고 26일 밝혔다.

BBQ가 파나마의 수도 파나마시티 샌프란시스코 지역에 1호점을 오픈했다(출처: BBQ).

BBQ는 지난 25일(파나마 현지 시각) 파나마의 수도 파나마시티 샌프란시스코 지역에 1호점 샌프란시스코점을 그랜드 오픈했다. BBQ는 오픈 기념 미디어데이를 개최해 라 프렌사(La Prensa), 메드컴(Medcom) 등 현지 언론 매체와 SNS 인플루언서 25팀, 현지 손님 60여 명을 초청하고 BBQ 브랜드 및 매장에 대해 소개했다.

이날 행사에서 웰컴푸드로는 치즐링, 소이갈릭스 순살치킨 2종과 BB윙스, 허니갈릭스, 강정 3종에 이어 메인 메뉴로 BBQ 시그니처 메뉴 황금올리브 치킨과 시크릿소스 치킨을 비롯해 치즐링프렌치 후라이 등 매장 주력 메뉴를 제공하며 K-치킨의 맛을 선보였다. 또 치킨과 곁들일 수 있는 현지 맥주와 K-컬처를 소개하기 위한 과일소주를 함께 맛볼 수 있는 시간을 제공하며 '소맥트레인' 퍼포먼스도 진행했다.

이번에 오픈한 샌프란시스코점은 치킨앤비어(Chicken&Beer) 타입 매장으로 198㎡(60평)의 62석 규모다. 매장이 위치한 샌프란시스코는 상업시설과 오피스 중심 지역으로, 2030세대 유동 인구가 많고 다양한 식당이 밀집돼 있다. 샌프란시스코점은 거리형 쇼핑몰 1층에 위치해 고객 접근성이 좋은 것이 특징이다.

파나마 1호점에서 열린 미디어데이 현장(출처: BBQ)

BBQ는 1호점 그랜드 오픈에 이어 오는 7월, 파나마 알브룩몰(Albrook Mall)에 2호점을 추가로 출점할 계획이다. 알브룩몰점은 쇼핑몰 내 푸드코트에 입점할 예정이며 파나마 내 최대 규모 쇼핑몰로, 파나마 국내공항과 버스터미널, 항구가 자리 잡고 있어 많은 관광객과 현지인에게 BBQ를 알릴 수 있을 것으로 예상된다.

윤홍근 BBQ 회장은 "다음 달 2호점 오픈을 통해 파나마를 북미와 남미 지역의 교두보로 삼고 중남미 시장 확장에 시너지를 만들 것으로 기대한다."며 "북미 성공 DNA를 이식해 전 세계 5만 개 가맹점을 개설해 K-푸드를 대표하는 세계 최고 프랜차이즈 그룹으로 자리 잡겠다."고 말했다.

출처: 뉴스원 2023. 05. 26.

I 창업 업종과 아이템 개발

1 업종과 아이템 개발의 중요성

업종선택은 창업의 핵심 사항으로 사업의 성패를 좌우한다. 모든 업종과 제품은 특정한 '라이프사이클'을 가지며, 이 주기의 길이는 업종이나 상품에 따라 다르다. 유망 업종을 선택할 때는 그 업종이 창업자 자신에게 적합한지, 위험성이 상대적으로 적은 성장기에 속하는지, 그리고 수요가 꾸준한지 확인해야 한다.

사업의 경험이 없는 예비창업자들은 성장기에서 성숙기로 넘어가는 업종을 선택하는 것이 상대적으로 안전하다. 도입기의 업종은 아직 소비층이 형성되지 않아 불확실성이 있고, 성숙기의 업종은 소비층이 두껍다는 장점이 있지만, 경쟁이 치열해 경험이 부족한 창업자는 상대적으로 경쟁력을 확보하기 어렵다. 그러므로 성장기에서 성숙기로 전환되는 시점의 업종을 선택하는 것이 바람직하다. 이 시점은 소비자가 늘어나고 시장규모가 확대되는 시기이므로 경쟁점포가 상대적으로 많지 않고, 창업 성공의 기회가 더 많다는 이점이 있다.

물론 업종이 유망하더라도 모든 창업자에게 성공을 보장하는 것은 아니다. 결과는 입지와 창업자의 능력에 따라 크게 달라질 수 있다. 유망한 업종은 언론이나 창업전문가들의 추천을 받아 기사화되는 경우가 많아 이를 보고 많은 사람들이 창업에 도전하게 된다. 이로 인해 경쟁점포가 급속도로 증가하면서 과열경쟁이 일어나게 되고, 금방 식상한 아이템으로 인식되면 점차 쇠퇴의 길을 걷게 된다.

대체로 창업에 투자한 자금을 회수하기까지 약 3년 정도의 시간이 걸린다. 이를 통해 최소 2~3년 동안 꾸준히 고객들의 인기를 얻을 수 있는 업종이 유망 업종이라는 것을 알 수 있다.

유행 업종은 짧은 기간 내에 높은 수익을 얻을 수 있지만, 유행 기간이 짧아 투자금 회수가 어려운 경우가 많다.

2 유망 업종의 이해

1. 유망 업종

사업 업종과 아이템을 선정할 때 중요시 하는 것은 사업의 전망이다. '이 사업 업종과 아이템이 유망한가?'라는 질문은 창업의 핵심이 된다. 유망 업종이라 함은 성장성, 즉 장래성이 있고 수익률이 높은 업종이며, 안정적인 매출을 보장하고 자금회전율이 높은 업종을 의미한다.

유망 업종을 발굴하는 것이 성공 창업의 길이라는 창업자의 기대심리는 지극히 당연하다. 하지만 이러한 유망 업종을 찾는 것은 거의 불가능에 가깝다. 만약 그런 업종을 찾았다 하더라도 이미 많은 업체가 그 업종에서 성업 중이거나 창업을 준비하고 있을 것이다. 아무리 좋은 유망 업종이라 하더라도 경쟁자가 많다면 실패할 확률이 높다.

따라서 유망 업종은 돈벌이가 확실한 업종을 의미하는 것이 아니라, 실패율이 낮고 어느 정도 부가가치를 가지며, 기본시장이 존재하여 미래의 수요 확대 여지가 높은 업종 정도로 해석하는 것이 적절하다.

유망 업종

① 유행 업종이 아닌 성장성, 장래성, 수익성이 높은 업종
② 실패율이 낮으며, 산업구조, 발전 과정과 사회 여건의 변화를 고려했을 때 상대적으로 성공확률이 높은 업종
③ 규모가 작고 실속이 있으며, 대기업 참여가 어려운 분야로서 기동성과 자금조달이 적합한 업종
④ 무조건적인 성공이 보장되지 않기 때문에 본인의 능력으로 극복할 수 있는 선택의 용기가 필요

창업자에게 적합	유망 업종	
• 적성, 취미 • 사업환경 • 자금여건 • 건강 • 자격증 • 특기	• 고정 수요가 있는 업종 • 검증절차가 끝난 업종 • 비수기가 없거나 짧은 업종 • 지속적으로 신상품 공급 가능 업종 • 빈번 · 계속적 구매 행위 업종 • 경상비용 지출이 적은 업종 • 가동시간 · 회전율 높은 업종 • 시대상황에 부응하는 업종	• 성장성 • 수익성 • 장래성 • 안정적 매출 • 소비자 인식 • 높은 자금회전율

2. 유망 업종 여부의 판단

모든 기준을 완벽하게 충족하는 유망 업종은 존재하지 않는다. 창업자는 자신의 여건을 객관적으로 판단하고, 하고자 하는 업종의 장단점을 파악한 후 극복할 수 있는 능력이 된다면, 몇 가지 문제가 있더라도 과감하게 선택할 수 있는 용기가 필요하다.

업종의 성장성	• 사회적 흐름과 소비자 욕구가 일치하는가? • 잠재적 소비시장의 규모는 어떠한가? • 성장 곡선이 성장기 또는 성숙기에 있는가?
투자 대비 수익성	• 총투자 비용에 대한 월 수익이 적절한가? • 마진율은 어떠한가?
자금회전율	• 현금 장사인가? • 외상에 따른 위험은 어느 정도인가? • 자금회전기간이 어느 정도인가?(최대 6개월 기준)
실패 시 자금회수율	• 시설투자비용은 어느 정도인가? • 재고부담이 어느 정도인가?
업종의 난립성	• 자금과 기술적인 면에서 신규 참여가 용이한가? • 시장규모에 비해 과당경쟁이 아닌지?

3 유행 업종

1. 유행 업종의 의미

유행 업종은 도입기에서 성장기와 성숙기를 거치지 않고 바로 쇠퇴기로 넘어가기도 한다. 유행 업종이 되기 쉬운 업종에는 신상품 개발이 불가능한 업종, 개발이 된다 해도 새로운 시설투자가 필요한 업종, 계절적 요인이나 비수기가 있는 업종, 창업 후 경상비의 지출이 높은 업종, 영업시간이나 회전율이 짧은 업종, 미풍양속을 해칠 우려가 있는 업종, 국내법규에 저촉되거나 라이프사이클이 짧은 업종 등이 있다. 이를 통해 영원한 유망 업종은 존재하지 않는다는 것을 알 수 있다.

유행 업종의 주요 특징은 다음과 같다.

① **노하우가 없고 신규 참여가 쉬운 업종**: 특별한 노하우가 없어서 신규 참여가 쉬운 업종은 쉽게 확산되고 빠르게 소멸한다. 쉽게 모방하여 브랜드 양산을 가져오고 품질이 저하되어 소

비자에게 외면당하기 때문이다.

② **새로운 프로그램, 신상품 개발이 어려운 업종:** 유행 업종은 소비자에게 외면당하는 순간 도태되는 특성이 있다. 대체로 시장경쟁이 치열해지고 새로운 참여가 쉬워져 이전의 브랜드가 새로운 브랜드에 의해 도태되는 등 브랜드의 생명주기가 짧아지는 현상이 나타난다.

③ **수요의 반복성과 지속성이 없는 비수기 업종:** 어떤 사업이든 수요의 반복성이 확보돼야 한다. 특정 계절이나 날에만 수요가 집중되는 아이템은 위험하다. 이는 매출이 제한적이며 지속적이지 않기 때문이다. 외식업은 간식용이 아닌 주식용 아이템으로 창업해야 하며, 간식용 아이템은 주식용 메뉴의 보완이 필요하다.

④ **법규에 저촉되거나 국민적 정서에 반하는 업종:** 미풍양속을 해치거나 국민적 정서에 반하는 업종은 아무리 좋은 아이템이라도 피하는 것이 바람직하다. 이에 해당하는 대표적인 업종으로는 전화방, 성인용품, 성인전용 PC방 등이 있다.

⑤ **시대 흐름에 뒤처져 사양길에 접어든 업종:** 최근 브랜드의 생명주기가 점점 짧아지고 있다. 새로운 직업과 직종이 등장하고 기존의 직업과 직종이 사라지는 추세 속에서, 시대 흐름에 뒤처져 사양길에 접어든 업종들이 있다. 사진관이나 다방(커피전문점으로 대체) 등이 그 예이다.

⑥ **정책 변화나 사회적 환경 변화로 사양길에 접어든 업종:** 독서실 사업은 교육환경 개선과 교육정책 변화로 인해 학생들의 독서실 이용이 줄어 사양 업종으로 전락했다. 이처럼 정책 변화와 사회적 환경 변화는 업종선정 시 고려해야 할 중요한 요인이다.

4 유망 아이템의 요소

유망 아이템은 상품성, 시장성, 그리고 전문성이라는 핵심적인 요소들을 갖추어야 한다. 유망한 아이템인지를 판단하기 위해서는 먼저 그 아이템의 상품성을 확인해야 한다. 이를 위해 상품의 특징과 성격을 파악하는 것이 중요하며, 인기도, 지명도, 필요성, 소모성, 계절성, 인건비, 회전율, 그리고 A/S와 같은 요소들을 상품가치로 파악하는 것이 필요하다.

또한, 시장성 역시 무시할 수 없는 중요한 요소이다. 현재 시장에서 가장 잘 팔리는 상품은 무엇인지, 어떤 상품이 소비자들의 인기를 끌고 있는지 파악한다. 시장성을 정확히 파악하기 위해서는 경기동향, 시중의 소비경향, 그리고 유행의 흐름을 자세히 분석하고 기존 시장에 새로 진입할 여지가 있는지를 살펴보는 것이 필요하다.

전문성 또한 창업 결정에 중요한 요소이다. 상품을 판매하려면 해당 아이템에 대한 전문적인 지식이 있어야만 고객을 설득하고 판매할 수 있다. 판매자는 아이템의 유통 과정, 판매 과정, 그리고 소비 과정을 숙지하고 있어야 한다. 이러한 전문성이 부족할 경우 여기저기 생기는 경쟁업소를 대적할 수 없다.

유망 아이템을 선정할 때에는 내부적 요소와 외부적 요소를 구분하여 살펴봐야 한다.

1. 내부적 요소

유망 아이템을 선정할 때 창업자의 내면적인 요소와 부합해야 한다. 사업은 복합변수가 많이 따르는 만큼 창업자의 지식, 외모, 화술, 경력, 성격, 건강, 취미 등이 아이템 선정에 영향을 미친다.

1) 환경

환경을 훼손하거나 공해를 유발할 가능성이 높은 아이템을 선정하는 것은 문제가 된다. 이로 인해 혐오감이나 거부감을 일으키거나 교육환경에 지장을 주는지 고려해야 한다.

2) 경험 있는 분야는 유리

창업을 시작할 때 해당 분야에 대한 경험이 없다면 창업의 이면에 내재한 위험성이나 변수들을 파악하기 어렵다. 따라서 창업자 자신이 경험이 있거나 배우자나 주변 친지들의 도움을 받을 수 있는 아이템을 선정하는 것이 유리하다.

3) 성격

창업자의 성격과 아이템이 잘 맞아떨어져야 한다. 판매 과정에서 만나게 될 고객들의 성격은 다양하므로 고객들과 상호작용할 수 있는 융통성과 인내심이 필요하다.

4) 체력

특정 아이템은 상당한 체력과 인내심이 필요하다. 건강이나 체력에 부담이 가면 경영에 지장을 초래하므로 영업시간대나 필요로 하는 노동력이 창업자의 체력에 맞는지 반드시 검토해야 한다.

5) 전문성

관련 분야의 기술, 자격증, 전문지식은 불경기를 타개할 수 있는 위기관리능력이 될 수 있다. 따라서 창업자의 전문성과 연관 있는 아이템을 선정하는 것이 유리하다.

6) 자금규모

과도한 빚을 내서 사업을 시작하기보다는 작은 아이템이라도 실속 있고 자금규모에 무리가 따르지 않는 범위 내에서 아이템을 선정하는 것이 바람직하다.

7) 능력

업종을 선택할 때 자신의 연령과 경력이 적합한지, 사업을 추진할 수 있는 능력과 목표를 향한 도전 정신이 있는지를 검토해야 한다. 아무리 좋은 아이템이라도 창업자의 능력이 받쳐주지 못한다면 오랫동안 유지할 수 없다.

2. 외부적 요소

성장기의 유망 아이템이라도 주변 여건에 따라 사업의 성패가 좌우된다. 창업 시점을 결정하고 아이템의 성장성을 확신하더라도, 잠재고객의 존재 여부, 경쟁점포의 수, 상품의 구매여건, 인력수급 여부, 법적 규제, 신규 업체나 대형 업체의 참여 가능성 등 외부적으로 고려해야 할 사항들이 많다.

1) 잠재고객 파악

상품을 구매할 잠재고객이 충분해야 한다. 잠재고객을 파악하기 위해서는 통행인구 수, 배후지역 인구 수, 라이프사이클, 연령 그리고 소득수준 등을 조사해야 한다.

2) 경쟁점포 파악

아이템이 유망하다 하더라도 경쟁점포가 많은 지역에서는 유망 아이템이 되기 어렵다. 아이템을 선정할 때 수요와 공급을 고려하여 경쟁점포의 수를 확인하고, 그들의 장단점을 분석한 후 창업이 가능한지 판단해야 한다.

3) 구매처 선정

공급자로부터 상품을 쉽고 저렴하게 구매할 수 있어야 한다. 구매처까지의 거리, 상품가격의 적당성, 공급처의 배달 관계, 친절 등의 서비스 관계, 그리고 품질 등에 대한 만족도를 고려해야 한다.

4) 위험 부담

단순히 마진율이 높다는 이유로 위험성이 높은 아이템을 선정하는 것은 무모한 행동이다. 수익성이 높은 만큼 경쟁업체가 쉽게 생기기 마련이다. 그러므로 신규 참여가 어려운 업종과 쉬운 업종을 구분해야 한다.

5) 법적 규제

허가와 규제가 있는지 그 충족요건을 확인해야 한다. 현재 규제가 없는 업종이라도 추후에 규제가 생길 가능성이 있기 때문이다.

위와 같은 고려 사항 외에도 아이템의 신제품 개발 가능성, 아이템의 계절성, 경상비용지출의 과다, 인력수급의 용이성 등을 고려해야 한다.

3. 유망 아이템 측정

표 4-1 유망 아이템 측정표

체크포인트	−10	−5	0	+5	+10
업계 전망					
업계규모와 구조					
업계의 성장성					
유통경로, 거래관행					
최근 매출경향					
수익성					
영업상 특성					
매출의 계절 변화					
외상 판매 비율					
평균 이익률					
회전율(자금, 상품)					
실패 시 자금회수율					

업종의 난립성					
라이프사이클의 위치					
대기업 참여 가능성					
총점	( ) 점				

※ 합산한 총점이 클수록 유망 아이템의 가능성이 높다.

−10: 아주 불리하다. −5: 조금 불리하다. 0: 그저 그렇다. +5: 조금 유리하다. +10: 아주 유리하다.

Ⅱ 사업 아이템 선정

1 사업 아이템 선정의 원칙

사업 아이템을 선정하는 원칙은 다음과 같다.

1. 성장가능성이 있는가?

라이프사이클의 도입기에는 업종이 출현하여 보급되며, 성장기에는 기업 간의 경쟁이 치열해진다. 이후에는 이익실현의 감소로 인해 탈락기업이 발생하고, 경쟁에서 승리한 일부 기업만이 시장에서 생존하며 안정을 누린다. 창업에 가장 적합한 시기는 성장기 초기 업종이며, 성숙기 후반에 뒤늦게 참여하면 사업에 실패할 가능성이 높아지므로 가능한 한 그 시기는 피하는 것이 바람직하다.

2. 경험, 지식, 전문성, 능력 등을 활용할 수 있는 업종인가?

성공적인 사업을 위해서는 경쟁력을 확보하기 위한 전문성이나 노하우가 있는 아이템을 선정해야 한다. 모든 업종이 창업자의 경험, 지식, 기술, 특징 등과 결합할 때 성공 확률이 높아지고 실패율은 줄어든다. 창업자가 평소에 관심이 있거나 근무경험을 활용할 수 있는 분야가 창업에 유리하다.

3. 인가나 허가를 받아야 하는 업종인가?

법적 규제 여부를 확인해야 한다. 규제가 있는 업종의 경우 충족해야 하는 요건을 반드시 확인해야 한다. 법적으로 허가, 인가, 면허, 등록 등이 없으면 창업을 할 수 없는 업종도 있으므로, 해당 업종의 법적 요건을 사전에 확인해야 한다. 등록만 하면 되는 경우도 있지만 창업자가 특정 자격이나 기능을 가져야 하거나 해당 자격이나 기능을 가진 직원을 고용해야 하는 경우도 있다.

4. 실패의 위험이 낮은 업종인가?

위험이 큰 사업일수록 성공하면 이득이 많다. 이는 도박이나 요행을 바라는 복권 당첨에 비유할 수 있다. 이러한 업종은 실패율이 성공률보다 훨씬 크다. 높은 마진율 때문에 위험성이 높은 아이템을 선정하는 것은 무모한 행동이다. 왜냐하면 수익성이 높을수록 경쟁업체가 많이 생길 수밖에 없기 때문이다. 이상적인 창업 아이템은 신규참여는 어렵지만 실패위험이 낮은 업종이다.

5. 자기자본에 의한 창업인가?

창업은 자본규모에 무리가 안 되는 범위에서 이루어져야 한다. 자본이 충분히 뒷받침되지 않는 창업은 결국 어려움을 겪게 된다. 따라서 여유 있게 자금을 마련하여 창업하는 것이 예상치 못한 비용의 발생에도 대처할 수 있다. 과도한 타인자본의 사용은 금융이자 부담으로 인해 경영활동에 제약을 받게 된다.

6. 대기업이 참여하기 꺼리는 업종인가?

대기업이 참여하면 그 경쟁력에 맞서기는 어렵다. 마치 거인과 소인이 경쟁하는 것과 같아 실패할 확률이 높다. 대기업이 참여하거나 수입하여 상품을 시장에 출시하면 대응하기 어렵기 때문이다. 따라서 대기업 참여를 피할 수 있는 아이템을 선정해야 한다, 여기에는 중소기업 우선육성 업종, 중소기업 계열화 업종, 중소기업 고유 업종 등이 있다. 대기업이 참여하기 어려운 대인서비스, 직접판매, 융통성, 민첩성 등을 고려한 아이템 선정이 필요하다.

7. 점포입지에 알맞은 업종인가?

점포입지에 부적합한 업종을 선택하면 성과를 거두기 어렵다. 비능률과 비현실적인 결과를 초래하게 된다. 점포입지에 알맞은 업종을 선정하는 것은 다양한 측면에서 유리하다.

8. 주변 사람들과 연관 있는 업종인가?

주변의 인적, 물적 자원을 활용할 수 있는 분야가 유리하다. 일가친지, 학연, 지연을 이용하여 네트워크를 구성하면 창업에 성공하기 쉽다.

9. 잘 아는 사업을 하는 것이 유리하다.

자신이 잘 아는 분야의 창업은 그만큼 자신감을 가지고 시작할 수 있다는 것을 의미한다. 다양한 매체를 효율적으로 활용할 수 있으며, 어려운 부분을 피해갈 수 있기 때문이다.

10. 규모가 작고 실속이 있으며 시류에 맞는 업종인가?

규모가 작더라도 실속 있고 현재의 시류에 맞는 업종을 선정한다면, 주변 여건이 순조롭게 조성되고 모든 일이 원활하게 진행될 수 있다.

표 4-2 유망 업종의 고려 사항

기본 원칙	고려 사항
업종의 성장가능성	• 성장하는 분야의 사업인가? • 라이프사이클 상의 위치는 어디인가?
여건활용 업종	• 경험, 지식, 기술, 자격증을 활용할 수 있는가? • 성격, 취미, 적성, 자금, 건강 등과 적합한가?
인·허가 업종	• 해당 업종의 법적 구성요건을 사전에 확인 및 점검한다.
실패의 위험이 낮은 업종	• 위험성이 크면 도박이나 요행에 비유된다. • 이익이 적더라도 성공률이 높은 사업은 소자본창업에 유리하다.
자기자본의 창업	• 자기자본 규모에 맞는 업종이 바람직하다. • 타인자본 비중이 높으면 금융이자 부담이 크다.
대기업 회피 업종	• 대기업이 참여하기 곤란한 업종인가?
입지에 맞는 업종	• 점포입지에 알맞은 업종인가?
주변 연관 업종	• 주변 사람들과 연관 있는 업종의 선정이 유리하다.
잘 아는 업종	• 자신이 아는 것이 가장 확실한 것이다. • 자신감 있는 창업이 유리하다.
작더라도 실속 있고 시류에 맞는 업종	• 실속이 없는 것은 이익이 적다. • 시류에 맞으면 순조롭게 진행된다.

2 기피해야 할 아이템

다양한 사업 아이템 중에서 창업자 자신에게 불리한 업종은 가능한 한 피하는 것이 바람직하다. 또 매출이 많아도 이익률이 낮다면 기대했던 성과가 나지 않는다. 노력은 많이 들이되, 얻는 것이 적다면 실망감이 커지고, 매출 감소가 이어진다면 창업은 더욱 어려워진다. 반대로 안정적이고 지속적인 매출이 있다면 박리다매에 의한 성과를 기대할 수 있다.

대기업과의 경쟁이 예상되는 업종도 피해야 한다. 대기업의 막대한 자금력과 조직력을 상대로 경쟁하면 버텨낼 수가 없다. 달걀로 바위를 깨는 격이니 피하는 것이 좋다.

또, 제품의 라이프사이클이 짧은 업종은 고객들에게 쉽게 잊혀질 수 있어 피하는 것이 좋다. 고객들의 선호를 받기 위해서는 많은 홍보와 노력, 시간, 비용이 필요한데 라이프사이클이 짧다면 수익을 내기 어렵다. 또한 제품은 팔리지만 대금 회수가 잘 이루어지지 않는 사업은 이익을 제대로 낼 수 없다. 불량채권이라도 발생하면 그만큼 손실이 예상되므로 이러한 업종은 피하는 것이 좋다.

계절의 영향을 많이 받는 업종도 불리하다. 1년 사계절 중 일부 시기에만 활동할 수 있다면, 그만큼 손해를 볼 수 있기 때문이다. 가능하다면 계절에 구애받지 않고 1년 내내 영업할 수 있는 업종을 선정하는 것이 바람직하다.

자금이나 상품이 움직임 없이 금고나 창고에 쌓여만 있어서는 수익을 얻을 수 없다. 회전율이 높을수록 자금이나 상품이 빠르게 순환하여 부가가치를 창출하게 된다.

대량으로 시장에 판매되는 수입품과의 경쟁은 이길 수 없다. 그러므로 수입상품과 경쟁이 예상되는 업종은 가능한 피하는 것이 바람직하다.

또한, 종업원 구인이 어려운 업종은 경영 활동에 있어서도 복잡한 문제가 발생한다. 중소기업의 고충 중 하나는 필요한 생산인력을 확보하지 못해 공장 운영이 원활하지 않다는 점이다.

표 4-3 기피 업종의 사례

기피 업종	고려 사항
이윤의 폭이 작은 업종	• 투자 대비 수익성 낮은 업종 • 판매이익률이 낮은 업종
대기업과의 경쟁 업종	• 신규 참여가 쉬운 업종 • 대기업 참여에 따른 부담

질 수 있다. 즉, 주택지역이나 역세권 등 상급지(A급지)에 입지선정을 해야 한다. 상권의 범위는 넓어서 1~2km 거리에서도 고객이 찾아온다.

2) 선매품의 입지전략

선매품은 동일하거나 유사한 업종이 모여 있으면 상호보완적이며 경쟁적인 효과가 있기 때문에 선매품이 집중된 곳에서 창업해야 한다. 나 홀로 독자적으로 창업해서는 곤란하며, 경쟁력을 갖추고 경쟁점들이 모인 곳에서 창업해야 한다.

4 서비스업 선정

서비스업이란 서비스를 상품화하거나 상품에 부가하여 판매하는 것을 의미한다. 이는 선진사회로 진입할수록 함께 발전하는 업종이며, 기술력이나 전문성이 부족해도 도전할 수 있는 분야가 많다.

서비스업을 소비자 이용에 초점을 맞추어 기술 중심 서비스업(카센터, 공작기계 등)과 일반서비스업(특별한 기술을 요구하지 않는 서비스업, 즉 오락, 교육, 건강 관련 서비스업 등)으로 구분할 수 있다. 일반서비스업은 같은 아이템이라도 입지와 점포규모에 따라 소비자 이용도가 달라진다. 배후지세대(상권을 이용하는 고객들이 있는 지역) 중 독점세대(반경 500m 내에서 방문할 수 있는 범위)에서 고객을 유치하거나 가까운 가망세대(반경 2km 내에서 방문할 수 있는 범위)가 고객으로 유입되는 소규모 서비스업, 그리고 가까운 배후지세대와 먼 거리에서도 고객을 끌어들이는 대규모 서비스업으로 분류할 수 있다.

기술 중심의 서비스업에서는 입지보다 기술과 영업력(서비스, 마케팅 능력)이 중요하다. 또 소규모 서비스업에서는 입지와 영업력이 중요하고, 대규모 서비스업에서는 입지와 점포규모, 그리고 경영 능력(서비스와 마케팅 능력)이 중요하다.

1. 기술 중심 서비스업의 특성과 입지전략

카센터, 건재상, 다양한 공작기계 등 기술 중심의 업종에서는 기술, 서비스, 마케팅 등의 영업력이 중요하기 때문에 특별히 좋은 입지를 고집할 필요는 없다. 입지선정은 하급지(C급지)에서도 가능하지만, 시선을 끌 수 있는 곳이 바람직하다. 기술 중심의 서비스업에서는 1차 상권의 범위가 대체로 1~2km 내외이다. 이러한 기술 중심 서비스업은 경쟁관계이므로, 경쟁점을 피해 입지를 선정해야 한다.

2. 소규모 서비스업의 특성과 입지전략

소규모 서비스업은 주로 생활밀착형 서비스업에 많다. 세탁업, 구두수선업, 컴퓨터 A/S업, 부동산중개업 등이 이에 포함된다. 오락·레저나 교육사업 및 건강 관련 사업 등은 이용자의 특성에 따라 구분한다. 초등학생이나 중학생을 위한 오락실, PC방 등의 오락업이나 유치원, 놀이방, 어린이집, 그리고 속셈, 미술, 피아노, 보습학원 등의 교육사업은 생활밀착형 소규모 서비스업으로 간주하여 입지전략을 세워야 한다.

어떤 지역이든 중급지(B급지) 또는 하급지(C급지)에서도 입지가 가능하며, 서비스의 품질과 홍보가 중요한 요소가 된다. 상권의 범위는 반경 500m 이내이다. 소규모 서비스업은 상호 경쟁관계이므로 경쟁력 우위전략이 필요하다.

3. 대규모 서비스업의 특성과 입지전략

오락·교육·건강 관련 서비스업은 대형화와 전문화의 추세를 보이고 있다. 이들 업종에서는 입지뿐만 아니라 점포의 크기가 매우 중요하다. 입시학원, 외국어학원, 사우나탕, 휘트니스센터 등의 대규모 서비스업은 입지가 중요하지만, 동시에 경영능력(서비스와 마케팅 전략)이 요구되는 사업이다. 오락 및 건강 관련 서비스업은 유행에 따라 변화가 많으므로 지속적인 업그레이드가 필요하다.

대규모 서비스업은 소비자들이 주로 차량을 이용하여 이동하기 때문에 상권의 범위는 반경 2~3km 이상이 된다. 대규모 서비스업은 상호 경쟁관계이므로, 경쟁점 회피전략 또는 경쟁력 우위전략이 필요하다. 또한, 대규모 서비스업은 나 홀로 독자적인 창업이 가능하다.

표 4-4 서비스 업종의 창업 유형

기술력 · 전문성을 바탕으로 한 창업	헤어숍, 카센터, 안경전문점, 약국 등
지식기반에 의한 창업	변호사, 컨설팅, 상담직, 교육서비스 등
자금력에 의한 창업	각종 사금융 서비스
기계 · 장비 · 시설에 의한 창업	오락실, 노래방, PC방, 당구장 등
영업 방법에 의한 창업	전자상거래, 온라인편의점, 방문교육 등

용역에 의한 창업(편의 추구)	인력파견업, 꽃배달서비스, 청소대행업 등의 대행업무
장소에 의한 창업	테마카페, 주차장, 커피숍, 산후조리원 등

서비스업 창업의 핵심 요소
1. 고객만족의 기업경영으로 소비자와 종업원을 중시하는 경영철학
2. 양질의 서비스 제공을 위한 종업원에 대한 지속적 교육과 차별화된 전략 수립
3. 서비스를 구매하는 고객에게 서비스 내용에 대한 충분한 설명
4. 고객이 만족할 수 있도록 서비스를 유지 · 관리할 수 있는 서비스 수준 관리
5. 서비스 내용 및 서비스 수준에 대한 지속적인 홍보

5 외식업 선정

1. 외식산업 현황

외식업 창업은 집 밖에서 먹게 되는 음식, 술, 음료 등을 상품화하여 판매하는 것을 의미한다. 한국의 외식산업은 경제성장으로 인한 식생활의 변화, 여성의 사회진출에 따른 외식의 보편화, 자가용의 보급, 해외여행의 증가 등 사회 및 경제적 환경의 변화로 인해 질적·양적인 면에서 크게 성장했다.

우리나라는 1980년대 초부터 '외식산업'이라는 용어를 사용하기 시작해 기존의 요식업, 식당업, 음식업 등의 명칭이 외식산업으로 보편화되었다. 그 이후로 우리나라 외식산업시장은 1990년대부터 현재까지 한식업, 일식업, 피자시장, 패밀리레스토랑시장, 치킨시장 그리고 단체급식시장 등으로 발달해 왔다. 최근에는 체인경영 형태의 패밀리레스토랑의 출현으로 외식산업이 새로운 시장을 형성하고 있다.

외식산업은 지속적인 반복수요가 창출되는 전형적인 소비산업이다. 재료를 이용해 조리하고 가공하여 제공하는 서비스가 한 장소에서 모두 이루어지며, 마진율이 높은 고부가가치의 전형적인 서비스산업이다.

표 4-5 목적에 따른 음식점 선택기준

목적별	목적에 따른 중요도
일반적인 경우	음식의 질(맛), 서비스의 질, 청결과 위생 상태, 위치 · 교통의 편리성, 분위기, 실내장식, 가격 등을 중요시한다.

직장인의 점심식사	가격, 맛, 근접성, 간편성, 분위기, 서비스 등을 중요시한다.
교제 · 비즈니스	분위기, 맛, 서비스, 가격, 근접성, 간편성 등을 중요시한다.
가족외식	맛, 분위기, 가격, 서비스, 근접성, 간편성 등을 중요시한다.

2. 메뉴 개발 시 고려 사항

외식업 창업에서 중요한 것은 각각의 맛을 어떻게 내느냐 하는 것이다. 이때 업체의 분위기, 고객의 수준, 주변 상황 등을 고려하여 조화를 이루는 업체만의 독특한 맛을 만들어야 한다.

1) 고객층에 맞는 메뉴 개발

창업자는 점포가 지향하는 타깃 고객에 맞추어, 해당 고객층에 알맞은 메뉴를 개발해야 한다. 예를 들어, 젊은 세대를 대상으로 하는 외식업체가 30대나 40대가 선호하는 음식을 개발하여 판매하거나, 반대로 40대 고객을 대상으로 하는 외식업체가 젊은 세대가 선호하는 음식을 개발하여 판매하는 것은 바람직하지 않다.

2) 마케팅을 고려한 메뉴 개발

이벤트로 활용 가능한 메뉴 개발이 중요하다. 고객에게 음식의 조리 과정을 보여주는 이벤트 메뉴는 지루함을 달래고 재미를 주는 방법으로, 메뉴 개발에서 필수적인 전략이 되었다. 고객의 수준이 향상되고 질적인 면을 중요시하는 고객이 증가함에 따라, 단순히 주방에서 준비해 제공하는 메뉴보다는 고객 앞에서 조리하거나 고객이 직접 조리하는 이벤트형 메뉴 개발이 필요하다. 고객 앞에서 조리하게 되면 시각적인 즐거움을 더하고, 고객에게 맛을 더 잘 전달할 수 있다. 또한, 고객은 조리 과정을 보면서 지루함을 잊고 위생에 대한 안전함을 느끼게 된다.

3) 재고관리를 고려한 메뉴 개발

같은 재료를 사용하는 다양한 메뉴를 개발하면 식자재 재고를 크게 줄일 수 있어 점포운영과 경영에 긍정적인 영향을 미친다. 이를 위해서는 원재료를 지속적으로 구매 가능한지, 구매가 어려운 원재료가 있는지 확인해야 한다.

4) 기획메뉴 상품 개발

주력상품으로 판매할 메뉴를 개발해야 한다. 저렴한 가격과 점포의 개성을 살린 기획메뉴를 개발하면 고객만족을 실현할 수 있다.

5) 건강메뉴 개발

저칼로리 또는 다이어트 메뉴를 개발하거나 청정 원재료를 사용한 메뉴를 개발하여 고객의 욕구를 충족시켜야 한다. 단, 이러한 메뉴는 영양학적으로 입증할 수 있어야 한다.

Ⅲ 창업과 사업 아이템

1 생활 속의 소비와 관련된 사업 아이템

타깃 고객층의 일상생활에서의 소비패턴을 파악하면 어떤 사업이 성공할 수 있는지 아이템 선정에 참고할 수 있다. 소득과 생활 수준에 따라 소비의 형태가 달라지기 때문이다.

표 4-6 소비와 관련된 사업 아이템

사업 아이템	내용
생활 관련 업종	• 의식주 아이템 또는 생활 관련 업종으로 외식업과 판매업의 분류 • 대형화 추세에 맞추어 전문화, 차별화 • 커피전문점, 빨래방, 24시편의점, 인테리어 전문점
미래 대비 업종	• 자신이나 자식의 미래를 대비하여 교육, 보험, 저축 등에 투자 • 차별화와 경쟁력에 의한 부익부 빈익빈 • 유학원, 온라인 교육업체
건강 관련 업종	• 건강유지와 스트레스 해소 • 취미생활, 레저스포츠 등 관련 분야에 관심 • 건강 관련 아이템, 애견사업 아이템
사업 관련 업종	• 사업 관련 부수적인 사업 • PC방 간식판매, 정보통신 분야 관련 업종, 인터넷 관련 업종
편의 추구 업종	• 소득 수준 높을수록 서비스산업 발달 • 3D분야 업종, 배달 관련 업종

2 소비자 욕구와 사업기회

사업 아이템을 선정하기 위해서는 소비자의 입장에서 사업기회를 개발해야 한다. 소비자의 구매활동에 영향을 주는 욕구는 다음과 같다.

표 4-7 소비자 욕구와 사업기회

욕구 유형	내용
가격 욕구	• 동일한 조건이라면 낮은 가격의 상품구매를 원한다. • 원가절감에 의한 가격인하가 최상의 조치이다.
기능 욕구	• 가격대가 동일하다면 가능한 한 많은 기능을 가진 상품을 선호한다. • 새로운 기능의 추가와 개선된 제품은 새로운 사업 아이디어이다.
품질 욕구	• 동일한 조건에서 좋은 품질의 상품구매를 원한다. • 품질개선은 새로운 사업 아이디어이다.
차별화 욕구	• 다른 사람과 차별화된 상품구매를 원한다. • 기존의 상품과 다른 상품을 공급하는 것은 좋은 사업 아이디어이다.
동질화 욕구	• 경우에 따라 소비자들은 다른 사람과 같은 상품을 구매하고자 하는 욕구가 있다. • 좋은 상품을 수입하거나 모방하는 것은 동질화 욕구를 만족시키는 사업 아이디어이다.
디자인, 멋, 맛에 대한 욕구	• 디자인 개선, 더 나은 맛, 더 맛있는 상품은 좋은 사업 아이디어이다.
서비스 욕구	• 구매 전 · 후에 추가적인 서비스를 원하는 욕구가 있다. • 더 좋은 서비스 제공은 새로운 사업 아이디어이다.

3 환경 변화로 인한 새로운 사업 아이템

경제적, 사회적, 문화적, 법률적 환경의 변화에 따라 독자적 또는 상호 연관된 새로운 사업 분야가 등장하고 있다.

표 4-8 환경 변화로 인한 사업 아이템

환경 변화	새로운 사업
지식정보사회 도래 컴퓨터 · 디지털시대와 산업구조의 변화로 더 많은 여유시간 가짐	① 여가 활용을 위한 레저사업 ② 여성의 여가 활용을 위한 교양 · 건강 관련 사업 ③ IT인력 양성사업 ④ 조기 퇴직자를 위한 직장알선 및 창업교육 등의 서비스사업
고품질 저가격 선호	① 신기술 개발을 통한 원가절감으로 경쟁력 확보 ② 품질 향상, 성능 향상으로 고객 확보
고령화사회 인구구성비로 사회의 욕구구조가 영향 받음	① 고령자 증가에 따른 실버산업, 노인 대상 관련 사업 (스포츠시설 등) ② 자녀 수 감소에 따른 유아교육 서비스사업

경제적 환경 변화 • 경제성장에 의한 소득증대와 개인 욕구의 변화 등 • IMF 경제위기로 불황	① 소득증대에 따른 문화생활, 레포츠 관련 사업 ② IMF로 인한 중고품센터, 할인점, 폐자원활용 관련 사업 ③ 실직자 전직 및 구직 관련 사업
법률적 · 제도적 환경 변화 제도와 법률이 바뀌면서 소비자의 욕구 변화	① 교복자율화에 따른 의류 관련 시장의 변화 ② 입시제도 변화에 따른 학원 및 학습지 시장의 변화 ③ 관광벨트 조성사업에 따른 관광문화상품사업

4 사업 아이템 선정 유형

사업 아이템 선정의 유형을 다음과 같이 분류할 수 있다.

1. 이전 직장 경험과 맞는 아이템

소자본창업에서 창업자의 이전 직장 경험은 생소한 분야에서 창업하는 것보다 성공 가능성을 높여준다.

표 4-9 이전 직장 경험과 맞는 아이템

이전 직장 유형	아이템 범주	사례
기업체 영업업무	영업력이 요구되는 사업 분야	세일즈업, 보험, 판매업, 택배서비스
기업체관리, 총무업무	업무경험을 바탕으로 한 서비스 분야	인력파견알선업, 사업서비스업
기업체 생산업무	기기설비 수리 등 기술 분야	철물, 수공구판매업, 기기수리업
금융인	금융산업의 틈새사업 분야	금융재테크, 금융보조업, 캐피털업
공무원, 정부투자기관	행정대행 및 기업고문업무	교육 관련업, 행정 관련 분야 고문
건설회사	건설 관련 틈새사업 분야	건축재료 및 건축업 관련, 장식업
무역회사	무역 관련 및 오퍼업	무역업, 여행알선보조업
백화점, 유통회사	생필품 등의 도 · 소매업 분야	유통판매업, 의류, 생필품 등
정보통신 및 컴퓨터 관련 회사	컴퓨터, 통신기기를 활용한 산업 분야	컴퓨터 관련업, 정보제공사업
연구소 연구원	경제, 경영 및 기술 관련 연구 분야	컨설팅, 벤처사업
주부	가사, 아동, 여성 관련 사업 분야	패션 관련업, 유아복, 전통찻집
청년, 학생	10대 겨냥 사업과 활동력이 필요한 분야	액세서리, 문화, 레저, 스포츠, 오락 등

2. 적성과 성격에 맞는 사업 아이템

창업할 때 업종을 정할 때 창업자의 적성과 성격이 중요한 변수가 된다. 자신의 성격을 분석하지 않고 시작한 창업이 실패로 이어진 사례가 많다. 예컨대, 소극적인 사람이 판매업에 뛰어들거나 손재주가 없는 사람이 제조업에 뛰어든 경우와 같은 상황을 말한다. 어떤 사업 아이템이 본인에게 가장 적합한지 미리 조사해 둘 필요가 있다.

표 4-10 적성과 성격에 맞는 사업 아이템

성격 · 적성	내용	아이템 유형
외향 · 사교형	① 적극적 · 저돌적 성격을 가진 경우가 많다. ② 교직자, 유통 관련 근무자, 홍보영업종사자, 보험회사 근무자 등이 주로 갖는 성격이다. ③ 주로 유통업, 세일즈사업 등 대인 접촉이 많은 분야의 선택이 유리하다.	외판업, 웨딩이벤트업, 창업 이벤트업, 광고업, 인력공급 및 고용알선, 여행알선 및 여행보조업 등
내향 · 침착형	① 사무직 종사자, 전업주부, 교직자, 예술가 등이 주로 갖는 성격이다. ② 큰 홍보 없이도 고객이 꾸준히 찾아오는 생활용품 및 잡화 관련 업종, 문화예술과 취미 분야의 사업이 유리하다. ③ 아동 및 교육사업, 컨설팅사업 등 지식산업 분야 선택이 유리하다.	아동의류, 신발할인판매점, 완구 · 팬시 · 캐릭터전문점, 여성의류전문점, 꽃가게, 전통찻집, 숙박업, 독서실, 도서(CD, 교재)대여점, 어린이 놀이방, 컴퓨터학습방 등
우직 · 원칙형	① 생산직, 공직 근무자, 기술직 등의 종사자들이 주로 갖는 성격이다. ② 외식업, 개인 서비스업 등이 성격에 맞다. ③ 사채금융업, 전기 · 전자제품, 주택 관련 수리업 등 공급자 중심의 사업이 적합하다.	채소 및 과일택배업, 단체급식 전문점, 일반음식점, 음식출장 서비스업, 렌탈업, 청소용역업, 자동차수리 및 세차업, 가전제품수리업, 통신판매업, 주택수리업 등
저돌 · 추진형	① 건설업 종사자, 일반직의 고위직 근무자 등이 갖는 성격이다. ② 건강 및 레포츠사업, 건설업, 주점업, 이삿짐센터 등 종업원 관리에 노하우가 필요한 업종이 적성에 맞는다.	레저업, 오락이벤트업, 주점업, 이삿짐센터, 운동경기용품 판매업 등
탐구 · 아이디어형	① 진취적이고 도전정신이 강한 성격이다. ② 주로 지식기반과 벤처사업에 적합하다. ③ 적합한 사업 분야는 발명사업가, 벤처사업가 등 모험성이 다소 높은 미래지향적 벤처사업 분야이다.	정보통신업, 과학모형기기 전문점, 부가통신업, 소프트웨어개발 및 공급업 등

3. 창업자금 규모와 아이템

현재 가지고 있는 돈으로 어떤 사업을 하면 좋을까? 실제 점포가 필요한 사업을 시작하려면 최소 2,000만 원은 있어야 한다. 2,000만~3,000만 원의 자금을 활용해 비교적 쉽게 창업할 수 있는 분야로는 의류소매업, 완구 또는 문구제품, 그리고 주방용품 등의 소매업이 있다.

소규모 화원이나 꽃집도 초기투자금액이 비교적 적게 드는 업종이다. 주택가 골목의 작은 분식집도 마찬가지다. 최근에는 상가나 주택 벽면을 활용하여 과일주스를 판매하는 점포들도 등장했다.

표 4-11 자본규모별 창업자금 소요금액

자본규모	내용	업종
300~ 500만 원 미만	• 대학생 창업동아리 • 간이점포나 무점포 형태	노상 군고구마 체인점 · 즉석 도시락점 · 이동 천냥마트 · 물오징어 즉석구이점 · 잉어빵 판매업 · 카트 호떡전문점 · 향기 인형대리점 · 자동 군밤구이 · 유리 필름코팅업 · 애완식물–미니포트사업 · 아기사진삽입 동화앨범 제작업 · 개인 음악CD제작 · 이동식 피자집 · 왕순대 떡볶이 전문점 · 향기관리 및 배달 · 이동식 스넥카 · 출장 차량광택업 · 즉석 동화책방 · 학습용 동식물 판매업
500~ 1,000만 원 미만	• 소규모 창업 • 부업의 성격 • 전업주부의 창업 형태	방문육아 서비스업 · 즉석 어묵전문점 · 팬시전문점 · 야식전문체인점 · 방문식 인터넷 영어학원 · 재택 사이버학원 · 조개구이전문점 · 핫도그 전문체인점 · 방문 미술교육사업 · 초소규모 패스트푸드점 · 차량내부 세척업 · 자동차 종합관리 대행업 · 방문 영어학원
1,000~ 3,000만 원 미만	• 저가품 취급 • 목 좋은 곳이 아니어도 가능 • 주택가 골목 $16m^2$ (5평) 이내	생선가게 체인점 · 바비큐전문점 · 재택 중고 유아용품 판매/대여점 · 이북순대전문점 · 족발 배달전문점 · 이사대행 서비스업 · 욕실 특수코팅업 · 셀프 즉석사진 자판기업 · 복제그림 전문점 · 조립 PC 부품 판매점 · 라면전문점 · 스피드건 투구연습장 · 참숯 직화구이 통닭전문점 · 이동 멀티미디어 컴교실 · 손톱관리 및 장식업 · 카페만화방 · 덮밥전문점 · 패션양말전문점 · 즉석명함전문점 · 간이 패스트푸드점 · 맞춤항균코팅업 · 기념동판제작업
3,000~ 5,000만 원 미만	• 협소한 공간에서도 가능 • 프랜차이즈 가입 • 브랜드 상품 취급 가능 • 16.5~$33m^2$ (5~10평)	미키마우스 캐릭터점 · 즉석 현수막제작업 · 레코드음반전문점 · 과일전문 배달 체인점 · 셀프세탁방 · 생과일주스전문점 · 치킨 배달전문점 · 치킨호프집 · 도시락전문점

5,000~ 1억 원 미만	• 비교적 하고 싶은 업종 선택 가능 • 소점포 해당	배달전문 피자점 · 해산물전문점 · 어린이전용 컴퓨터교실 · 화장품 할인점 · 주방용품 할인점 · S/F형 노래방 체인점 · 셀프 피부관리실 · 아이스크림전문점 · 소형편의점 · 생맥주전문점
1억~ 1억5천만원	• 1층 $100m^2$(30평) 정도	브랜드제과점 · PC게임방 · 커피전문점 · 어린이 영어학원

4. 선진국에서 유행하는 테마

선진국에서 유행하는 테마를 눈여겨보고 아이템 선정에 참고하는 것도 좋다. 최근 뉴 비즈니스의 키워드는 케어(care), 감성(emotion), 패스트(fast) 3가지이다.

표 4-12 최근 유행하는 테마

	특징	업종
케어 (care)	• 홈케어 • 하우스케어 • 보디케어 • 애견케어	• 홈케어상품: 침대커버, 커튼, 홈 액세서리 등 • 가드닝(gardening)상품: 화병, 꽃, 초 • 하우스상품: 주방리노베이션, 하우스페인팅, 타일 교체, 화장실 보수 등 집수리 전문 • 보디상품: 헬스, 다이어트 • 애견상품
감성 (emotion)	• 감성과 감동에 호소 • 향기치료요법(아로마테라피)에 관심 • 집에서 목욕할 때 초를 켜고 꽃잎을 욕탕에 띄워 스트레스를 푼다.	• 캔들 상품: 캔들+향기 • 장식용 캔들 • 캔들 액세서리 • 쿠키전문점: '꽃 대신 쿠키'
패스트 (fast)	• 작고 빠르게(small&fast) • 가격이 싸고 간편하고 빠르다. • 경제 불황 반영	• 서서 먹는 초밥 • 서서 먹는 술집 • 1,000원 숍

Ⅳ 유망 아이템 사례

1 음식점 아이템

창업 분야 중 가장 많은 것이 음식점이다. 음식점 창업은 비교적 접근하기 쉽다고 생각하여 창업을 많이 하지만 실패를 많이 하는 분야이기도 하다. 음식점은 빈번하게 창업되는 만큼 다른 음식점들과 차별점이 있어야 성공할 확률이 높다. 따라서 창업준비 과정에서부터 점포운영 단계까지 독특한 개성을 드러내고자 하는 노력이 수반되어야 한다.

차별화된 메뉴 개발, 톡톡 튀는 서비스, 신선하고 쾌적한 분위기 등을 통해 색다른 가치를 창출해야 한다. 또한, 최신 정보를 확보하고 사업성을 분석하는 등 끊임없는 노력이 필요하다. 음식점업은 입소문이 나면 고객 유입이 빠르다는 장점이 있지만 반대의 경우 회복할 수 없을 정도로 치명적인 업종이다.

그렇다면 음식점업의 성공 확률을 높이는 방법은 무엇일까?

첫째, 그 집만의 독특한 메뉴가 있어야 한다. 음식업의 기본은 맛이며, 남들과 같은 평범한 메뉴로는 성공하기 어렵다. 고객들이 찾아왔을 때 다른 음식점과 차별화되어 있다는 것을 인식시켜야 한다. 음식점업의 성공 여부는 대부분 음식의 맛으로 결정된다.

둘째, 철저한 위생관리와 청결한 환경을 유지해야 한다. 아무리 맛있는 음식이라도 불결하거나 비위생적인 환경이라면 성공할 수 없다. 음식의 맛뿐만 아니라 위생과 청결에도 신경 써야 한다.

셋째, 모든 상황에서 친절해야 한다. "고객은 왕이다."라는 평범한 말을 항상 기억하고, 종업원에 대한 친절 교육을 수시로 실시해야 한다.

유망 음식점의 아이템은 다음과 같다.

① **퓨전식 돌솥비빔밥 전문점**: 다양한 형태의 퓨전 돌솥밥으로 젊은층을 파고들고 있다. 메뉴에는 돌솥 피자치즈밥, 돌솥 치즈볶음밥, 돌솥 맛장볶음밥, 돌솥 김치볶음밥, 돌솥 오므라이스, 돌솥 제육볶음밥 등이 있다. 이 외에도 콩나물, 참치볶음, 불고기, 오징어 등의 돌솥밥도 메뉴로 제공하고 있다.

② **셀프 튀김 전문점**: 깨끗하고 고급스러운 분위기에서 저렴한 가격으로 부담 없이 즐길 수 있는 곳이다. 고객이 직접 요리를 하는 이 업종은 소고기 등 육류를 비롯해 해산물과 야채 등을 튀김으로 먹을 수 있어 인기를 얻고 있다.

③ **오삼두루치기 전문점**: 사골육수에 고춧가루, 다진 마늘, 들깨를 넣은 양념장에 두부, 오징어, 삼겹살, 여러 종류의 야채를 넣어 만든다.

④ **일본식 해물 요리주점**: 체인점 형태로 운영되는 이 매장은 깔끔하고 고급스러운 인테리어, 저렴한 가격, 다양한 음식, 토기로 만든 생맥주잔, 참숯을 이용한 꼬치 요리 등으로 경쟁업

체와 차별화된 영업전략을 구사한다.

⑤ **구이 요리 전문점**: 이 주점은 "30대를 위한 주점"이라는 테마로 구이 요리를 전문으로 하는 곳이다. 30대 직장인의 취향을 반영하여 꼬치구이, 생선요리, 철판구이 등의 메뉴를 제공한다.

⑥ **테이크아웃 떡볶이 전문점**: 일반 떡볶이에 치즈, 잡채, 햄, 해물 등 다양한 재료를 추가한 떡볶이 전문점이다. 고객이 선택하는 재료에 따라 쫄면 스파게티, 치즈떡볶이, 해물떡볶이, 햄떡볶이 등 다양한 메뉴가 만들어진다.

⑦ **메밀 전문점**: 메밀버섯우동, 메밀우동 등의 메밀 요리와 초밥, 덮밥류, 유부우동 등을 함께 판매하여 안정된 고객층을 확보하고 있다. 메밀을 주원료로 사용하는 이 업종은 직장인이 많은 오피스타운이나 먹자골목이 입지로 적합하다.

⑧ **즉석 해물칼국수 전문점**: 칼국수 전문점의 트렌드는 닭국물칼국수와 바지락칼국수에서 즉석 해물칼국수로 이어지고 있다. 바지락, 굴, 홍합, 황태, 새우 등의 해산물로 우려낸 국물에 직접 반죽한 칼국수 면을 넣기 때문에 면발이 쫄깃하고 국물은 시원하다. 대규모 아파트 단지나 주택가가 입지로 유망하다.

⑨ **전통 냉면 전문점**: 매콤한 전통 냉면의 맛을 재현한 이 전문점은 특별한 향토 음식을 찾는 사람들에게 인기가 있다. 깔끔하고 편안한 분위기에서 냉면과 함께 먹는 홍어회와 수육은 특히 직장인들이 선호하는 메뉴이다. 입지로는 오피스타운이나 주택가 밀집 지역이 무난하다.

⑩ **가격 파괴형 참치 전문점**: 저렴한 가격으로 참치회를 즐길 수 있는 이 전문점은 주로 젊은층과 직장인을 대상으로 한다. 술이나 밥은 별도로 계산한다. 메뉴의 단순함이 단점으로 작용할 수 있지만, 바 형태로 꾸며진 내부구조가 고객회전율을 높여 매출이 높은 편이다. 오피스타운, 지하철 역세권, 아파트 밀집 지역이 유리하다.

⑪ **업그레이드 황태 요리 전문점**: 숙취 해소, 체력 강화, 다이어트 효과 등으로 인해 폭넓은 수요층을 확보하고 있다. 메뉴는 황태찜, 황태구이, 황태해장국, 황태조림, 황태전골 등 주재료를 활용하여 다양하게 구성되어 있다. 건강식품인 황태를 저렴한 가격으로 제공함으로써 소비자층의 폭이 넓고 인기가 많다.

⑫ **비타민 치킨점**: 소스와 치킨을 하나로 합친 다양한 치킨 메뉴를 선보이고 있다. 고객들은 짜장, 칠리, 김치, 카레, 고추 양념 등 다양한 소스 중에서 원하는 맛을 골라서 먹을 수 있다. 또한, 애플바나나, 망고 등을 활용한 과일 치킨, 고구마, 당근, 양파, 양배추 등을 활용한 야채 치킨도 있어 메뉴 선택의 폭이 넓다. 고객들은 먹고 싶은 맛의 제품을 선택해 주문

외에도 인삼, 야채, 초콜릿, 요구르트 등 다양한 재료로 만들 수 있다. 비수기에는 커피나 과일 주스도 함께 판매하는 것이 좋다.

3 자판기 아이템

최근 직장인과 주부 등 여성들이 부업형 창업을 선호하는 추세다. 부업형 창업은 생계형에 비해 아르바이트적 성격이 강하고 소자본으로 창업할 수 있으며, 운영과 관리가 쉽다. 시간적 제약이 있는 직장인들은 이와 같이 단순하고 효율적인 아이템을 선택하는 것이 좋다.

① **솜사탕 자판기**: 솜사탕 자판기는 동전을 넣으면 자동으로 솜사탕을 제조한다. 판매원이 따로 필요 없으며, 어린이를 대상으로 하는 장소나 유원지, 스키장, 해수욕장, 제과점, 편의점, 학교 주변, 문구점 등에 설치할 수 있다.

② **캐릭터 자판기**: 촬영한 사진을 1분 만에 내 얼굴과 꼭 닮은 캐릭터로 변환해 준다. 이 자판기에서는 캐릭터 명함, 캐릭터 스티커, 메일, 카드, 증명사진 및 포토 전자앨범 등을 만들 수 있고, 다양한 인터넷 서비스 기능도 있다. 대학가, 학원, 지하상가, 번화가 등에 설치하기 적합하다.

③ **사이버 앨범 사진 자판기**: 인터넷과 연계하여 사진 제작 서비스를 제공한다. 자신의 사진을 사이버 앨범으로 만들어 다른 사람에게 보여주거나 휴대폰으로 전송해 볼 수 있다. 대학가, 기존 포토숍 내부, 중고등학교 주변 등에 설치하기 적합하다.

④ **게임 자판기**: 코인기에 동전을 넣고 돌리면 팡파레 소리와 함께 보너스 상품이 나오는 자동판매기다. 자판기 내부에는 오락게임과 만화 캐릭터가 있어 사용자는 3가지를 동시에 즐길 수 있다. 아파트 상가나 학교 주변 등에 설치하기 좋다.

⑤ **구슬 아이스크림 자판기**: 구슬 모양의 아이스크림을 제공하며, 계절에 크게 영향을 받지 않는다. 주로 아파트 상가에서 숍인숍 형태로 운영할 수 있다.

⑥ **캔디 및 초콜릿 자판기**: 캔디와 초콜릿 등을 크레인을 이용해 선택하고 뽑을 수 있다. 오락실 또는 번화가 등에 설치하기 적합하다.

⑦ **막대사탕 자판기**: 막대사탕을 재미있게 뽑아 먹을 수 있다. 어린이들이 자주 찾는 학교 주변이나 문구점 등에 설치하기 좋다.

4 여성창업자를 위한 아이템

여성 고객을 주 대상으로 하는 업종은 남성들이 운영하기 어렵다. 여성이 여성의 마음에 드는 상품을 판매하는 것으로, 미용, 패션, 육아와 관련된 분야는 여성이 주도하고 있으므로 여성을 대상으로 한 사업이 적절하다.

① **출산 및 교육 용품 전문점**: 핵가족화가 진행됨에 따라 태교부터 육아에 이르기까지 자녀를 위한 투자가 증가하고 있다. 최근의 출산 및 육아용품 전문점은 아기의 두뇌 발달에 초점을 맞춘 제품, 태교 상품, 신생아용 장난감 등을 주로 취급한다. 이러한 매장은 20대 중반부터 30대 임산부를 주요 고객으로 하기 때문에 젊은 부부들이 많이 사는 아파트나 다세대주택이 밀집된 지역에 위치하는 것이 좋다.

② **젊은 여성을 위한 장신구 전문점**: 저렴한 가격에 독특한 디자인의 장신구를 취급하는 전문점이다. 주로 반지, 귀걸이, 목걸이, 팔찌, 발찌 등의 다양한 제품을 취급한다. 이러한 장신구 전문점은 패션 의류점이 밀집된 지역에 위치하는 것이 유리하다.

③ **속옷 할인점**: 속옷 영업은 가격이 중요한 요소다. 유명 브랜드 속옷을 시중가보다 30~50% 할인하여 판매하는 것이 경쟁력을 갖는다. 중·소 제조업체나 속옷 전문 유통업체에서 대량 매입하면 저렴한 가격으로 판매할 수 있다.

④ **웨딩컨설팅업**: 결혼 준비의 전반적인 부분을 대행한다. 결혼 일정, 예물, 가구, 전자제품, 신혼여행, 청첩장을 포함하여 결혼식장, 웨딩드레스, 사진, 미용 등의 준비까지 모두 관리한다. 예식장, 웨딩드레스숍, 귀금속점, 전자제품 판매점 등과 연계하여 신속하고 전문적인 서비스를 제공한다.

⑤ **저가형 여성 정장 전문점**: 백화점의 고급 브랜드와 대형 할인점의 저가 의류 사이의 틈새 시장을 활용한다. 유행하는 제품을 선택하되, 가격은 고급 브랜드의 절반 정도로 낮춘다. 주요 고객층이 젊은 여성이기 때문에 지하철 역세권이나 대학가 등이 적합하다.

⑥ **DIY 구슬 공예 전문점**: 고객이 직접 제작할 수 있는 전문점은 구슬의 다양한 색상과 모양을 선택해 자신만의 스타일을 표현하는 젊은 여성들 사이에서 인기다. 이러한 공예품은 청바지, 티셔츠, 패션 액세서리, 휴대폰, 가방, 인테리어 소품 등에도 활용할 수 있다. 젊은 여성들이 자주 찾는 지역에 위치하는 것이 좋다.

⑦ **티셔츠 전문점**: 계절에 구애받지 않고 팔 수 있는 아이템이며, 다양한 디자인으로 틈새시장을 노릴 수 있다. 번화가나 젊은 층의 유동 인구가 많은 지역이 적합하다.

⑧ **패션 CD 전문점**: 별, 하트, 꽃, 클로버 등의 모양으로 제작된 패션 CD에 원하는 사진을 넣고, 생일이나 결혼 축하, 기념일 메시지를 동영상이나 음성파일로 삽입한 후 뮤직비디오나 음악을 추가하면 완성된다. 대학가나 번화가 같이 유동 인구가 많은 지역에 위치하는 것이 적합하다.

5 여름철 아이템

여름철에는 다른 계절보다 큰 매출을 기대할 수 있는 유망한 아이템들이 있다.

① **생과일 아이스크림 전문점**: 천연 과일을 사용해 만든 저칼로리 아이스크림은 체중 관리를 원하는 여성들에게 인기가 있다. 바나나, 파인애플, 딸기, 키위 등의 과일을 혼합해 만든 생과일 아이스크림은 컵의 크기에 따라 가격이 다르다.

② **야채 냉면 전문점**: 최근에는 냉면과 메밀의 종류가 다양해지면서 단순한 면뿐만 아니라 다양한 야채를 혼합한 다이어트 야채면이 젊은층 사이에 인기를 끌고 있다. 면을 반죽할 때 다양한 채소를 첨가하면 비타민이 풍부하고 칼로리가 낮아 건강과 미용에 좋다.

③ **침대·침구 클리닝 전문점**: 습한 여름철 기후에 곰팡이가 번식하기 쉬워 특수 제작한 살균 세척기를 사용하여 침대와 침구의 세균과 얼룩을 제거해주는 아이템도 인기가 좋다. 대규모 아파트 단지나 유흥업소, 숙박업소가 밀집된 지역에서 사업을 운영하는 것이 유리하다.

6 컴퓨터 관련 아이템

컴퓨터가 대중화되면서 다양한 컴퓨터 관련 창업 아이템이 등장하고 있다. 컴퓨터 전문 지식을 갖춘 사람이라면 아파트나 주택가에서 $33m^2$(10평) 크기의 점포 또는 무점포 창업이 가능하다. 재택근무로 사업을 시작할 수 있으며, 한 대의 컴퓨터만 있어도 창업이 가능하다.

① **인터넷 포토카드 자판기 사업**: 자판기를 통해 사진카드를 제작하고 인터넷으로 전송하는 서비스를 제공한다. 초고속 인터넷 통신망의 확산과 함께 인터넷 사용자가 급증함에 따라 이러한 서비스가 주목받고 있다.

② **인터넷 학습방 사업**: PC방과 과외 지도의 컨셉을 결합한 사업이다. 교사가 자신의 집에서 인터넷 학습방을 운영하며, 인터넷을 통해 학생들을 개별지도한다. 수업은 원격 화상 통신

을 통해 이루어지며, 학생은 받은 교재를 보면서 학습한다.

③ **맞춤 비디오 제작업**: 어린이의 얼굴을 동화나 교육용 비디오에 합성하여 어린이가 주인공인 비디오를 제작한다.

④ **컴퓨터를 활용한 사진 도장 서비스**: 사진을 찍어서 도자기에 새기거나 컵에 붙이는 서비스를 제공한다. 또한, 사진을 케이크에 부착하는 서비스도 제공한다.

⑤ **홈페이지 제작 및 웹호스팅 사업**: 웹 프로그래밍과 디자인에 능숙하다면 이 분야의 사업을 시작할 만하다.

⑥ **컴퓨터 방문 교육 사업**: 아이들을 좋아하고 영어, 음악, 미술 등의 전문지식을 가진 사람이라면 컴퓨터 방문 교육 사업도 가능하다.

7 무점포 아이템

사무실 임차 없이 자동차와 휴대전화만으로 창업을 할 수 있다. 강한 영업능력이 필요하므로 대인관계가 좋고 활동적인 사람에게 적합하다.

① **반려동물 의류 제작**: 반려동물 시장의 확대로 반려동물 의류 제작 분야가 성장하고 있다. 이 분야의 수요는 계속해서 증가할 것으로 보인다.

② **이동식 자동차 세차서비스**: 아파트 거주자를 대상으로 회원제로 자동차 세차 및 외장서비스(광택 처리나 흠집 제거) 등을 한다. 쇼핑센터나 아파트 단지에서 무료 세차 이벤트를 진행하거나 전단지, 명함 등으로 홍보 활동을 한다.

③ **향기관리업**: 향기를 활용하여 마케팅 효과를 극대화하는 아이템이다. 주로 회원제로 운영하며, 주문에 따라 고객과 상담 후 향기 분사기를 설치한다.

④ **수수료형 매장**: 창업의 의지는 있으나 초기 점포 임차보증금 부담 때문에 쉽게 시작하지 못하는 경우가 많다. 백화점이나 대형 할인매장 코너에 입점하기 위해서는 큰 자금이 필요하므로, 매장과 협의하여 '수수료형 매장'을 개설하는 방안을 고려한다. '수수료형 매장'은 초기의 임차보증금이나 월세 없이 매출액 일부를 매장에 지급하는 형태다. 이 방식은 창업자에게는 초기 투자 부담을 줄여주며, 백화점이나 대형매장은 월세 대신 더 높은 수익을 기대할 수 있다. 디지털 사진관, 즉석 샌드위치, 어묵, 쿠키, 아이스크림, 생과일주스, 고구마 전문점, 한과 전문점 등이 해당 방식에 적합하다. 하지만 개인이 직접 백화점이나 대형 할인매장에 입점하는 것

은 어려우므로, 이를 전문으로 하는 체인점 가입을 고려하는 것도 방법이다.

- '갤러리아백화점' 압구정점에 있는 '크레페코리아'는 11.55m²(3.5평)의 작은 공간을 매출의 20%를 수수료로 지급하는 조건으로 사용하고 있으며, 그 외의 관리비는 부담하지 않는다.
- 서울 명동의 '도고빠스' 고구마 음식점은 원래 보증금 2억 5,000만 원과 월세 1,200만 원을 지급해야 하는 공간을 매출의 20%를 수수료로 지급하는 조건으로 계약해 운영하고 있다.

8 길거리 아이템

길거리 사업은 초기 투자가 적고 수익을 빠르게 올릴 수 있다는 장점이 있다. 노점 영업은 심장이 강하고 타인의 시선을 신경 쓰지 않는 사람에게 적합하다. 또한 주변 환경에 빠르게 적응하는 활발한 사고와 행동력을 가진 사람에게 적합하다.

생활용품을 판매하는 좌판부터 붕어빵, 햄버거, 떡볶이 등 군것질 음식을 판매하는 노점, 그리고 차량을 활용한 이동판매업, 이동채소판매업, 신발미화업, 이동카센터 등 아이템이 다양하다. 차량을 활용하면 이동성이 높아져 타깃 고객층의 유동 인구가 많은 장소를 선점하는 것이 유리하다.

9 실버 아이템

최근 기업의 지속적인 구조조정과 고령화사회의 빠른 전환으로 실버 창업이 주목받고 있다. 실버 세대는 대체로 안정적이고 육체적으로 부담이 적은 여가나 임대 형태의 창업을 선호한다.

① **펜션(pension)**: 펜션 사업은 자금의 여유가 있다면 아름다운 자연환경에서 여유로운 노년의 삶을 보낼 수 있는 좋은 선택이다. 펜션은 민박의 저렴함과 콘도의 편의, 그리고 호텔 같은 아늑한 분위기를 갖추어 인기가 있다. 대부분 교통이 편리한 산, 계곡, 호수, 바다 근처에 위치하며, 방은 대체로 5~10개를 갖추고 있다. 특별한 주제나 테마를 가진 별장, 카페, 농원 등 관광객이 끊이지 않는 곳에 자리를 잡는 것이 중요하다.

② **신종 원룸텔 고시원 사업**: 기존 건물의 한 층을 임차해 소규모 원룸텔 고시원 스타일로 개조하

여 재임대하는 방식이다. 예컨대, 231m²(70평) 크기의 공간을 40~50개의 방으로 나눈 후 각 방에 필요한 편의시설(TV, 침대, 인터넷 등)을 설치하고 재임대하는 형식이다. 대학가나 역세권 등 젊은층 유동 인구가 많은 지역이 좋으며, 반드시 대로변에 위치할 필요는 없다.

③ **SOHO 비즈니스 사무실 임대업**: 교통이 편리한 역세권에 사무실을 임차하여 2~3평 크기의 원룸텔 스타일로 분할 후 재임대하는 사업이다. 임대 대상은 SOHO 비즈니스 사업자들이며, 별도로 전화 대행 서비스나 복사기 등의 추가 서비스를 제공해 부수입을 올릴 수 있다.

④ **실내 골프클리닉 전문점**: 골프를 즐기는 인구의 증가로 인해 실내 골프 연습장은 틈새사업이 되고 있다. 이 사업은 '스크린 골프 시스템'을 갖춰 놓고 골프 애호가들을 상대로 실제 그린에서 직접 골프를 즐기는 것과 같이 화면에 볼의 움직임을 보여주는 것이 사업의 핵심이다.

연습 문제

01 업종과 아이템 개발의 중요성에 관해 설명해 보자.

02 사업 아이템 선정의 원칙에 관해 설명해 보자.

03 유망 아이템과 기피 아이템을 비교하여 설명해 보자.

04 환경 변화에 의한 새로운 사업 아이템에 대해 논의해 보자.

05 유망 아이템의 사례를 선정하여 논의해 보자.

CHAPTER 05

사업타당성분석과 사업계획서 작성

I. 사업타당성분석의 개요

II. 사업타당성 평가 요소

III. 사업계획서의 성격과 필요성

IV. 사업계획서 작성

V. 사업계획서 구성 및 내용

Start-Up Story

창업의 첫걸음! 사업타당성 검토

영국 이코노미스트지가 세계에서 가장 오래된 기업으로 공식 인정한 곳은 일본의 곤고구미(金剛組)라는 기업이다. 유럽에서 가장 오래되었다는 프랑스의 와인 회사보다 무려 400여 년을 앞선 기록이다. 이 기업의 창업주가 백제의 장인 유중광으로 1,400여 년간 대를 이어 온 것이 알려지면서 한동안 국내에서 화제가 된 적이 있다. 일본 기업사에 속하지만 세계 최고 장수기업의 설립자가 우리 조상이었다는 사실은 어깨가 으쓱해진다.

창업에 있어서 지속 가능성은 매우 중요한 문제로, 정부나 창업지원기관이 많은 관심을 가지고 있지만 창업자 개인에게 더 중요한 문제이다. 그러나 상당수의 자영업 창업자들은 현재 상황을 기준으로 창업하고 있어서 창업 이후 경쟁자의 진입이나 한 단계 업그레이드된 업종으로 대체되는 경우 투자금을 회수하지 못하고 접는 경우가 많이 발생한다.

내가 하려는 아이템으로 창업을 해도 될지, 투자금을 완전히 회수하고 이익을 낼 때까지 존속할 수 있을지를 어떻게 판단할 수 있을까? 간단한 방법으로 지속 가능성까지 검토해 보려면 마이클 포터의 5Force 프레임을 활용해 볼 수 있다. 업종 매력도를 분석하는 프레임이지만 질문을 점포형 창업으로 바꿔서 대입해 보면 창업 실행기준으로 삼을 수 있다. 아래 평가 중에 "하"가 1개라도 있거나 "상"이 2개 이상 되지 않는다면 창업 아이템, 창업입지를 변경하거나 준비를 더 많이 하고 창업을 시도해야 한다.

경쟁 5요소	질문 내용	대응되는 생존기간	평가
소비자와의 교섭력	고객이 내 재화(서비스)를 사 줄 것인가?	6개월	상 중 하
조달업체와의 교섭력	동일 품질 원재료를 더 싸게 살 수 있는가?	6개월	상 중 하
동종 업체와의 경쟁력	주변의 동종 업체보다 경쟁력이 있는가?	1년	상 중 하
신규 진입에 대한 위협	동종 업체의 추가 진입 가능성이 낮은가?	1년	상 중 하
대체 제품의 위협	다른 재화(서비스)로 대체될 가능성이 낮은가?	3년	상 중 하

창업자가 이러한 문제를 체계적으로 검토해 보기 위해서는 사업타당성 검토를 해야 하지만 전문성이 요구되는 데다가, 다양한 소규모 업종으로 구성된 자영업 분야는 제대로 된 통계자료를 구하기도 어려워서 시도에만 그치는 경우가 많다.

그렇다면 대다수 창업자가 사업타당성 검토를 아예 하지 않고 창업하는가? 그렇지는 않다. 경력 창업자들은 동업종에 근무하면서 다양한 실무경험을 통해 체험적인 사업타당성 검토를 하고 있다. 단지 문서화하지 못한 것이다. 창업 상담을 하다 보면 동업종 경력이 5년 이상인 분들은 사업계획이 구체적으로 정립되어 있고 매출액 추정도 상당히 현실적이다. 그러나 경험이 없는 창업자들은 대부분 매스컴에 나오는 성공적인 창업자들의 사례만 참고하기 때문인지 매출액과 순이익을 상당히 긍정적으로 추정한다.

사업타당성 검토를 한마디로 설명하자면 앞으로 3년 정도의 매출액 및 순이익을 추정하는 절차라고 할 수 있다. 그런데 매출액이 실제보다 높게 추정되면 지속 가능성 같은 다른 위험이 작아 보이기 때문에 잘못된 판단을 할 가능성이 커진다.

지인의 권유로 군에서 제대하자마자 디저트 카페를 창업하겠다는 무경력 창업자는 이미 보증금 1억 원에 월세 750만 원짜리 대형 점포를 계약하고 상담을 왔는데, 월 매출액은 4,000만 원, 순이익은 2,500만 원을 예상하였다. 매출액 대비 62.5%라는 다소 비현실적인 순이익을 기대하고 있다. 반면, 입지에서 차이는 있지만, 비슷한 규모의 매장에서 창업을 계획 중인 6년 경력의 창업자는 창업 첫해 월평균 매출액 2,000만 원, 순이익은 400만 원을 예상했다. 경험도 없이 대형 점포를 덜컥 계약하는 것은 잘못된 사업타당성 검토로부터 출발한다.

동일인 기준으로 봐도 매출액의 추정과 현실은 크게 다르다. 배달음식점 창업 전에 매출액 2,500만 원에 순이익 1,100만 원으로 추정했지만, 한 달간 장사를 해보고 다시 작성한 서류에는 월매출액 1,500만 원에 순이익 400만 원을 예상했다. 이마저도 쉽지 않지만, 처음부터 이렇게 추정했다면 창업 준비를 더 꼼꼼히 했을 것이다.

점포창업의 매출액 추정은 어떻게 하는 것이 좋을까? 인수 창업이라면 이전 점포주의 매출액은 좋은 근거자료가 될 것이다. 또한 창업 예정지와 가장 가까운 동종 점포의 매출액을 조사해 본 후에 상품성, 입지, 경영 능력 등을 객관적으로 가감해 보는 것도 좋은 방법이다.

이런 자료를 얻기 어렵다면 창업지원기관에서 발표하는 지역별 평균 매출액을 기준으로 추정해 보는 것이 가장 좋다. 서울지역은 서울신용보증재단에서 업종별로 면적 기준, 종업원 수 기준 등으로 평균 매출액을 발표한다. 이 중에서 상황에 맞는 매출액을 대입해서 작성해 보면 된다.

본인이 추정한 매출액 기준으로 손익계산서를 작성해 보되, 반드시 창업지역의 동업종 평균 매출액 기준으로도 작성해 볼 것을 권한다. 두 가지 기준으로 작성해 비교하다 보면 훨씬 현실적인 기준에 가까워질 것이고, 과다 추정으로 인한 판단 오류에서 벗어날 수 있다.

출처: 부산제일경제 2023. 01. 27

Ⅰ 사업타당성분석의 개요

1 사업타당성분석의 의의

사업타당성분석은 사업을 시작하기 전, 해당 사업의 성공 가능성을 파악하기 위해 시장성, 경제성, 수익성, 기술성 및 위험도 등을 체계적으로 분석하고 평가하는 과정을 의미한다. 체계적인 사업타당성분석은 구상 중인 사업의 다양한 요소와 형태를 명확하게 이해하는 데 큰 도움이 되며, 창업자의 경영 능력을 향상시키는 효과도 있다.

사업타당성분석은 사업 활동의 적합성 여부를 사전에 조사, 분석, 검토하므로 실패로부터 지켜줄 수 있는 보조장치이다. 하고자 하는 사업의 사업성과 가능성을 판단하는 것은 매우 중요한 일이다. 실제로 사업성이 낮거나 가능성이 의심스럽다면 사업을 시작하지 않는 것이 손실을 피할 수 있는 지혜로운 결정일 수 있다. 심지어 사전에 철저히 준비했다고 해도 실제 창업 과정에서는 예상치 못한 다양한 문제가 발생할 수 있다. 그렇기에 사업타당성분석은 성공적인 창업을 위한 필수 과정이다.

사업타당성분석은 상품의 마케팅 및 판매, 선정된 후보 사업에 대한 시장 분석, 생산과 관련된 기술 분석, 수익성 분석 등으로 나누어 볼 수 있다. 이를 종합적으로 보면, 사업타당성분석은 선정된 창업 아이템과 입지를 최종적으로 결정하기 위한 것이다.

2 사업타당성분석의 필요성

창업 성공을 위한 사업타당성분석의 필요성은 다음과 같이 요약할 수 있다.

① 체계적이고 객관적인 사업타당성분석을 통해 창업자는 계획한 사업의 약점을 보완하고, 잠재적 위협 요소를 사전에 대비하거나 제거할 수 있는 계기를 마련한다. 또한, 이를 통해 창업의 성공률을 높일 수 있다.

② 사업타당성분석 과정에서 창업자의 아이디어를 사업화하는 데 필요한 자원을 구분하고, 사업의 전개 방향과 강점 및 약점을 파악함으로써 시간과 자원의 낭비를 줄일 수 있다. 이를 통해 창업 기간을 단축시키고, 창업 업무를 보다 효율적으로 진행할 수 있다.

③ 창업자는 사업의 시장성, 수익성, 기술적 타당성 등 세부 항목을 철저히 분석하고 제시함으

로써, 미처 인식하지 못한 사항들을 사전에 파악하여 효율적인 경영을 추구할 수 있다.

④ 계획사업의 타당성 분석을 통해 창업자는 사업에 대한 전반적인 분석 능력과 운영에 필요한 지식 및 노하우를 갖추게 된다. 이는 창업자의 경영 능력을 향상시키는 데 큰 도움이 된다.

⑤ 사업타당성분석을 통해 계획사업의 재무 구조, 조직 구성 등에 대한 문제점과 원인을 진단하고, 적절한 대응 방안을 마련할 수 있다. 이를 통해 사업이 위험에 처하더라도 적절한 예방조치를 취할 수 있다.

Ⅱ 사업타당성 평가 요소

사업타당성 평가 요소는 사업의 타당성을 검토하며 분석해야 하는 중요한 항목들이다. 계획사업의 성공 가능성을 체계적이며 합리적으로 평가하기 위한 주요 요소는 다음과 같다.

① 계획사업과 창업자의 적성, 사업수행능력을 평가하여 창업자의 자질 파악

② 창업자가 검토 중인 다양한 후보 아이템의 시장성과 입지 적합성 평가

③ 수익률 확보를 위한 시장성 분석

④ 적정 수익률 확보를 위한 수익성 분석

⑤ 사업 추진 시 내재된 위험 요소와 성장성 분석

⑥ 영업 및 서비스의 운영전략분석

1 창업자 평가

창업자의 적성과 사업수행능력 분석은 사업가로서의 적성과 자질, 사업수행능력 등을 분석한다. 창업의 성공은 대부분 창업자나 참여 인력의 인적 요인에 크게 영향을 받는다. 특히, 신규 창업은 창업자의 새로운 계획사업의 수행능력과 해당 업종에 대한 경험, 지식, 그리고 관련성이 중요하다.

사업타당성을 검토하는 과정에서는 창업자의 계획사업수행능력과 그가 고려 중인 업종과의 적합성을 분석해야 한다. 이때, 창업자의 수행능력은 선천적인 적성과 자질, 그리고 후천적인 경험 및 지식, 그리고 경영능력인 업무수행능력으로 나누어 볼 수 있다.

1. 적성과 자질

창업자의 선천적인 적성과 자질의 세부 평가 항목으로는 모험심, 가능성에 대한 집념, 스케일, 리더십, 의지력, 기타 창업자의 성격·체질·체력적인 소질로 분류할 수 있다. 아무리 좋은 사업이라도 창업자의 확고한 의지와 집념이 없으면 성공하기 어렵다. 또한, 해당 사업을 수행하기 위한 체력적인 건강도 중요하다.

2. 창업 분야의 경험과 지식

창업자의 후천적 자질인 경험과 지식의 평가 항목으로는 해당 분야의 경험, 학문과 지식, 자격, 사회적 신용과 지위, 그리고 인적 네트워크의 범위와 깊이, 창업 환경 등이 고려된다.

3. 창업자의 경영능력

창업자의 경영능력은 창업자의 기술혁신능력과 환경 변화에 대처할 수 있는 경영분석력 또는 판단능력의 정도를 분석하는 것이다. 창업자의 리더십은 조직구성원들에 대한 통제능력과 예상치 못한 상황에 대처하는 중요한 요소이다. 창업자의 경영능력 평가 항목으로는 가정유지능력, 창업 멤버의 구성 및 통제 능력, 기술혁신능력, 경영 및 경제적 환경적응능력, 그리고 경영분석 및 판단능력 등의 요소가 있다.

표 5-1 창업자 자질(계획사업의 수행능력)

창업자 자질	세부 항목
적성 및 자질 (선천적 자질)	① 모험심 ② 가능성에 대한 집념 ③ 스케일 ④ 리더십 ⑤ 의지력 ⑥ 기타 창업자의 성격 · 체질 · 체질적인 소질
경험 및 지식 (후천적 자질)	① 창업 관련 분야에서의 경험 ② 학문과 지식 ③ 창업자의 자격, 사회적 지위, 직장에서의 신용 ④ 인적 네트워크의 폭과 깊이 – 대인관계

업무수행능력 (경영능력)	① 가정유지능력 ② 창업 멤버의 구성 및 통제 능력 ③ 서비스 및 기술혁신능력 ④ 경영 · 경제적 환경적응능력 및 경영분석 · 판단능력 ⑤ 이견과 갈등에 대한 조정능력 ⑥ 위험처리능력

2 매출액 추정

사업을 성공으로 이끄는 핵심은 얼마나 파는가이다. 아무리 참신하고 독특한 아이디어라도, 실제로 팔리지 않으면 소용없다. 창업의 성장과 발전을 위해서는 제품이 이익을 낼 수 있는 만큼 충분히 판매되어야 한다. 이러한 맥락에서 매출액의 정확한 추정은 큰 의미가 있다.

매출액을 추정하기는 쉽지 않다. 각 점포의 상권과 입지조건은 다르기 때문에 '유동인구'나 '통행량' 같은 수치 파악이 가능한 것으로 매출액을 산출한다. 복잡하고 어려운 상권 및 입지조건 분석을 하는 이유는 창업 시 실패를 방지하고 성공을 도모하기 위한 최소한의 방패막이다. 따라서 정확한 매출액을 산출하기 위해 상권분석과 입지조건분석은 필수적이다.

1. 통행인구 수의 내점률에 의해 산출

하루 동안의 통행인구 수를 파악하고, 이 중에서 내점하는 인구를 예측하여 월별 매출액을 추정하는 방식이다. 여기서 '내점률'은 100명의 통행인구 중 실제로 점포를 방문하는 인원의 비율을 의미하며, '1인 구매단가'는 한 명의 손님이 평균적으로 소비하는 금액을 나타낸다.

추정매출액 = 통행인구 수 × 내점률 × 1인 구매단가 × 월간 영업일 수

2. 경쟁점포의 내점객 수를 비교하여 산출

주변 경쟁점포의 하루 평균 방문고객 수를 조사하고, 이를 바탕으로 자사의 브랜드 인식도를 고려하여 하루 방문고객 수를 예측한다. 그리고 그 예측치를 통해 매출액을 추정하는 방식이다. 이 방법은 경쟁점포의 데이터를 비교하여 매출을 추정하는 방식으로, 매우 정확한 추정이 가능하다고 할 수 있지만, 이를 제대로 실행하기 위해서는 전문가 수준의 능력이 요구된다.

추정매출액 = 1일 방문객 수 × 1인 구매단가 × 월간 영업일 수

3. 예상 고객 수를 이용한 추정매출액 산출

자체적으로 보유한 점포 데이터나 다른 조사자료를 기반으로 예상 고객 수를 정하고, 그 수치를 통해 매출액을 추정하는 방법이다.

추정매출액 = 예상 고객 수 × 1인 구매단가 × 월간 영업일 수

4. 월 고정비용 및 마진율을 통한 추정매출액 산출

월별로 발생하는 고정비용과 마진율을 바탕으로 필요한 매출액을 추정하는 방법이다. 이는 얼마를 팔아야 기대한 이익을 얻을 것인가를 정하고 이를 통해 매출액을 산출하는 것이다.

추정매출액 = 월 고정비용 / 마진율

이러한 방법에 관한 자세한 사례는 다음과 같다.

사례

1억 원을 들여 의류점을 운영하기로 한 백두산 씨는 마진율을 30%로 가정하였을 때 한 달에 얼마를 팔아야 수지가 맞을까?

월 고정비용	금액
이자(1억 원×2%)	2,000,000
생활비(자신과 가족)	2,000,000
인건비(아르바이트)	1,000,000
임차료	1,000,000
기타 비용	600,000
합계	**6,600,000**

백두산 씨의 월 고정비용이 6,600,000원이고 마진율이 30%이므로 다음과 같이 계산된다.
목표매출액 = 월 고정비용/마진율 = 6,600,000/30% = 22,000,000원

수지계산서	금액
매출액	22,000,000
매출원가(22,000,000×70%)	15,400,000
판매마진(=판매이익)	6,600,000
월 고정비용	6,600,000
순이익	**0**

월 고정비와 마진율이 변하면 다음과 같이 목표매출이 변하게 된다.

즉, 마진율이 30%에서 20%로 떨어지고 월 고정비가 660만 원에서 800만 원으로 늘어나게 되면 연 목표판매액은 4,000만 원으로 늘어나야만 수지가 맞는다.

5. 투자금액과 회전율을 통한 추정매출액 산출

투자금액과 해당 업종의 표준회전율을 기반으로 매출액을 추정하는 방법이다.

추정매출액 = 투자금액 × 회전율(음식업 100~150%)
(유통업의 경우 150~200%, 서비스업의 경우 200~300%)

6. 예상 시장점유율을 기반으로 한 추정매출액 산출

예상 시장의 규모가 월 100,000,000원이고, 이 중 10%의 시장점유율을 가진다고 예상된다면, (100,000,000×10%=10,000,000원/월)이므로 월 10,000,000원의 매출액을 추정할 수 있다.

추정매출액 = 예상 시장규모 × 예상 시장점유율

7. 테이블 회전율을 활용한 추정매출액 산출

회전율의 개념은 음식점에서 쉽게 이해할 수 있다. 하루 동안 음식점의 각 테이블이 얼마나 많이 이용되었는지를 조사하여 매출을 추정한다. 예를 들어, PC방의 8번 자리에서 하루에 15명의 고객이 이용했다면, 그 자리의 회전율은 15회전이 된다.

추정매출액 = 테이블 수 × 회전율(음식업 약 10회) × 1인 구매단가(객단가)

8. 점포 평당매출액을 통한 추정매출액 산출

점포의 평당매출액을 기준으로 전체 매출액을 추정하는 방법이다.

추정매출액 = 점포면적 × 평당매출액(음식업 1만 원/일)

3 시장성분석

사업 아이템의 국내외 동향, 동업계 현황, 그리고 수급 실적을 꼼꼼히 분석하여 시장성과 판매 전망을 확인해야 한다. 이를 통해 전체시장의 규모, 판매 전망, 시장 침투 가능성을 파악할 수 있다.

1. 시장성분석

시장성분석은 사업의 성패를 가르는 중요한 과정이며, 사업타당성분석의 핵심이다. 막연한 기대나 추측에 의존하지 않고 객관적인 근거나 실제 조사를 바탕으로 시장성을 분석해야 한다. 잘 팔릴 것이라는 막연한 추측만으로 사업을 시작하면 실패할 위험이 크다. 시장성분석의 목표는 앞으로 생산할 제품의 판매 전망 및 수요증가 추세를 분석하는 것이다.

시장성분석에서는 시장동향분석, 제품성분석, 경쟁적 지위분석, 제품의 채산성분석, 수요예측 등을 검토한다. 시장성분석은 소비자의 구성분포, 변화추세, 제품의 소비 형태, 소비단위, 구매동기, 그리고 소비자 수요 등에 대해 분석한다.

소비자의 구성분포는 지역별, 연령별로 분석해야 하며, 제품의 소비 형태(정기적 구매인지, 일시적 구매인지, 재구매 순환주기는 얼마나 되는지)와 1회 소비단위는 어느 정도인지 분석해야 한다. 또한, 소비자의 구매동기와 수요 및 경향도 함께 분석해야 한다.

전반적인 시장동향분석을 위해서는 고객과 경쟁자에 대한 분석, 제품가격분석, 그리고 수요예측이 필수적이다.

1) 고객분석

고객분석을 위해서는 고객의 특성, 지리적 범위, 그리고 제품 요인 등에 대한 분석이 필요하다. 특히, 고객의 성별, 나이, 소득, 생활패턴 등을 분석하는 것이 중요하다. 이러한 요인들을 바탕으로 고객의 소비패턴을 예측할 수 있으며, 이에 부합하는 아이템을 선정하면 성공적인 창업을 기대할 수 있다.

고객의 지리적 범위는 지역시장, 전국시장, 그리고 국제시장으로 나눌 수 있으며, 각 시장 권역에 따른 고객분석이 필요하다.

제품분석은 계획상품에 대한 구매자의 사용처와 용도, 가격에 대한 고객의 민감도, 주요 경쟁자, 그리고 브랜드에 대한 신뢰도를 중점적으로 분석해야 한다.

이러한 분석을 통해 취급하고자 하는 아이템의 주 고객을 정확히 파악하고, 집중 관리하는 방법을 알 수 있다.

2) 경쟁자분석

경쟁자는 그 정도에 따라 직접 경쟁자, 2차 경쟁자, 간접 경쟁자로 나눌 수 있다.

직접 경쟁자는 동일하거나 유사한 아이템으로 사업을 하는 자로서 사업 규모도 비슷한 경우이다. 이러한 경쟁자와는 고객 확보를 위해 공개적으로 경쟁해야 하므로, 철저한 분석이 필요하다. 맥도날드 체인점과 롯데리아 체인점과의 관계가 이에 해당한다.

2차 경쟁자는 자산이나 기술 면에서 유사성을 가지지만, 정확하게 같은 고객을 대상으로 하여 경쟁하는 상대가 아닌 경우이다. 맥도날드 체인점과 햄버거를 취급하는 레스토랑의 관계가 이에 해당된다.

간접 경쟁자는 동일한 고객을 조금 더 차지하기 위해 경쟁하는 것은 아니지만 경쟁 관계에 있는 사업자를 말한다. 예를 들면, 맥도날드와 비슷한 가격대의 한국음식점이 간접 경쟁자 관계이다.

대부분의 시장분석은 주로 직접 경쟁자를 중심으로 이루어지지만 정확한 시장분석을 위해서는 2차 경쟁자와 간접 경쟁자에 대한 분석도 필요하다.

3) 제품가격분석

제품의 경쟁력에서 제1차적 요소는 제품가격이다. 어떠한 가격정책을 설정하느냐가 마케팅 성공의 지름길이다. 마케팅의 성공은 창업의 성공으로 이어질 수 있으므로, 제품가격분석은 시장성분석에서 필수적 항목이다. 제품가격분석은 제품의 시장가격, 가격경쟁력, 가격추세, 경쟁업체의 가격정책, 마진율, 그리고 물류비용분석 등으로 분류할 수 있다. 신제품을 시장에 출시할 때는 시장에 침투할 수 있는 가격정책을 수립해야 한다.

4) 수요예측

일정 기간에 판매될 것으로 예상되는 상품의 수량이나 금액을 측정하는 것이다. 수요예측은 시장성 검토의 중요한 항목으로 예상매출액을 수치로 나타낸다. 창업 과정에서 수요예측이 중요시되는 이유는 판매계획, 생산계획, 그리고 자금조달 및 운용계획이 모두 수요를 기반으로 하기 때문이다.

표 5-2 시장성분석 항목

구분	분석 요소
시장특성 및 동향	시장특성: 지리적 위치, 유통조직, 거래관행 시장동향: 규모, 구조, 전망, 전체규모 마케팅환경: 영업 형태, 소비경향, 소비 형태, 시장 변화 추세
소비자분석	구성분포: 지역별, 연령별, 소득별, 직업별 소비성향과 소비형태: 정기적, 일시적 구매, 재구매 주기 소비단위: 소비량객단가, 소비총액, 선호하는 제품
경쟁자분석 경쟁사 현황 비교 · 분석	주요 경쟁 요소: 강점, 약점, 재무상태, 유사제품의 특성과 구조 영업 활동: 실적, 규모, 동향, 판매가격, 판매전략 홍보 활동: 방법, 규모, 특성, 경쟁제품, 자사제품의 장점과 단점 분석
제품성분석	가격분석: 원가, 마케팅코스트, 제품의 유통경로 제품분석: 제품의 강 · 약점, 주요 경쟁 요소, 기술성, 품질수준 비교 점유율: 마진율, 보급률
판매전략	판촉 및 광고전략: 광고 형태와 방식 잠재고객발굴: 영업전략, 고객특성, 시장 및 제품의 환경분석 계절성분석: 계절별 판매전망
수요예측	총수요량, 금액: 판매계획, 생산계획, 자금운용 생산품별, 지역별, 시기별 수요량 · 금액 추정 판매비 추정: 인건비, 광고비 등

2. 판매계획과 판매전략

시장성분석의 진정한 가치는 판매계획과 판매전략이 연계될 때 나타난다. 판매계획 및 판매전략 수립 시에는 마케팅계획, 광고 활동, 그리고 판매비용계획을 고려해야 한다. 또한, 필요한 인적·물적자원의 규모 및 투입 시기도 결정해야 한다.

1) 마케팅계획

마케팅계획은 제품별, 지역별 판매계획을 수량 또는 금액으로 표시하며, 생산 및 원재료 구입계획과 연결되도록 계획해야 한다.

2) 광고 활동

광고 활동은 광고매체와 광고 시기의 결정, 광고선전비의 규모, 그리고 판매촉진 활동 등을 포함한다. 계획단계에서는 계획제품의 성격, 시장의 특성, 그리고 소비자의 분포 등을 고려하여 어떻게 광고와 판매 활동을 진행할지 결정해야 한다.

3) 판매비용계획

판매비용계획은 마케팅계획을 기반으로 고객과의 접촉, 제품의 인도 및 배달, 수금 등에 필요한 비용계획을 포함한다. 변동비와 고정비를 구분하여 계획하면, 손익분기점 분석이 더욱 용이해진다.

4 기술성분석

기술성분석은 제품의 생산에 필요한 주요 요소들을 중심으로 제품이 원활하게 생산될 수 있는지를 분석하는 활동이다. 제품에 대한 특성, 화학적 반응, 기계적 기능, 생산시스템, 공정과 같은 생산제품 관련 조사 및 분석, 그리고 공장입지, 시설계획, 생산시설규모, 생산능력, 원재료 및 조업도, 원재료 조달 및 개선 가능성 등을 포괄적으로 분석해야 한다. 기술성분석은 해당 사업계획의 기술적 타당성 및 원가분석에 필요한 기초자료를 제공하며, 여러 기술적 대안들을 비교 및 검토하는 단계다.

기술성분석에 필요한 조사내용은 다음과 같다.

① **제품의 특성**: 제품의 용도, 물리적·화학적 특성

② **제조공정**: 채택하고자 하는 공정, 채택 이유, 세부적인 공정흐름분석

③ **기계와 장비**: 구매하고자 하는 규격, 성능, 신뢰성, 제조자, 가격, 대금지급 방식, 애프터서비스, 부품조달, 인도 방식과 일정 등

④ **원자재**: 종류, 가격, 수량, 공급자, 공급자 위치, 공급 방법, 물리적·화학적 특성 등

⑤ **건물**: 필요한 건물의 크기 및 특성 등

⑥ **대지 및 위치**: 필요한 대지의 크기, 형태, 가격, 위치 등

⑦ **동력과 용수**: 전기·가스·공업용수 수요량, 조달 방법, 비용 등

⑧ **인력**: 직접·간접 노동력, 기술수준, 임금 등

표 5-3 기술성분석 항목

기술적 특징	• 제품의 용도와 특성에 대한 물리적 · 화학적 분석 • 품질의 수준은 어느 정도인가? • 기술상의 차별성은 있는가? • 경쟁제품 및 수입품과의 기술 차이, 성능 비교
공장입지의 적합성	• 인 · 허가, 공해발생 등 법규상의 제약 요인에 대한 분석 • 공업용수, 공장부시, 접근성 등 자연적 입지조건 • 교통문제, 도시계획 등의 사회적 입지조건
시설규모와 생산능력	• 효율적 생산 방식과 생산공정의 효율성 • 기술의 수명주기, 시설배치와 제조 방식의 적정성 • 시설 상호간의 효율성과 균형
원재료 수급의 적정성	• 원재료 수급의 용이성 및 가동률 • 예상수요량, 적정재고량과 관련한 원재료 확보
불량률	• 불량률의 목표수준 도달에 의한 경쟁력 • 총인원 대비 기술인력의 비율 • 경쟁사와 비교한 불량률

5 재무분석과 일반관리계획

재무분석을 실시하기 위해서는 판매계획, 생산계획, 관리계획을 수립해야 한다. 재무분석에서 수행되어야 할 핵심 내용은 다음과 같다.

① **총 소요자금 추정**: 소자본창업의 사업성분석과 사업계획에서는 총 소요자금의 정확한 추정

이 필요하다. 사업 실패 원인 중 하나로 자금부족을 들 수 있으며, 그 주된 원인은 소요자금의 부정확한 추정에 있다.

② **자금조달계획**: 총 소요자금을 추정한 후에는 그 자금을 어떻게 조달할 것인지 자금조달계획을 세워야 한다. 자금조달 방법에 따라 지급해야 할 이자의 크기가 결정되며, 이는 사업의 수익성에도 영향을 미친다.

③ **추정재무제표 작성**: 보통 3~5년 후에 대하여 추정재무제표를 작성한다. 이를 위해 추정제조원가, 판매비 추정치, 일반관리비 추정치, 지급이자 추정치 등의 예상치가 필요하다.

④ **수익성지표 계산**: 사업의 전반적인 수익성을 나타내는 지표를 구하여 수익성을 평가할 수 있다. 이를 위해 특정 기간에 대한 현금흐름표를 작성하여 자금관리에 반영해야 한다.

⑤ **경영상태지표 계산**: 사업의 경영상태를 나타내는 지표들, 예컨대 유동성비율(유동비율, 당좌비율 등)과 수익성비율(총자본이익률, 자기자본이익률 등)을 구하여 사업의 미래 경영상태를 예측하고 검토해야 한다.

Ⅲ 사업계획서의 성격과 필요성

1 사업계획서의 성격

1. 사업계획서의 개념

성공적인 창업을 위해 사업계획서는 필수적이다. 이는 사업의 방향성과 목표 달성 경로를 설득력 있게 설명하는 행동지침이며 문서화된 창업 자료이다. 사업계획서는 창업과 관련하여 계획사업 내용(업체의 일반현황 및 창업자 현황), 제품시장의 특성, 소비자의 성격, 시장확보를 위한 마케팅 전략, 제품에 대한 기술적 특성, 생산시설, 입지조건, 향후 수익전망, 투자의 경제성, 소요자금 및 조달계획, 조직 및 인력계획 등을 객관적이고 체계적으로 작성한 자료이다.

사업계획서는 계획적인 창업을 가능케 하여 창업 기간을 줄이고 사업의 성공 가능성을 높여주는 효과가 있다. 또한 동업자, 출자자, 금융기관, 거래처, 고객 등 창업에 관련된 모든 이해관계자에게 설득력 있는 자료로서 활용도가 매우 높다. 따라서 사업계획서는 정확하고 객관성이 유지되어야 하며 전문성과 독창성을 갖춘 보편적이고 타당하게 작성해야 한다.

아무리 간단한 사업이라도 즉흥적인 행동은 실패로 이어질 수 있으므로, 창업자 단독으로 사업을 추진하는 경우라 하더라도 사업계획서는 반드시 작성하는 것이 바람직하다. 특히, 사업의 규모가 커지면 창업자뿐만 아니라 다른 이해관계자들도 함께 움직여야 하므로 문서화된 사업계획서가 반드시 필요하다.

2. 사업계획서의 용도

1) 창업자 입장

① **사업의 성공가능성 타진**: 사업계획서를 작성하는 과정을 통해 사업의 문제점을 발견하고 동시에 사업성을 검토할 수 있다. 이를 통해 사업의 성공가능성을 점검하는 기회가 된다.

② **의사소통의 수단**: 단순히 구두로 사업계획을 설명하는 것보다 체계적으로 작성된 사업계획서는 관계자들에게 명확하게 사업의 의도와 방향을 전달하는 데 도움이 된다.

③ **초기의 행동지침**: 사업 시작 초기에는 처리할 업무가 많아 여러 가지 대안들을 검토하고 세부적인 계획을 세우기 어렵다. 이때, 미리 작성해둔 사업계획서는 창업 초기의 업무추진계획에 유용한 행동지침이 된다.

2) 투자자 입장

① **투자 사업의 타당성을 판단하는 자료**: 투자자가 투자에 관한 의사결정과 사업계획을 평가할 때 필요한 가장 기본적인 자료이다.

② **창업자와 경영진의 능력평가 자료**: 투자자들은 사업계획서를 통해 창업자가 사업을 성공적으로 운영할 능력이 있는지 평가한다. 사업계획서에는 업계의 동향, 시장의 추이, 경쟁상태, 사업의 독창성, 소요자금, 그리고 해당 기업의 현재 재무상태 등이 포함되어 있어, 이를 통해 사업의 타당성을 평가할 수 있다.

3. 사업계획서의 종류

사업계획서의 형식은 크게 고정형식과 자유형식으로 나눌 수 있다.

1) 고정형식 사업계획서

고정형식 사업계획서는 미리 정해진 양식을 따르는 것을 의미한다. 창업투자회사, 금융기관, 정부기관 등에서는 사업계획서 양식을 미리 정해 놓고 해당 양식에 따라 사업계획서를 작성하도록 한다.

2) 자유형식 사업계획서

자유형식 사업계획서는 작성자가 자유롭게 형식을 정하여 작성하는 사업계획서이다. 그 내용은 대체로 고정형식 사업계획서와 비슷하며, 구체적인 형식이나 포함되는 내용의 깊이에 따라 약식 사업계획서와 완전 사업계획서로 구분한다.

① **약식 사업계획서**: 사업계획의 모든 내용을 요점만 간단히 작성한 것이다.

② **완전 사업계획서**: 사업계획의 모든 세부 내용을 상세하게 작성한 것이다.

2 사업계획서의 필요성

성공적인 창업을 위해서는 필요한 사항들을 합리적이고 체계적으로 정리한 사업계획서가 필수적이다. 유능한 사람이라 할지라도 여러 가지 복합적인 프로젝트를 진행하다 보면 예기치 않은 문제에 부딪혀 사업 추진에 차질을 빚을 수 있다. 사업계획서는 이러한 문제를 미리 예방하고 대처하는 데 큰 도움을 주며, 동시에 경비 절감 효과도 기대할 수 있다. 또한 사업계획서를 작성하여 생길 수 있는 문제점을 사전에 파악하여 체계적으로 창업을 추진할 수 있다.

사업계획서의 필요성은 다음과 같다.

① 창업의 시행착오를 줄여준다. 사업계획서를 작성하며 깨닫지 못한 사업의 결점을 발견할 수 있다. 이를 통해 사업의 전반적인 강점과 약점을 파악하고, 효과적으로 대응할 수 있어 창업 과정에서의 시행착오를 줄일 수 있다. 또한 계획하고 있는 사업의 타당성을 검토하는 기회가 된다.

② 창업초기의 지침서가 될 수 있다. 사업 시작 후 업무 증가와 여러 가지 대안의 계획수립으로 인해 바쁜 상황에서도 사업계획서는 사업의 기본 방향과 목적 등의 장기계획을 소홀히 하지 않도록 사업 추진의 중요한 행동지침이 된다.

③ 투자자, 동업자, 후원자를 찾을 수 있는 자료가 된다. 사업계획서는 사업의 추진에 어려움이 있을 때, 투자자나 동업자, 후원자를 찾는 데 중요한 역할을 한다. 단순한 설명보다는 구체적이고 논리적인 사업계획서가 더 설득력을 발휘한다. 금융기관에서 대출을 받을 때도 사업계획서는 큰 신뢰를 얻을 수 있다.

④ 인·허가기관 제출용 자료가 된다. 업종에 따라 다르지만 관련 기관에서의 인·허가를 받기 위한 자료도 사용될 수 있다. 예를 들어, 중소기업창업지원법 시행규칙 제8조 규정에 의해 공장을 설립하려는 창업자는 관할 시·군·구에 사업계획서를 공장설립 허가신청용으로 제출해야 하며, 공업배치 및 공장설립에 관한 법률 제38조에 의해 공업단지에 입주를 원하는 창업자는 해당 시·군·구에 사업계획서를 공업단지 입주신청용으로 제출해야 한다.

⑤ 유능한 인재를 영입할 수 있는 자료가 된다. 창업회사들은 능력 있는 인재를 구하는 데 어려움을 겪는다. 유능한 인재들에게 높은 임금도 중요하지만 회사의 장래성과 미래 비전 역시 중요하다. 사업계획서는 도전정신이나 창의성을 가진 인재 영입에 도움이 되는 자료가 된다.

⑥ 대외홍보용 자료가 된다. 사업계획서는 계획사업의 경제적, 고용적, 그리고 간접적 효과를 설득력 있게 홍보함으로써 사업 추진을 더 원활하게 할 수 있다.

⑦ 체계적인 사업준비를 하는 데 유리하다. 복잡한 창업절차와 시행 과정상 예상치 못한 문제에 대비하기 위해 사전에 사업계획서를 작성하고 사업을 준비하는 것이 편리하고 유리하다.

⑧ 사업의 성공 가능성을 높여준다. 사업계획서를 작성하면서 사업의 성공 가능성, 위험부담, 시장조건 등을 객관적으로 파악할 수 있다. 위험 요소를 사전에 확인하고 대책을 세우면 사업의 실패위험을 줄일 수 있다.

⑨ 사업계획서는 강력한 자본조달 수단이다. 동업자, 금융기관, 투자자에게 자본을 조달하기 위해 사업을 설명하고 홍보할 때, 사업계획서는 구두 설명보다 훨씬 더 설득력이 있다.

⑩ 사업계획서는 창업자의 인격이다. 사업계획서를 객관적이고 사실대로 작성하였다면, 거래처에 사업목표, 경영방침 등을 명확히 전달할 수 있어 창업자의 인격과 성품을 알릴 수 있는 수단이 된다.

Ⅳ 사업계획서 작성

1 사업계획서 작성의 기본절차

사업계획서의 내용은 목적, 용도, 제출기관에 따라 다를 수 있고, 첨부서류도 다를 수 있다. 사업계획서 작성 전 기본계획과 작성순서를 정해서 차례로 작성해야 시간과 노력을 절약할 수 있고 내용도 충실해질 수 있다. 효율적인 창업을 위해서 사업계획서 작성 기본절차를 숙지하는 것이 필요하다.

2 사업계획서 작성 시 유의사항

사업계획서는 창업자 자신을 위한 것이며 다른 이해관계자들과 소통하는 수단이 된다. 사업계획서의 내용은 신뢰할만하다는 생각이 들도록 뒷받침하는 참고 자료 등을 첨부하여 전달 효과가 높아지도록 작성해야 한다. 창업자의 업무수행능력과 잠재력을 강조하기 위해 과거의 경험과 경력, 수상 이력 등을 명시하는 것도 좋다. 또한, 창업자의 독창성을 강조하기 위해 특허, 제품의 성능, 경영 방법, 표적시장 등에 기존 사업과 차별점을 명시하면 더 설득력 있고 관심을 끌 수 있는 창업계획서가 될 수 있다.

① 객관적으로 작성해야 한다. 사업계획서는 객관적이고 구체적이어야 한다. 자료의 근거를 제시해 신뢰감을 주어야 하며, 논리적으로 명료하고 객관적으로 작성한다.

② 자금조달과 운용계획은 정확하고 실현 가능성이 있어야 한다. 사업계획서의 자금조달과 운용계획은 예상이나 가정이 아니라 정확하고 실행 가능한 내용으로 작성해야 한다. 자금 부문의 차질은 창업의 위험이 될 수 있다.

③ 창업 동기와 기대효과를 구체적으로 기술해야 한다. 사업계획서는 창업자의 사업계획을 타인에게 설득력 있게 전달해야 한다. 창업자의 강점, 약점, 자금조달 능력, 창업 전 경력, 창업기업과의 관계 등을 구체적으로 기술한다.

④ 핵심 내용을 강조하고 전문용어의 사용은 지양한다. 사업내용이 차별되도록 핵심사업 내용을 강조해야 한다. 사업 아이템의 핵심을 중점적으로 강조하고, 투자자나 관련 당사자가 이해하기 쉽도록 보편적인 용어로 작성한다.

⑤ 상황 변화에 따라 수정되어야 한다. 사업계획서는 한 번 작성 후에도 상황 변화에 따라 지속적으로 수정되어야 한다. 계획사업의 문제점이 발견되면 즉시 점검하고 필요하면 수정해야 한다.

⑥ 신뢰성 있는 데이터를 사용하며 일관성을 유지해야 한다. 사업계획서의 근거 데이터는 객관적으로 검증된 정보를 바탕으로 하며, 투자자나 관계자가 이해할 수 있는 범위의 것을 일관성 있게 사용해야 한다.

⑦ 향후 발생 가능한 위험 요소에 대한 분석이 필요하다. 틈새시장을 공략할 전략과 예상되는

경쟁관계에 대한 과소평가는 위험을 야기할 수 있다. 창업이 지연되는 예기치 않은 상황을 방지하기 위해 발생 가능한 위험 요소에 대한 분석이 필요하다.

⑧ 사업계획서는 자신감을 바탕으로 작성한다. 사업계획서를 통해 관계자들을 설득시키려면, 차별화된 핵심 사업내용을 강조하고 자신감을 바탕으로 설득력 있게 작성해야 한다.

⑨ 경쟁점포의 시장점유율을 과소평가하지 않는다. 제품가격, 이윤, 판매량, 시장점유율 등을 예측할 때 과도한 낙관은 피하며, 예상되는 경쟁관계에 대해서도 과소평가해서는 안 된다.

V 사업계획서 구성 및 내용

1 사업계획서의 구성과 내용

사업계획서의 내용은 그 용도에 따라 여러 가지의 계획내용을 포함하고 있으나 형식은 대체로 유사하다.

사업계획서의 구성과 내용에 포함되는 내용은 다음과 같다.

번호	목차	주요 항목
1	사업개요	설립일 · 자본금 · 상품의 용도 및 특성 · 목적 · 필요성 등
2	창업자	지식 · 이미지 · 화술 · 경력 · 성격 · 건강 · 취미 · 재산상태 · 운 등
3	업종조사	적성 · 환경 · 자금규모 · 건강 · 특기 및 자격 · 상품성 · 사업성 · 성장성 · 입지성 등
4	상품성조사	상품의 성격 · 특징 · 구매 · 결제 · 가격 · 품질 및 기술수준 · 재고 · 불량률 · 판매방식 및 경로 · 경쟁상품 종류 · 대금회수 등
5	시장성조사	정보입수 · 시장조사 방법 · 기존업체 탐방 · 사업예정지 물색 · 투자규모 예측 · 시장성분석 · 점포조사표 등
6	입지선정과 상권분석	입지탐색 · 일반적 위치선정 · 상권분석 · 경쟁점포 설정 · 상권분석 및 평가 등
7	점포건설 계획	점포면적 · 상품구성 · 외부장식 · 내부장식 · 소요인력 · 레이아웃 등
8	판매 및 운영계획	판매가격 · 재고계획 · 상품매입 · 광고선전계획 · 판촉계획 · 매출계획 · 점포컨셉 · 종업원 교육 · 서비스 등
9	비용계획	점포투자비용 · 개업투자비용 · 매출원가 · 판매비 · 일반관리비 · 기타비용 · 소요자금 및 비용 등

10	이익계획	마진율 설정 · 목표매출 및 매출증대계획 등
11	자본조달계획	총 소요자금의 내역 · 자기자본 · 차입금 상환계획 등
12	사업성분석	추정손익계산서 · 현금흐름표 · 자금상환계획 · 추정재무상태표 · 손익분기점 · 종합분석 등
13	일정계획	전반적인 일정 · 점포건설 · 인허가사항 · 자금투입 · 상품구매일정 등
14	위험분석 및 대책	사업적 위험 요소 · 환경적 위험 요소 등
15	종합의견	전문가 또는 가까운 사업경험자에게서 객관적인 의견을 첨부한다. 여기에서는 앞에서 삽입하지 못했던 자료, 상품의 사진, 신문 스크랩 등을 첨부한다. 예 대표자 및 동업자의 이력서, 도시계획확인원, 등기부등본, 보증 관련 서류, 사업자등록증 사본, 세무 관련 자료, 동업 관련 자료와 기타 필요하다고 인정되는 서류 등

다음은 일반적인 기본 사업계획서의 목차와 내용이다. 상황에 따라 용도에 맞게 변형되어 사용된다.

기본 사업계획서

1. 일반현황
- 가. 창업자현황
- 나. 회사 일반현황
  - 상호 · 업종
  - 사업장 위치

2. 사업의 개요
- 가. 사업동기와 사업내용
- 나. 아이템 선정 동기
- 다. 제품의 특성
- 라. 사업전망과 기대효과

3. 시장현황
- 가. 전반적 시장현황
- 나. 시장의 규모와 전망
- 다. 시장점유율과 경쟁관계
- 라. 계획제품의 침투가능성

4. 판매계획
- 가. 판매전략 및 판매형태
- 나. 가격정책
- 다. A/S계획

7. 인원 및 조직계획
- 가. 업무흐름별 조직체계도
- 나. 직무별 · 직위별 소요인원

8. 원 · 부자재 조달계획
- 가. 국내 조달계획
- 나. 수입자재 조달계획

9. 재무계획
- 가. 추정손익계산서
- 나. 추정재무상태표
- 다. 현금흐름표
- 라. 손익분기점분석

10. 자금계획서
- 가. 총소요자금내역
- 나. 조달계획 또는 차입계획
- 다. 차입금상환계획

11. 사업추진 일정계획

5. **생산계획**
   가. 생산공정
   나. 자체 생산계획
   다. 외주 생산계획

6. **설비투자계획**
   가. 적정규모의 제조설비 및 내역
   나. 구입처, 수량, 가격

12. **부속자료**
   가. 인건비명세서
   나. 감가상각비명세서
   다. 제조원가명세서
   라. 경영진 이력서
   마. 제품설명서
   바. 특허권 사본
   사. 제공가능 담보물내용
   아. 설비구입 견적서

2 사업계획서 작성 사례

다음은 일반적으로 사용되고 있는 사업계획서 작성 사례이다.

[사례 1]

1. **사업목적**
2. **운영방침**
3. **시장현황 및 계획**
   (1) 아이템의 시장성과 전망
   (2) 상권과 입지
   (3) 경쟁점 현황
4. **세부 사업계획**
   (1) 판매 및 구매계획
   (2) 점포시설 계획
   (3) 종업원채용 및 교육
   (4) 판매촉진
5. **소요자금 추정 및 자금조달 방안**
   (1) 추정소요자금
   (2) 자금조달 방안
6. **재무계획**
   (1) 총 사업투자비
   (2) 추정매출액 / 투자수익률
   (3) 손익분기점
7. **추진 일정표 및 특기사항**

[사례 2]

1P

사업계획서

(   )

20 .   .   .

제출자:

2P

◎ 양식 및 작성 방법 예시

1. 업체개요(설립예정)

<table>
<tr><td>업체명</td><td colspan="2"></td><td>대표자</td><td colspan="3"></td></tr>
<tr><td>사업장소재지</td><td colspan="2"></td><td>전화
휴대폰</td><td colspan="3"></td></tr>
<tr><td>개업일(예정)</td><td colspan="2">• 실제개업일
• 사업자등록증 개업일</td><td>업종</td><td colspan="3">• 업태: 도매, 소매, 서비스 등의 사업내용
• 종목: 제과점, PC방, 안경점 등 구체적 사업내용</td></tr>
<tr><td>사업자등록
번호(예정)</td><td colspan="6">사업개시일로부터 20일 이내에 사업자등록증 신청</td></tr>
<tr><td rowspan="3">프랜차이즈</td><td rowspan="3">브랜드명</td><td colspan="2">본사 브랜드명</td><td>보증금</td><td></td><td></td></tr>
<tr><td colspan="2" rowspan="2">지원조건</td><td>로열티</td><td colspan="2"></td></tr>
<tr><td>가맹비</td><td colspan="2"></td></tr>
<tr><td rowspan="3">사업자현황</td><td>소유형태</td><td colspan="2">자가, 타가</td><td>건물주명
(연락처)</td><td colspan="2"></td></tr>
<tr><td>평수</td><td></td><td>임차
보증금</td><td></td><td>월세</td><td></td></tr>
<tr><td>용도지역</td><td colspan="5">사업장이 위치한 지역의 용도
(상업지역, 주거지역, 공업지역 등)</td></tr>
<tr><td>특기사항</td><td colspan="6">• 종업원 수 • 자본증자 등</td></tr>
</table>

3P

2. 조직 및 인력현황

1. 창업자 인적 사항

성명			생년월일	
주소				
연락처	전화:		휴대폰:	
학력	기간	학교명	전공	수학상태
특기사항				
경력	기간	근무처	담당업무	직위
				근무 시 담당한 주요 업무

4P

2. 종업원현황 및 고용계획

구분	종업원현황 및 충원계획		
	창업연도	1차연도	2차연도
생산직			
영업직			
사무직			
일용근로자			
합계			

5P

3. 사업의 개요

1. 사업의 동기	• 사업동기 • 사업내용
2. 주 아이템 및 선정 과정	• 창업자 경력과 창업 아이템과의 관계 • 선정동기 • 거래처관계 • 생산제품특성
3. 주 고객층	• 연령 • 소득별 • 성별 • 수준별 • 직업별 • 지역별
4. 사업전망	• 시장동향 및 고객수요량 예측 • 아이템의 사업성 등 분석 • 기대효과

6P

4. 자금계획

1) 소요자금(총 소요자금 내역)

항목	금액
임차보증금	2차연도
점포권리금	
시설비(인테리어 등)	바닥, 천장, 주방, 상 · 하수도, 시설 등
집기비품구입	의자, 탁자, 싱크대, 그릇, 수저 등
광고비(간판, 홍보물)	전면간판 · 돌출간판, 전단지, 스티커, 개업선물 등
초도물품구입(재료비)	
운전자금	
개업비	
합계	

2) 자금조달(조달계획 및 차입계획)

항목	금액
자기자금(내역별)	
타인자금(내역별)	
합계	

7P

5. 점포입지계획

사업장 주소	
점포 면적	㎡ (　　평)
상업급지 등급	상,　중,　하
입지의 특성	• 주택가, 상가지역, 역세권인지 어느 학교, 아파트, 전철역과 인접해 있는지 등을 기재 • 좀 더 구체적 분석을 위해서는 통행인 수를 표본조사하여 기재 • 통행인 수는 평일, 주말, 중점시간대별 유동인구 수 및 연령별 · 중점 직업별 분포 등을 분석하여 작성

8P

6. 영업 활동 및 생산 활동

1. 시장조사 및 서비스 활동	• 동종업계현황, 시장규모와 전망 • 시장점유율과 경쟁관계	
2. 판매 활동 (1) 판매계획 (2) 경비집행계획 (3) 이익계획	• 판매 전략 및 판매 형태 • 가격정책 • A/S 계획 • 국내 및 수출계획	
3. 생산 활동 (1) 생산계획	• 제조공정 • 자체생산계획 • 원 · 부자재 조달계획	• 외주생산계획 • 설비투자계획

9P

7. 추정손익계산서

(단위: 천 원)

구분	년	년	년
매출금액			
(−) 매출원가			
매출총이익			
(−)판매비와 관리비			
영업이익			
(+) 영업외수익(잡수익 등)			
(−) 영업외비용(이자비용 등)			
법인(소득)세 차감전순이익			
(−) 법인(소득)세 비용			
당기순이익			

※ 1차연도는 (   ) 개월분임.

연습 문제

01 사업타당성분석에 관해 설명해 보자.

02 사업타당성분석의 필요성에 관해 설명해 보자.

03 사업타당성분석의 평가 요소를 나열해 보자.

04 사업계획서 작성의 기본절차에 관해 설명해 보자.

05 사업계획서 작성 시 유의사항을 설명해 보자.

CHAPTER 06

점포입지와 상권분석

I. 상권조사와 상권분석

II. 상권과 점포입지

III. 점포입지 선정과 설계

IV. 점포계약과 관련 법규

Start-Up Story

'아모레'로 한 번, '용와대'로 두 번 뜬 용리단길

오래되다 못해 낡았다는 느낌이 드는 회색빛 동네, 젊은 창업가들이 자리 잡을 수 있는 저렴한 임차료, 서울 중심부라는 편리한 교통, 신도시에 질린 젊은이들이 구도심으로 눈을 돌리는 트렌드까지…. 네 가지 요소가 모이면 뜨는 동네의 성공 방정식이 된다. 사람이 몰린 곳에는 곧 자본도 몰린다. 자본이 덮친 거리는 임대료가 오르고 이를 버티지 못한 1세대 예술가들이 떠나면 곧 도시의 특색도 사라진다. 서울뿐만 아니라 모든 국가에서 예술과 자본의 함수관계가 나타난다. 이런 과정을 목격한 뉴욕의 유명한 미술가인 알렉산드라 에스포지토는 뉴욕 예술가들을 '미생물'에 빗대 표현하기도 했다. 가장 지저분한 지역에 들어가 더러운 것들을 다 먹어 치우고 깨끗하게 해 놓으면 땅값이 올라 또다시 더러운 곳을 찾아 떠난다는 이유에서다. 서울의 골목들도 뜨고 지기를 반복했다. 또 다른 이야기를 발굴할 서울의 다음 거리는 어디일까.

미국 샌프란시스코를 지나면 홍콩 뒷골목이 나온다. 조금 더 걸으면 일본 직장인들이 퇴근 후 맥주 한 잔을 들이켜는 '다치노미(선술집)'가 등장한다. 우리말로 '서서 마시는' 술집이다. 거리를 돌아다니다 보면 세계를 만날 수 있다. 이태원과 경리단길, 해방촌의 뒤를 이어 용산의 핫 플레이스로 떠오른 용리단길 풍경이다.

용리단길 상권은 코로나19 사태가 터진 후 더 급격하게 성장했다. 실제 2019년과 비교한 올해 1분기 용리단길 상권의 월평균 매출액 증가율은 을지로 2· 3가나 성수동 상권, 압구정 로데오거리, 신당동 상권을 압도했다.

빅데이터 전문 기업 나이스지니데이터에 따르면 용리단길 상권의 월평균 매출액은 2019년 100억 5,640만 원에서 올해 1분기 181억 8,438억 원으로 80% 늘었다. 이는 같은 기간 을지로2· 3가 상권(30%), 성수역 인근 상권(54.6%), 압구정로데오거리(27.5%) 등 기존 핵심 상권은 물론 서순라길(60.4%)과 신당동 상권(32.6%) 등 신흥 상권의 증가율도 앞지른다.

용리단길은 성수동부터 을지로까지 핫 플레이스가 만들어진 공식을 그대로 따랐다. 교통이 편리해 접근성이 좋은데 권리금은 낮은 낡은 골목에 젊은 창업가가 작은 레스토랑을 연다. 주변은 개발이 안 된 오래된 건물들이 즐비하다. 특별한 홍보를 하지 않았지만, 인스타그램이나 블로그를 통해 새로운 공간에 대한 소문이 퍼진다. 용리단길도 그렇게 만들어졌다. 특히 한 명의 기획자가 용리단길의 부흥을 이끌었다는 특징이 있다. 2019년부터 효뜨 · 꺼거 · 키보 · 사랑이뭐길래 등 6개 브랜드를 모두 성공시킨 남준영 셰프다.

용리단길 상권은 2017년 신용산역 인근에 아모레퍼시픽의 신사옥이 들어오면서 본격적으로 형성되기 시작했다. 인근 대단지 아파트와 신축 오피스텔, 주상 복합까지 화려한 건물들 사이로 낡은 단독 주택과 다세대주택, 상가건물이 밀집해 슬럼화되던 곳이다.

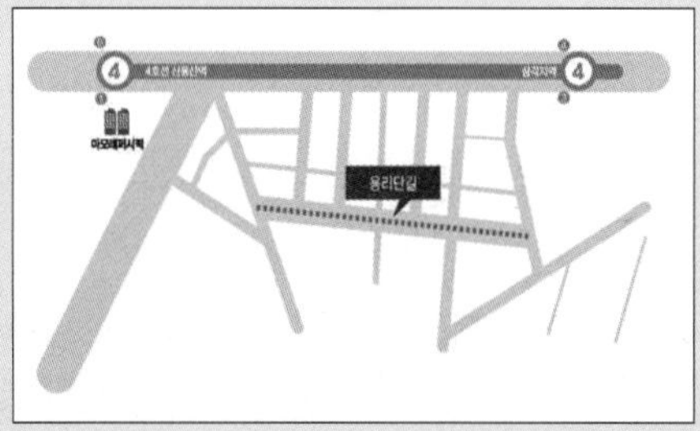

용산
용리단길

용산 용리단길 월평균 매출

단위: 억 원

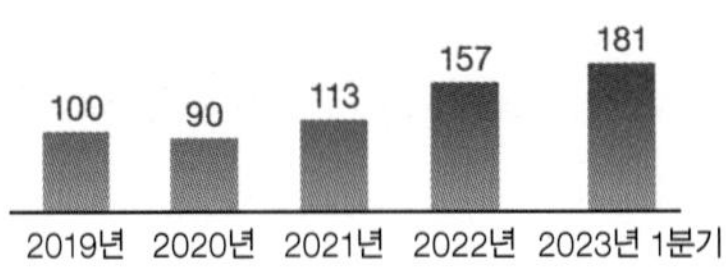

자료: 나이스지니데이타

용산 용리단길 업종별 결제액

단위: 억 원

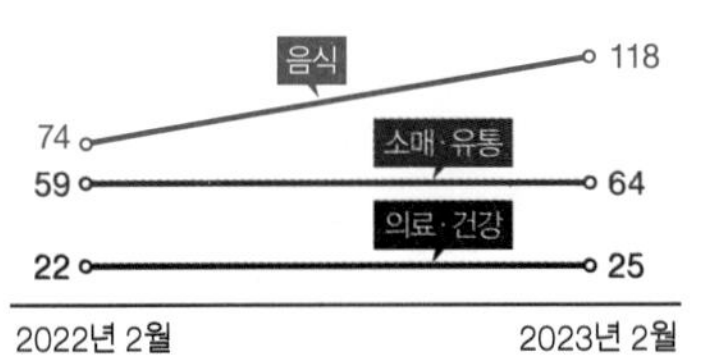

자료: 나이스지니데이타

용산 용리단길 임대료

단위: 3.3m²당 만 원

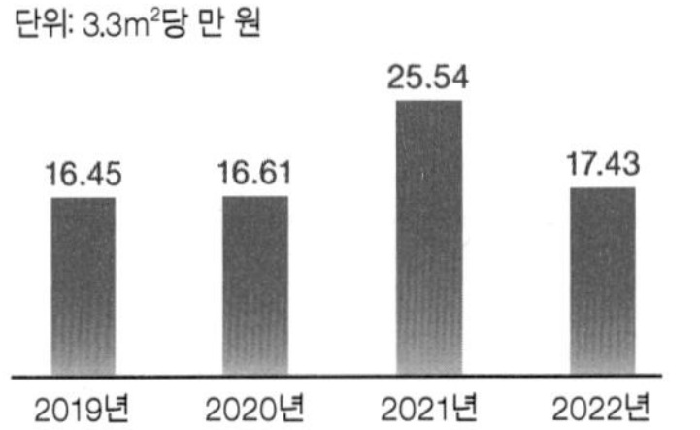

자료: 부동산R114

하지만 교통의 요지였다. 강북과 강남 어디에서도 접근성이 좋은 용산에서도 신용산역과 삼각지역 사이에 있어 더블 역세권이었다. 대중교통을 통한 접근이 용이했다. 접근성에 비해 노후 상가가 많아 권리금은 쌌다. 인근 공인중개소에 따르면 2019년까지만 해도 66㎡(20평)대 상가 권리금이 3,000만 원에서 5,000만 원 선이었다.

배후 수요도 풍부했다. 아모레퍼시픽 외에도 용리단길 아래로 300m 내에 LS그룹 사옥, 신용산역 방면으로 500m 내에 가수 방탄소년단(BTS)의 소속사인 하이브 사옥 등 엔터테인먼트 · 에너지 업종에 종사하는 젊은 직장인 인구가 대거 유입되면서 상권이 확장됐다.

서울시 상권분석 서비스에 따르면 용리단길 상권이 속한 신용산역 상권 유동 인구는 30대 여성이 26.9%로 가장 많았고, 20대 여성도 22.1%를 차지했다. 젊은 직장인들이 들어서면서 이 일대 주택 건물이 카페나 식당으로 용도를 변경했다. 대통령 집무실이 용리단길 바로 뒤 국방부 청사에 터를 잡으면서 '용와대' 시대가 열리자 다시 한 번 들썩였다. 데이터상으로도 지난해부터 이 상권 월평균 매출액이 눈에 띄게 늘었다.

급격하게 성장한 용리단길 역시 젠트리피케이션[1]을 걱정해야 하는 상황에 놓였다. 2019년 3,000만~5,000만 원이던 소규모 상가 권리금은 이제 이제 1억~1억 5,000만 원으로 뛰었다. 임대료 상승도 가팔랐다. 부동산R114에 따르면 용리단길 임대료는 2019년 3.3㎡(1평)당 16만 4,500원에서 2021년 25만 5,400원으로 55.2% 뛰었다.

2022년 4분기에는 다시 17만 4,300원으로 내렸지만, 인근 공인중개소 관계자는 "갑자기 늘어난 상가 수요에 비해 공급이 너무 적어 임대료가 계속 오를 수밖에 없는 구조"라며 "남아 있는 상가 1층 73m²(22평)짜리 월세가 500만 원 수준"이라고 말했다.

2018년 10월 이후 상가건물 임대차보호법 개정으로 임차 기간이 5년에서 10년으로 늘면서 기존에 있던 상가들은 보호받지만, 신규 기획자들의 진입장벽은 높아졌다. 지금의 용리단길을 만든 1세대 기획자들 역시 용리단길이 자본에 밀려 매력을 잃을까 우려하고 있다.

남준영 셰프는 "점포 비용만 1억 원 이상 발생하면 소상공인들은 접근하기 힘들고 자본이 있는 기업이나 투자받은 플레이어들이 계약해 버리면 가격이 계속 올라간다."며 "언젠가는 (젠트리피케이션으로) 경리단길 같은 쇠퇴를 피할 수 없을지도 모른다. 이색적인 식음료(F&B) 매장뿐만 아니라 다양한 라이프스타일 브랜드가 계속 들어와야 상권이 지속될 수 있을 것"이라고 말했다.

출처: 한경비지니스 2023. 05. 17.

1 중하류층이 생활하는 도심 인근의 낙후 지역에 상류층의 주거 지역이나 고급 상업가가 새롭게 형성되는 현상

I 상권조사와 상권분석

1 상권의 개념

1. 상권의 의미

상권은 사업장의 지역범위로 고객을 끌어들이는 지역적 범위가 어느 정도인지를 의미하며, 주로 '거래권'과 '판매권'의 개념으로 나뉜다. 거래권은 주로 도매업에서 거래대상이 되는 고객의 거주지 범위라 할 수 있으며, 판매권은 소매점이 판매대상으로 하는 지역을 말한다. 상권은 인위적으로 만들어지는 것이 아니라 자연스럽게 형성된다.

상점의 입지조건에 따라 상권의 형성은 다양하다. 같은 상품을 판매하는 상점이라 하더라도 주택가나 뒷골목보다는 시장이나 상점가에서 더 큰 상권을 가진다. 인근에 인구 밀집 지역, 학교, 백화점, 병원과 같은 중요한 시설이 있으면 통행 인구와 영업 범위가 변동한다. 최근에는 자동차 이용이 늘면서 소비자의 이동 범위와 상점의 입지조건이 변화하고 있다.

상권은 취급하는 상품의 종류에 따라 그 범위가 달라진다. 같은 위치에 있는 상점이라도 취급하는 상품에 따라 상권의 범위는 달라진다. 다양한 상품을 충실히 갖춘 상점과 그렇지 않은 상점은 상권의 범위에서 차이가 나게 된다. 고객들은 가까운 곳에서 물건을 구매하려는 경향이 있으므로, 상점의 접근성과 서비스의 친절도에 따라 상권의 범위가 달라진다.

상세권(商勢圈)이라는 개념도 상권과 비슷하다. 상세권이란 특정 상업집단(예 시장이나 상점가)의 상업세력이 미치는 범위를 말한다. 상권과 상세권은 동일한 의미로 사용되기도 하지만 차이는 있다. 상권은 개별상점이 고객을 끌어들일 수 있는 지역적 범위를 말하며, 상세권은 부산의 서면이나 남포동과 같은 상업집단이 고객을 끌어들일 수 있는 지역적 범위를 말한다. 예를 들어, 서면 지역의 백화점과 상점들은 다른 많은 상점들과 함께 하나의 거대한 상업집단을 형성하며 그로 인해 큰 상권을 형성하게 된다.

2. 상권구성과 업종

상권은 고객들의 분포지역을 지칭하며, 고객을 얼마나 끌어들일 수 있는지가 상권의 척도가 된다. 상권이 좋을수록 많은 상점들과 고객이 모여들게 되고 자연스럽게 좋은 상권을 유지할 수 있다.

상권조사는 개점하려는 지역의 통행량, 주변 상점에 대한 분석, 고객들이 찾기 쉬운 위치인지, 상점은 눈에 잘 띄는지, 접근이 쉬운 지역인지를 파악하는 것이다.

상권은 주택가, 아파트 단지, 대로변 중심상권, 대학가, 지하상가 등의 입지 특성에 따라 다양하게 구분한다. 상권의 성격과 업종의 성격에 따라 사업이 잘되는 업종이 있고 그렇지 않은 업종이 있다. 그러므로 장사가 잘되는 상권이라도 낭패를 볼 수 있고, 좋지 않은 상권이라도 업종의 성격에 따라 사업이 잘되기도 한다.

예를 들어, 전자제품, 의류취급점, 가구점 같은 업종은 같은 지역에 모여 있어야 잘되는 업종이다. 고객들은 공통점을 가진 업체가 모인 쇼핑몰을 방문하여 시장정보도 입수하고 쇼핑을 즐긴다.

서점은 문구점과 완구점, 주점과 노래방은 보완 또는 호혜업종이다. 반면 서점과 의류점, 또는 주점과 유흥업종은 상극 또는 경합업종이다. 따라서 점포입지 선택 시 보완 또는 호혜적인 업종을 선택하는 것이 유리하다. 상권이 작은 동네 상권에서는 한정된 고객을 놓고 치열한 경쟁을 할 수밖에 없기 때문에 호혜업종도 경합업종이 되기 쉽다. 반대로 상권이 커지면서 경합업종이 호혜업종으로 변화될 수도 있다.

2 상권의 특성

1. 상권의 특성

상권을 이해하기 위해서는 유동인구와 배후인구의 규모, 수준 및 성격에 따른 특성을 분석하는 것이 중요하다. 유동인구가 모이는 곳인지, 아니면 흘러가는 곳인지 파악하는 것이 필요하다. 만약 유동인구가 흘러가는 곳이라면 상권이 쇠퇴하는 지역이다. 상권의 전체 특성은 유동인구의 연령대와 성별을 통해 알 수 있다. 유동인구가 많고, 흐름이 좋은 상권이라도 업종과 관련 없는 사람들이 많다면 매출에 도움이 되지 않는다. 따라서 단순히 유동인구에만 주목할 것이 아니라, 표적고객의 유무를 조사하는 것이 중요하다.

또한 보행자의 보행속도가 빠른 '흐르는 자리'는 되도록 피하는 것이 좋다. 버스정류장이나 지하철역 주변의 상권도 이에 해당할 수 있으나 역세권의 '흐르는 자리'는 조금 나은 편이다. 이러한 지역은 고객이 짧은 시간에 구매를 결정하므로, 중·저가 의류, 액세서리, 화장품할인점 같은 저가전략으로 충동구매를 유도하는 업종이 적합하다. 그러므로 흐르는 상권에서는 저가전략과 높은 접근성을 갖춰 문제를 극복해야 한다.

유동인구의 보행속도와 보행형태도 상권의 특성이 된다. 사람들의 보행속도는 출근이나 통학 시에는 초당 1.54m, 쇼핑 시에는 1.29m로 알려져 있다. 사람들의 걷는 걸음걸이가 갈지자면서 주위를 둘러본다면 쇼핑의 목적이 강하고, 일직선으로 잰걸음으로 걸어간다면 그저 지나가는 사람이다.

흘러가는 유동인구와 상권의 특성

① 경사진 곳은 유동인구는 많을지라도 실제 장사에 도움이 되지 않는다. 가급적 경사진 지역은 피하는 것이 좋다.

② 보도의 폭이 2.5m 이하이거나 사람들이 부딪칠 정도로 좁은 곳은 사람들이 빠른 속도로 지나가기 때문에 입지로는 좋지 않다. 또한 점포 전면이 사각지대에 있을 경우 점포를 인지하지 못하는 단점이 있으므로 피하는 것이 좋다.

③ 목적지를 가기 위한 경유지, 목적 건물로 가기 위한 단순 통행로, 출퇴근 길목은 사람들이 빠르게 지나가기 마련이므로 피해야 한다.

2. 변화하는 상권

상권은 지속해서 변화하며 그 지위 역시 변한다. 현재 권리금이나 임차보증금이 저렴하다 할지라도 사업이 잘 되면 중심상권으로 바뀌게 되고, 이에 따라 권리금에도 변화가 생긴다. 권리금은 영업권을 나타내는 무형자산으로, 상점을 매입하거나 임차하려는 사람에게 언제든지 쉽게 회수하거나 받을 수 있는 것이 아니다. 상권이 약화되거나 쇠퇴하는 지역에서는 권리금의 변동이 크므로 사업성분석 못지않게 세심한 관찰과 주의가 요구된다. 지하철 노선 추가나 새로운 건물 건설 같은 요인으로 인해 주변 환경이 변하면 과거의 우세한 업종이 불리한 업종으로 바뀌기도 하고 그 반대의 경우도 발생한다.

일반상품은 상권에 따라 상급품, 중급품, 하급품으로 구분한다. 상급품에는 보석, 귀금속, 고급신사복, 양장, 고급가구 등이 있으며, 중급품에는 부인복, 아동복, 화장품, 가정용 전기기구 등이 포함되고, 하급품에는 식료품, 일용잡화 등이 대표적이다. 상권의 구분은 소비자의 행동에 따라 결정되며, 특정 상품의 단가가 어느 정도인지, 단위기간 내의 구매횟수가 어느 정도인지, 그리고 인구에 따른 판매점 수가 어느 정도인지에 따라 등급이 나뉜다.

하급품은 구매빈도가 큰 것으로, 해당 지역 주민의 높은 구매력을 기반으로 주로 주택지 성격이 강한 곳에 입지한다. 반면 상급품은 구매빈도가 적어 해당 지역 주민을 대상으로만 판매하기보다는 다른 지역에서 오는 고객의 구매를 끌어내야 한다. 이러한 이유로 중심성이 강한 지역에 입지하는 것이 유리하다.

최근 미국에서는 도심을 벗어난 외곽에 상급품을 중심으로 판매하는 대규모 소매입지, 이른바 교외형 쇼핑몰이 인기를 얻고 있다. 이러한 쇼핑몰은 상권의 범위가 넓지만 충분한 고객흡인이 가능하기 때문이다. 이러한 입지의 배경으로는 도심의 인구 과밀화로 외곽 지역으로의 인구 분산, 자동차의 대중화로 인해 소비자들의 구매행동이 도심을 벗어나기 시작한 점 등을 들 수 있다.

3. 떠오르는 상권

도시 외곽에 중소규모의 아파트 단지가 조성되는 경우, 해당 단지의 사람들은 오히려 기존 상권으로 흡수된다. 이러한 현상으로 인해 도시 내 기존 상권이 떠오르는 경우가 있다. 1,000세대 내외의 단지가 조성되었다고 가정하면 아파트 단지 주변에 조성된 일반 상업지역은 생필품과 일부 서비스업, 그리고 몇몇 중대형 음식점만 활성화되며, 단지에 거주하는 대부분의 젊은 소비자들은 기존 상권으로 가서 소비하게 된다.

하지만 신도시급의 대단위 아파트 단지가 조성되면 그곳에 중심상업지역이 형성되어 기존 상권과 경쟁관계에 있게 된다. 기존 상권과 신규 중심상업지역 간의 경쟁에서 상권력이 강한 곳으로 소비자를 빼기게 되고 상권력이 약한 곳은 위축된다. 일반적으로 신도시나 대규모 아파트 단지 주변의 상권은 뜨는 상권이다. 하지만 이는 함정이며 오히려 피해야 할 상권이다. 대체로 수요와 관계없이 상가들이 경쟁적으로 입점하면서 외적인 활성화만 보이는 경우가 많기 때문이다. 물론, 대형 음식점 등은 집객력이 있기 때문에 성황이 되기도 한다. 또한 배달전문점도 성공 가능성이 있다.

4. 피해야 할 상권

신도시에서는 상권 내 점포 대부분이 번창하지 않고 상급지(A급지)에 있는 몇몇 상점들만 명맥을 유지하는 상권을 흔하게 볼 수 있다. 초보 창업자들은 이러한 상권을 피하는 것이 좋다.

1) 신도시 및 도시 외곽의 상권

'신도시지역'은 신도시뿐만 아니라 도시 외곽에 대단위로 조성되는 아파트 단지까지 포함한다. 신도시는 계획적으로 조성되므로 자연적으로 형성된 기존 시가지와는 지형·지세에서 차이가 있다. 예를 들면, 기존 시가지는 높낮이가 있는 지형인데 반해 신도시는 평탄한 지형을 가진다. 이런 지형은 거주하기에는 편리하지만 상권에는 도움이 되지 않는다. 평탄한 지형이 인구를 사방으로 분산시켜 상권의 집중도를 떨어뜨려 상권력이 미약해지기 때문이다.

비슷하게 도시 외곽에 조성되는 대규모 아파트 단지도 지형·지세가 평지여서 상권의 집중도가 떨어진다. 뿐만 아니라 상업지역이 여러 군데에 분포해 있어 상점 간의 경쟁이 더욱 치열해진다.

2) 분산되는 상권

상가의 수가 상권력에 비해 지나치게 많아져서 집중도가 분산되는 기존의 상권을 의미한다. 주로 지역별 소단위 상권들이 해당된다. 물론, 이러한 곳에서도 상급지와 중급지(A, B급지)에 있는 점포는 여전히 장사가 잘 되는 편이다.

3) 교통망이 좋지 않은 상권

상권은 지형·지세, 교통망, 대형편의시설 등에 의해 결정되지만, 특히 교통망이 좋지 않아 성장에 한계가 있는 상권도 있다. 주로 주택가, 관공서, 일부 사무실 등이 복합된 주택가 상권 중 비교적 크게 형성된 상권에서도 교통망의 불편함으로 인해 상권 활성화에 한계를 보이기도 한다. 이외에도 아파트 단지 내 상권도 유리하지 않다. 또한 사무실이 밀집된 지역의 경우 상가가 모여 있는 곳에서 멀리 떨어져 있다면 당연히 피하는 것이 좋다.

3 상권의 설정

상권은 1차, 2차, 3차 상권과 살아 있는 상권, 죽어 있는 상권 등으로 분류할 수 있다. 고객들의 거주지나 활동지역을 거리로 따져서 가장 가까운 지역을 1차 상권, 조금 먼 지역을 2차 상권, 더 먼 지역을 3차 상권으로 정의한다. 또한, 고객들의 통행 인구가 많으면 살아 있는 상권, 통행 인구가 뜸한 편에 속하면 죽어 있는 상권으로 분류한다.

상권의 범위 설정 시 주변인구의 생활 형태, 경쟁점의 입지, 주변지역의 지형, 도로 및 교통시설, 통행 인구 성격, 상권의 규모와 형태, 수준 등을 고려해야 한다.

1. 1차 상권

1차 상권은 상점을 이용하는 고객 중 약 60~70%가 거주하는 상권범위를 가리킨다. 일반적으로 1차 상권은 도보로 5분 이내의 거리로 약 500m 반경을 말한다. 고객 수나 1인당 판매액이 가장 높은 지역으로, 다른 상권의 고객들보다 상점에 가장 근접해 있다. 식료품과 같은 편의품의 경우 약 500m 반경, 의류나 화장품 등 선매품의 경우 버스나 자동차로 15~30분 거리의 지역이다.

2. 2차 상권

상점을 이용하는 고객 중 15~25%가 거주하는 상권범위로, 1차 상권의 외곽에 위치하며, 일반적으로 도보로 15분 이내의 거리로 약 1km 반경을 말한다. 고객의 분산도가 아주 높다. 편의품의 경우 2차 상권에서는 많은 고객을 유치하기 어려우나, 선매품의 경우 편의품의 2차 상권까지 1차 상권으로 간주될 수 있다. 선매품 관련 2차 상권은 버스나 승용차로 30~60분 거리의 지역을 포함한다.

3. 3차 상권

주로 1차와 2차 상권을 벗어난 고객들을 포함하는 범위로 약 2km 이내이다. 1차와 2차 상권에 포함되지 않는 나머지 고객들이 거주하는 상권범위로, 고객들의 거주지역은 분산되어 있다. 편의품의 고객은 거의 없으며, 선매품이나 전문품을 취급하는 점포의 고객들이 5~10% 거주한다.

4. 기생상권

호텔 내 상점이나 쇼핑센터 내 스낵바와 같은 점포들은 독자적인 고객흡인력이 없기 때문에 주로 호텔이나 쇼핑센터의 이용고객을 대상으로 한 기생상권을 갖는다. 이러한 상점들은 호텔이나 쇼핑센터의 영향력에 크게 의존하게 되며, 동일한 입지에 있는 상점이라도 업종에 따라 고객흡인력은 달라진다.

4 상권의 조사와 분석

1. 상권조사

상권조사는 일정한 시기에 미리 정해진 스케줄에 의해 진행해야 한다. 기존 자료의 수집과 조사 대상일은 평일, 토요일, 휴일로 나누어 통행량과 고객 수를 체크하고, 각종 소비자의 특성, 성별, 연령별, 가구별 특성, 주택과 아파트 등의 주거 형태, 소득 및 교육 수준 등을 중심으로 설문조사를 진행한다. 조사 결과를 집계하여 자료통계분석을 실시한다(상권분석 체크리스트 이용).

대체로 다음의 4단계를 거쳐 상권조사를 한다.

① **제1단계**: 상권 내 지역정보 수집 – 관공서의 인구통계 자료 – 상업통계 자료 – 특정 기관 조사정보(방송사, 신문사, 조사업체 자료 등) – 지역 관련 점포조사(점포 수, 위치 등)

② **제2단계**: 지역상권지도 작성 – 지구별 세대 수, 인구 수 – 소매업종별 점포 표시 – 교통기관별 표시(역, 정류장 등) – 관련 유통점 표시 – 지형적인 특성 – 집객력이 있는 지역시설

(체육관, 금융기관, 관공서 등) – 경쟁점 표시

③ **제3단계**: 상권 내 지역 도보 관찰 – 연령별로 구분하여 생활 방식 표시 – 거주지, 주거 형태, 거주 연수, 차량 소유 등을 통해 소득수준 파악 – 교통이용 현황을 통한 상권의 넓이 파악 – 혼잡한 점포, 인기 있는 점포 파악 – 쇼핑동선 파악 – 고객들의 생활 방식 및 상품의 구매행동 파악

④ **제4단계**: 방문에 의한 인터뷰 조사 – 지형특성, 차량진입, 주차의 용이성 – 서비스, 접객태도, 영업시간, 종업원 수 파악 – 판촉 활동의 영향력 파악– 이동거리를 늘리는 방안 조사 – 클레임 처리, 신용도 체크

표 6-1 상권분석 체크리스트

입지		환경	
점포 형태		발전성	높음/보통/낮음
건물 외양	양호/보통/불량	배후지 세대 수	세대(업체)
위험시설	유( ) 무( )	배후지 인구 수	명
통행량 집중 분포 시간	명	소득 수준	월평균 원
버스정류장	도달거리: m 시간: 분	학력 수준	
지하철역	도달거리: m 시간: 분	판매대상	화이트칼라/블루칼라/주부/기타
입지 상태	양호/보통/불량	유동인구	주간: 명 야간: 명
도로 상태	편도( )차선(폭 m)	유동인구 연령	
접근성	양호/보통/불량	상권 정도	도심중심/도심주변/기타
흡인성	양호/보통/불량	주요 번성도	
소비성향		공공시설 접근성	학교 m / 관공서 m 시장 m / 상가 m

평가:

2. 상권지도 작성

상권지도에는 점포 주변의 광역상권을 파악하기 위한 '광역 지도'와 점포 주변의 세부 사항을 파악하기 위한 '세부 지도'가 있다. 상권으로 설정된 범위의 지리적 조건을 파악하고 고객이 유입되는 지역을 파악하기 위해서는 상권지도를 작성해야 한다.

상권지도를 작성하는 절차는 다음과 같다. 우선, 1:20,000 비율의 지도를 준비한 후 점포 주변 세부 지도의 작성을 준비한다.

① 지도에 반경 0.5km, 1km, 1.5km, 2km의 원을 그리고 반경 2km 부분이 중앙에 위치하도록 B4 사이즈로 복사한다. 지역 내 거주인구와 세대 수를 파악하여 지도에 표시하고, 주요 교통시설을 비롯한 중요한 시설과 단체의 정보를 조사해 그 위치와 종업원 수를 함께 표시한다.

② 점포를 중심으로 500m 반경의 세부도를 준비한다. 상권 내 소비지출의 금액, 소득수준, 소비지출 동향 등의 자료를 수집하여 분석한다.

③ 희망하는 업종과 관계있는 각종 시설은 굵은 사인펜으로 강조하여 표시한다. 교육기관, 쇼핑센터, 레저시설, 버스정류장 등 사람들이 많이 보이는 각종 시설들을 조사하여 지도에 표시한다.

④ 개업을 희망하는 업종의 매출액에 영향을 미치는 경쟁점은 굵은 사인펜으로 강조하여 표시한다. 이러한 경쟁점의 매출액, 고객 수, 종업원 수, 자본규모, 점포 형태, 판매 방식 등을 조사한다.

⑤ 점포 앞의 보행자와 차량의 통행량을 통행 방향별로 구분하여 기록한다. 요일별, 시간대별, 고객층별, 차종별로 구분해 통행량을 실측하며, 유동인구의 흐름이나 성격을 선의 굵기나 색상 등으로 지도에 표시한다.

3. 상권 자료조사

1) 배후지역의 세대 수 및 인구현황

후보지역, 배후지역의 세대수와 인구현황은 점포입지의 적격 여부를 파악하는 과정이다. 젊은층이 많은 배후입지라면 외식업, 커피전문점, 연쇄점 등의 창업이 유리하고, 노년층이 많은 지역은 건강식품, 의료기기점의 창업이 유리하다.

표 6-2 배후지역 세대 수 및 인구현황

구분	20대 이하	20대	30대	40대	40대 이상	계
1동(洞)	여: 남:	여: 남:	여: 남:	여: 남:	여: 남:	
2동(洞)	여: 남:	여: 남:	여: 남:	여: 남:	여: 남:	
계						

※ 세대 수, 주거 형태 등도 동일

2) 상권규모 파악

점포예정지가 유동인구를 끌어들일 수 있는 극장, 학교, 유흥가, 대중교통, 정류장 등의 주요 시설과 인접하는지 파악한다.

표 6-3 유동인구 유발 요소와의 접근성

유발 요소	거리(m)	소요시간(분)	영향 평가
시장(쇼핑센터)			
금융기관			
공공기관			
학교			
지하철 출구			
병원			
버스정류장			

3) 통행인구조사

① 성별, 연령대별, 시간대별(아침, 점심, 저녁)

② 요일별(평일, 주말, 공휴일)

③ 통행인구의 통행성격 관찰

- **유동인구현황과 내점률**

후보점포의 잠재적 고객뿐만 아니라 어떤 계층에 맞춰 업종을 선택할 것인지를 판단할 수 있는 자료가 된다.

표 6-4 통행인구 내점률

구분 / 시간대	인구 수	성분	동선 흐름	내점률(%)	여/남	연령층
08~10시						
10~12시						
12~14시						
14~16시						
16~18시						
18~20시						
계						

4) 통행차량조사

표 6-5 차종별·시간대별 통행차량조사

구분 / 시간대	버스	택시	승용차	승합차	화물차	기타
08~10시						
10~12시						
12~14시						
14~16시						
16~18시						
18~20시						
계						

5) 경합점포조사

① 위치, 층별 위치, 영업시간, 정기휴일, 면적

② 취급품목, 주 취급상품, 가격대, 종업원 수, 접객 서비스

③ 시간대별 고객 수, 자기점포와의 경쟁력 정도

④ 개점 형태: 대리점, 체인점, 독립점

경쟁점포에 대한 총괄적인 조사는 다음의 표를 이용할 수 있다.

표 6-6 인근 경합점 현황표

경합점	후보지와의 거리	개점 형태	제품성격	영업시간	1日 내점고객

6) 점포비용과 이익률표

점포비용이 과다하게 소요되면 이익률은 낮아지게 된다. 그러므로 예상매출이 높은 좋은 입지라도 점포의 권리금, 시설비, 임차보증금이 많고 월세, 관리비 등이 높을 것으로 예상되면 신중하게 검토해야 한다.

표 6-7 점포비용과 이익률표

<table>
<tr><th colspan="7">개점총비용</th><th rowspan="2">예상
매출액</th><th rowspan="2">예상
이익</th><th rowspan="2">이익률</th></tr>
<tr><th>임차료</th><th>권리금</th><th>시설비</th><th>월세</th><th>관리비</th><th>기타</th><th>계</th></tr>
<tr><td></td><td></td><td></td><td></td><td></td><td></td><td></td><td></td><td></td><td></td></tr>
<tr><td></td><td></td><td></td><td></td><td></td><td></td><td></td><td></td><td></td><td></td></tr>
</table>

표 6-8 경쟁점포조사표

20××. . .

<table>
<tr><th>점포명</th><th colspan="2">점포 형태</th><th colspan="2">위치(층별)</th><th colspan="4">대표자(연령)</th></tr>
<tr><td></td><td colspan="2"></td><td colspan="2"></td><td colspan="4"></td></tr>
<tr><td rowspan="2">점포 규모</td><td colspan="2">점포 규모</td><td colspan="2">객석 수</td><td colspan="4">고객 수</td></tr>
<tr><td colspan="2">총면적 ( )평
객실 면적 ( )평
주차대수 ( )대</td><td colspan="2">Room ( )개
테이블 2인 ( )개
4인 ( )개</td><td colspan="2">보통영업시간대
( )명</td><td colspan="2">피크타임시간대
( )명</td></tr>
<tr><td rowspan="2">영업 현황</td><td colspan="2">영업시간</td><td colspan="6">아침 시부터 저녁 시까지</td></tr>
<tr><td colspan="2">추정매상고</td><td colspan="2">평일: 원</td><td colspan="2">휴일: 원</td><td colspan="2">추정객단가: 원</td></tr>
<tr><td rowspan="2">종업원</td><td colspan="2">판매</td><td colspan="2">생산</td><td colspan="2">P/A</td><td colspan="2">합계</td></tr>
<tr><td>남:</td><td>여:</td><td>남:</td><td>여:</td><td>남:</td><td>여:</td><td>남:</td><td>여:</td></tr>
<tr><td rowspan="2">영업 장비 및 시설</td><td colspan="2">오더시스템</td><td colspan="2">냉난방</td><td colspan="2">카운터시설</td><td colspan="2"></td></tr>
<tr><td colspan="2"></td><td colspan="2"></td><td colspan="2"></td><td colspan="2"></td></tr>
</table>

고객층	
서비스 수준 및 판촉내용	
청소 · 청결	
메뉴 및 단가	총 제품 수: 주제품: 단가: 기타제품: 단가:
기타	인테리어, 냉난방시설 여부
총평	

4. 상권분석 시 유의사항

상권은 주로 지형이 낮은 곳에 형성된다. 지형이 낮은 곳은 교통망이 잘 구축되어 있어서 자연스럽게 유동인구가 모이게 되어 상권이 형성된다. 특히 대형편의시설 등을 끼고 있으면 상권이 더욱 활성화된다.

상권의 번성도(상권력)를 파악하는 이유는 사람들은 번성한 상권에서 소비하고자하는 심리가 있기 때문이다.

① **지형 · 지세 등 지리적 조건이 상권 형성을 좌우한다.** 언덕이나 경사진 곳은 상권 형성이 어렵다. 보도의 양쪽에 상권이 형성되어 있다면, 보도의 낮은 쪽이 더 유리하다. 보도보다 높은 쪽에 점포가 있다면 접근성에서 불리하다. 한 건물 내에서도 지상 2층보다는 지하 1층의 이용률이 높으며, 1층에 비해 지하 1층의 이용률은 약 70%, 지상 2층은 약 50%로 나타난다. 그러나 보증금과 권리금은 지상 2층이 지하 1층보다 조금 더 높은 편이다.

② **점포 수와 배후지 세대가 상권력 파악의 잣대이다.** 상권력은 모여 있는 점포 수가 많을 때, 대형편의시설을 끼고 있을 때 강하다. 역세권은 대부분 많은 상점과 대형편의시설이 있어 상권이 활성화되어 있다. 기존 도시에서는 상권력에 의해 힘이 강한 곳은 도심권이나 역세권으로 성장하고, 힘이 약한 곳은 주택지 상권으로 주저앉아 서로 균형과 질서를 유지하고 있다.

③ **대중교통망에 의해 상권의 성쇠가 갈린다.** 상권은 지하철과의 연계 등 대중교통망의 변화에 따라 번성하기도 하고 쇠퇴하기도 한다. 상권이 번성하려면 지하철 등 대중교통망 연계성이 좋아야 하지만 상권이 작으면 오히려 정반대의 현상이 나타난다. 교통이 좋으면 큰 상권에

소비자를 뺏기기 때문에 작은 상권은 오히려 더 죽게 된다. 젊은이들은 역세권으로, 주부들은 대형편의시설로 빠져나가기 쉽다. 사람들의 소비심리는 거리가 멀더라도 큰 상권으로 가서 소비하려는 경향이 있기 때문이다.

④ **대형편의시설 및 장애물시설은 상권에 영향을 미친다.** 어떤 상권이든지 상권이 번성하는 곳은 그 지역의 중심지가 된다. 중심지에는 각종 편의시설이 집중되어 있다, 하지만 학교나 운동장 같은 시설은 상권을 분할하기도 한다. 대형편의시설이 기존 상권에서 300m 이상 떨어져 있다면, 기존 상권의 약화를 초래할 수 있다. 이는 대형편의시설 인근에 새로운 상권이 형성되면서 기존 상권의 고객이 빠져나갈 수 있기 때문이다.

Ⅱ 상권과 점포입지

1 상권과 입지의 관계

입지선정은 사업성공의 절대적 요인으로, 사업성공의 60~70%를 차지한다고 해도 과언이 아니다. 점포의 입지는 유동인구, 점포의 시계성, 접근성, 그리고 점포규모 등에 의해 고객유인효과에 영향을 받기 때문이다.

입지선정은 사업을 하는 동안 중대한 영향을 미친다. 올바른 입지선정은 사업의 성공요인이 되지만, 잘못된 입지선정은 실패의 요인으로 작용한다. 따라서 점포입지는 상권 내에 소비인구가 많고 앞으로도 인구가 증가할 것으로 예상되는 곳, 소득수준과 소비성향이 높고 구매력이 왕성한 연령층의 소비자가 많이 거주하는 곳을 선택해야 한다.

이외에도 도로나 지하철, 버스노선 등 교통체계를 비롯해 다수의 소비자를 유인할 수 있는 시설이 주변에 있고 기존 상권이 형성된 곳이 유리하다. 특히, 사업을 처음 시작하는 창업자는 유사한 업종의 상권이 형성된 곳을 선정하는 것이 좋다.

상권마다 유동인구의 연령별, 성별, 소비성향별 등의 특색을 잘 파악해야 한다. 또한 동종 또는 유사업종의 점포 수를 파악하는 것도 중요하다. 점포 수가 많아져 공급량이 수요량을 초과하면 상권은 정체상태에 머물고, 점차 쇠퇴기에 빠지기 때문이다. A 상권에서는 호황업종이지만 B 상권에서는 쇠퇴업종이 될 수도 있다.

2. 주택가 상권

주택가의 소비 형태는 대부분 도보로 이루어지며, 배후지 세력이 다소 유동적이어서 생활 수준에 따라 영향을 받는다. 주택가 상권의 아이템은 점포구입비가 상대적으로 저렴하며, 생활지원형 소규모 자영업 업종이 많다.

주택가 상권에서는 유행을 따르는 업종보다는 생활필수품과 관련된 안정된 업종이 무난하다. 맞벌이 부부의 증가로 반찬 전문점이 주택가의 대표적인 업종으로 자리 잡고 있다. 맞벌이 부부를 대상으로 한 음식배달사업 역시 인기를 끌고 있으며, 국을 포장하여 배달하는 국배달 전문점, 그리고 손질하기 힘든 수산물을 조리상태로 포장하여 배달해주는 '신선한 생선 배달사업'도 주목을 받고 있다. 쌀, 김치, 생수를 배달하는 전문점은 이미 주택가에서 흔히 볼 수 있다. 주택가의 치킨 전문점은 술과 함께 파는 방식이었지만, 최근에는 어린이를 주요 타깃으로 한 '엔젤 치킨 전문점'으로 바뀌고 있다. 수입식품 전문점도 주택가 상권 아이템으로 등장한다. 전통적인 구멍가게형 슈퍼는 사라지고, 편의점이 그 자리를 차지하고 있다. 또한 어둡고 칙칙한 분위기의 점포들은 밝고 환한 새로운 시설을 갖춘 점포로 바뀌고 있다.

큰 돈을 벌기는 어렵지만, 생계유지를 위한 고정적인 매출확보에는 적당한 상권이다. 디만, 번화가와 달리 단골고객을 만들지 못하면 성공할 수 없다. 단골고객의 중요성이 강조된다. 상권은 버스정류장을 중심으로 형성되어 있어, 점포를 선택할 때 주변 100m 이내 1층 33m^2(10평)형 점포 또는 2층 99m^2(30평)형 점포가 유리하다.

① **음식점 관련 업종**: 치킨전문점, 중저가횟집, 커리떡방, 족발전문점, 분식집, 만두전문점, 삼겹살전문점, 김밥전문점 등

② **서비스 관련 업종**: 클리닉센터, 미용실, 카센터, 부동산, 노래방, 컴퓨터게임방, 만화대여점 등

③ **도·소매 관련 업종**: 편의점, 정육점, 과일전문점, 지물포, 화장품할인점, 토이숍, 노브랜드 의류, 약국 등

3. 학교 주변 상권

학교 주변 상권은 학생들의 취향과 구매 형태를 고려한 전문점이 필요하다. 학생들은 선택의 폭이 한정적이어서 고객관리가 우선되어야 한다. 특히, 업종 선택에 있어서 인·허가 사항을 사전에 체크해야 한다. 학생들은 가격에 예민한 점을 고려하여 중저가품을 취급하는 것이 좋으며, 학교의 성격에 부합하는 제품을 선택하되 고가품은 피하는 것이 좋다.

① **음식점 관련 업종**: 라면전문점, 떡볶이전문점, 종합분식점, 김밥전문점, 와플전문점 등

② **서비스 관련 업종**: 학원, 미용실, 사진관, 독서실, PC방, 만화대여점, 컴퓨터게임장, 당구장, 포켓볼, 스티커포토숍, CD전문점, 캐릭터전문점 등

③ **도·소매 관련 업종**: 문구점, 멀티팬시점, 교복전문점, 서점, 편의점, 안경점, 과학모형기기점 등

④ **회피 업종**: 고급음식점, 규제대상업 등

4. 지하철역 주변 상권

도심의 교통체증현상으로 인해 지하철역 상권이 더욱 활성화되고 있다. 지하철역 지하상가는 화려한 분위기를 추구하며, 노면점포는 청결과 친절을 생명으로 한다. 통행인구의 특성과 성별을 고려하여 중저가 제품을 취급한다. 점포는 16.5m^2(5평) 크기의 규모에 패션 관련 판매업이 주종을 이룬다. 또한, 생활필수품을 판매하는 점포도 늘어나고 있다. 지하철역에 인접한 500m 내의 주변 상권도 좋다. 판매업종이 음식점보다 유리하며, 주로 20대 고객층을 겨냥하는 것이 바람직하다.

① **음식점 관련 업종**: 서서 먹는 우동국수집, 셀프해장국, 커리떡방, 김밥전문점, 골뱅이전문호프집, 치킨전문점, 종합분식점, 토스트전문점, 호프집, 이동스낵카, 국수집 등

② **서비스 관련 업종**: 학원, 의류리폼, 구두세탁소, 남성전용 미용실, 컴퓨터게임장, 노래방, 인터넷 PC방, 사진관, 스포츠용품점 등

③ **도·소매 관련 업종**: 캐주얼의류, 서점, 공동브랜드편의점, 화장품할인점, 안경점, 꽃집, 선물의 집 등

④ **회피 업종**: 미니슈퍼, 문구점, 떡집, 당구장 등

5. 사무실 밀집지역 상권

도심권은 직장인 및 다양한 유동인구로 인해 다양한 연령층이 형성된다. 이처럼 다양한 고객층이 있기 때문에 명확한 타깃을 정해 전문점을 하면 성공할 수 있다. 모든 업종이 가능하지만, 투자 대비 수익률을 고려하여 업종을 결정해야 한다. 주 5일 근무제로 인해 주말에는 판매대상이 없고 대부분의 인구가 주간에 집중되어 있기 때문에 영업시간을 퇴근 시간에 맞춰야 하고 지속적인 변화를 추구하면서 영업을 해야 한다.

300m 반경 내에 5층 이상의 건물이 10개 또는 10층 이상의 건물이 5개 이상 있다면 적합한 상권이다. 음식점, 주류 판매 서비스업, 놀이문화 서비스업이 가장 적합하다.

① **음식점 관련 업종**: 골뱅이호프집, 순대국전문점, 설렁탕전문점, 삼계탕집, 생고기전문점, 삼겹살집, 캐주얼횟집, 김밥전문점, 도시락전문점, 부대찌개전문점, 빈대떡전문점, 중국집, 치킨호프, 추어탕, 생선횟집 등

② **서비스 관련 업종**: 사우나, 카센터, 찻집, 당구장, 월세방 임대사업, 소호족 미니사무실, 노래방, 현수막전문점 등

③ **도·소매 관련 업종**: 문구점, 꽃가게, 화장품, 안경점 등

④ **회피 업종**: 서점, 의류점, 신발점 등

6. 도심 번화가 상권

번화가는 도시의 핵심 상권지역으로, 각 사업장의 간판, 상품, 진열 방식 등을 통해 독특한 특색과 개성을 부각시켜야 한다. 이곳은 물건을 구입하거나 먹고 마시고 노는 상권으로, 다양한 고객들이 찾는 곳이다. 대다수 고객이 유동고객이기 때문에 친절한 서비스가 중요하다. 주로 10~20대를 타깃으로 한 대형극장, 패스트푸드점, 패션용품점 등이 밀집해 있다. 초보창업자들은 이러한 상권에 쉽게 입점해서는 안 되며, 상권 특성상 경험 부족으로 인해 실패할 가능성이 크다. 이러한 상권에서는 장사 경험이 많아야 뿌리내리기 쉽다.

① **음식점 관련 업종**: 김밥전문점, 도시락전문점, 떡커리방, 배달피자점, 생선회 택배점 등

② **서비스 관련 업종**: 탁아방, 클리닉센터, 카센터, 애완견센터, 미용실, 부동산, 비디오대여점, 컴퓨터게임장 등

③ **도·소매 관련 업종**: 중고용품 위탁판매점, 멀티팬시점, 반찬전문점, 지물포, 서점, 화장품, 약국 등

④ **회피 업종**: 치킨점, 세탁소, 사진관, 정육점 등

7. 대학가 상권

젊은 학생 위주의 소비자층이 형성되며 음식점, 서점, 복사점, PC방, 의류점 등이 중심업종이다.

① **음식점 관련 업종**: 치킨호프, 와플전문점, 떡커리방, 직영편의점, 김밥전문점, 호프집, 종합

분식점, 중국집, 커피전문점, 라면전문점, 주점 등

② **서비스 관련 업종**: 복사전문점, 워드대행업, 미용실, 사진관, 월세방 임대사업, 포켓볼당구장, 사격장, 인터넷 PC방, 스티커포토숍, 사주관상커피점, 노래방, 비디오방, 사이버만화텔 등

③ **도·소매 관련 업종**: 서점, 문구점, 멀티팬시점, 편의점, 꽃가게, 안경점 등

④ **회피 업종**: 정육점, 지물포, 반찬점 등

8. 재래시장 상권

주택가를 배후세력으로 하며, 소비 형태가 다소 유동적인 특성이 있다. 대형 소매상가의 급속한 확산으로 인해 위축되고 있지만, 생계유지를 위한 고정적인 매출확보는 가능하다. 가격 면에서는 중·저가 업종이 적합하다.

① **음식점 관련 업종**: 중저가횟집, 족발전문점, 치킨점, 만두전문점, 베이커리, 떡집, 호프집, 반찬점, 칼국수점 등

② **서비스 관련 업종**: 중고용품전문점, 사진관, 클리닝센터, 부동산, 미용실, 비디오대여점, 만화대여점, 컴퓨터게임장 등

③ **도·소매 관련 업종**: 유기농산물전문점, 즉석식품전문점, 정육점, 냉장과일전문점, 생선전문점, 유제품전문점, 반찬전문점, 생활용품 할인매장, 지물포, 문구점, 화장품, 꽃가게, 노브랜드 의류점, 언더웨어점

④ **회피 업종**: 서점, 캐주얼의류, 화장품점, 안경점 등

9. 고시촌 상권

고시촌은 비교적 최근에 형성된 상권으로, 국가고시나 다양한 자격증 시험을 준비하는 고시생들이 집단으로 생활하는 지역이다. 이들은 독특한 행동양식과 나름의 소비 형태를 가지고 있다.

① **음식점 관련 업종**: 중저가호프집, 소주방, 김밥전문점, 매식전문식당, 막걸리전문점, 치킨전문점, 종합분식, 중국집 등

② **서비스 관련 업종**: 독서실, 고시원, 고시학원, 부동산, 워드대행 및 복사, 월세방 임대사업, 인터넷 PC방, 노래방, 비디오방, 포켓볼당구장, 사이버만화텔, 컴퓨터게임장 등

③ **도·소매 관련 업종**: 슈퍼, 서점, 문구, 베이커리 등

④ **회피 업종:** 미장원, 화장품, 멀티팬시점, 꽃가게 등

표 6-10 상권별 유망 아이템

입지	특징	권장 업종
아파트 단지	• 1,000가구를 기준으로 상가 형성 • 지하나 2층보다는 1층 점포형 업종이 안정 • 배후지 평형수는 66~99m²(20~30평)형이 적당	화장품점, 미용실, 비디오숍, 치킨점, 세탁소
학교 주변	• 초 · 중 · 고등학교 근처 • 정문 기준 500m 이내 후문 기준 300m 이내 • 인 · 허가 사항은 특별히 조심	문구점, 과학모형기기점, 분식점, CD전문점, 팬시용품점, 캐릭터전문점
지하철역 주변	• 지하상가를 포함한 500m 이내 역세권 • 환승역은 금상첨화 • 먹거리보다는 판매업종이 유리	레코더점, 선물의집, 꽃집, 스포츠용품점, 캐주얼의류점, 보세신발점
주택가 진입로	• 해당 점포 기준 500m 반경이 1차 상권 • 배후지 5천여 가구가 주요 고객 • 버스정류장 기준 100m 이내가 적당	내의전문점, 비디오, 편의점, 사진관, 삼겹살전문점, 김밥전문점, 건강식전문점
사무실 밀집지	• 5층 이상 10개 동, 10층 이상 5개 동 • 1층 단독점포보다는 건물지하 • 아케이드 음식점 유리 • 음식점 및 서비스업종이 안정	베이커리카페, 추어탕, 국수전골, 사무편의점, 컴퓨터현수막
중심지 대로변	• 젊은층 위주의 번화가 • 6차선 이상보다는 2~4차선이 유리 • 주로 패션 관련 업종이 성업 중	감각패션점, 신발편의점, 청바지전문점, 패션내의점, 액세서리점, 의류체인점
대학가	• 젊은 층 위주의 업종 성행 • 음식점, 레저 및 문화 관련 업종	패션점, 액세서리점, 의류체인점, 김밥전문점, 삼겹살전문점, 보세신발점

3 업종별 입지 특성

소비자가 점포를 이용하는 이유는 업종마다 다르다. 업종에 따라 입지가 중요하거나 상품력이나 서비스의 품질이 중요하기도 하고, 때로는 점포의 크기가 더 중요할 때도 있다.

표 6-11 업종별 핵심 키워드와 입지전략

구분		키워드	적정상권	상권의 범위	동업종 간 경쟁 유무	입지 전략
외식업	일반 외식업	입지	중급지 (B급지) 이상	반경 500m 이내	경쟁/ 보완 가능	
	전문 외식업	입지+맛	중급지 (B급지) 충분	반경 1~2km	보완과 경쟁	
도소매업 (판매업)	생필품	입지+상품	주택지 하급지 (C급지) 이상	반경 500m 이내	경쟁	
	선매품	입지+상품력	상급지 (A급지) 충분	반경 1~2km	보완과 경쟁	
서비스업	기술 위주 서비스업	기술과 영업력 (서비스, 마케팅)	모든 상권 하급지 (C급지) 이상	반경 1~2km	경쟁/ 보완 가능	
	소규모 서비스업	입지+영업력 (기술, 서비스, 마케팅)	하급지 (C급지) 이상	반경 500m 이내	경쟁	
	대규모 서비스업	입지+규모+경영 능력 (서비스, 마케팅)	중급지 (B급지) 이상	반경 1~2km	경쟁 보완 가능	
소호(인터넷)		영업력 (기술, 서비스, 마케팅)	–	광역	경쟁	

1. 업종별 적정한 상권과 입지

맛으로 승부하는 전문외식업은 외식업이 모인 곳, 즉 먹자골목 상급지(A급지)나 중급지(B급지)가 적합하다. 분식점 등 일반외식업은 입지가 중요하기 때문에 중급지(B급지) 이상에서 해야 한다. 여성의류 같은 선매품과 베이커리 같은 패스트푸드점은 입지가 매출을 결정하므로 모든 상권의 도로변 상급지(A급지)가 좋다. 생필품은 중급지(B급지)에서 경쟁점이 없는 곳에서 해야 좋다. PC방과 미용실 같은 소규모 서비스업은 경쟁점이 없는 지역에서 상권 특성과 자금규모에 맞춰 창업해야 한다. 하지만 최근 서비스업은 대형화와 차별화가 추세다. 기술 중심의 서비스업, 예를 들면 카센터는 하급지(C급지)도 충분하다.

점포면적과 상권의 범위는 비례하며, 구매빈도와 상권의 범위는 반비례한다. 생필품은 점포면적이 비교적 작고 구매빈도가 높아 '반경 500m 이내'의 1차 상권이 적합하다. 반면, 선매품은 점포면적이 상대적으로 크고 구매빈도가 낮아 '반경 1km 이내'가 적절하다.

2. 업종별 입지전략은 왜 필요한가?

같은 건물에 동일 업종이 입점해 상호 시너지효과로 번창하는 업종이 있는가 하면, 상호 경쟁 관계 때문에 실패하는 업종도 있다. 기술서비스업인 카센터나 공작기계 등은 경쟁업종의 유무와 관계없이 창업할 수 있다. 기술을 보유하고 있으므로 일반 창업보다 입지선정에 유리하다. 소비자는 기술을 보고 찾아오기 때문이다.

표 6-12 업종별 입지전략

업종	입지전략	비고
• 전문음식업 • 선매품	동일 · 유사업종이 모인 곳에서 창업	• 대형 음식업과 배달업 등은 독자적 창업 가능 • 분식점 등 패스트푸드류는 경쟁점이 없는 곳, 독자적 창업이 좋다.
• 생필품 • 소규모 서비스업	동일 · 유사업종을 피해야 하는 창업	• 피아노, 미술 등 유치부 대상 학원과 세탁소, 미용실은 500세대 독점 필요 • 보습학원 등은 1,500세대 독점 필요 • PC방, 오락실 등은 1,500세대 독점 필요

3. 경쟁점이 모인 곳에서 창업해야 하는 업종

중소형 전문외식업이나 선매품 같은 업종은 함께 있어야 시너지 효과로 인해 장사가 잘된다. 먹자골목이나 의류매장거리가 형성되는 이유는 동일하거나 유사한 업종이 모여 있을 때 더 잘되기 때문이다.

4. 경쟁점을 피해서 창업해야 하는 업종

경쟁점을 피해야 하는 업종은 생필품과 소규모 서비스업이다. 서로 모여 있으면 상호 경쟁관계만 성립되기 때문이다.

4 점포입지와 적정 업종

1. 점포규모별 적정 업종

1) 점포규모별 적정 업종 상권의 규모와 수익성을 고려하라.

상권의 규모란 상권이 좋은지 나쁜지, 하고자 하는 업종이 충분한 매출을 올릴 수 있는 상권인지 아니면 어느 정도 한계가 있는 상권인지 등 그 업종의 상권력을 의미한다.

2) 점포가 작다면 손익분기점을 낮출 수 있는 업종을 선택하라.

업종에 따라 점포가 작을수록 좋은 경우가 있다. 수익이 발생하려면 손익분기점을 넘겨야 하므로 임차료, 인건비, 기타 재료비 등의 총비용을 줄이거나 매출액을 높여야 한다.

총비용을 줄이는 것은 점포 크기를 작게 하여 임차료, 인건비 등을 줄이면 가능하다. 인건비 등 고정비 지출을 줄여도 되는 업종, 즉 창업주 독자적으로 할 수 있는 업종, 특별한 노하우가 필요 없는 업종, 손이 덜 가는 업종이 해당한다. 이러한 업종에는 분식점, 액세서리점, 소규모 패스트푸드점, 기타 소규모 용역서비스업 등이 있다.

3) 점포가 크다면 매출액을 높일 수 있는 업종을 선택하라.

점포가 크다면 매출액을 높일 수 있는 업종이어야 한다. 상품 객단가(외식업은 테이블당 단가)와 상품회전율(테이블회전율)이 높은 업종으로서 대중성이 있는 업종이다.

매출액을 높인다는 것은 점포를 줄여서 총비용을 줄이는 것보다 점포를 늘려서 총비용이 늘더라도 매출액을 더 높이는 것이 수익성에서 좋다는 뜻이다. 대중적인 전문점이 여기에 해당하고 이러한 업종에는 호프소주방, 전문음식점과 전문의류점 등이 있다.

2. 점포층별 적정 업종

1층은 어느 업종이나 유망하지만 보증금, 권리금, 월세도 비싸고 1층이 아닌 곳에 더 어울리는 업종도 많다. 오락이나 휴식을 취하려는 사람들은 1층보다는 2, 3층이 좋다고 한다. 지하 1층, 지상 2, 3층은 1층에 비해 접근성과 가시성이 불리하므로 음식점이나 판매업은 어렵다. 상가의 효용성 또한 층별로 다르다. 지하 1층과 지상 2층이나 3층은 뚜렷한 목적을 가진 고객만 이용하는 단점이 있어 오락·유흥 관련 업종과 서비스업이 입점하게 된다. 이러한 곳은 호프집이나 주점, 노래방, 당구장, 오락실, 커피숍, 만화방 등 오락·유흥 관련 업종과 서비스업 등이 적당하다.

주택지의 경우 지하 1층은 슈퍼마켓, 방앗간, 중화요리점 등이 1층과 경쟁할 수 있고, 2~3층은 병원이나 의원, 한의원 및 각종 학원 등 서비스업이 유리하다. 서비스업은 규모의 경제가 적용되므로 점포 크기가 일정 규모 이상이어야 한다. 또한 2층, 3층으로 올라갈수록 불편하더라도 서비스의 질에 더 가치를 느끼는 업종, 즉 고객의 체류시간이 긴 서비스 업종으로 고시원이나 독서실 및 기원 등이 적절하다.

역세권의 경우에는 1층과 2층에 유흥주점이 있다면 3층과 4층에서 PC방이나 당구장을 해도 된다.

상권이 좋은 경우에는 2층이나 지하 1층에서 외식업을 하는 경우가 있다. 1층에 비해 저렴한 비용으로 넓은 점포를 구할 수 있어서 노하우가 있는 전문점이라면 개업할 수 있다.

Ⅲ 점포입지 선정과 설계

1 점포입지의 중요성

창업 아이템을 찾았다 해도 창업이 쉽지 않은 것은 점포를 구하는 데 따르는 문제가 많기 때문이다.

1. 입지선정 관련 정보수집

좋은 입지의 점포를 확보하기 위해서는 입지를 보는 안목이 필요하다. 점포를 보는 안목이 있다면 자신의 투자규모에 맞고 발전가능성이 높은 곳, 유동인구는 적지만 주변에 경쟁자가 없어 비교적 안정적으로 영업을 할 수 있는 곳, 새로운 소비를 유도할 수 있는 곳 등 적절한 입지를 구할 수 있다.

최적의 점포입지를 보는 안목을 갖기 위해서는 지속적인 관심을 가지고 부동산 관련 정보를 수집하고, 직접 발로 뛰면서 다른 점포의 입지상태와 매출 등을 살펴봐야 한다.

지하철이 중요 대중교통수단이 되면서 지하철 주변은 점포사업의 최적지로 부상하고 있다. 점포입지 선정 시 역세권에도 관심을 가지고 필요한 정보를 수집하고 분석해야 한다.

점포입지 정보는 부동산 중개업소를 통해 수집하는 것이 가장 일반적인 방법이다. 부동산 중개업소를 통하면 점포의 형태, 용도, 필요시기, 점포구입비용, 권리금과 보증금 등의 입지정보를 쉽게 얻을 수 있다. 뿐만 아니라 건물주의 인간성이나 신용상태, 건물현황 등에 대한 정보까지도 얻을 수 있다.

2. 입지선정은 신중하게

입지선정을 위해 먼저 후보 점포를 포함한 상권 전체의 특성을 파악해야 한다. 상권이 쇠퇴하는 지역에서는 열심히 노력해도 잘될 수 없다. 그러므로 상권 전체의 활성화 정도와 특성을 파악한 후 개별점포의 입지조건을 분석하여 장점과 단점을 파악해야 한다. 하지만 상권 전체를 분석하는 것은 결코 쉬운 일이 아니다.

도로가 상권을 단절시키거나 둑이나, 철로, 산, 강 등이 상권을 단절시키는 경우가 많다. 좋은 위치의 상가라도 상권이 단절되면 상권의 범위는 좁아지므로 주의해야 한다. 또한, 같은 위치의 상가라도 업종에 따라 상권의 범위가 달라진다.

식품이나 일용잡화는 대체로 거주지 부근에서 구입하고, 전문품은 도심지 의존도가 높다. 이처럼 업종과 품목에 따라 사람들의 이동거리가 다르다는 것은 소비자들의 소비패턴이 다르다는 것을 의미한다.

생필품은 '1차 상권의 범위가 반경 500m 이내', 선매품은 '1차 상권의 범위가 반경 1km 이내'라고 하는데, 이것은 그 업종이 어떠한 제약도 받지 않은 상태일 때 가능한 상권의 최대 범위를 말한다. 하지만 실제 상권의 범위는 그렇게 넓지 않다. 상권의 범위는 전체 상권의 모든 세대수가 아니라 상권 단절 요인으로 인해 단절된 일부 배후지 세대를 제외한 나머지 세대가 해당된다.

불리한 조건의 점포 입지선정

- 건물주가 현재 유사 업종에 종사하는 경우
- 임대료가 싸거나 권리금이 없는 경우
- 요란한 광고로 분양하는 대형 빌딩과 특수목적의 상가
- 주인이 자주 바뀌는 점포
- 주유소, 경사진 곳, 지하실 등
- 창업초보자는 신도시나 신축건물의 유혹에 주의 필요
- 같은 업종의 큰 점포가 있는 곳에서 작은 점포로 창업하는 경우
- 점포 맞은편에 건물이 없는 곳

점포입지의 변화가능성 및 영향력

- 점포 예정지 인근지역에 지하상가 또는 지하철공사, 혹은 공사예정 여부
- 학교, 대기업, 대형공장의 이동 여부
- 점포 예정지에 백화점, 쇼핑센터, 대형 건축물 등의 입점 가능성 유무
- 도로 확장 가능성 유무
- 특수영업 점포나 유흥가가 형성될 지역(나이트클럽, 카바레, 디스코장, 적선지대 등)
- 경쟁 예상점포 또는 유사점포의 분포도와 기타 돌출변수 조사

2 점포입지 설계

상권 내에서 개별점포의 입지수준과 계약 여부까지 분석하는 것을 입지조건분석이라고 한다. 점포입지의 판단기준은 접근성과 가시성이다. 접근성과 가시성을 기준으로 보통 상·중·하(A급지, B급지, C급지) 세 등급으로 입지수준을 구분한다. 점포의 구조, 규모 및 분양가, 임대가의 적정성, 건물 전체의 업종 구성도 분석한다.

1. 상가입지분석: 상가입지 판단기준

상권단절 요인과 동선조사는 입지분석의 핵심이다. 상권단절 요인과 동선에 따라 접근성과 가시성이 좌우되고 점포의 입지수준이 결정되기 때문이다.

모든 점포의 입지분석은 접근성과 가시성으로 판단하여 상·중·하급지로 분류하는데 판단하는 사람마다 조금씩 다를 수 있다.

1) 접근성

접근성이란 물리적 또는 심리적으로 상가에 얼마나 쉽게 접근할 수 있는가이다. 접근성은 생활편의시설(대형슈퍼 등 핵점포, 버스정류장, 지하철역 등)과 점포와의 거리에 의해 결정되는 경우가 많다.

점포 앞에 공원이나 6차선 이상의 도로, 철로 등과 같이 물리적으로 접근을 막는 경우도 있고, 같은 건물 같은 층에 치과나 내과 등 병·의원이 있든지, 상가 앞 또는 옆에 카센터나 공작기계 등과 같은 하급지(C급지) 업종이 있어 심리적으로 점포 접근성을 떨어뜨린다. 또한 상가 전면의 경사나 계단 및 화단 등도 접근성을 떨어뜨리는 요인이다. 이러한 장애 요소들이 있다면 상

가가 상급지(A급지)에 있어도 중급지(B급지) 수준으로 매출이 하락하게 된다.

2) 가시성

가시성이란 점포가 고객의 눈에 띄는 정도를 나타낸다. 가시성은 점포와 점포의 전면 길이나 전면 수(코너 여부), 점포와 보도의 이격 폭(점포가 보도에서 안쪽으로 들어가 있는가 여부), 간판 위치 등에 의해 결정된다. 일반적으로 어떤 상품이나 대상을 인지하고 구매를 결심하기까지의 시간은 5~6초 내외이므로 약 7~8m 내외의 거리에서 점포가 눈에 띄어야 가시성이 높다고 할 수 있다. 점포 옆 건물이나 동일 건물, 같은 층에서 일찍 문을 닫는 업종이 있으면 가시성은 낮아지게 된다.

2. 점포 조건분석(점포구조, 규모, 임대가, 권리금)

점포 조건분석에는 점포규모, 구조, 분양가, 임대가, 권리금분석 등이 포함된다. 점포분양가, 임대가 권리금은 상권과 입지에 따라 결정되는데, 이를 파악하는 것은 매우 중요하다. 상권 내에 같은 입지라도 분양가, 임대가, 권리금이 비싼 점포는 피해야 한다.

① **점포구조, 규모, 건물업종 구성은 매출에 영향을 미친다.** 상권력과 점포입지수준, 그리고 점포 자체의 여러 가지 조건들이 복합적으로 이루어져 매출에 영향을 미치게 된다. 상품력과 브랜드, 그리고 영업력은 매출형성의 요인이지만 입지력에 비해 영향력이 약하다. 점포입지수준과 점포규모를 합쳐 점포입지력이라고 표현한다.

② **점포 전면 길이 및 간판 길이와 위치도 중요하다.** 점포의 전면과 간판은 점포의 얼굴이기에 첫인상이 중요하다. 일단 눈에 띄어야 구매를 결정하기 때문이다. 점포의 전면과 간판은 상호와 함께 최고의 홍보수단이다.점포의 전면과 간판은 길수록 좋다. 점포의 전면과 측면의 비율은 1.5 내외가 무난하다. 2.0 이상이면 전면이 너무 길어 집중도가 분산될 염려가 있고 0.5 이하이면 전면이 좁아 점포인지와 홍보력이 떨어진다. 간판의 위치는 고객이 쉽게 인지하도록 고객의 시선에서 10~15도 위에 있어야 좋다. 돌출간판은 법적으로 제한을 받는 경우가 많으므로 미리 관할 구청에 확인해야 한다.

③ **점포 내부구조에 의해 접근성과 가시성이 좌우되기도 한다.** 점포구조에서 계단의 넓이, 위치, 경사도, 출입구의 위치나 형태가 중요하다. 고객의 입장에서 점포에 접근하는 데 물리적·심리적인 저항감을 주는 요소가 되기 때문이다. 지하 1층, 지상 2~3층의 경우 계단이 중요하다. 계단은 반드시 전면에서 경사가 완만해야 하며 계단별 높이는 15cm를 넘지 않

아야 한다. 2층의 경우에는 계단 입구가 건물의 전면에 있어야 하며, 만약 옆이나 뒤에 있다면 삼가는 것이 좋다. 지상 3층 이상은 엘리베이터가 없을 때 저항감을 주는 요소가 되며, 동일 업종의 2층에 비해 경쟁력이 떨어진다. 따라서 3층 이상은 특히 경쟁업소와의 관계를 면밀히 분석해야 한다.

④ **점포건물은 상호 보완관계 업종으로 구성해야 한다.** 건물 전체 업종의 구성을 조사하여 건물 내 업종 간 상호 보완관계인지 경쟁관계인지 확인해야 한다. 같은 층의 업종 구성이 보완·호혜업종이어야 이상적이며 1층, 2층, 3층 층별 간에도 상호 보완·호혜업종으로 구성되는 것이 바람직하다.

⑤ **분양가, 임대가, 권리금이 비싼 점포는 피해야 한다.** 주변과 비교해 임대료가 비싼 점포는 상가건물임대차보호법의 적용을 받지 못하는 경우가 있다. 적용을 받는다고 해도 피해를 볼 수 있으므로 주의가 필요하다.

점포의 입지조건분석

- 점포 입지분석: 접근성, 가시성 조사
- 점포 조건분석: 점포구조 · 규모 조사, 분양가 · 임대가와 권리금 분석
- 점포 권리분석: 토지이용계획확인서, 지적공부(토지대장, 지적도 등), 등기부등본, 건축물관리대장
- 경쟁점포분석: 동일 · 유사업종 경쟁력 조사
- 사업타당성분석: 투자 대비 수익률 분석
- 점포계약: 점포권리양도계약/점포임대차계약

3 점포입지 선정

1. 입지선정 절차

창업을 하고자 할 때 선정하고자 하는 그 점포가 좋은지, 업종과 맞는지, 권리금은 합당한지 등에 대해 결정하는 것은 매우 중요한 일이다.

다음은 일반적인 입지선정 절차와 방법이다.

① 시나리오를 작성한다. 프랜차이즈는 가맹점 또는 경쟁점의 상권과 입지, 점포크기, 일일 매출액 등을 비교하고 검토하면 대략적인 윤곽이 나온다.

입지선정 절차	입지선정 방법
• 입지선정 시나리오 작성 –거주지 부근 2~3km 이내 상권 표시	• 선정한 업종에 맞는 입지와 점포크기 숙지 –업종별 키워드와 입지전략 숙지 –상권별 임대가/권리금 숙지

② 어느 상권인지 결정한다. 상권을 몇 군데로 분할하여 집중적으로 파악한다. 상권을 검토하면서 총투자비용과 자기자금을 비교하면 대략적으로 결정할 수 있다.

• 아이템 및 자금에 맞는 후보상권과 입지 표시 –점포정보 수집	• 상권의 성쇠 여부 파악 방법(역세권, 주택지 등 상권 성쇠 여부 파악) –상권을 몇 군데로 압축하여 집중적으로 파악 –성장하는 상권인지 쇠퇴하는 상권인지 파악

③ 상권입지조건분석도를 작성한다.

• 상권입지조건분석도 작성 –반경 500m 이내 상권지도 작성 –핵점포 표시, A, B, C급지 범위 표시	• 상권 및 입지조건분석도 작성 방법 –세대 수, 인구 수 표시(주거 형태, 인구밀도조사) –교통기관별 표시(역, 정류장, 횡단보도 등) –집객력이 있는 지역시설 및 핵심점포 표시(체육관, 금융기관, 관공서, 대형슈퍼 등) –쇼핑 도로(동선) 파악 –상권 내 입지등급(A, B, C) 표시

④ 전체 상권분석을 실시한다.

• 상권분석 실시 –상권분석: 점포 수, 응집도, 대형편의시설	• 상권분석 방법 –상권의 규모 및 상권의 번성도(상권력) 분석: 지형지세, 점포 수, 배후지 세대, 교통망 연계성 및 도로조건, 대형편의시설 및 장애물 유무 파악 –상권의 특성 분석: 유동인구, 거주인구 연령, 성별, 소비수준, 생활 방식 및 상품의 구매행동조사

⑤ 점포입지조건분석을 실시한다.

• 입지조건분석 실시 –입지조건분석: 주동선 접근성과 가시성을 기준으로 A, B, C급지 분석	• 점포입지조건 심층분석 –점포입지수준: 접근의 용이성, 가시성 조사 –점포의 임대가와 권리금 –점포의 구조와 모양 –유사경쟁점의 입지, 점포규모, 서비스, 영업시간, 종업원 수 –판촉 활동의 범위와 영향력 파악

⑥ 유망점포 유무를 판별한다.

• 유망점포 판별 –입지수준과 권리금 비교	• 유망점포 판별 –입지조건이 좋으면서 권리금이 싼 점포 –같은 입지조건에서 권리금이 싼 점포 –입지조건이 서로 다른 경우 경험자는 점포크기까지도 감안하여 결정하고, 초보자는 점포가 작더라도 입지조건이 좋은 곳을 택해야 한다.

⑦ 사업타당성분석을 한다. 일반적으로 수익성이 있다고 말할 수 있는 투자 대비 수익률은 월 평균 3% 정도이다. 투자 대비 수익률이 월 3% 정도이면 3년 내 투자비를 회수할 수 있기 때문에 사업성이 있다고 평가한다.

• 사업타당성분석	–매출액 추정 –투자 대비 수익률분석 –사업성분석

⑧ 계약체결

• 계약체결 –점포권리 양도계약: 점포주와 매수자 –점포임대차계약: 건물주와 매수자	• 점포 계약체결 방법 –먼저 점포주와 점포권리양도계약서 작성 –점포권리양도계약 중도금이나 잔금 시에 건물주와 점포 임대차계약체결 –권리금이 미미한 수준인 경우에는 바로 건물주와 임대차계약체결

2. 점포선정 시 확인 사항

점포입지 선정 시 반드시 확인해야 할 사항이 있다. 다음의 3개 항목을 꼼꼼하게 확인해야 한다.

1) 지역 체크

① 하고자 하는 업종의 일반적 조건에 맞는가?

② 유동인구의 수는 얼마나 되는가?

③ 향후 고객 수의 증가를 기대할 수 있는가?

④ 인근의 상가나 동종 업종, 대형 점포 등의 영업 상태는 어떠한가?

⑤ 상권 내의 주거상황과 소득수준, 세대 수와 인구 수 등은 어떠한가?

⑥ 경쟁점포의 위치와 영업상태는 어떠한가?

2) 점포조건 체크

① 점포 전면의 길이는 적당한가?

② 점포의 넓이와 형태는 적당한가?

③ 도로에 접하여 있는가?

④ 주차장은 있는가, 상품의 수·배송에 문제는 없겠는가?

⑤ 설비에 문제는 없는가?

3) 경영관리 체크

① 점포의 수준과 비교해서 비싸지 않은가?

② 준비자금과 부합하는가?

③ 관리비, 공과금 등이 높지 않은가?

④ 예상매출은 어느 정도인가?

⑤ 이익은 어느 정도 가능한가?

3. 점포입지와 적정 업종

1) 점포입지별 등급

투자 대비 수익률이 높은 업종을 선택하는 것은 그 입지조건에 맞는 업종선택이라는 의미가 있다.

도로변 상급지(A급지)는 판매업, 패스트푸드점이 적합하다. 도로변 중급지(B급지)는 노하우가 있는 중대형 전문음식점이 적합하다. 전문음식점은 맛으로 경쟁하기 때문에 단골확보가 중요하다.

먹자골목 상급지(A급지)는 패스트푸드점이 적합하다. 중급지(B급지)는 중소형 음식점이 적합하며, 잠시 머물러 차분히 먹고자 하는 사람들은 혼잡한 대로변보다는 먹자골목을 선호한다. 전문음식점은 먹자골목 상급지(A급지)의 작은 점포보다는 중급지(B급지)에서 점포규모를 좀 더 크게 하는 것이 좋다. 하급지(C급지)에서는 상·중급지(A·B급지)와 경쟁하는 업종은 피하는 것이 좋으며, 기술서비스업이 적합하다.

상권이 좋은 하급지(C급지)에서는 상·중급지(A·B급지)와 상호보완적이고 호혜적인 업종은 해볼 수 있다. 틈새를 파고들거나 차별화를 시도하면 의외로 좋은 결과가 나올 수 있는 곳이다. 외식업의 경우 맛으로 끊임없이 노력한다면 멀리 상급지(A급지)에 있는 유동인구를 끌어들여 단골을 만들 수도 있다. 이는 투자비를 적게 들이고 수익성이 좋다는 장점이 있고 입지 변화까지 끌어낼 수 있다.

2) 점포위치별 적정 업종

같은 상가건물 내에서도 점포위치에 따라 점포가치가 다르다. 주 출입구나 에스컬레이터, 엘리베이터 등과의 근접성에 따른 동선과 레이아웃 등을 고려해야 한다. 점포는 같은 층이라도 어디에 위치하느냐에 따라 업종과 수익률이 크게 좌우된다. 이는 점포 위치별 적정 업종이 있다는 것을 의미한다.

도로에 접한 전면부 점포는 상권이나 입지에 따라 업종을 선정하면 되지만 상가 내 후면부에 위치한 점포는 업종선정이 매우 어렵다. 후면부에 위치한 점포의 입지는 전면부의 점포보다 그 가치가 훨씬 떨어지기 때문이다.

4 입지선정 시 유의사항

점포창업의 성공에 영향을 미치는 요인 중 가장 중요한 것은 입지선정이다. 창업자가 창업자금에 알맞고 목 좋은 입지를 선정하기는 쉽지 않다. 목이 좋은 곳은 임차료와 권리금이 비싸고 점포를 내놓는 경우도 드물다.

점포입지는 점포 활동에 큰 영향을 미치므로 신중하게 선택해야 한다. 흔히 '장사는 목이 중요하다'라는 말이 있는 것처럼 입지선정은 창업의 핵심적 요인이다. 점포입지를 한번 결정하면 바꾸기가 쉽지 않다. 점포입지도 명당이 있다. 잠재고객이 밀집되어 있고, 지리적으로 가깝고 방문하기 쉬워 많은 고객을 확보할 수 있는 상업의 중심지가 명당이다.

유망한 점포입지의 조건은 다음과 같다.

1. 지역인구가 많은 곳

인구는 그 지역의 행정인구로 지역인구가 많은 곳이 유망하다. 상권 내에 거주하는 인구를 알아보기 위해서는 관할 구청이나 주민센터에서 세대 수, 인구 수에 관한 자료를 조사해야 한다. 그리고 지역주민들의 성별·연령별 인구 수, 교육수준, 직업, 소득수준, 생활패턴 등도 파악해야 한다.

일반적으로 1,000세대 정도가 거주하는 곳이라면 생활필수품을 판매하는 근린업종이 적합하고, 2,000세대 이상은 웬만한 업종은 모두 가능하며, 3,000세대가 넘으면 중심지역의 상권과 다름이 없다고 할 수 있다.

2. 유동인구가 많은 곳

점포 앞을 오가는 통행인 수는 구매와 직결된다. 성공적인 창업을 위해서는 통행량이 많은 곳에 입점하는 것이 유리하다. 차량을 이용한 통행인은 별도로 체크해야 한다.

유동인구는 시간대별, 요일별로 파악해야 하며, 평일과 휴일로 나누고, 출근시간대, 점심시간대, 주부들의 쇼핑시간대, 퇴근시간대, 저녁시간대로 나누어 파악하여 이용계층, 성별, 유동인구 수 등이 취급 업종과 적합한지 확인해야 한다.

① 피크타임의 이동인구(오후 5시~9시): 등급 판정

② 유동인구의 보행속도: 구매의사 측정기준

3. 교통이 편리한 곳

교통수단이 편리할수록 고객흡인력이 높아진다. '더 쉽고 빠르게 도착 가능한 곳일수록 내점률이 높아진다'는 중심지이론에 따라 고객과의 거리가 중요하다. 따라서 교통수단이 편리할수록 고객흡입력이 높아진다.

점포의 영업범위는 거리가 가까울수록 인지도가 높다. 500m 이내에서 인지도를 가지는 점포가 1km 이내에서는 절반 정도로, 2km 이내에서는 대폭 낮아진다.

역세권이라고 불리는 버스정류장, 지하철, 터미널 등의 지역은 통행인구 수가 많다 보니 웬만한 업종들은 대부분 성공하는 경우가 많다.

4. 주변상권과의 관련성

해당 지역에 자신이 하고자 하는 업종이 얼마나 있는지, 영업상태는 어떠한지, 그리고 타업종의 상태를 확인하여 주변상권이 계속 발전하고 있는지 아니면 쇠퇴하고 있는지를 파악해야 한다.

현재 번화한 곳이라도 쇠퇴하는 지역이면 장기적으로 전망이 밝다고 할 수 없다. 점포외양에 치장을 얼마나 하는지, 취급상품이 다양하고 충분히 구색을 갖추고 있는지, 도움을 줄 수 있는 업종들이 주변에 얼마나 형성되어 있는지를 파악해야 한다. 아동복점 옆의 완구점, 편의점 옆의 유흥점과 노래방 등 고객유인에 서로 도움이 되는 호혜적 사업체가 유리하다.

5. 점포의 접근성

점포의 접근성은 고객들이 얼마나 쉽게 찾고 편하게 올 수 있는가를 의미한다. 유동인구의 점포접근의 용이성을 파악하기 위해서는 거리의 상태, 건널목, 점포의 입구 방향, 교통패턴, 주차장 여부, 고객들의 이동방향 등을 종합적으로 판단해야 한다. 즉, 버스정류장은 어디에 있고, 지하철역의 출입구는 어느 방향으로 있으며, 점포주변으로 유동인구를 흡입할 수 있는 극장, 학교, 관공서 등의 시설물이 있는지 등을 파악한다.

6. 점포의 가시성

점포는 눈에 잘 보이는 곳에 위치해야 한다. 간판의 부착위치나 진열장의 배치 등에도 유의해야 한다. 대체로 점포위치는 두 길이 교차하는 모퉁이나 곡선 도로상의 커브 왼쪽이 유리하다. 그리고 가로수, 육교, 빌딩 등 시각장애물이 없는 곳이 유리하다.

점포외관과 건물 등은 150m 정도의 거리에서 확인할 수 있으면 좋은 위치이다. 점포입지를 고를 때 창업주 자신의 생활관계도 고려하여 출·퇴근 시간이 30분에서 1시간 이내인 곳이 바람직하다.

7. 장기적인 안목에서 입지를 선정할 것

입지를 선정할 때는 장기적인 사업구상을 가지고 점포를 구해야 한다. 점포의 과거경력을 조사하여 장사가 잘 되었던 점포인지, 투자수익성은 어떠한지를 확인한다. 과거에 부진했다면 실패요인에 대해 분석하고 개선방향을 강구해야 한다.

장기적 안목에서 입지를 선정하기 위해서는 도시계획 여부, 업종의 변화 등을 예측하여 성장가능성과 자신에게 적합한 업종인지를 검토하여 성공의 길로 나가야 한다.

입지조사표를 이용해 입지조건의 충족 정도를 평가하여 점포입점에 참고해야 한다.

표 6-13 입지조사표

일자:	(희망업종:)		작성자:
인구	( )명	남 · 여 비율(:), 연령별 30대 이하(명)	
통행차량	( )대	차종별: 승용차 (대), 대중교통(대), 화물차량(대)	
통행인(유동인구)	( )명	임대점포기준 주변 1km 이내 조사(1일)	
상가 · 시장	임대점포기준 반경 2km 이내, 상가규모, 형태, 시장의 성격		
학교, 병원, 공동시설	각급 학교 수, 행정기관유형, 병원의 규모, 기타 대형시설		
공장시설	공장 수, 규모, 성격, 종업원 수 등		
유사업종, 경쟁업점	반경 2km 이내 유사업종 수, 규모, 성격, 종업원 수 등		
쇼핑센터, 마트 등 대형상가	대형상가 수, 규모, 점포 수, 영향 등		
주요 도로 · 정류장, 지하철역	주요 노선 수, 간선로, 도로규모 및 수		
가족형태, 가구 수	거주 형태, 출신지역 현황, 직업별, 수준별		
아파트, 주거 형태	평형별, 규모별, 성격별		
점포 앞 통행인 수	시간대별, 요일별 1일(AM 10: 00~PM 10: 00까지)		
고객흡인율			

Ⅳ 점포계약과 관련 법규

1 권리금

1. 권리금의 성격

1) 권리금은 입지선점에 대한 프리미엄

이미 다른 사람이 차지하고 있는 목 좋은 자리를 넘겨받으려면 그만한 대가를 지급해야 한다. 다른 사람이 먼저 입점한 자릿값에 대한 보상이 권리금이다.

2) 권리금은 영업권과 시설에 대한 보전금액

권리금이란 입지조건이 기준이면서 점포를 팔 때 포기해야 하는 1년 동안의 영업수익과 시설비의 합이다. 즉, 영업권에 대해 인정한 금액과 인테리어 및 비품 등에 대한 금액(이하 '시설비'라 칭함)까지를 포함한 금액이다.

3) 권리금은 법적·제도적 장치가 없고, 관습적으로 인정되는 금액

권리금은 법적·제도적 장치가 없어서 문제의 소지가 있다. 현실적으로 점포를 사고팔 때 건물주는 세입자끼리 주고받는 권리금에 대해 어떠한 간섭도 하지 않으며 보호 또한 해주지 않는다. 현실은 건물주가 간섭하는 경우가 종종 발생하고 있지만, 건물주와 권리금은 전혀 별개이다. 건물주는 임대료만 제때 받으면 그 점포에 대해 더 이상의 권한을 행사할 수 없다.

4) 권리금은 살아 움직이는 돈

권리금은 매도할 때 매수자에게 받으므로 거의 보장된 금액이나 마찬가지다. 이처럼 권리금은 살아 움직이는 돈이다.

5) 권리금을 보면 상권이 보인다.

권리금은 장사가 되는 곳에 형성된다. 장사가 되지 않는 곳은 아무리 시설이 좋고 점포가 커도 소용없다. 이처럼 권리금은 그 상권을 반영하고 있다. 상권이 좋으면 권리금이 있고, 상권이 나쁘면 권리금이 없다. 즉, 상권이 권리금을 결정한다.

2. 권리금 산정기준과 근거

권리금의 산정기준은 '1년 동안의 순수익의 합과 입지조건을 기준으로 점포크기 및 시설비' 등을 고려하여 산정한다. 점포를 보면 권리금이 가지각색이지만 권리금도 일정한 원칙 아래에서 움직인다.

1) 파는 사람의 기회비용인 '1년 동안의 순수익'

점포를 파는 사람은 점포를 팔지 않고 장사를 계속할 때 벌어들일 수 있는 영업수익을 포기하는 것이다. 매도자가 점포를 처분함으로써 발생하는 기회비용이 곧 권리금으로 보전되는 것이다.

임대차계약기간은 수익 역시 보장된 것이므로 최소 계약기간의 수익, 즉 1년 동안의 수익을 권리금으로 보전해주는 것이다.

2) 상권의 기준인 '입지조건'

장사가 잘되면 당연히 1년 동안의 순수익으로 권리금을 평가하지만, 장사가 안되면 입지조건을 기준으로 평가한다. 입지조건이 좋으면 시설비(엄밀히 말하면 '바닥권리')를 인정받을 수 있지만, 입지조건이 나쁘면 시설비조차도 받지 못한다. 즉, 무권리가 된다. 이처럼 장사가 되지 않아 순수익이 없는 점포는 입지조건이 권리금 평가의 절대적 기준이 된다.

3) 매출액에 영향을 미치는 '점포크기'

점포크기는 매출에 영향을 미친다. 너무 작으면 노력해도 일정 한도 이상의 매출을 올릴 수 없고, 너무 커도 무한정 손님을 받을 수 있는 것이 아니므로 투자 대비 수익률이 오히려 떨어진다. 이상적으로 33~100m^2(10~30평) 사이의 점포크기에서 권리금을 산정할 때 높은 평가를 받는다. 매출액과 투자 대비 수익률이 높기 때문이다.

4) 시설의 차이

수익이 있는 점포는 권리금에 보통 시설비가 포함되지만, 고급재 시설을 했을 경우에는 그 차액만큼 인정해준다. 장사가 되지 않아 수익이 없더라도 입지조건이 좋으면 시설비만이라도 권리금으로 계산할 수 있다. 또한 장사가 아주 잘되는 점포는 예외적으로 순수권리금 외에 시설비를 더 인정해주기도 한다.

3) 계약체결

계약은 계약당사자의 채무불이행 시 강제이행의 근거자료 확보가 되며 계약 내용에 관한 분쟁의 사전 예방 목적이다.

① 계약서상의 내용은 구체적이고, 상세하고, 명쾌해야 한다(다른 해석이 나올 수 있는 애매함은 보충설명을 해서 분명히 한다).

② 계약서 작성 중 오·탈자 또는 불필요한 부분이 발생하게 되면, 이에 대해 삭제, 추가, 정정 등의 수정을 하게 된다. 깨끗하고 알기 쉽게 해당 부분을 수정한 후 그 뜻을 기재하고 당사자 쌍방의 정정인을 날인한다.

③ 삭제 방법은 두 줄로 지우고, 추가기입은 해당 부분에 알기 쉽도록 병기하거나 또는 삽입기호를 사용한다. 정정은 불필요한 부분을 삭제하고 새로이 기재하는 것이다. 이와 함께 해당 부분이 있는 행의 앞 여백에 삭O자, 가(첨)O자, 정정O자 등으로 표시한다.

④ 계약 시 본인(법인의 경우 대표자) 자신이 직접 서명한 후 신고된 인감으로 날인하되 유효기간 내의 인감증명서를 징구하여 그 계약서와 함께 보관함이 바람직하다. 부득이한 사유로 인감증명서 징구를 생략코자 할 때는 그 계약서상에 무인을 찍게함으로 계약서의 진정성립에 관한 입증자료의 확보를 보완할 수 있다.

4 상가건물임대차보호법

1. 상가건물임대차보호법의 의의

상가건물임대차의 공정한 거래질서를 확립하고 국민경제생활의 안정을 보장함으로써 상인들이 안정적으로 생업에 종사할 수 있도록 과도한 임대료 인상 방지와 세입자의 권리를 보장하기 위해 제정, 2001년 12월 29일 공포되어 2002년 11월 1일부터 시행된 법률이다. 이 법률의 핵심은 민법에 대한 특례를 규정하여 상가건물임차인 중 보증금이 일정 금액 이하인 영세상인을 보호하여 선의의 피해자를 없애고자 하는 것이다.

보호대상 보증금액은 당해 지역의 경제여건 및 상가규모를 고려하여 시행령에서 구체적으로 정하고 있으며, 환산보증금이 다음에 해당하는 상가건물의 임차인은 이 법의 적용을 받는다. 또한 대한법률구조공단의 6개 지부에 상가건물임대차 분쟁조정위원회가 설치되어 상가임대차와 관련된 분쟁의 신속한 중재와 조정을 통한 해결을 기대할 수 있다.

표 6-17 상가건물임대차보호법의 대상과 변제권 범위

적용 기간	지역	환산보증금 범위	임차인 보증금 범위	최우선 변제금액
2019.04.02. ~ 현재	서울특별시	9억 원 이하	6,500만 원 이하	2,200만 원
	과밀억제권역	6억9천만 원 이하	5,500만 원 이하	1,900만 원
	부산광역시(기장군 제외)	6억9천만 원 이하	3,800만 원 이하	1,300만 원
	부산광역시 기장군	6억9천만 원 이하	3,000만 원 이하	1,000만 원
	광역시, 안산시, 용인시, 김포시, 광주시	5억4천만 원 이하	3,800만 원 이하	1,300만 원
	세종시, 파주시, 화성시	5억4천만 원 이하	3,000만 원 이하	1,000만 원
	그 밖의 지역	3억7천만 원 이하	3,000만 원 이하	1,000만 원

※ 광역시: 수도권정비계획법에 따른 과밀억제권역에 포함된 지역과 군지역, 부산광역시 제외 환산보증금: 순수보증금×(월세×100)

표 6-18 공단의 지부에 두는 조정위원회의 관할구역

공단지부	관할구역
서울중앙지부	서울특별시, 강원도
수원지부	인천광역시, 경기도
대전지부	대전광역시, 세종특별자치시, 충청북도, 충청남도
대구지부	대구광역시, 경상북도
부산지부	부산광역시, 울산광역시, 경상남도
광주지부	광주광역시, 전라북도, 전라남도, 제주특별자치도

2. 임차인의 권리

일정 요건을 갖춘 임차인에게 부여되는 권리는 다음과 같다.

① 임대차 존속기간 보장

최대 10년 동안 임대차계약 유지가 가능해짐에 따라 임대차존속기간이 보장되는 계약갱신요구권이 부여되어 있다. 상가건물임차인은 계약기간이 끝나기 6개월 전부터 1개월 전 사이에 계약갱신을 요구할 수 있고, 임대인은 정당한 사유가 없으면 이를 거절할 수 없다.

② 대항력 발생

임차인이 건물을 인도받고 사업자등록을 신청하면 이후 건물 소유주가 바뀌어도 새로운 소유주에 대해 임차권을 주장할 수 있다. 임차인은 임대차계약기간 동안에는 건물주가 바뀌더라도 임차권자로서의 지위를 유지하여, 임대차계약기간 동안 거주할 수 있음은 물론 임대차기간이 끝나더라도 보증금을 반환받을 때까지 계속 거주할 수 있다.

임차인은 임대인으로부터 건물을 인도받고, 세무서에 사업자등록을 신청한 경우 신청일의 다음 날부터 대항력이 발생한다. 임대차계약서상 내용이 사업자등록 사항과 일치하고, 임대차계약서상 임대차 목적물이 등기부등본 등 공부와 일치해야 대항력이 보장되므로 이를 일치시키도록 해야 한다.

③ 우선변제권 보장

경매 또는 공매 시 임차건물의 환가대금에서 후순위권리자나 그 밖의 채권자에 우선하여 보증금을 변제받는 권리를 말한다.

임차인의 건물 인도와 사업자등록 신청으로 대항력 요건을 갖추고 관할 세무서장으로부터 임대차계약서상 확정일자를 받은 경우 확정일과 다른 담보물권 설정일을 비교하여 우선순위를 가리게 된다. 이 법은 확정일자를 등기와 대등한 효력을 갖도록 한 것이다.

④ 최우선변제권

임차건물이 경매 또는 공매에 의해 소유권이 이전되는 경우에도 경매절차에서 보증금 중 일정액을 모든 권리자보다 최우선하여 배당요구의 종기일까지 배당 요구를 통해(최근 담보 물권 설치일 기준) 배당을 받을 수 있는 권리를 말한다. 최우선변제권은 임차인이 대항력을 갖추면(건물을 인도받고 사업자등록 신청) 생기는 것으로 확정일자와는 상관이 없다. 확정일자 없이도 대항력을 갖추면 당연히 최우선변제권이 생긴다.

⑤ 임대료 인상 상한선 제한

임대료는 계약당사자 간에 자유롭게 정할 수 있으나 연 5%를 한도로 인상할 수 있다. 다만, 감액의 경우는 제한이 없다.

⑥ 등록 사항 열람

세무서 납세서비스센터에 비치된 등록 사항 등의 열람(제공)요청서를 작성하여 건물소재지 관할 세무서장에게 신청하면 된다. 이해관계인의 적정 여부를 확인하는 데 필요한 입증서류와 신분증(주민등록증 등), 대리인의 경우에는 위임장(인감증명서 첨부)과 대리인 신분증을 소지해야 한다. 임대·임차인의 개인정보, 사업자등록신청일 당시의 보증금 및 차임(월 임대료), 임대차기간 등에 대한 정보를 얻을 수 있다.

표 6-19 이해관계인의 범위와 입증 방법

이해관계인의 범위	입증 방법
당해 상가건물의 임대인 및 임차인	임대차계약서
채권 또는 채무관계에 의하여 당해 상가건물의 등기부등본상 기재된 권리자	등기부등본 등 권리를 입증할 수 있는 서류
열람 또는 제공과 관련하여 법원의 판결을 받은 자	판결문
위 1, 2호의 자가 부재자인 경우 민법 제22조의 규정에 의한 재산관리인	입증 서류
제1호 내지 제4호에 준하는 자로서 이해관계가 있다고 세무서장이 인정하는 자	입증 서류

3. 임차인이 건물소재지 관할 세무서장에게 확정일자신청 시 구비할 서류

- 사업자등록을 한 임차인의 경우: 임대차계약서 원본, 사업자등록정정신고서(확정일자신청 겸용서식), 사업자등록증 원본, 임대차의 목적이 건물의 일부인 경우에는 해당부분의 도면 1부
- 신규사업자로 등록하는 임차인의 경우: 임대차계약서 원본, 사업자등록신청서(확정일자신청 겸용서식), 임대차 목적물이 건물의 일부인 경우에는 해당 부분의 도면 1부
- 현재 미등록사업자로서 확정일자만 우선 신청하는 경우: 임대차계약서 원본, 확정일자신청서

계약서 원본에는 임대인, 임차인의 인적 사항, 임대차 목적물·면적, 임대차 기간, 보증금·차임, 계약당사자(대리인에 의해 계약이 체결된 경우에는 그 대리인을 말한다)의 서명 또는 기명날인이 되어 있어야 하며, 위의 구비서류를 준비하여 세무서를 방문할 때는 본인 여부를 확인할 수 있는 신분증(주민등록증, 운전면허증 등)을, 대리인인 경우는 위임장과 대리인 신분증을 소지해야 한다.

확정일자 신청 시 사업자등록정정신고서를 함께 제출해야 한다. 임차인의 사업자등록 사항 등이 임대차계약서상의 내용과 다를 경우에는 정확한 공시가 불가능하고, 임차인의 권리인 대항

력 등의 효력에 중대한 문제가 발생할 수 있다.

이와 같은 문제를 사전에 방지하기 위하여 임차인이 확정일자신청 시 임대차계약 내용을 사업자등록 사항과 일치시키기 위해 사업자등록정정신고를 함께 하도록 안내하고 있다.

4. 확정일자를 받는 것과 전세권등기의 차이

확정일자를 받아두면 임차건물이 경매 또는 공매되는 경우 확정일자보다 후순위 담보권자나 일반채권자보다 우선하여 배당받을 수 있다. 대항력과 확정일자를 갖추어 우선변제권을 취득한 임차인과 전세권등기를 한 전세권자는 배당이 우선순위에 있어 동등한 지위를 갖게 된다. 전세권등기가 임대인의 협력 없이는 불가능하고 등기비용이 소요되며 절차가 복잡한 반면, 확정일자는 임대인의 동의가 필요 없으며 신속·간편하게 받을 수 있는 장점이 있다.

사업자등록신청을 하기 전에 확정일자신청을 먼저 할 수 있다. 이 경우 임차인의 우선변제권은 사업자등록의 신청, 건물의 인도(입주), 확정일자의 3가지 요건 중 가장 늦은 날을 기준으로 순위가 결정된다. 확정일자신청을 사업자등록보다 먼저 하더라도 실익이 없으므로, 사업자등록신청(정정신고)과 확정일자신청을 동시에 해야 한다.

연습 문제

01 상권의 개념에 관해 설명해 보자.

02 상권과 입지의 관계에 대해 논의해 보자.

03 업종별 입지 특성에 관해 설명해 보자.

04 입지선정의 유의사항에 대해 논의해 보자.

05 점포계약과 관련 법규에 대해 논의해 보자.

CHAPTER 07

자금조달과 운용

I. 자금의 조달

II. 자금조달과 운용

III. 창업자금 지원

IV. 손익관리

Start-Up Story

"적시적기 창업자금 덕에…. 삼성 등 100여 곳에서 수주 따냈죠"

"밀려드는 주문에도 인건비와 재료 · 장비 구입비 등이 없어 걱정이 이만저만이 아니었는데 마침 청년창업지원금을 받아 기사회생할 수 있었습니다."

3D프린팅 업체인 엘라인(L-line)의 김진형(33) 대표는 20일 서울경제와 만나 "청년창업지원금이 아니었으면 지금의 '엘라인'도 없었을 것"이라며 이같이 말했다.

김 대표는 지난 2017년 대기업과 중소기업 수십 곳으로부터 시제품 제작 의뢰가 쏟아졌지만, 재료나 장비 구입에 들어가는 운영자금을 구하지 못해 발을 동동 구르고 있었다. 납품 후 2~3개월 후에야 돈이 들어오는데 눈앞의 주문을 놓칠 순 없었다. 김 대표는 중소벤처기업진흥공단에 도움을 요청했다. 그랬더니 청년전용창업자금 1억 원을 곧바로 지원해 줬다. 일이 풀리기 시작한 건 이때부터다. 6개월마다 옮겨 다녀야 했던 창업보육센터에서 독립해 별도 사무실을 얻었고 밀려드는 주문을 맞추기 위해 3D프린터 등 설비역량도 갖출 수 있었다. 이듬해에는 스타트업으로는 드물게 LS산전의 1차 협력사가 됐다. 기술력을 갖췄다는 입소문을 타면서 삼성전자도 고객이 됐다. 현재 엘라인 고객사는 삼성전자, LS산전 등 100여 개 사에 달할 정도다. 김 대표는 "청년창업자금이 마중물이 돼 수익을 내고 고객사를 확대하는 선순환을 이루게 됐다."며 "타이밍이 딱 들어맞게 정부가 지원해 준 덕분에 (엘라인이) 지금과 같은 성장을 이룰 수 있었다."라고 만족해했다.

지난 2014년 대학생이던 김 대표를 비롯해 3명이 의기투합해 만든 엘라인은 현재 연 매출 28억 원과 직원 15명을 거느린 그럴듯한 스타트업으로 성장했다. 특히 2018년부터는 회로개발과 디자인도 강화해 단순히 모양만 구현하는 게 아니라 성능까지 똑같은 시제품을 3D 프린터로 만들어낼 수 있는 노하우까지 갖췄다. 김 대표는 "학생들 졸업 작품에서부터 중소기업, 대기업 시제품까지 닥치는 대로 제작해 오다 보니 3D 프린터를 잘 뽑아내는 설계 노하우를 축적하게 됐다."라며 "입소문이 나 이제는 기업 제품개발팀에서 먼저 제안해 올 정도"라고 말했다. 실제 엘라인이 만들 수 있는 시제품은 디자인 제품은 물론 소형 가전부터 자동차 부품까지 안되는 게 없을 정도다.

엘라인은 장기적으로 자체 브랜드를 갖는 게 목표다. OEM과 ODM과 같은 단순 외주제작 단계를 넘어서겠다는 것이다. 이를 위해 거리 등을 정확히 특정하기 위한 레이저 측정 관련 특허도 3건 출원해 놨다. 김 대표는 "좋은 아이디어만 있으면 '엘라인'은 만들어줄 수 있다라는 믿음을 더 키워나갈 것"이라면서 "우리가 가장 잘하는 제품을 선보여 '가보지 않는 길'을 개척하고 싶다."라고 포부를 밝혔다.

한편, 중진공은 올해도 엘라인과 같은 청년 창업자 지원에 적극적으로 나서고 있다. 지난해 1,536여 개 업체에 1,300억 원을 지원한 데 이어 올해는 1,600억 원으로 규모가 커졌다. 맞춤형 연계지원으로 3년 차 생존율은 미지원 시 41.5%에서 76.9%까지 상승한다. 만 39세 이하, 창업 3년 미만이면 신청할 수 있으며 제조업은 2억 원, 비제조업은 1억 원 한도다.

출처: 서울경제 2020. 04. 20.

I 자금의 조달

1 창업자금의 의의

사업을 시작하기 전의 사업계획에는 사업에 대한 목적, 전략, 동종 업계에 대한 시장조사, 판매계획, 투자계획 등이 포함된다.

사업계획에 있어 우선되어야 할 것은 정확한 자금계획을 수립해야 한다는 것이다. 구체적인 자금계획 없이 사업을 시작하였다가 자금부족으로 중도에 포기하는 경우가 많기 때문이다.

자금계획은 중·장기계획과 단기계획을 세워 추진해야 한다. 장기적인 자금계획을 세우지 않고 즉흥적으로 창업을 하다 보면 본격적으로 사업을 하기도 전에 여러 가지 장애에 부딪히게 된다. 시행착오와 실패의 위험도 있고, 여러 가지 장애로 지연되는 경우가 있고, 예상했던 매출보다 부진하여 어려움을 겪게 되기도 한다.

- 창업성공의 기본적 요건은 창업자금의 여유에 있음을 알 수 있다.

• 잘 팔리는 제품 • 그 제품에 대한 창업자의 충분한 경험과 지식 • 미래지향적, 도전적 창업정신	+	창업자금

- 창업실패의 원인 중 창업자금의 부족이 중요한 원인임을 보여준다.

• 경영관리 미숙 • 시장확보 실패 • 급변하는 사업환경에 대한 능동적 대처의 부족	+	창업자금의 부족

창업기업의 후견인 역할을 한다. 높은 수익성 추구와 경영참여 비중이 큰 엔젤과의 만남은 창업자의 자금조달에 있어 행운이 되지만, 위험을 불러올 수도 있으므로 자금조달의 원천으로 소개하는 정도로 간단히 기술한다.

3. 정부재정자금

정부는 중산층과 서민층, 실직자, 여성 가장들의 창업을 지원하기 위해 각종 지원책과 저리의 정책자금을 대출해 준다. 원금상환이 장기간이며 융자금리가 낮은 이점이 있다. 정부의 정책자금과 지원 프로그램을 활용하는 것도 효과적인 자금 마련의 대책이 될 수 있다.

4. 벤처캐피탈

벤처캐피탈은 기술력이 있으나 담보력이 취약한 벤처기업에 무담보 주식투자의 형식으로 자금을 지원한 후 투자기업이 성장·발전하면 보유주식을 매각하여 투자금을 회수하는 방식이다.

5. 공공기관에 의한 직접 투자

중소기업진흥공단, 한국산업단지공단, 기업은행, 산업은행 등의 국책은행과 기관들의 직접투자에 의한 필요 자금의 조달도 있다. 하지만 그 적용이 상당히 제한적이다. 어떤 종류의 자금이 있는지, 얼마나 알맞은 자금인지는 인터넷이나 관련 정보를 수집해서 판단하는 것이 바람직하다.

6. 금융기관 일반차입금

일반적인 금융기관의 자금지원 형태는 충분한 담보를 확보한 후 융자의 형태로 자금지원을 해주고 일정한 금리를 받는 대출 방식이다. 은행은 담보를 원칙으로 하므로 신용대출은 상당히 어렵다. 은행을 이용할 때는 거래 은행이나 금융기관 상품의 혜택을 살펴보고 신용대출 여부나 담보제공능력을 확인해야 한다. 담보제공능력이 부족할 때는 보증인 여부와 신용보증기금 등 보증기관의 활용 여부를 검토해야 한다. 여러 대출상품 중 금액, 시기, 대출 조건을 고려하여 유리한 금융상품을 선택하는 것이 바람직하다.

위험이 따르는 자금동원은 여러 가지 면에서 적절하지 않으며, 자금조달의 적시성이 기업경쟁력 확보와 유지에 중요한 요소가 된다. 기업의 성장에 따라 위험과 보상을 고려한 다양한 방법의 자금조달이 필요하다.

단기차입금 등에 의한 고정자본(시설자금) 조달은 자금의 유동성 부족을 초래하여 사업자금의 압박 요인이 되기 때문에 자기자본이나 장기차입금 등에 의해 조달하는 것이 유리하다.

자본의 종류

- 자본의 유동성 유무에 따라 운전자본과 고정자본(시설자본)으로 구분
- 조달 주체에 따라 자기자본과 타인자본으로 구분
- **운전자본**: 기업운영에 필요한 각종 재고재산, 급여, 임차료, 세금 등 제반경비 및 보유현금 등
- **고정자본(=시설자금)**: 고정자산 구입 등에 투자된 자본이다. 토지, 건물, 기계, 집기비품, 시설에 투하된 자본
- **자기자본**: 사업자가 직접 투자한 자금이다. 개인자금, 주주의 투자금, 동업자의 투자금 등
- **타인자본**(=부채): 남에게 빌린 차입금, 금융대출, 사채 등

4 자금조달 계획과 실천

자신이 가지고 있는 자금을 기본으로 하여 부족한 자금은 금융기관에서 대출받아 소요자금을 마련해야 한다. 자금조달은 자기자본과 타인자본으로 구분하며, 현금이 아닌 현물이나 시설도 포함된다.

창업에 소요되는 자금 규모를 점검하여 필요한 자금이 얼마인지 확인해야 한다. 계획성 없이 자금을 조달하면 실패하기 쉽다. 자기자본은 많을수록 사업에 안정성이 있고 자금관리에 신경을 덜 쓰게 된다. 자기자본과 타인자본과의 비중을 고려하면 자기자본의 비율이 50% 이상은 되어야 한다. 자신의 자금능력에 맞는 사업을 찾는 것은 사업을 시작하는 데 있어 매우 중요하다.

개인적인 차입자금을 제외하면 중소기업창업지원법에 의한 정부정책자금이 유리하다. 금융기관들이 다양한 대출상품을 내놓고 있을 뿐만 아니라 정부와 지방자치단체 등도 창업지원에 나서고 있다.

1. 창업에 따른 소요자금의 예측

창업에 소요되는 자금을 정확하게 예측하기는 어렵다. 창업의 소요자금은 창업준비금, 고정자본, 운전자본으로 나눈다. 창업준비금은 본격적으로 사업을 개시하기 이전까지의 자금을 말하며, 전반적인 조사분석비, 점포소개비, 개점행사비 그리고 홍보물 제작비 등이 포함된다.

필요한 자금이 산출되면 여기에 맞추어 자금소요계획을 세분화하여 월 단위로 수립한다. 이 계획은 전월 말에 수정·보완한다. 필요자금계획을 수립할 때 비용의 예측은 세세한 항목까지 예측해서 현실적인 금액으로 산출하며, 계획은 사업이 진행됨에 따라 적절히 수정·보완되어야 한다.

2. 자기자본의 보유 형태 점검

자신이 보유하고 있는 현금, 예금, 적금 등 동원이 가능한 금액을 점검하고 회수할 자금이 있다면 창업기간에 맞추어 회수 가능한지 확인한다. 부채가 있다면 상환기간과 겹치는지 점검하며, 투자금액을 산정해 보고 필요한 차입 금액을 결정한다.

3. 장기적인 계획에 따라서 자금조달 준비

상품구입비, 인건비, 관리비 등의 자금은 사업운영 과정에서 해결할 수 있다. 일상적인 지출이 아닌 일시적인 지출이 필요할 때, 은행대출을 이용하면 차입금이자의 원가상승 요인이 발생한다. 그러므로 무계획적인 자금운용은 점포운영에 무리가 되므로 장기적인 계획을 세워 자금사용에 무리가 없도록 해야 한다.

4. 대출 가능 여부 확인

소요자금과 관련해 부족한 자금은 은행 등 제도금융의 대출이 가능한지 미리 확인해야 한다. 금융기관별 대출상품과 금리는 모두 다르다. 금융상품의 성격, 신용도, 그리고 거래실적에 따라 대출조건과 금리가 달라지므로 금융기관의 대출조건과 금융이자를 꼼꼼히 따져 봐야 한다.

5. 창업자금은 1.5배 이상 준비

창업자금은 자기자본과 은행대출 등의 차입금을 이용한다. 차입금은 부모나 친지로부터 마련하기도 하고 금융기관을 통해 마련하기도 한다.

창업자금을 소요자금 만큼만 준비했다가는 낭패를 보기 쉽다. 실제로 사업을 하다 보면 미처 생각지도 않았던 비용지출이 발생하기 때문이다. 이러한 경우를 대비해 넉넉하게 자금을 준비할 필요가 있다. 자금규모는 업종에 따라 다르지만 필요자금의 1.5배 정도는 준비해야 한다.

6. 최소한 사업장의 임차는 자기자본으로 한다.

창업할 때 최소한 사업장 임차보증금은 자기자본으로 해야 한다. 타인자본인 차입금으로 임차보증금을 처리하면 매월 차입금이자의 부담을 안게 되는 셈이다. 여기에다 운영자금까지 남의 돈을 빌려야 한다면 자금문제로 곤란해질 것이 분명하다.

사업은 부채를 많이 얻어 시작하면 원금상환과 이자 지급의 이중 부담으로 어려움을 겪게 된다. 가능한 한 자기자본 비율이 높아야 사업이 안정될 때까지 궁색하지 않고, 기간이 다소 길어지더라도 어려움을 견뎌낼 수 있다.

7. 정책자금을 최대한 활용한다.

정책자금은 이자가 저렴하고 상환기간이 길어 유리한 자금으로 정부, 지방자치단체에서 예산을 편성하고 그 운용은 주무관청과 관계된 일선 공공기관이나 단체에서 처리하는 자금이다. 이러한 제도를 잘 활용하는 것은 효과적인 자금 마련 대책이 된다.

정책자금의 활용을 위한 검토 사항

- 창업자에게 적합한 정책자금은 어떤 것이 있나?
- 그 지원목적과 취지는?
- 선정의 심사기준과 처리절차는?

정책자금 취급기관

- 중소기업창업지원법 – 중소기업청 소기업과, 소상공인마당
- 중소기업진흥공단 – 창업지원과
- 시 · 군청 – 창업민원실
- 기타 – 중소기업협동조합, 대한상공회의소, 한국발명진흥회, 한국산업단지공단, 한국생산기술연구원 등

8. 각종 금융기관 이용

은행의 종합통장대출 및 적금대출제도, 보험회사의 부동산담보대출, 새마을금고와 저축은행 대출, 마이너스통장대출, 신용카드회사의 카드론 등을 통해 창업자금을 조달할 수 있다.

사업하는 사람이 금융기관을 잘 활용하면 대출에서부터 자금관리까지 여러 가지 혜택을 받을 수 있다. 은행과 거래할 때는 종합통장을 이용하는 것이 편리하다. 종합통장을 이용하는 이유는

대출의 간편성 때문이다. 은행은 고객의 종합통장 예금실적, 카드 거래실적 등을 합산하여 일정 금액 한도 내에서 통장 자동대출을 해주기도 한다.

Ⅱ 자금조달과 운용

1 자금소요계획과 조달계획

창업자는 자금이 어느 곳에 얼마만큼의 돈이 필요한가에 대한 자금소요계획을 세워야 한다. 자금소요계획은 그 성격상 정확하게 작성하기는 어렵다. 소요 항목에 대한 예측이 빗나가기도 하고, 미처 생각하지 못했던 돈이 더 들어가기도 하기 때문이다.

창업에 필요한 세부적인 비용 항목들을 열거한 후 최대한 정확하게 추정하는 것이 필요하다. 정확한 소요자금표의 작성은 창업 후 자금문제로 인한 고생과 시간을 많이 덜어줄 것이다.

자금을 올바르게 집행할 계획을 세우고 필요한 자금 부분을 정확히 예측하여 자금을 조달하는 것이 바람직하다.

1. 자금소요계획의 기본 구성

자금소요계획은 사업의 규모, 종류에 따라 그 형태나 비용 항목들이 조금 다르다. 일반적으로 자금의 성격(용도)을 기준으로 ① 자산을 구매하는 자본(고정자본), ② 경비로써 지출되는 자본(운전자본), ③ 예비자금으로 구성된다.

표 7-1 자금소요계획의 구성

구분	비용 항목	금액
① 고정자본	유 · 무형고정자산 및 기타자산 매입비	
② 운전자본	재료비, 경비 등	
③ 예비자금	고정, 운전자본의 10% 정도	
계		

2. 자금소요계획 내역서

1) 고정자본 내역서 작성

고정자본은 유·무형자산이나 기타자산의 매입에 필요한 자금이다. 재무상태표(대차대조표)를 만들면 일정한 감가상각을 한 뒤 자산가치로 남게 되는 자금이다. 외부로부터 매입하는 것이므로 예상매입처와의 계약서나 견적서를 바탕으로 하여 금액을 산출하는 것이 바람직하다.

표 7-2 고정자본 내역서

구분		금액	비고
고정자본	대지매입		세금 포함(취득세, 등록세 각종 부담금)
	건물건축		인 · 허가비용, 설계비용 포함
	부대공사		전기, 통신, 상 · 하수도, 냉 · 난방 구축물 포함
	(사업장 매입)		세금 포함(취득세, 등록세)
	(임차보증금)		건물수선비용 포함
	생산설비		(생산설비내역서 기준)
	부대시설		전 · 후방 관련 시설, 공 · 기구, 소모품 포함
	차량운반구		(견적서 기준)
	사무집기 · 비품		(세부내역서 기준)
	가맹비		(계약서 기준)
	인테리어비		(공사내역서 기준)
	기술사용료		(계약서 기준)
	회사설립비		주식발행비, 등록세 등 세금 포함

2) 운전자본 내역서 작성

운전자본은 사업운영에 소요되는 비용으로 인건비, 재료비, 경비로 구분하는 데 경비는 다시 여러 가지 세부비용으로 나뉜다. 영업 활동에 따라 정상적으로 자금이 유입될 때까지의 기간, 즉 1회전 운전자본의 기간은 업종에 따라 다를 수 있으므로 필요한 운전자본을 사전에 확보해야 한다.

표 7-3 운전자본 내역서

구분		금액	비고
운전자본	인건비		기본급, 상여금, 수당 등
	재료비		초도상품비, 원 · 부자재비 등
	경비 • 임차료 • 관리비 • 외주가공비 • 운반비 • 교통비 • 세금과 공과 • 보험료 • 복리후생비 • 소모품비 • 기타경비		 임차사업장인 경우 전력비, 수도광열비 등 하청업체 수수료 포장하역비 포함 차량유지비 포함 각종 공과금 회사재산에 대한 보험료 종업원 의료보험, 식대, 국민연금 등 공 · 기구, 집기비품 도서인쇄비, 연구개발비, 접대비 등
소계			

2 자금조달계획

자금소요계획이 수립되면 이를 조달할 방안을 강구해야 한다. 자금조달은 자기자본과 타인자본으로 구분하며, 현금이 아닌 현물이나 시설도 있다.

자기자본은 창업자, 또는 동업자의 현금이나 현물을 의미하며, 타인자본은 외부로부터 조달하는 모든 차입금을 말한다. 차입금은 이자나 원금상환 등의 조건이 붙어 있어 부담이 있는 돈이기에 자금조달계획을 수립할 때부터 차입규모나 방법에 있어 신중해야 한다.

자금조달계획의 기본 구성은 ① 창업자 또는 동업자가 가지고 있는 자금(자기자본) ② 외부로부터 빌려오는 자금(타인자본)으로 구분하여 작성한다.

표 7-4 창업자금 조달계획의 구성

구분	비용 항목	금액
① 자기자본	자본금, 동업자 출자금, 기타 투자자금	
② 타인자본	금융기관 차입금, 개인사채 등	
계		

1. 자기자본 조달내역서 작성

자기자본은 창업자나 동업자가 가지고 있는 현금이나 현물을 의미한다. 자신의 저축 및 부동산 처분을 통해 확보할 수 있는 자금으로, 보통 개업자금의 큰 비중을 차지한다.

창업자는 사업을 구상하면서 자신의 자금 사정을 잘 살펴야 한다. 목돈을 만들기 위해 적금을 해약하거나 가지고 있던 부동산의 매각도 고려해야 한다. 자기자본 조달내역서는 창업자 또는 동업자가 가지고 있는 자금의 출처를 중심으로 작성한다.

표 7-5 자기자본 조달내역서

구분		금액	비고
자기자본	보유 현금		
	예금		
	적금		
	퇴직금		
	유가증권매각		주식, 채권
	부동산매각		주택, 토지, 기타 부동산
	동업자 출자금		공동경영자가 투자한 현금, 현물
	주주출자금		주식인수자가 납입한 현금
	기관출연자금		창업투자회사 등 투자기관의 출자금
	후원금		친 · 인척 등 주변인의 후원금
	보유현물		사업장, 설비, 차량 등
소계			

2. 타인자본 조달내역서 작성

타인자본은 자기자본 이외에 외부로부터 조달하는 모든 차입금을 말한다. 차입금은 주변의 친지나 개인으로부터 빌린 것과 각종 금융기관으로부터 융자 받은 것으로 구분된다. 차입금은 이자나 원금상환 등의 조건이 있어 이자도 내야 하고 정해진 날에 원금을 상환해야 하는 부담이 있는 돈이기 때문에 자금조달계획을 수립할 때부터 차입규모나 방법에 있어 신중하게 생각해야 한다.

타인자본인 차입금은 친지나 은행을 통해 융통할 수 있으나, 실제로 개인사업자가 타인자본을 조달하기란 쉽지 않은 일이다. 따라서 자기자본으로의 조달이 부족할 때는 사전에 치밀한 조사(대출조건, 상환 방법, 대출처리기간)를 통해 향후 영업에 지장을 초래하지 않도록 해야 한다.

전체 소요자금 중에서 자기자본을 제외한 나머지는 모두 타인자본으로 조달해야 한다. 보통 타인자본은 금융기관의 대출이나 개인적 친분을 통한 사채가 일반적인데, 차입처에 따라 돈을 빌려주는 조건이 다르다. 타인자본 조달내역서는 차입금의 상환계획을 수립할 때 기준이 되는 자료이므로 차입금별로 구체적인 차입조건을 명기해야 한다.

표 7-6 타인자본 조달내역서

구분		금액	비고
타인 자본	정책자금		창업지원자금, 운전자금, 시설자금
	은행		시중은행, 지방은행
	보험회사		
	신용금고		
	신탁회사		
	리스사		시설대여
	사채		친 · 인척, 동료, 사(私)금융
	기타자금		
소계			

3 자금조달 방법

자금조달 방법은 창업자의 자기자본과 타인자본으로 구분한다. 자기자본은 창업자 자금(창업자가 가진 예·적금, 퇴직금, 유가증권, 부동산 매각자금 등), 현물출자금(사업장, 자동차, PC 등 창업자·투자자가 가지고 있는 현물), 투자가 자금(후원금, 주주출자금, 동업자 자금, 기관투자가 자금)으로 분류하고, 타인자본은 정책금융(창업지원자금), 일반금융(은행, 보험사, 새마을금고, 리스 등), 사채(친·인척, 친구, 사금융 등)로 분류한다.

그림 7-1 창업자금조달

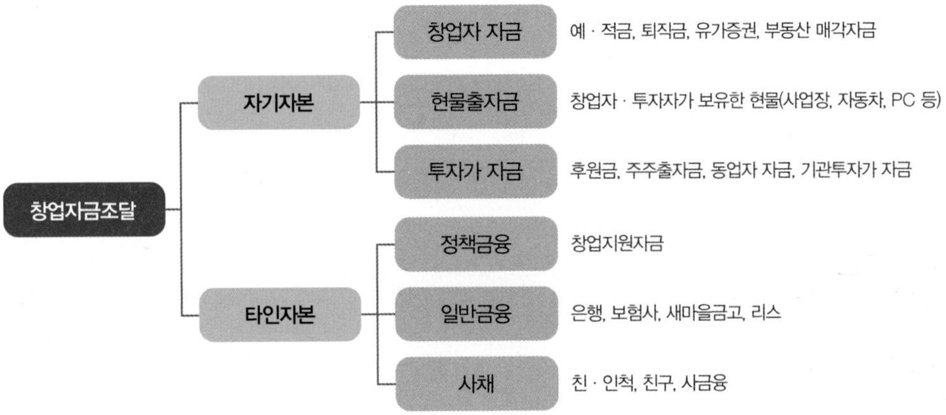

자금조달 방법은 자기자본과 타인자본의 구분에 따라 창업자의 자기자본, 동업에 의한 자금, 가족·친지에 의한 자금, 금융기관에 의한 자금, 정책자금으로 분류한다.

1. 창업자의 자기자본

창업자가 가진 현금을 포함한 모든 투자자산이며 사업의 종잣돈이 된다. 일단 자신의 자산으로 사업을 시작하면 다른 원천으로부터 자금을 끌어다 쓰는 것에 비해 이점이 있다. 자신의 돈이기에 신중한 지출을 하게 되고, 다른 투자자들에게 신뢰감을 줄 수 있다. 창업자 자산은 현금을 비롯하여 금융기관에 예치된 예금, 적금과 퇴직자의 경우 퇴직금을 비롯하여 유가증권과 부동산 매각자금도 현금에 포함된다. 그리고 창업자가 보유하고 있는 사업장, 차량, PC 등의 현물도 포함된다.

2. 동업에 의한 자금

자기자금이 부족하여 타인에게 자금을 빌리게 되면, 약정일이 되었을 때 원금상환과 이자까지 지급해야 한다. 약속을 어기면 신용이 불량하게 되고 정상적인 영업 활동이 위축되게 마련이다. 이때, 창업자는 동업자나 후원자를 찾게 된다. 동업자는 자금을 출자하여 사업을 같이 운영하며 사업에 대한 공동책임과 이익의 공동분배 권리를 갖는 사람이며, 후원자는 사업에 자금만 투자하고 경영에는 참여하지 않는 투자가를 의미한다.

1) 개인 동업자, 후원자

동업자나 후원자의 자금은 창업자와 뜻이 통해 창업자에게 투자된 자금으로, 원리금과 이자 지급의 부담이 없는 자금이다. 외부에서 유입된 자금이지만 창업주로서는 운용의 부담이 없는 자기자금의 성격을 띤다. 다만 얻게 되는 수익을 지분에 따라 분배해야 하는 부담은 있다.

2) 기관투자가

중소기업청에 등록된 창업투자회사와 신기술사업금융회사의 창업투자자금을 이용하는 것이다. 창업투자회사는 많지만 신기술사업금융회사는 한국종합기술금융, 한국기술금융, 한국개발투자금융, 한국기술진흥금융 4개 사가 있다. 기관투자가들은 많은 투자자금을 가지고 조직적인 분석과 수익 전망을 따져 창업자를 엄선하고 투자한다.

3. 가족, 친지, 친구에 의한 자금

주변의 친·인척, 친구 등의 자본 유치를 전제로 하는 창업은 지양해야 한다. 개개인이 가진 자금은 한계가 있는 소액으로, 한시적이고 범위는 좁아진다. 가까운 사람들과의 돈거래는 신중해야 한다. 주위에 아는 사람들의 자금은 담보를 잡고 빌려주는 것이 아니라 창업자를 믿고 사업을 도와주는 신용 성격의 자금이기 때문이다.

4. 금융기관에 의한 자금

1) 일반은행

시중은행의 종합통장대출, 적금대출, 보험회사의 부동산담보대출, 증권회사, 저축은행, 새마을금고 등의 대출, 신용카드사의 카드론 등을 통해 자금을 조달할 수 있다. 은행을 중심으로 살펴보면, 주거래은행을 정해 놓고 예금 자동이체나 신용카드 등의 거래를 한 곳에 집중시키는 것이 유리하다. 은행의 단기자본 조달은 다음과 같다.

- **어음대출**: 자금을 빌려주는 은행에 약속어음이나 차용증서를 작성해 주고 자금을 빌리는 형태로 만기일까지의 이자를 공제하고 지급한다.
- **상업어음할인**: 상거래에서 받은 어음을 은행에 양도하고 어음 만기일까지의 이자를 공제한 후 나머지 금액을 조달받는다.
- **지급보증**: 은행이 거래처의 의뢰를 받아 제3자의 채무 지급을 보증하고 이에 대한 대가로

일정한 보증료를 받는 방법이다.

- **당좌대월**: 신용도 및 실적이 양호한 기업에 대해 당좌예금 잔액을 초과한 금액 한도 내에 발행된 수표에 대해 결제해주는 일종의 자동대출제도이다.
- **적금 관련 대출**: 적금계약액 범위 내에서 대출하는 제도이다.

2) 단기자본조달

- **리스금융**: 리스(lease)회사가 기계·설비를 고객인 기업에 일정한 방법과 조건에서 빌려주고 이에 해당하는 사용료를 받는 제도이다.
- **매입채무**: 매입자가 원재료, 상품 등을 구입하고 대금을 즉시 지급하는 것이 아니라 일정 기간 지급유예 받는 것을 말한다. 일종의 외상으로 외상매입금과 지급어음 두 가지 방법이 있다.

5. 정책자금

창업에 필요한 돈이라면 조건이 좋은 자금을 활용하는 것이 자금운용의 기본이다. 정부나 공공기관의 정책자금은 대부분 장기저리 자금이기 때문에 정책자금의 활용은 기업의 금융비용을 덜어주고 경쟁력 강화에 도움이 된다.

정책자금 사용 방법을 알기 위해서는 관련 기관의 인터넷 홈페이지에 수록된 자금 관련 정보들을 확인하면 된다. 정부기관별로 정책자금의 집행이 매년 비슷하므로 관심을 가지고 사전에 조사하여 미리 필요한 서류를 준비해 두는 것도 도움이 된다.

정책자금을 받기 위해서는 해당 정책자금의 지원 성격과 회사의 사업 성격을 맞추고, 자금 신청에 필요한 사업계획서 작성이 중요하다. 그리고 신청 시에 제출하는 첨부서류를 빠짐없이 준비하고 기관담당자의 현장 실태조사 시 좋은 인상을 심어줄 수 있도록 성의있게 준비해야 한다.

4 자금조달 시 고려 사항

자금조달도 중요하지만 조달된 자금을 계획적·체계적으로 운용하는 자금관리는 창업에서 굉장히 중요하다. 즉, 자금운용은 필요자본을 유치하여 적절하게 배분하여 투자하고, 수입을 효과적으로 관리하여 더 많은 이익을 내는 업무이다. 균형 있는 수입과 지출의 계획, 확보된 이익의 장기적인 재투자야말로 사업성공의 열쇠가 된다.

성공적인 자금운용이 되기 위해서는 다음 사항을 실천해야 한다.

- 확실히 들어올 돈만 자금계획에 반영해야 한다.
- 자금운용은 자금계획에 따라 치밀하게 사용해야 한다.
- 자금의 낭비 및 절감 요소를 늘 찾아야 한다.

1. 금융기관의 적절한 이용

개인사업자가 금융기관을 통해 자금을 조달하기란 쉬운 일이 아니다. 신용이 미흡하기 때문에 개인이 소유한 부동산을 담보로 자금을 융통할 수밖에 없다.

금융기관과의 관계는 좋게 유지해야 한다. 은행 한 곳을 선택하여 꾸준히 거래하면 대출부터 자금관리까지 여러 가지 혜택을 받을 수 있고, 자금이 필요할 때 우대금리를 적용한 대출도 받을 수 있다. 입·출금이나 단순한 적금의 가입, 세금이나 각종 경비의 자동납부 및 종업원 인건비의 자동이체를 통해 경영주의 신용도를 쌓는 것이 장래에 매우 유리하다.

2. 적절한 자금조달과 조달원

자금을 조달하기 위해서는 필요한 자금의 용도, 규모, 필요한 시기, 자금동원능력, 담보제공능력 등 종합적인 여건을 고려하여 최적의 자금조달원을 선정해야 한다.

자금조달의 경우 사업자가 고려해야 할 사항은 다음과 같다.

① **자금조달비용**: 자금조달이 필요할 때 자금조달에 다른 비용을 생각해야 한다. 자금조달비용에 수반되는 인지대, 감정수수료, 등기비용, 지급보증료 등의 부대비용이 있다.

② **자금조달의 안정성**: 자금의 안정성이란 자금의 상환기간과 관계가 있다. 시설자금을 단기차입금으로 조달한다면 시설에 투자된 자본의 회수 전에 차입금의 상환기일이 도래하게 되고, 자금의 상환이 어려워지게 되므로 자금조달의 안정성은 떨어지게 된다. 따라서 재료비, 인건비, 경비 등의 유동자금은 단기차입금으로 조달하고, 시설 투자 등의 고정자산은 장기차입금으로 조달하는 것이 유리하다.

③ **자금조달의 난이도**: 자금조달은 융자 절차 등 여러 가지 단계를 거쳐야 하고 자금조달의 제약이 있으므로 그 난이도를 고려해야 한다. 금융기관에서 대출을 해 줄 때는 기업의 신용도,

담보제공능력을 본다. 따라서 정책자금의 경우 신청회사의 능력, 업종, 생산품목, 기타 사업여건 등 일정 조건을 갖추어야 한다.

④ **정책자금의 조달:** 대출 절차가 다소 복잡하고 자격요건이 까다롭다고 하더라도 상환기간이 길고 저금리의 좋은 조건으로 자금을 받을 수 있다면 점포경영에 많은 도움이 된다.

3. 타인자본조달 시 검토 사항

① **필요한 차입금의 규모는 정확히 계산하였는가?** 자금의 용도에 따라 기업에 필요한 자금의 규모를 객관적으로 산출해서 제시한다.

② **담보나 보증이 가능한가?** 타인자금을 조달할 경우 채권자 측에서는 채권의 안전한 확보를 위해 빌려주는 돈에 상응하는 담보를 요구한다. 담보가 필요한 외부자금의 차입 시에는 반드시 담보제공능력을 검토해야 한다.

③ **차입이유는 정당한가?** 소유자금 중 어느 정도를 자기자금으로 조달하고, 어느 정도를 차입에 의존하는지를 세부적으로 설명할 수 있어야 한다. 그리고 계획의 세부적인 내용(용지면적, 건물면적, 주요 기계장치명세서 등)을 설명할 수 있는 구체적인 자료도 필요하다.

④ **차입 시기와 차입 기간은 적당한가?** 그리고 상환계획은 수립되어 있는가? 사전 자금계획에 따라 차입 시기를 선택하고, 차입금의 상환기간을 신중하게 협의해서 결정한다. 상환할 자금은 어떻게 조달할 것인지 구체적인 상환계획을 제시한다.

⑤ **은행대출 상담 시 필요한 기본서류**

- 법인등기부등본(법인인 경우)
- 사업자등록증 사본
- 공장등록증 사본(소기업은 임대차계약서 사본)
- 최근 연도 결산재무제표
- 부가가치세 과세표준증명원
- 사업현황서 또는 사업계획서
- 해당 관청의 인가서 또는 허가서

5 자금운용과 관리

원활한 자금조달과 효율적인 자금운용을 위해 필요자금의 예측과 자금조달전략의 수립에 역점을 두어야 한다.

1. 자금조달 시 고려 요인

기업이 성장함에 따라 자금조달 방법이나 원천이 다양해진다. 기업이 성장하면서 필요자금의 규모도 커지게 되어 외부의 자금원천을 가지게 되며 조달시기도 중요한 문제가 된다. 성장단계별로 필요한 자금조달의 원천과 시기를 파악하기 위해서 시간의 경과에 따라 사용 가능한 자금의 원천을 예시하는 재무수명주기(financial life cycle)가 사용되기도 한다. 높은 성장잠재력을 가진 기업은 다양한 자금원천을 가지고 있으며, 그렇지 않은 기업은 자신의 개인자금으로만 유지하는 규모에 그치게 된다.

적정한 자금규모는 어느 정도인지 결정하는 것은 어렵다. 그러므로 자금조달 시 자금조달원에 대한 고려 요인과 영향 요인에 대해 평가하고 자금을 조달하는 것이 효과적이다.

자금조달원에 대해 다음 사항을 고려해야 한다.

① 소요자금의 액수는 얼마인가?

② 자금의 용도는?

③ 조달된 자금으로 경영성과를 어떻게 향상하는가?

④ 채무상환 능력과 계획은?

⑤ 사업이 순조롭지 못한 경우 자금조달에 관한 추가 대안은?

자금조달 시 자금조달원에 대한 다음의 영향 요인을 평가해야 한다.

① 자금시장 동향

② 자금조달 기간

③ 자금조달 비용

④ 인간관계

⑤ 경제 및 산업계 동향

2. 자금조달과 운용계획의 수립

자금조달과 운용계획은 중·장기계획 및 단기계획으로 구분하여 수립한다.

자본조달과 운용계획 수립 시의 고려 사항은 다음과 같다.

① 총소요 자금규모에 따른 조달계획 수립

창업의 총소요자금에 대한 정확한 산정은 어렵다. 예측하지 않았던 상황 변화에 따라, 기계설비 등의 성능과 시간 경과로 인한 견적서의 차이 등 돌발적 변수로 추가되는 경우가 있기 때문이다. 자금조달계획을 수립할 때는 총소요자금을 최대한 정확히 산정하되, 소요자금의 불확실성 및 산출 시 누락되는 부분을 고려하여 총소요자금의 1.5배 또는 2배를 미리 확보한 후 사업을 시작하는 것이 바람직하다. 어느 정도 여유자금을 가지고 사업을 해야 한다는 의미이다. 공장이나 시설공사의 지연, 시운전 기간의 연장, 개업준비 지연, 매출액 증가에 따라 추가되는 운전자금으로 인한 부족자금을 사전 예방하는 조치이다.

② 자금조달능력의 검토

창업자의 자금조달능력은 인적자원, 금융기관 인맥, 담보능력, 신용 등의 총체적 개념이다. 자금조달능력에 있어 가능성과 위험성 여부에 따라 그 정도를 평가한다. 과거 경험과 실적 또는 성과 등을 포함하기도 한다.

③ 자금조달능력의 적정성 평가

자금조달능력이 목표에 미치지 못하면 사업규모를 축소해야 한다. 사업규모 적정성에 위배되는 것이며, 사업은 욕심과 마음만 가지고 되는 것이 아니기 때문이다. 사업규모는 신중하게, 보수적 사고방식에 근거하여 자금조달의 2/3 또는 1/2 정도로 축소하여 결정하는 것이 현명하다.

3. 자금의 관리

조달된 자금을 어떻게 쓰고 관리하는가의 문제도 자금조달만큼 중요하다. 자금관리는 점포의 장·단기 재무전략 수립과 직결된다. 자금관리의 중요한 사항은 조달된 자금으로 어떻게 기업의 가치를 창출할 수 있을 것인가, 창출된 가치를 어떻게 배분하며, 어떻게 활용할 것인가, 그리고 관리에 따른 위험을 어떻게 관리해야 할 것인가의 문제를 고려해야 한다.

1) 현금흐름의 예측

현금이 언제, 얼마만큼 필요할 것인지에 대한 문제는 여러 요인이 복합적으로 작용한다.

① **점포의 전략에 따라 달라진다.** 장·단기 재무전략에 따라 자금의 규모나 필요시기는 달라진다.

② **업종이나 산업에 따라 달라진다.** 점포가 속해 있는 산업의 창업자금이나 현금의 회전기간을 고려해야 한다.

③ **자금조달의 구성을 고려해야 한다.** 자금구성에서 부채의 비중이 높다면 이자 지급이나 상환 등을 고려해야 한다.

④ **제품과 서비스가 고객에게 어떤 영향을 미치느냐에 따라 달라진다.** 제품과 서비스가 고객에게 어떤 영향을 미치느냐에 따라 현금흐름에도 영향을 미친다. 영향을 미치는 힘이 크다면 외상거래보다 현금거래를 가능하게 할 수 있어 그만큼 현금의 회전을 빠르게 할 수 있다.

미래의 현금흐름을 예측하기는 어렵다. 앞에서 언급한 고려 사항 외에도 기업이 처한 특수한 상황을 고려하여 현금흐름에 영향을 주는 요인을 파악하는 것이 현금흐름 예측과 재무전략 수립에 도움이 된다.

2) 재무전략의 수립

재무전략을 수립하기 위해서는 현재까지의 경영실적과 성과, 투자자가 인식하는 위험, 예상성장률, 성장·유동성 등 설립자의 목표, 투자자의 요구조건 등 다양한 요인들을 고려해야 한다.

6 담보제공 관리

타인자본을 조달할 경우 돈을 빌려주는 측에서는 채권의 안전한 확보를 위해 빌려주는 돈에 상응하는 담보를 요구한다. 신용을 믿고 무담보로 돈을 빌려주기도 하지만, 대부분 보증기관에서 발급하는 신용보증서나 부동산 근저당설정을 통한 담보대출을 하기 때문에 타인자금 조달계획을 수립하면서 담보제공 계획도 함께 세워야 한다.

1. 담보제공 방법

표 7-7 담보제공계획서

구분	부동산				예 · 적금 등		보증서
	대지	건물	주택	기타	예 · 적금 및 상호부금	상장 유가증권	
자체담보							
타인담보							

2. 담보제공 내용

① 부동산

표 7-8 부동산 담보제공계획서

담보의 종류	소유자	소재지	면적 · 수량	타권리 여부	최근 감정액
대지					
건물					
주택					
기타					

② 예 · 적금 등

표 7-9 예·적금 담보제공계획서

담보의 종류	소유자	발급처	금액	선순위 질권저당 여부
예 · 적금 및 상호부금				
상장 유가증권				

③ 보증서 등

신용보증서(기술신용, 지역신용보증재단 포함), 은행지급보증서, 보증보험증권 및 부동산신탁, 수익증권 발급계획 등을 기재한다.

3. 현금흐름표

정확한 소요자금의 추정과 자금조달계획표를 만드는 것은 창업자의 기본자세이다. 현금흐름표를 작성해서 자금조달에 차질이 없도록 해야 한다.

현금흐름표는 들어오는 돈과 나가는 돈, 즉 돈의 흐름을 기간별로 작성하는 표이다. 창업을 준비하는 기간은 적어도 2~3개월, 많으면 6개월 이상 걸릴 수도 있다. 그동안 돈을 언제 어떻게 준비해서 어디에 쓸 것인지에 대한 자세한 계획이 필요하기 때문이다.

필요할 때 필요한 만큼 사용할 수 있는 자금이 없다면 자금조달계획은 의미가 없기에 창업자는 창업 기간의 작업흐름을 정확히 예측하고, 사전에 현금흐름표를 작성하여 자금관리를 해야 한다. 현금관리 시 현금잔고가 부족하지 않게 해야 하며, 현금흐름표의 내용에 대해서는 경영자가 유념해야 할 사항이다.

표 7-10 현금흐름표

구분		D-3월	D-2월	D-1월	D월	D+2월	D+3월
현금 유입	이월현금						
	예금인출						
	적금만기						
	퇴직금						
	유가증권매각						
	동업자출자						
	차입금대출						
	매출대금회수						
	계						
현금 유출	점포보증금						
	인테리어공사						
	개업비						
	초도상품비						
	광고선전비						
	집기비품구입비						

현금 유출	직원급여						
	임차료						
	관리비						
	계						
현금잔고							

4. 수표와 어음관리

사업을 하다 보면 어음이나 수표를 사용하게 된다. 어음은 발행인이 어음에 기재한 지급기일에 어음대금을 지급하겠다는 약속의 문서이다. 수표는 발행인의 수표 소지자에게 자기의 당좌예금에서 수표금액을 지급하도록 은행에 위탁하는 유가증권이다.

어음이나 수표는 현금과 동일하므로 관리를 철저히 해야 한다. 수표는 가능한 한 빨리 은행계좌에 입금해야 하며, 받을 어음은 필요 사항을 어음기입장에 기재해서 보관해야 한다.

Ⅲ 창업자금 지원

중소기업창업지원법을 비롯하여 중소기업진흥 및 제품구매촉진에 관한 법률, 조세감면규제법 등의 관련 법령에 따라 창업지원이 이루어지고 있다. 중소기업의 창업을 지원하고 창업절차의 간소화, 금융·세제지원 등 종합적인 창업촉진대책을 강구하는 동시에 창업지원기금 등 투자재원 확충, 창업투자회사 및 창업상담회사 등 창업전담기관 설립으로 창업지원을 적극적으로 추진하고 있다.

창업지원의 목적은 다음과 같다.

① 건실한 산업구조의 구축을 통해 지역 간 균형성장을 도모한다.

② 기업설립을 촉진하며, 중소기업의 발전과 벤처기업의 육성에 있다.

창업지원의 효과는 다음과 같다.

① 고용 창출과 실업 극복

② 기술개발 촉진

③ 국내연구개발 의욕 고취

④ 국제경쟁력 강화

⑤ 수입대체 및 수출 촉진

⑥ 경제력 향상

'정부 정책자금과 지원 프로그램을 통한 조달 방법'을 잘 활용하는 것도 효과적인 자금 마련 대책이 될 수 있다. 어떤 종류의 자금이 알맞은지 매스컴이나 인터넷 검색을 통해 정보를 수집하는 것이 바람직하다.

1 소상공인마당 자금지원

소상공인마당(www.sbiz.or.kr)은 소상공인의 자유로운 기업 활동을 촉진하고, 구조개선 및 경영안정을 도모하여 균형 있는 국민경제의 발전에 기여함을 목적으로 정부가 운영 중인 공공 컨설팅 기관이다.

1. 지원 활동

소상공인과 소상공업 창업 희망자를 대상으로 창업과 경영에 필요한 전문가 상담, 경영·기술 지도, 정보제공, 교육훈련 등을 무료로 실시하고 필요할 때 자금지원도 해준다.

2. 상담지원

창업 정보와 창업 경험이 부족하고 경영마인드가 부족한 소상공인들이 창업 및 경영과정에서 발생하는 각종 애로 사항의 적극적인 해결을 위해 관련 상담을 무료로 해주고 있다.

① **창업상담**: 창업아이템상담, 자금상담, 창업절차 및 인·허가상담, 상권분석 및 입지평가상담, 창업기술전수상담, 사업계획수립 및 작성상담, 기타 창업에 필요한 상담

② **경영상담**: 업종전환상담, 운영자금 및 경영개선자금상담, 마케팅·인사·재무 등 경영상담

3. 자금지원

소상공인 창업 및 경영에 필요한 자금을 신속히 지원하여 창업 촉진과 소상공업의 성장을 통해 새로운 고용기회를 창출한다. 이를 통해 지역 간, 산업 간 균형발전을 도모하고 국가경제기반

의 안정적인 구축을 도모한다.

4. 교육지원

예비창업자를 대상으로 전문창업교육 프로그램의 개발·지원 및 창업강좌를 개설 운영한다. 그리고 기존 경영자를 대상으로 경영일반 분야의 인사, 조직, 재무(세무), 생산, 마케팅 교육과정 등을 개설·운영한다.

1) 창업교육

① 교육 과정

- 일반창업, 벤처창업, SOHO창업, 소자본창업, 여성창업
- 외식업창업, 무역업창업 등

② 교육 내용

- 창업준비 및 절차, 창업 아이템 선정
- 입지 및 상권분석
- 창업 적성검사
- 사업계획수립 및 수익성분석
- 프랜차이즈창업
- 창업자금 지원제도 및 조달 방법, 창업세무
- 소점포마케팅
- 소호창업전략
- 부동산계약실무, 점포인테리어 및 디스플레이
- 업종별 창업실무
- 기타 소상공인이 필요로 하는 교육내용

2) 경영교육

기존 경영자를 대상으로 경제·환경 변화에 능동적으로 대처하고 매출 증대 및 기업의 이윤극대화를 위한 경영일반 분야의 인사, 조직, 재무(세무), 생산, 마케팅 교육을 실시한다.

2 기술보증기금 자금지원

기술보증기금(www.kibo.or.kr)이 기술력과 사업성이 있는 예비창업자를 대상으로 기술평가센터의 평가를 거쳐 자금을 지원하는 제도이다.

3 중소벤처기업진흥공단 자금지원

중소벤처기업진흥공단(www.kosmes.or.kr)이 예비창업자에게 신제품개발 및 연구개발자금을 융자지원(담보 또는 보증부 대출)하는 제도이다.

4 근로복지공단 자금지원

근로복지공단(www.comwel.or.kr)에서는 부양가족이 있는 여성 가장이나 노동부 고용안정센터에 구직을 신청한 지 6개월이 지나도 취직이 안 된 장기실업자와 실직 여성 가장에게 최고 5,000만 원 한도에서 점포를 대신 임대해주고, 5년간 지원해 준다.

5 여성가족부 창업지원

여성가족부(www.mogef.go.kr)에서는 여성가장의 창업을 지원하여 가계안정과 자활의지를 제고하며 창업을 촉진하여 경제활동을 극대화시키기 위한 방안으로, 저소득 여성가장이면서 생계형 창업을 희망하는 사람을 지원하고 있다.

6 한국여성경제인협회 창업지원

한국여성경제인협회(www.kwbiz.or.kr)에서는 여성가장으로서 부양가족(사업대상 조건을 만족한 자)이 1인 이상인 자를 대상으로 생계형 창업을 지원하여 여성가장의 가계안정과 자활의지를 높이고자 한다.

7 생계형 창업자금

담보 부족으로 자금조달에 애로를 겪는 창업기업이 정부에서 운영하는 보증기관에서 대출을 받을 수 있도록 신용보증을 통해 지원하고 있다.

신용보증기금 (www.kodit.co.kr)	• 일반중소기업/창업기업에 대한 보증 • 기업신용평가시스템을 통해 산출된 종합신용등급을 기준으로 심사
신용보증재단중앙회 (www.koreg.or.kr)	• 소상공인 및 영세자영업자에 대한 보증 • (일반보증)사업자업력, 매출정보, 종합신용등급 등에 의해 검토 • (특례보증)간이신용조사서를 기준으로 산출된 신용평가등급 검토 • 지역별로 신용보증재단 존재
기술보증기금 (www.kibo.or.kr)	• 기술력이 우수한 중소기업/창업기업 등에 대한 보증 • 기술수준과 위험수준을 기술평가모형에 의해 종합평가

8 지방자치단체의 창업지원

서울특별시는 서울 소재 소기업 및 소상공인을 대상으로 소자본창업자를 위한 자금지원프로그램을 운영하고 있다. 상담하는 시점에 사업자등록이 돼 있고 사업장이 확보돼 있어야 하며 영업개시가 확실해야 한다.

표 7-11 2023 창업지원사업

중앙부처	
• K-Global 액셀러레이터 육성사업	• 농식품 크라우드펀딩 활성화
• 글로벌 ICT 미래 유니콘 육성	• 농식품 기술창업 액셀러레이터 육성지원
• 데이터 활용 사업화 지원(DATA-Stars)	• 농식품 기술평가지원
• 예술기업 성장 지원	• 농식품 판로지원
• 예술기업 글로벌 도약 지원	• 투자유치 중개 지원사업
• 스포츠산업 창업지원사업	• 에코스타트업 지원사업
• 스포츠 액셀러레이팅 프로그램 지원	• 물드림 사업화지원
• 스포츠 재창업지원사업	• 사회적기업가 육성사업
• 콘텐츠 초기창업 육성 프로그램	• 공간정보 창업기업 시장성 검증
• 콘텐츠 창업도약 프로그램	• 해양신산업 인큐베이팅 지원 사업
• 콘텐츠 액셀러레이팅 지원사업	• 민관공동창업자발굴육성사업
• 콘텐츠 오픈이노베이션 지원사업(콘피니티)	• 청년창업사관학교
• 콘텐츠 아이디어 융합팩토리	• 재도전성공패키지

• 전통문화 청년창업 육성지원사업 • 관광벤처사업 공모전 • 관광 액셀러레이팅 프로그램 • 농식품 벤처육성지원	• 지역기반 로컬크리에이터 활성화 • 혁신분야 창업패키지(소재 · 부품 · 장비) • 혁신분야 창업패키지(비대면)
지자체	
• 사회적경제 문화예술 청년 창업지원 프로젝트 • 송파 청년창업 도전 프로젝트 • 벤처 · 창업 ESG선도기업 지원사업 • 창업기업 판로개척 지원 • 부산대표 창업기업 지원(플래티넘클럽) • 에이스스텔라(Ace Stella) 육성 지원 사업 • 부산창업지원센터 지원 • 디지털기술기반 스타트업 육성사업 • 청년 소셜대로 창업성장 플러스 지원사업 • 청년소셜벤처 육성사업 • 대구스타벤처 육성사업 • 대구 투자 및 상장(IPO) 활성화 지원 • C-Seed 청년스타트업 육성사업 • 의료창업 활성화 지원 사업 • 실증 상용화 지원 사업 • 스케일업 챌린지랩 • 청년 소셜벤처기업 육성사업	• 청년창업 챌린지 지원사업 • 로컬크리에이터 육성사업 • 대중견기업 협업 오픈이노베이션 지원(신규) • 실증 브릿지 사업 • 강화군 청년창업 스타트 지원 • 청년창업 강화 지원사업 • 세대별맞춤형예비창업가발굴육성사업 • 빛고을재도전지원사업 • 우수창업기업 집중지원사업 • 창업 테스트베드 실증 지원사업 • 광주시민회관 청년창업지원 • 창업기업 마케팅 지원 • 혁신공공기술 창업지원 사업 • 기업자율형 창업프로그램 • 세종창업벤처 패키지 지원사업 • 창업 성장 투자지원

Ⅳ 손익관리

1 손익의 구조

정확한 손익관리와 체계적인 자금관리는 점포관리의 중요한 사항이다.

순이익 = 순매출액 − 매출원가 − 판매관리비 **이익 = 총매출액 − 총비용**
• 순매출액 = 상품매출액 + 기타매출액 • 매출원가 = 상품구입원가 • 판매관리비 = 고정비(인건비, 수도광열비, 임차료, 지급이자, 감가상각비, 잡비) + 변동비(판매소모비, 재고손실, 광고비)

바람직한 점포경영을 위해서는 매일 발생하는 매출과 비용을 빠짐없이 기장하여 매월 결산을 통한 손익평가를 해야 한다. 점포의 손익은 매출에 의해 좌우되므로 이익이 날 수 있는 매출이 되어야 한다. 매출이 많으면 많을수록 이익이 더 나게 된다. 점포의 손익은 매출에 좌우되기 때문에 매출을 증대시켜야만 한다.

매출을 증대시킬 방법은 다음과 같다.

1. 판매영역을 확대한다.

매출규모를 늘리기 위해서는 상권의 범위를 넓히고 활발한 광고 활동을 전개해야 한다. 그리고 매장을 정리해 점포면적과 점포공간을 확장하여 상품을 많이 판매할 수 있도록 판매영역을 넓혀야 한다.

2. 객단가를 올린다.

객단가란 고객 한 사람이 소비하는 평균가격대를 말한다. 같은 한 사람의 고객에게 매출을 더 많이 올리는 전략이 바로 객단가를 올리는 방법이다. 고객 수가 증가하지 않더라도 매출액은 객단가가 올라가는 만큼 증가하게 된다.

3. 매출품목의 수를 늘려라.

점포에 들어선 손님을 되도록 오랫동안 머물게 하고 다른 상품도 구매할 수 있게 유도하여 매출품목의 수를 늘린다. 고객이 장시간 머물 수 있도록 휴식 장소를 만들고, 진열대 및 진열 방법을 바꾸어 보기도 한다. 관련 상품끼리 진열하는 것도 한 방법이다. 매출품목의 수를 늘리는 것은 결과적으로 매출을 올리는 것이다.

4. 고정고객을 늘려라.

유동고객보다 고정고객 확보와 그 수를 늘려야 한다. 고객만족의 응대로 고객 한 사람당 가치를 높이는 것이 경쟁력 강화의 수단이 될 수 있다. 만족한 기존 고객은 신규 고객 확보에도 도움이 된다. 고정고객을 확보하기 위해서는 고객의 불평을 적극적으로 수용해야 한다.

5. 서비스를 강화한다.

고객에 대한 서비스를 강화한다. 단골고객의 기호를 파악하여 방문 기회를 높이고 종업원 교육을 통해 접객기술을 향상시킨다. 종업원이 주인의식을 갖고 판매에 임하면 매출이 오르게 되는 것은 당연하다.

2 이익관리

점포경영의 이익을 극대화하기 위해서는 매출을 높이는 것과 함께 매출확대와 관련된 재고문제, 가격문제, 상품회전율, 비용문제, 대금회수문제 등의 문제도 개선해야 한다. 그리고 비용을 최소화하는 방법도 고려해야 한다.

1. 매출의 극대화

매출액은 고객 수에 평균객단가를 곱하여 산출한다. 평균객단가는 1명의 고객이 평균적으로 구매하는 구매단가이다.

매출액 = 총고객 수 × 객단가

위의 등식에서 볼 수 있듯이 매출이 증가하려면 고객 수가 늘거나 고객이 한 번에 구매하는 구매액(=평균객단가)을 높여야 한다.

1) 고객 수를 늘리는 방안

점포에 꾸준히 내점하는 고정고객과 단골고객은 점포의 충성고객이다. 고객 수를 늘리기 위해서는 충성고객과 단골고객을 점포로부터 이탈하지 않게 해야 하며, 새로운 고객을 점포에 올 수 있게 하는 것이 최고의 방법이다.

기존 고객에 대해서는 그동안 해온 대로 최선을 다해 고객관리를 하면 되나, 새로운 고객을 만들기는 아주 어려운 일이다. 특별한 상권의 변동 없이 10% 내·외의 고객을 증가시키는 것은 매우 어렵지만, 사전에 세심한 계획을 세워 판촉 활동을 잘 활용한다면 신규 고객을 창출할 수도 있다.

먼저 기존 고객을 대상으로 설문조사를 실시하여 점포의 서비스 및 상품력에 대한 만족도를 조사하고, 기존 고객이 주로 거주하는 지역이 어디인지를 파악한다. 이러한 조사를 통해 고객이 원하는 새로운 판촉 방법을 찾아내고, 기존 고객의 거주지역 분포를 확인한다.

정기적으로 이벤트성 행사를 마련하는 것도 필요하다. 고객카드 비치는 필수이며, 한 번 내점한 고객은 전산화하여 생일·입학 및 졸업식 등에 대한 축하 인사와 함께 점포 안내장과 신규 개발메뉴 안내장을 보내는 것과 같은 꾸준한 고객관리를 해야 한다. 고객에게 초청장을 발송해 점포를 방문하도록 하는 행사도 마련해 점포에서 생일파티를 하면 장미 또는 생일케이크를 증정하는 서비스도 제공한다. 상품을 구매했을 경우 A/S 등으로 점포의 이미지를 높여야 하며, 고객들의 소모임을 만들거나 고객명부를 작성해 고객과의 관계를 항상 유지해야 한다. 또한, 기존 고객의 거주지역이 아닌 곳에 집중적으로 전단지 및 홍보 활동을 통해 새로운 고객이 상점에 찾아올 수 있도록 유도해야 한다.

고객을 유지하기 위한 서비스에 투입되는 비용은 낭비가 아니라 새로운 이윤을 얻기 위한 투자가 된다.

2) 객단가를 높이는 방안

객단가는 어떻게 높일 수 있는가? 업종마다 평균 객단가는 대략 정해져 있다. 객단가를 높이는 방법으로는 연계판매와 추가판매가 있다.

연계판매는 구매하는 상품과 관련된 상품을 제안하여 추가로 구매하도록 하는 방법이다. 빵을 사러 온 고객에게 우유도 함께 사도록 제안하는 방법이다. 잘 팔리는 상품 위주로 매장 안의 진열을 바꾸거나 가격대별로 상품을 진열한다. 오감을 자극해 상품의 질이 고급스럽게 보이게 한다거나 객단가를 높일 수 있도록 진열을 연출해본다. 세트상품 등 점포의 독자적인 상품을 개발하는 방법도 효과적이다.

추가판매는 내점한 고객에게 새로 도입한 상품이나 기획상품을 구매할 것을 제안하여 상품을 구매하게 만드는 것이다. 주간별 아이템을 결정하여 고객이 계산할 때 남은 잔돈으로 추가 상품을 구매하도록 유도하는 방안도 있다. 의외로 이러한 방법이 효과적인 경우가 있다.

결국 매출은 얼마만큼의 고객을 점포에 끌어들였느냐, 고객 1인당 얼마나 많은 구매를 하게끔 유도했느냐에 따른 결과이다. 매출증대의 기본은 고객우선이다. 고객의 입장에서 생각하고, 분위기를 창출하며, 고객이 필요로 하는 상품을 파는 것이다. 상품을 팔기보다는 점포의 가치를 팔려고 노력하고 고객의 마음을 사로잡는 영업전략이 매출증대의 핵심이다. 권유판매를 통해 매출을 올리는 전략도 필요하다. 유니폼서비스를 통해 고객의 변화욕구를 충족시키고, 분위기를 바꿔 구매심리를 자극하는 방법도 고려해야 한다.

2. 매출원가의 최소화

상품의 판매가격은 제품의 판매원가에 기대하는 이익이 포함되어 있다. 기대이익은 사업의 목적이기에 포기할 수 없는 것이다. 기대이익은 판매가격에서 매출원가의 비중이 크면 작아지고 비중이 작으면 커지게 된다. 매출원가를 최소화하는 원가절감이 이루어지면 이익의 극대화가 도모된다. 매출원가는 재료비와 노무비 그리고 경비로 이루어져 있으므로 이 중 어디에서든 절감해야만 원가절감이 가능하다. 하지만 재료비, 노무비는 제품의 품질이나 근로자의 사기와 관련되어 있어 절감 요인을 찾기 어렵다. 경비는 전체의 극히 일부인 관계로 절감효과가 거의 없다. 원가절감의 방안은 비용절감과 근로자의 사기앙양에 의한 능률향상과 생산성이 향상되어야 한다. 공동구매 또는 대량구매를 통한 비용절감도 매출원가를 최소화하는 실천 방안 중 하나이다. 매출원가가 낮아지면 그만큼 이익이 더 높아지게 된다.

3. 영업비용의 최소화 – 판매관리비의 최소화

영업비용인 판매관리비는 고정비와 변동비가 있다. 즉, 매출액을 기준으로 점포가 영업할 때 고정적으로 발생하는 고정비와 매출액의 증감에 따라 발생하는 변동비가 있다. 이러한 비용은 효율적인 관리 방안의 수립 및 시행을 통해 최소화할 수 있다.

비용관리의 목표는 매출과 수익에 영향을 미치지 않는 최소한의 비용으로 점포를 관리하는 것이다. 모든 비용을 최소한으로 유지하는 것은 이익에 영향을 미치게 된다.

4. 적정재고 유지

손익관리에서 반드시 파악해야 하는 것이 상품재고다. 상품재고는 경제적 가치를 가진 유휴자원이며 원자재, 공정상의 부품, 완제품 등을 포함한다, 재고관리는 필요한 물자를 언제, 어디서, 얼마나 주문할 것인지 결정하기 위한 것으로, 고객이 원하는 상품의 구색을 충분히 갖추고 적정수준의 재고를 유지하는 것이다.

재고를 적정선에서 유지하려면 매장과 창고에 있는 상품수량, 상품별 판매빈도, 주문해야 할 상품 유형과 수량에 대한 정확한 데이터를 확보해야 한다. 재고부족으로 인한 영업손실을 예방하기 위해서는 부정확한 판매예측, 매입처의 상품공급 지연, 매입자금 부족, 예상치 못한 고객 수요 등의 대응책을 마련해야 한다.

적정재고를 위해 재고수준을 매일 파악하고, 주간별·월별 실적을 대비하여 통계에 의한 재고 조정 방안을 세워야 한다. 재고관리를 위한 고려 사항은 다음과 같다.

① 날짜가 오래된 상품은 매장에서 제외

② 계절에 맞지 않거나 유행이 지난 상품은 단시일 내 처분

③ 파손 상품이나 저급품질의 상품은 매장에서 즉시 철수

④ 통로에 상품진열 방지

⑤ 팔리지 않는 교체대상의 상품은 즉시 철수

⑥ 진열계획표에 따른 진열상품과 수량 유무 확인

⑦ 상품정리 공간 확보, 폐기 및 반품 상품의 분리 보관

5. 반품과 재고처리의 반영

손익계산 시 재고처리를 반영해야 한다. 매출을 많이 올리고도 앞으로 남고 뒤로 밑지는 경우가 있다. 원가가 10,000원인 상품을 15,000원에 팔았을 경우 마진율 50%인 5,000원이 남았다는 것은 상품의 재고문제가 반영되지 않은 계산법이다.

1) 재고가 처리되어야 순익계산 가능

재고에 대한 계산이 이루어져야 앞으로 남고 뒤로 손해를 보는 경영을 하지 않는다.

판매업의 경우 한 달 동안 개당 5,000원 이윤이 남는 상품을 1,000개 구매해 800개를 판매했다고 가정하면 계산상으로는 800개×5,000원=4,000,000원으로 총 4,000,000원의 이익이 남는다. 그러나 이 계산은 재고상품이 반영되지 않은 이익계산이다. 재고상품 200개의 개당 구입원가 10,000원(200개×10,000원=2,000,000원)의 재고가 포함되지 않은 결과로, 반품이나 재고처리문제를 이익에 포함한다면 실제로 번 돈은 4,000,000원이 아니다.

재고상품을 다 처리해야만 정확한 이윤이 계산된다. 품목이나 상품의 성격에 따라 차이는 있지만 상품의 생명은 오래 가지 않는다. 제과는 당일 처리해야 하고, 의류는 한 달이면 그 생명이 다하는 경우도 있다.

점포운영에서 볼 때, 그 상품이 팔릴 때까지 재고로 두었다가 반품처리를 하거나, 반품이 안 되는 경우 세일이나 땡처리로 판매하는 것이 바람직하다. 판매가 15,000원인 상품을 50% 세일로 200개 전량을 처리했을 경우의 세일판매금액은 1,500,000원(=7,500원×200개)이다. 종합적으로 계산해보면 상품 800개의 판매이익 4,000,000원과 재고처리비용 500,000원을 고려하면 판매수익은 3,500,000원이 된다.

효과적인 재고관리를 위해서는 상품의 색상·디자인·사이즈·메이커별로 분류·보관하고, 매출을 촉진하여 재고가 남지 않도록 해야 한다.

2) 반품조건 확인 후 거래처 확보

반품할 때 현금반환을 하는 경우는 거의 없고 물품을 교환하는 것이 일반적인 상관례이다. 소비자가 점포에 반품하면 현금으로 환불하는 경우가 있지만, 점포는 도매상으로부터 현금이 아닌 물품으로, 때로는 반품 수량보다 더 많은 물품구입을 하는 조건으로 반품하는 경우가 있다. 일반적인 상거래의 경우 상품의 구매처로부터 일정량의 반품을 받아주는 조건으로 반품하게 될 상품의 2~3배 수량의 상품을 재구매하기도 한다.

반품은 상품구매 후 일정 기간 내에 해야 가능하며, 그 이상의 반품시효가 지나면 반품할 수 없는 경우가 많다. 따라서 반품조건 확인 후 거래처를 정해두는 것이 유리하다.

3) 초도상품 매입

창업자가 창업하게 되면 초도상품을 매입하게 된다. 많은 창업자들이 과도하게 많은 초도상품을 매입하여 곤란을 겪는 경우가 많다. 초도상품 매입은 적당한 수량의 적정구매가 되어야 한다. 대량구매를 통한 원가절감도 필요하지만, 재고문제를 고려하여 초도상품 매입 품목과 수량을 결정해야 한다. 신뢰할 수 있는 구매처가 있다면 집중구매를 하지만 그러지 못할 때는 좋은 조건의 구매처를 몇 곳 물색하여 분산구매를 해야 한다.

3 이익을 내는 점포관리

고객만족경영을 통한 이익을 실현하기 위해서는 자질을 갖춘 종업원을 채용하여 고객응대를 해야 한다.

1. 종업원 관리

① **종업원 채용 기준과 교육시스템을 구축한다.** 얼굴에 웃음을 머금고 성실하고, 책임감이 있으며, 유연하고, 설득력이 있는 종업원을 채용해야 한다. 일상생활에서뿐만 아닌 고객 응대 시 자연스러운 행동으로 나타날 수 있도록 교육시스템을 구축해야 한다.

② **종업원은 점포의 얼굴, 인간적으로 대하라.** 종업원을 단순히 고용인으로 대하지 않고 인간적으로 대해 주면 그들 또한 자발적으로 고객 응대를 제대로 하게 된다. 종업원은 상품과 고객을 이어주는 다리 역할을 한다. 즉, 고객의 마음을 움직여 물건을 사도록 하는 그 점포의 얼굴이다. 종업원의 역할에 따라 매출은 달라진다.

③ **업무 분담은 확실히, 점포 운영은 함께하라.** 원활한 점포 운영이 되도록 업무 분담을 확실하게 한다. 그리고 의사결정 과정에 참여시켜 그들의 의견도 적극적으로 반영하면 사기도 높아지고 동기부여도 된다. 종업원의 협조 없이는 성공할 수 없다.

④ **청결 관리 및 시설경영. 점포 내부는 물론 외부 청결에 신경을 써야 한다.** 점포 주변의 청소는 물론 화장실은 항상 청결해야 한다. 또한 점포 입구는 고객의 출입이 편리하도록 문턱을 낮추거나 문이 부드럽게 열릴 수 있도록 해야 한다.

⑤ 고객 불만에 대한 대응, 반품과 환불에 대한 규정을 마련하고, 고객의 목소리에 대응하는 창의적인 발상을 해야 한다.

표 7-12 판매원 교육 과정

교육 과정	교육 내용	비고
관리자교육	• 점포운영실무, 회계실무 • 종업원채용과 시간관리기법 등	
경력사원교육	• 업무수행의 기본 • 상황분석과 문제해결	
신입사원교육	• 업무의 기본이해와 예절교육 • 근무요령과 청결, 위생교육	

2. 상품관리 · 자금관리

① **상품관리:** 수시로 점검하라. 매출의 성공은 상품구성에 있다. 어떠한 상품을 얼마만큼 갖추고 어떻게 진열하는가가 중요하다. 외식업 상품은 맛의 차별성과 전문성을 유지하는 것이

가장 중요하고, 고객과의 관계에서 가장 중요한 것은 상품관리이다. 수시로 점검하여 고객의 반응을 살펴야 한다.

② **손익관리:** 손익을 확실히 하라. 손익관리는 분명해야 한다. 손익을 확실히 하기 위해서는 매일 매출액과 비용 및 매출이익을 점검해야 한다. 매출이익을 올리기 위한 전략과 함께 비용관리가 중요하다. 각종 비용이 적절히 통제·관리되는지 점검해야 한다.

③ **월간 매출목표 설정:** 상품의 전월 판매량을 점검하여 상품별 전월 판매수량에 계절별 지수 등을 고려하여 다음 달 목표 수치를 설정한다. 목표 수치를 설정하기 위해 요일별, 영업시간대별 매출수량과 매출금액을 분석하여 고객 유입의 특성을 파악하고 매출이 부진한 요일에 홍보·판촉을 집중하는 등 매출상승을 유도하는 계획도 세워야 한다. 뿐만 아니라 고객유형별 평균 객단가 분석을 통해 점포의 매출구조와 대상을 분석해야 하며, 판매 메뉴에 대한 분석과 상품별 매출분석도 병행해야 한다.

4 손익분기점과 매출

창업주들은 얼마를 팔아야 손실 없이 장사하는 것인지 궁금해한다. "얼마를 팔아야 하는가"의 해답은 손익분기점 매출액을 산출해 보면 알 수 있다.

점포경영 초기에 손익분기점 매출액을 산출하여 실제 매출액과 비교해 투자 타당성을 검토하는 것이 필요하다. 즉, 실제 매출액이 손익분기점 매출액보다 적고, 앞으로도 증가할 가능성이 없다면 이 점포의 영업타당성은 없는 셈이다.

예상매출액 쉽게 내는 법

- 1단계: 1일 평균 내점고객 수를 예측한다(인근 동일업종 상점의 1일 이용고객 수 참조).
- 2단계: 객단가를 산출한다(객단가란 고객 한 사람이 1회에 평균 구매하는 금액).
- 3단계: 매출을 추정한다(1일 고객 수 × 평균 객단가 × 월 영업일 수).

손익분기점 매출액이란 총매출액과 이를 얻기 위해 지출된 총비용이 일치하는 매출액을 말한다. 즉, 이익도 손실도 발생하지 않는 매출액을 말한다. 따라서 손익분기점 매출액 이상의 매출을 올리면 이익이 발생하고, 이하의 매출을 올리면 손실이 발생한다. 투자액을 고려한 중규모 점포는 대략 총투자금액의 150% 연간매출고가 필요하다고 한다.

손익분기점 산출 공식

일정 기간(1년)의 총수익(매출액)과 총비용(고정비, 변동비)이 일치함으로써 이익도 손실도 발생하지 않는 매출액 점이다. 이 점을 파악함으로써 최소한의 매출목표를 수립할 수 있으므로 이익관리를 위해서는 손익분기점의 산출이 필요하다.

■ 특징

① 매출액이 이 점보다 많으면 이익이, 적으면 손실이 발생한다.

② 이 점의 위치가 높을수록 수익성이 낮고, 낮을수록 수익성이 높다.

③ 매출액이 전혀 없으면 고정비만큼 손실이 발생한다.

■ 공식

① 손익분기점(수량): 판매량(Q) $= \dfrac{\text{고정비(F)}}{\text{단위당 판매가격(P)} - \text{단위당 변동비(V)}}$

② 손익분기점(매출액): 매출액 $= \dfrac{\text{고정비(F)}}{1 - \dfrac{\text{변동비(V)}}{\text{매출액(S)}}} = \dfrac{\text{고정비(F)}}{1 - \text{변동비율(V)}}$

③ 목표이익분기점 $= \dfrac{\text{고정비(F)} + \text{목표이익}}{1 - \dfrac{\text{변동비(V)}}{\text{매출액(S)}}}$

- **고정비(fixed cost)**: 생산량의 증감에 관계없이 동일하게 발생하는 비용
  예 지급이자, 건물임차료, 감가상각비, 경영자층의 급료, 연구개발비
- **변동비(variable cost)**: 생산량의 증감에 따라 변동하는(=증감하는) 비용
  예 원료, 보조원료, 동력비, 운송비, 외주비, 판매수수료

예제 1 **B 점포의 비용구성은 고정비(인건비, 감가상각비, 지급이자, 기타경비) ₩6,000,000이며, 변동비(원료비 30%, 제경비 10%) 40%로 나타났다. B 점포의 손익분기점 매출액은?**

B 점포의 손익분기점 매출 $= \dfrac{\text{고정비(F)}}{1 - \text{변동비율(V)}} = \dfrac{₩6,000,000}{1 - 40\%}$

B 점포의 손익분기점 매출액 = ₩10,000,000

B 점포는 최소 월 ₩10,000,000 매출이 나와야 적자를 면하고 점포가 존속할 수 있다.

예제 2 **A 회사의 상반기 매출액이 ₩200,000, 고정비가 ₩50,000, 변동비가 ₩120,000이라면 손익분기점의 매출액은 얼마인가?**

매출액 $= \text{고정비} \div 1 - \dfrac{\text{변동비}}{\text{매출액}} = ₩50,000 \div 1 - \dfrac{₩120,000}{₩200,000} = ₩125,000$

5 매출증대 실천 방안

1. 목표매출과 이익을 예측하라.

판매예측은 종업원 채용, 자재구입, 판매비와 관리비 등 비용산출의 근거가 된다. 판매예측을 통해 이익을 예측하므로, 매출목표를 세우고 달성할 수 있도록 노력해야 한다.

예 예상목표이익: 3,000만 원
예상매출이익률: 20%
예상부대비용: 2,000만 원
목표매출 × 20% − 2,000만 원 = 3,000만 원
∴ 목표매출 = (3,000만 원 + 2,000만 원) / 20% = 2억 5천만 원

2. 원가를 계산하라.

- 시장의 판매가격 = (제조 또는 판매)원가 + 기대이윤
- 원가 = 재료비 + 노무비 + 경비

거래 때마다 원가 = 재료비 + 노무비 + 경비의 등식을 인식하면서 항상 정확한 원가계산을 기초로 장사가 잘되는지 확인한다.

3. 우호적 고객 중 무보수 홍보요원으로 선정하여 활용하라.

활달한 성격의 고객을 무보수 홍보이사로 위촉하면 고객 구전이 될 수 있다.

4. DM은 매출이 오를 때 발송하라.

장사가 잘되어 매출이 오를 때 고객관리와 서비스에 신경 써야 한다. 고맙다는 인사말과 새로운 상품개발에 노력 중이라는 DM발송은 매출증가에 도움이 된다.

5. 주변상가 주인을 친구로 만들어라.

점포 주변의 다른 업종 주인들에게 먼저 인사하며 겸손하게 자신을 소개하면 우호 집단이 형성될 수 있다. 정기적으로 방문하여 인간관계를 형성해야 한다.

6. 박리다매 – 많이 팔고 적게 남는 기법을 활용하라.

이익이 적게 남더라도 많이 팔면 재료 손실이 적다. 재고를 남기지 않으면 이윤이 남는다. 박리다매의 원칙은 객단가 10,000원×50명보다 객단가 5,000원×100명이 더 유리한 등식이 성립한다는 원칙이다.

박리다매를 통해 고객이 많아지면 여러 가지 장점이 있다.

① 고객은 몰리는 곳에 더 몰린다.

② 고객으로 만원인 집에서는 고객투정은 볼 수 없다.

③ 종업원의 생동감과 고객들의 즐거운 표정을 보게 된다.

④ 재료 구매 시 대량 구매가 가능해 가격할인을 받는다.

7. 지혜로운 종업원을 채용하라.

센스 있는 종업원은 재치도 있게 마련이다. 고객에게 즐겁게 응대하고 영업 위기를 모면하는 기지도 발휘하게 된다. 지혜와 센스가 있는 종업원은 주인 이상의 역할을 한다.

8. 장사가 잘되는 집은 무엇이 다른가 조사하라.

장사가 잘되는 집은 무엇인가 다르다. 무엇이 다른지 조사해 볼 필요가 있다. 접객태도, 고객에 대한 반응과 열정 여부, 문을 여는 순간 웃는 얼굴의 손님맞이 등 3S(Smile, Speed, Sincerity) 원칙이 어떻게 지켜지고 있는지 비교해 본다.

9. 특색 있는 소품을 준비하라.

고객은 같은 물건이라도 상황을 즐겁고 재미있게 해줄 수 있는 이미지의 물건에 매력을 느낀다.

① 고객은 값비싼 브랜드의 장식품이 아닌 아주 특이하고 괴상한 모양의 소품에 강렬한 인상을 받는다.

② 분위기를 살릴 수 있는 소품을 전시하면 고객의 마음에 다가갈 수 있다.

③ 고전 분위기에는 한지, 민속품 등을 이용한다.

10. 모든 사람이 고객이라 생각하라.

고객뿐만 아니라 점포와 관계가 있는 모든 사람을 소중하게 생각하라. 재료를 공급해주는 사람, 심부름 오는 사람, 거래처 사람, 시주 오는 스님 등 문을 열고 들어오는 사람 모두에게 친절히 대해 주면 복을 받을 것이다. 좋은 소리를 들으면 기분도 좋고 복도 생기게 된다. 마음속으로 '망해라! 팍 망해버려라!' 하는 나쁜 소리나 원망을 많이 받으면 좋지 않다.

11. 커피는 결코 셀프가 아니다.

다른 서비스는 잘하면서 "커피는 셀프입니다"라는 것은 다 된 농사를 망치는 격이다. 고객이 커피를 입에 물고 양쪽 손가락 사이에 두 잔씩 끼워서 가져오는 모습은 보기 흉하다. 처음 서비스도 중요하지만 마지막 서비스가 최고이다. 사람들은 대체로 처음과 마지막을 가장 오랫동안 기억한다.

12. 주먹구구식으로 해서는 안 된다.

실제 판매된 자료를 가지고 어떤 상품이 가장 많이 팔렸는지 월 단위, 주 단위로 매출액을 파악해야 한다. 연중 계절에 따라 또는 요일에 따라 고객의 선호도는 변화한다. 시기를 읽을 줄 알아야 사전에 준비할 수 있다.

메뉴일자 종류	1/1	1/2	·	·	·	1/30	1/31	합계	단가	매출액
바게트	5	4								
치즈롤	3	4								
깨찰빵	5	6								
·	·	·								
·	·	·								
합계	55	52								

13. ABC분석표 작성 – 일시적 매출 상승보다는 전체를 보라.

① 판매량이 많은 순서대로 순위를 매긴 후 A, B, C 그룹별로 나누어 관리하는 방법을 다르게 하는 방식이다.

② 가장 잘 팔리는 상품을 No.1에 기입하고 순위별로 차례로 기재한다.

③ C그룹 메뉴는 부진한 원인을 분석해 개선 방안을 찾아야 한다.

[메뉴 ABC분석]

No.	메뉴명	수량	단가	매출액	(%)	누계
1	단팥빵	357	6,000	2,142,000	15.6	
2	고로케	315	4,000	1,260,000	10.2	25.8
3	밤식빵	280	4,000	1,120,000	8.5	34.3
.	.	.	.	.	.	.
25	XXX	15	2,000	30,000	0.1	100

14. 종업원관리 = 종업원이 매출증대 주역이다.

① 점포와 분위기에 맞는 종업원 채용한다.

- 창업 성공의 길은 최소의 종업원으로 첫째도 친절, 둘째도 친절이다.
- 서비스업에 맞는 사람을 채용한다.
- 고객에게 혐오감을 주는 외모는 안 된다.
- 취급하는 메뉴에 따라 종업원을 적재적소 배치한다.

  예 **전통음식점**: 파전, 비빔밥, 생두부 등 – 50~60대 여성

  칼국수집: 만드는 사람, 음식 제공자 – 할머니

② 자주 옮겨 다니는 종업원은 조심해야 한다.

- 투철한 서비스 정신이 요구되며 타고난 끼가 있는 사람이 필요하다.
- 성실하며 서비스와 경영기법을 배우기 위해 노력하는 사람이 필요하다.
- 철새처럼 옮겨 다니는 종업원은 배제한다.

③ 가족처럼 따뜻하게 최고로 대우한다.

- 종업원에게 많은 것을 기대하기 전에 업무에 상응하는 대우를 해야 한다.
- 인건비에 인색해서는 좋은 종업원을 선택할 수 없다.
- 종업원과 호흡이 잘 맞아야 한다.
- 가족의 한 구성원으로 생각하고 따뜻하게 대해야 한다.

④ 종업원을 잘 관리해야 한다.

- 종업원은 다른 사람의 일까지 책임지지 않는다.
- 미소(smile), 신속(speed), 성실(sincerity)의 3S를 실천할 수 있도록 종업원을 관리한다.
- 작업에 따라 종업원을 배정하여 역할 분담을 확실하게 해야 한다.

⑤ 종업원을 믿어야 한다.

- 사장 부재 시 종업원이 사장 대리 역할을 해야 한다.
- 신뢰와 믿음은 종업원의 인격을 존중하는 것이다.
- 갑자기 그만두는 종업원이 있어도 영업할 수 있도록 대비해야 한다.

연습 문제

01 창업자금의 의의에 관해 설명해 보자.

02 자금조달의 원천을 구분하여 설명해 보자.

03 자금조달 시 고려할 사항에 대해 논의해 보자.

04 창업자금 지원에 대해 논의해 보자.

05 손익분기점과 매출에 관해 설명해 보자.

CHAPTER 08

점포진열

I. 진열의 의의와 원칙

II. 점포장식과 진열

III. 진열의 색채

IV. 점포의 조명

Start-Up Story

GS25, 'AR 상품전시회' 개최… 비대면 온라인으로 변경

GS25는 올해 상품전시회를 기존 오프라인 방식에서 AR(증가현실)을 활용한 온라인 방식으로 변경해 개최한다고 8일 밝혔다.

이번 상품전시회는 전국 14,000여 점 GS25 가맹 경영주를 대상으로 올해 편의점 핵심 트렌드를 제시하는 행사다. 대형 전시회장에 전국의 가맹 경영주를 초대해 직접 체험하게 했던 오프라인 운영 방식을 탈피하고 디지털 트랜스포메이션을 적용했다.

디지털 콘텐츠 중심의 온라인 운영 방식으로, 올해 핵심 소비 트렌드를 공유하고 상품 전략을 반복 학습할 수 있다. 회사 관계자는 "코로나19 영향으로 다중 집결 방식을 지양하는 사회적 분위기에 온라인 비대면 방식 변경이 적합하다고 판단했다."라고 말했다.

GS25는 이번 상품전시회를 위해 개발한 디지털 콘텐츠에 업계 최초로 AR(증강현실) 기술을 적용했다. AR 기술을 적용한 디지털 교육 콘텐츠에 매장의 상품 진열대와 올해 출시할 신상품, 전략 상품 등을 3차원 모델링으로 사실감 있게 구현했다.

GS25가 개발한 AR 교육 콘텐츠 시연 이미지

360도 회전 이미지를 통해 작년과 올해 상품별 진열 변화를 다각도에서 확인할 수 있다. 입체적인 상품 모양과 상품 상세 정보도 확인할 수 있다.

AR 교육 콘텐츠로 2020년 핵심 소비 트렌드와 MD 전략도 학습한다. MD(상품기획자)가 직접 핵심 내용을 안내하는 영상과 다양한 3차원 이미지를 동시에 제공해 가맹 경영주가 핵심 내용을 쉽고, 빠르게 이해할 수 있게 했다.

GS25는 올해 편의점 핵심 키워드로 '가치소비'를 꼽았다. GS25는 △편리함에 중점을 둔 가치 △만족감 있는 한 끼에 중점을 둔 가치 △재미와 감동에 중점을 둔 가치 △건강과 환경에 중점을 둔 가치 등 4가지 핵심 가치를 중심으로 다양한 상품을 적극적으로 기획해 선보일 방침이다.

GS25 관계자는 "이번 디지털 트랜스포메이션을 적용한 상품전시회 운영 혁신으로 더욱더 효율적이고 정확한 정보 공유 및 소통을 할 수 있게 됐다."라면서 "전국 가맹 경영주가 디지털 콘텐츠를 통해 올해의 트렌드를 미리 학습함으로써 점포 운영 능력을 높이고 차별화된 경쟁력을 확보할 것으로 기대하고 있다."라고 말했다.

출처: 전자신문 2020. 03. 08.

I 진열의 의의와 원칙

1 진열의 의의

진열은 점포의 개성이나 특색을 살려 고객을 흡인하며 구매행동으로 이어지는 역할을 한다. 점포 앞을 지나가는 사람을 점포에 들어오도록 하거나, 다른 점포에서 쇼핑하려는 고객의 발길을 붙잡을 수 있고, 구매 현장에서 충동구매를 유도하기 위해서는 진열에 의한 점포의 이미지 조성이 필요하다.

진열(display)은 판매대의 설비 및 배치, 조명에 따라 상품을 배열하여 고객의 구매 의욕을 자극하기 위한 전시 또는 장식이다. 진열할 때는 고객 욕구에 맞추고 고객지향적 사고와 고객서비스를 고려해야 한다.

상품을 진열해서 '보이는 것'은 그 상품을 팔기 위한 수단과 방법이다. 진열 효과를 높임으로써 개성화되고 다양화된 고객의 욕구와 기대에 부응할 수 있기 때문이다. 상품진열은 판매촉진과 점포환경의 개선, 종업원의 판매 의욕 증진에 도움이 된다.

2 진열의 목적과 방법

상품진열은 상품을 매력적으로 보이도록 하여 더 적극적으로 고객의 쇼핑을 이끄는 힘을 가진다.

상품진열과 매장장식은 점포의 이미지를 높이고, 점포에 대한 관심을 갖게 하여 매출을 늘리는 방법이다. 뿐만 아니라 진열은 고객의 마음을 사로잡는 광고 메시지가 되고 광고매체가 된다. 그래서 고객의 내점 동기를 촉진하고 충동구매, 계속구매, 회상구매의 기회를 높여, 상품뿐만 아니라 점포 전체를 팔겠다는 강력한 의지의 표명이 될 수 있다.

진열의 목적은 다음과 같다.

① 내점객의 수를 늘린다.

② 1인당 평균 구매금액을 늘린다.

③ 계속해서 거래하게 한다.

④ 적정한 이익을 확보한다.

효과적인 진열 방법에는 다음과 같은 것들이 있다.

① **선입선출 방식의 진열:** 상품은 유효기간이 있어 진열할 때 먼저 들어온 상품을 먼저 진열해서 판매하는 진열 방법이다. 그러나 고객의 입장에서는 최근에 들어온 상품을 우선하여 사고자 한다는 것을 고려해야 한다. 진열된 상품마다 입점 시기가 다르므로 유효기간도 다르기 마련이다. 조그마한 부주의로 유효기간이 지난 상품이 진열대에 진열될 수 있다. 이것은 곧 상점 이미지에 손상을 주게 되므로 주의가 필요하다.

② **전진 입체진열:** 상품을 진열할 때 앞에서부터 입체적으로 진열하는 방식으로, 후퇴 평면진열보다 양감이 강조되고 판매촉진으로 이어진다. 상품이 팔리면 진열 형태가 무너지므로 항상 상품이 전진 입체진열을 유지할 수 있도록 신경 써야 한다.

③ **후퇴 평면진열:** 상품을 진열할 때 안쪽에서부터 평평하게 놓는 방식으로, 전면과 윗부분에 공간이 생겨 양감이 부족하게 된다.

④ **엔드 곤도라 진열:** 엔드 곤도라는 곤도라 양끝진열대 혹은 이동진열대라고도 하며, 이곳에 진열하는 것이 엔드 진열이다. 고객의 눈에 가장 잘 띄는 곳이며 진열상 매우 중요한 장소이다. 엔드 진열의 최대 목적은 출구 쪽으로 돌아서는 고객을 다시 멈추게 하는 데 있다. 무언가 시선을 끌 수 있는 연출이 필요하다. 광고 선전물(스탠딩 POP)의 설치 또는 염가상품을 대량으로 진열하는 방식 등이 사용되고 있다.

3 충동구매와 진열

사람들은 일상생활에서 잊고 있던 상품을 보는 순간 생각이 나서 사기도 하고, 어떤 물건을 구매하면서 곁에 있는 다른 상품을 함께 구매하기도 한다. 진열된 상품을 보고 갑자기 사고 싶은 생각이 들어 구매하는 것을 충동구매라고 한다. 구매 욕구를 느끼고 구매를 하기까지 의사결정의 시간이 극히 짧다. 저렴한 상품이거나 이전에 구매했던 상품일 때, 그리고 긴급성이 높을 때 충동구매가 일어나기 쉽다.

충동구매에 의해 상품을 구매하는 경우가 많으므로 충동구매의 대상이 되는 상품을 고객의 눈에 띄기 쉬운 장소에 진열하는 것이 바람직하다. 고객의 눈에 띄는 기회가 많을수록 판매 기회를 만들기 쉽다. 일반적으로 일용잡화 등은 점내보다는 점두에 진열하는 것이 유리하며, 화장품류는 입구에 가까운 곳에 진열하는 것이 고객의 눈에 빨리 띈다. 건강상담고객은 가계의 안쪽에 의자나 소파를 놓고 그곳에서 응대하는 것이 효과가 크다. 점두에서 다른 상품을 구매하는 고객의 눈에 띄지 않도록 쇼케이스를 배치하여 관련 상품들을 진열해 두는 것도 충동구매의 가능성을 높이는 방법이다.

충동구매는 종업원이 상품을 포장하거나 계산하는 사이에 비교적 많이 일어난다. 상품구매가 끝난 다음, 옆에 진열된 상품을 보고 갑자기 구매하고 싶기도 하고, 잊고 있던 물건을 생각해 내기도 한다. 그러므로 계산대 곁의 케이스 위에는 충동적으로 사기 쉬운 상품을 진열해 놓아 그 기회를 만들도록 해야 한다.

또한 기다리는 동안 주위의 상품을 둘러보게 되므로, 보충상품과 관련상품 등에 간단한 설명서를 붙여 진열해 관심을 끌도록 하는 것도 바람직하다. 또한 진열된 상품을 계절감, 이벤트 등과 연계해서 유행에 맞게 진열하는 것도 충동구매를 유발하기 쉽다.

4 진열의 기본요건

진열은 경쟁시대에 점포의 개성과 이미지를 소비자에게 전달하는 무기가 된다. 고객의 눈길을 끌고 가격은 쉽게 알아볼 수 있도록 명기해서 전시해야 한다. 가격표는 뒤집혀 붙이지 않도록 하고 빛이 바래지 않은 가격표를 붙여야 한다.

특가품은 가격표를 크게 붙이고 고급품은 작은 가격표를 붙이며, 다 팔린 매진품에 대해서는 붉은색으로 둘레 줄을 치면 효과적이다. 또, 상품의 세일즈포인트를 강조해 관심을 갖게 하고, 진열상품을 설명한 표찰을 붙이는 것도 좋은 방법이다. 그리하여 '어떻게든 사고 싶다'라는 구매 충동이 일어나게 하고 상품구매에 대한 안심과 만족감을 주어야 한다.

진열의 기본요건은 다음과 같다.

1) 보기 쉬울 것

상품의 성격과 구매빈도를 생각하고 회전율을 높이고자 하는 상품은 고객의 눈에 띄는 장소를 선택해서 보기 쉽도록 진열해야 한다.

같은 장소에서도 골든라인이라는 유효진열 범위에서 보기 쉬운 높이에 집중적으로 진열하여 주목률을 높여야 한다.

8) 상품 간의 관련성을 가질 것

같은 상품이라도 진열 방법에 따라 그 상품의 평가가 달라질 수 있다. 상품의 가치를 가장 효과적으로 높일 수 있도록 여러 가지 방법을 사용해 매력적인 진열을 하는 것이 중요하다. 이를 위해서는 진열의 설비와 도구를 사용하거나 진열 배경의 색채, 소재, 소도구 외에 조명을 활용한 연출도 효과적이다.

코디네이트(coordinate) 디스플레이란?

상품의 조합으로, 중점상품에 직접적으로 관련 있는 상품을 어떻게 조합하느냐 하는 센스와 기술이 진열의 효과와 점포의 이미지를 좌우한다.

코디네이트 디스플레이의 예를 들면 다음과 같다.

- 와이셔츠와 넥타이, 넥타이 핀, 가우스 보턴 등
- 블라우스와 스커트, 슬렉스, 스카프, 액세서리 등
- 응접세트와 테이블세트, 쿠션, 전기스탠드, 카페트, 커튼, 슬리퍼 등
- 양복과 벨트, 코트, 핸드백, 신발 등
- 가죽점퍼와 부츠 등
- 주방세트(싱크대, 레인지 등)에 냉장고, 취사도구, 음식물처리기 등

같은 종류의 상품을 그룹별로 진열하고 그 상품과 관계 있는 상품을 같은 공간에 집중적으로 전시한다.

① **용도별**: 냉장고나 믹서, 세탁기와 다리미, 석유난로와 연탄난로 등

② **가격별**: 동일한 가격대의 상품

③ **연령별 · 행사별**: 크리스마스, 어버이날, 어린이날 등

④ **계절별**: 여름에는 쿨러와 선풍기, 겨울에는 난로와 전기장판 등

9) 사람의 눈을 끄는 포인트 진열

포인트 진열은 매장 안에 악센트가 되는 진열장소를 설치하는 것을 말한다. 전반적인 진열(보충진열)과는 달리 설비와 도구를 활용해 그 부분을 특히 눈에 잘 띄게 해서 점포에 온 고객을 유도하고 매장을 순회할 수 있도록 포인트를 둔 것이다. 이 부분의 진열에는 호소력 있는 테마가 필요하며 이를 통해 더 효과를 발휘하게 된다. 시선을 끄는 포인트의 진열 방법은 업태, 종목, 해당 점포의 목표에 따라 다르다.

10) 동적 효과의 진열

진열상품은 고객의 시선을 끄는 포인트가 있어서, 그 포인트에 있는 진열상품 또는 주변에 배치된 상품의 구매촉진이 도모된다. 동적 효과의 진열은 고객의 시선을 집중시킨다.

진열에 동적 효과를 주면 주목률은 높아지기 마련이다. 예컨대 마네킹이 움직이거나 사람의 음성을 흉내내거나 회전하는 테이블로 상품을 회전시켜 주목률을 높인다.

11) 접근성의 용이

점포 안에 들어가기 쉽도록 점포 입구가 오픈되어 있어야 하고, 점포 내에서도 판매원을 의식하지 않고 자유롭게 이동할 수 있도록 이동 동선상에 장애물이 없어야 한다. 또 진열된 상품을 구경하고 나가기 쉽게 하는 것도 고객의 부담을 줄여줄 수 있다.

Ⅱ 점포장식과 진열

1 점포장식

1. 외부 장식

우리가 시간과 노력을 들여 치장하고 멋을 부리는 것은 자신을 잘 표현해서 남에게 호감을 주고 좋은 이미지를 심어주기 위해서이다.

마찬가지로 점포의 외양을 잘 갖추는 것은 고객을 효과적으로 유인하기 위한 것이다. 고객들에게 점포의 개방성, 활기, 안정, 일관성을 보여주어야 하고, 목표고객에게 특별한 이미지를 전달해야 한다. 고객은 지출할 수 있는 예산에 맞춰 상품을 찾으려 한다. 그에 맞는 상품을 찾았지만 점포의 외양이 자신이 생각한 수준보다 높거나 낮으면 문을 열고 들어오기가 꺼려진다.

점포의 외양을 꾸밀 때 고려할 사항은 간판, 입구, 진열창(display window), 주차장 등이 있다. 점포 외관의 기능적인 면에는 개방형으로 설계된 고객흡인기능과 밀폐형으로 설계된 선별기능이 있다.

개방형 고객흡입기능 점포는 도로에서 점포 내부를 들여다볼 수 있도록 설계하여 지나가는 고객을 자연스럽게 유도하는 점포이다. 이러한 점포의 특징은 점포 안의 분위기가 외부에 전달되고 무엇을 판매하는 곳인지 명확하게 표출된다. 조명은 비교적 밝고, 점포바닥과 보도 높이가 같고 통로가 넓은 것이 특징이다.

밀폐형 선별기능 점포는 상품에 관심이 있는 특정 고객들만 점포에 들어오도록 유도하는 점포이다. 주로 고급품을 판매하는 전문점과 고급레스토랑 등에서 많이 설계한다. 이러한 점포의 특징은 외부와 차단되고, 쇼윈도를 크게 구성하여 점포의 성격을 알리게 되어 있고 점포명을 명확하게 알 수 있게 표시되어 있다.

1) 상호

친밀감 있는 상호와 무엇을 파는 점포인지 정확한 정보를 전달해야 한다. 피자를 파는 상점인지, 청바지를 파는 상점인지, 고객의 시선에서 빠르게 인지하지 못한다면 상점의 상호, 간판의 디자인 및 위치가 효과적이지 못한 것이다.

상호는 고객의 요구에 상응하는 상호여야 효과적이다. 상호는 가장 짧은 시간에 손님에게 제품이나 서비스를 각인시킬 수 있는 수단이다. 상호는 중요한 광고 수단으로서 매출액과 직결되며, 마케팅 전략과 연계하면 강력한 마케팅 수단이 된다.

상호를 지을 때는 점포를 주로 찾을 손님들의 특성, 즉 연령층을 분석하여 지어야 한다. 나이에 따라 생활방식 또한 다르기 때문에 그 연령층이 선호하는 언어도 매우 다르다. 주 고객의 연령대에 맞게 상호를 짓는다는 것은 달리 보면 업종에 맞게, 품목에 맞게 한다는 뜻이다.

보통 10대들은 재미있는 이름에, 20대는 튀는 이름이나 독특한 외래어에 호감을 보인다. 30대 후반~50대는 한글 이름에 관심이 많다. 글자 수가 긴 것은 좋지 않으며, 길어야 5~6자 이내로 하는 것이 좋다.

'낚지대학 떡볶이과'는 젊은층에서 인기를 끄는 점포의 상호이다. 물론 점포의 외부 진열 상태 및 포스터 등의 게시물도 중요하지만 이러한 점포의 상호는 고객의 눈길을 끌면서도 무엇을 파는지 명확하게 보여주고 있어 효과적인 이름이다.

'양정식당'과 같은 추상적인 상호를 사용하던 시대는 지났다. 그 점포의 주력상품을 알릴 수 있는 상호가 필요하다. 즉 '화명 순두부', '영칠이 청바지'와 같은 상호가 필요하다.

2) 간판

간판은 고객이 상점을 발견하고 확인하며 이미지를 전달하는 기능을 한다. 또한 잠재적인 고객들의 접촉을 촉진하는 점포에서 판매하는 제품과 점포주가 의도하는 내용을 고객에게 전달하는 중요한 영업 수단이 된다. 따라서 간판을 어떻게 설치하느냐에 따라 매출에 많은 영향을 미친다.

간판은 가장 눈에 띄는 장소에 설치해 해당 점포가 무엇을 하는 곳인지 한눈에 알 수 있도록 해야 한다. 통행인과 운전자의 시계 범위 안에 설치해야 한다. 적어도 30m 전방에서부터 해당 점포가 인식되도록 설치해 그것을 인지하고 들어가고 싶은 마음이 생길 수 있도록 여유를 주어야 한다. 정지된 간판보다 동적으로 움직임이 있는 간판이 이목을 끌기 때문에 고객이 집중되는 시간에 전광판 등의 형태로 움직이는 간판을 연출할 필요도 있다.

점포의 크기나 상권 및 입지에 따라 간판의 위치나 크기 등은 법률로 규제되기 때문에 관계법도 검토해야 한다. 간판의 기능을 증대시키기 위해서, 필요한 경우에는 전문가의 도움을 받아 디자인하고 제작해야 한다.

간판의 종류는 메인간판, 아치형간판, 돌출간판, 보조간판 등이 있으며, 돌출간판은 구청에서 '도로점용허가'를 받아야 하고, 기타 부착용 간판은 주민센터에 신고해야 한다.

간판부착 시 다음 사항에 유의해야 한다.

- 멀리서도 눈에 띨 수 있는 위치에 주 간판을 부착한다.
- 주변 시설물에 의해 상호가 가려지지 않게 한다.
- 간판이 내부를 보는 데 장애가 되지 않게 한다.
- 행인의 머리에 부딪히지 않게 안전사고 예방에 힘쓴다.
- 보조간판을 이용하여 안내 역할을 한다.
- 전문가의 도움을 받아 디자인하고 제작한다.

3) 입구

입구는 고객의 출입이 쉽게 만들어야 한다. 입구는 손님을 맞이하는 얼굴이기에 최대한 넓게 만드는 것이 기본이다. 그러나 현실적으로 입구를 넓힐 수 없다면 출입문이나 벽에 유리를 부착하여 시각적으로 넓어보이는 효과를 주는 것도 방법이다.

소형 점포의 경우 입구가 중앙에 있으면 점포 안이 비좁아 보이므로 오른쪽에 있는 것이 유리하다. 입구가 오른쪽에 있으면 시야가 대각선 길이가 되는 만큼 점포가 넓어 보인다. 출입문은 고객의 편의성을 최대한 고려하여 쉽게 여닫을 수 있도록 가벼운 소재를 택해야 한다. 이 외에도 출입구의 수, 위치와 방향, 출입구의 크기, 출입 방식(전후 미닫이, 좌우 미닫이, 회전문, 자동문 등), 비상구 등은 고객 위주로 고려해야 한다.

4) 점포 전면은 상점의 얼굴

점포의 전면은 상점의 얼굴인 만큼 고객의 입장에서 잘 보여야 한다. 고객에게 점포 판단의 기능, 점포 안으로 유인하는 역할과 함께 점포의 상징적 역할을 한다. 고객을 자연스럽게 가게 안으로 유인하기 위해서는 상점의 이미지를 전면에 표현하고 개성과 특성을 살리면서 친근감과 대중적 느낌을 받도록 설계해야 한다. 효과적인 전면 설계의 한 방법으로 점포의 투명 정도를 가지고 분위기를 나타내기도 한다.

고객이 들어가 보고 싶은 마음이 생길 수 있도록 참신하고 깨끗한 분위기가 되어야 한다.

- 무엇을 파는 점포인지, 비싼 곳인지, 저렴한 곳인지 알아보기 쉽게 한다.
- 쉬운 레이아웃과 깨끗한 점포여야 한다.
- 대면판매는 입구의 왼쪽이 유리하지만, 셀프서비스점은 오른쪽도 무방하다.
- 고객접객 준비가 되어 있어야 한다.

5) 쇼윈도

쇼윈도는 진열된 상품이 고객의 주의를 끌고 관심을 가질 수 있도록 점포의 대표적인 상품이나 전략적인 상품을 진열하여 점포 앞을 지나는 고객들에게 이미지를 전달한다. 그러므로 쇼윈도의 내용은 계절, 명절 등 기회가 있을 때마다 적절하게 바꾸는 것이 필요하다.

쇼윈도는 완전개방형, 반개방형, 완전폐쇄형으로 구분한다. 완전개방형 쇼윈도는 언제든지 마음 편히 들어가고 나갈 수 있는 업종에 적합하며, 가격이 저렴한 편의품을 취급하는 업종이 여기에 속한다. 반개방형 쇼윈도는 주로 고객이 쇼핑의 목적을 어느 정도 정해 놓은 업종에 적합하며, 의류점, 문구점, 완구점, 전자제품, 기타 음식점 등이 이에 속한다. 완전폐쇄형 쇼윈도는 고급품점이 어울리는데 화려하고 고급스러운 분위기의 디스플레이로 고객이 점포에 들어서는 것 자체로도 우월감을 느끼도록 한다.

하지만 최근에는 이러한 구분이 점차 사라져 가고 있다. 자유와 개성을 추구하는 시대의 흐름에 따라 점차 쇼윈도의 형태도 개방형으로 바뀌고 있다.

6) 주차장

도심지를 비롯한 모든 상권 내에서는 주차장 확보가 쉽지 않다. 소규모 점포는 주차장이 필수적이지는 않다. 하지만 도시의 외곽에 개설되는 상점은 자동차를 이용해야 하는 경우가 많으므로 주차장을 확보해야 한다. 주차장을 독자적으로 확보하기 어려울 때는 공동으로 사용하는 방안도 강구해야 한다.

2. 내부 장식

점포를 어떻게 잘 꾸미느냐에 따라 매장의 전체 분위기가 달라질 수 있다. 이는 점포의 골격에 해당하기 때문이다. 점포 인테리어는 전체적으로 주변 분위기와 어울리고 취급하는 업종에 맞도록 꾸며야 한다. 바닥이나 벽, 천장 등 내장재나 색채, 조명 등은 주위환경과 어울리면서도 깔끔하고 단정한 느낌을 주어야 한다.

고객 편의성을 고려한 공간확보와 고객에게 즐거움을 줄 수 있도록 바닥, 벽지 등 마감재 재료나 색채, 레이아웃 등은 고객의 취향에 맞게 선택해야 한다. 색상은 조명과 함께 점포의 무드와 이미지를 창조하여 고객의 관심을 고조시키므로 점포 내부의 색상과 조명은 남다른 정성과 신경을 써야 한다. 사업 업종에 따라 전체적 분위기와 시설의 스타일이 달라져야겠지만 최신 경향에 유의하면서 고객 위주의 내부 시설 꾸미기에 노력해야 한다. 색상 선택은 바닥재, 천장 등 최종마감재의 색상과 관련되어 있어 신중하게 선택해야 한다. 조명은 점포 전체를 하나의 분위기로 만들어 상품의 구매 욕구를 불러일으키는 기능을 수행하는데 대체로 밝은 조명을 선호한다. 색상과 조명은 3, 4절에서 별도로 다룬다.

상점 내에 들어오면 불안해지거나 상점에 대한 불신의 감정이 생기지 않도록 분위기가 조성되어야 한다. 점포의 투명 정도, 점포 내부, 계산대의 위치에 따라서도 고객에게 전달되는 심리적 효과가 다양하다.

1) 계산대

고객에게 부담이 되지 않으면서 안전한 곳에 설치해야 한다. 고객이 자유롭고 부담 없이 출입할 수 있는 상점이 되기 위해서는 계산대가 장애가 되지 않도록 위치해야 한다.

① 출입구 앞 또는 옆에 있는 계산대

- 공간 활용률이 높아 다양한 디스플레이 연출이 가능하다.
- 레스토랑, 유흥업소, 소규모점포, 편의점 등

② 안쪽에 있는 계산대

- 고객에게 부담은 적지만 보안 유지에 신경을 써야 한다.
- 의류, 일용품 등

③ 중앙에 있는 계산대

- 많은 양의 진열과 효과적 관리가 가능하다.
- 의류보세품, 큰 상점 등

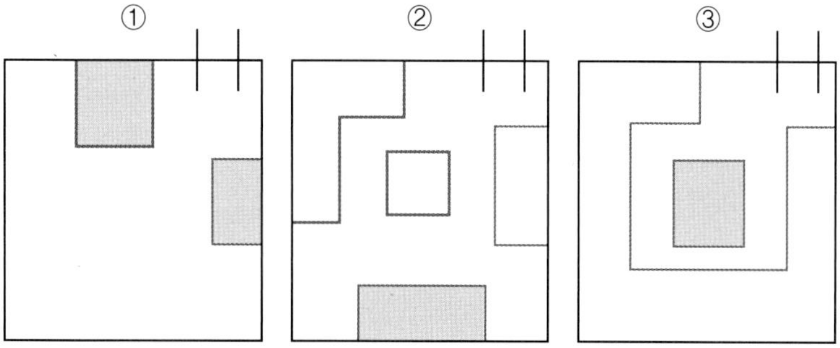

2) 의자와 테이블, 테이블 보

의자와 테이블은 내부 분위기의 통일된 이미지에 부합되면서 약간은 주목을 받을만한 색상과 디자인을 이용하는 것이 적합하다. 편안함을 주되 너무 안락한 의자는 피하고 테이블은 바닥보다는 약간 강한 색상으로 산뜻한 느낌이 더해지는 디자인이 바람직하다. 테이블 보는 다양한 재질 중에서 쉽게 변색하거나 더러워지는 것보다 산뜻하면서도 고급스러워 보이고, 세탁이 쉬운 재질에 점포의 특성과 관련된 무늬와 어울리는 색상이 좋다.

3) 집기와 장비

구분	내용	대상
집기	상품의 판매, 진열, 저장, 보호 등에 이용되는 내구제	진열장, 캐비닛, 선반, 계산대, 테이블
장비	판매에 직 · 간접으로 보조하는 내부재	계산대, 엘리베이터 점내운반장비 – 손수레 배달장비 – 차량 등

4) 바닥

고객들이 점포 안에서 이동하는 동선에 불편을 주지 않도록 설치해야 한다. 바닥의 재질은 상점의 분위기와 취급상품의 분위기 조성과 관계된다. 고급상품을 취급하는 곳이라면 카펫을 까는 것이 유리하고, 운동기구점이나 구두점은 윤택한 나무 바닥이 좋다.

5) 벽면, 벽면 유리, 블라인드

벽도 바닥처럼 상점 분위기와 취급상품에 따라 재질, 색깔을 선택해야 한다. 벽은 시멘트에 페인트를 바를 수도 있고, 벽지를 바를 수도 있다. 벽지도 단순한 것에서부터 화려한 것까지 여러 종류가 있으므로 매장 분위기에 맞게 선택해야 한다.

점포의 전면과 벽면이 유리로 된 경우, 창밖의 경치를 볼 수 있지만 아름다운 무늬를 가진 블라인드를 병행하여 사용하면 독특한 내부 분위기를 조성할 수 있다.

6) 화장실

화장실의 위치와 청결 상태는 점포 이미지와 연결되어 매출과도 직결된다. 특히, 음식점, 커피숍 같은 곳에서의 화장실은 매우 중요한 역할을 한다. 따라서 항시 매력적인 곳으로 만들기 위해서는 가깝고 깨끗하고 편리해야 한다. 화장실은 편의성과 쾌적한 분위기, 위생적인 디자인과 인테리어가 고려되어야 한다.

7) 통로와 계단

점포가 2층 또는 3층에 있는 경우에는 고객이 오르내리는 통로와 계단도 점포 이미지를 높이는 훌륭한 수단이 될 수 있다. 업종에 따라 적절한 조명과 함께 포스트, 인기도서 목록 등을 붙여 지루함과 단조로움을 줄일 수 있다.

효율성 있는 레이아웃

내부 레이아웃에서 고려해야 할 사항은 통로, 진열, 집기와 장비, 계산대 등이며, 여유가 있다면 직원들을 위한 라커룸 등이 있으면 좋고, 의류전문점의 경우에는 탈의실도 필요하다.

점포의 평당 효율을 높이는 레이아웃을 보면 점포 입구 쪽 매장에 고객이 몰리는 것이 일반적이다. 따라서 입구 쪽은 경제적인 상품을, 안쪽에는 고가품을 진열하는 것이 일반적이다. 셀프서비스의 경우 안쪽의 회전율이 높다.

통로의 배열에 따른 고객 유치를 위해서는 고객 유인을 위한 핵심 통로와 이익을 위한 통로, 서비스 부문의 통로, 고객의 고충 처리를 위한 통로로 배열하는 것이 좋다.

이동통로는 들어오고 나가는 손님이 서로 부딪치지 않도록 하는 것이 중요하다. 상품을 일정한 방향으로 진열해 출입을 자연스럽게 유도하고 어린이를 상대하는 점포에서는 진열대를 아이들 눈높이에 맞추는 등 고객이 불편하지 않도록 고객 중심으로 꾸며야 한다.

고객의 시선을 고려해서 매장이 한눈에 들어오도록 유도하는 상품진열은 고객의 눈높이에 맞게, 즉 여자와 남자의 평균 키보다 7cm 정도 낮추는 것이 보통이다. 또한 매장표시와 고객유도에 초점을 두고, 조명의 밝기에 따라 상품을 고급화시킨다는 점을 고려하여 레이아웃을 구상해야 한다.

2 상품별 진열

상품진열을 어떻게 할 것인가, 판매 장비, 탁자, 테이블의 위치는 어느 곳으로 할까 등의 레이아웃을 결정해야 한다. 이때 염두에 둬야 할 점은 고객이 이용하기 편리한 고객의 동선에 맞게 레이아웃이 되어야 한다는 것이다.

고객의 동선과 편리한 쇼핑을 고려하고 있는 점포는 매장의 입구에서 안쪽까지 고객이 편리하게 쇼핑할 수 있도록 레이아웃이 되어 있다.

고객이 지급하는 상품대에는 상품뿐만 아닌 점포가 제공하는 서비스에 대한 비용도 포함되어 있다고 생각하기 때문에 고객은 정당한 서비스를 받고자 한다. 만약 우수한 상품에 낮은 서비스를 제공한다면 고객의 입장에서는 그 점포를 이용할 이유가 없다.

상품별로 전시진열, 판매진열, 재고진열의 공간으로 구분해서 진열하는 것이 효과적이다.

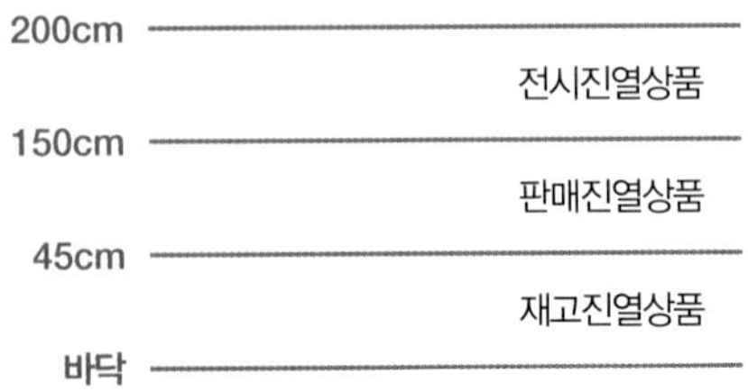

1. 매장과 상품배치

상품 / 매장	위치선정
주력상품	주통로
준주력상품	부통로
부속상품	계산대 옆, 사각지대
자극상품	쇼윈도, 코너, 기둥, 벽면

매장과 상품의 배치는 점포를 하나의 시스템으로 보고 모든 기능이 원활하게 연결될 수 있도록 배치해야 한다.

① 구매심리에 따른 고객의 동선을 배려한 배치

② 매장 전체를 방해 없이 바라볼 수 있는 배치

③ 고객이 한 곳에 집중되는 것을 막고 부문 간의 이동과 상품 운반이 쉽도록 배치

④ 고객의 충동구매를 유발할 수 있게 관련 상품의 집중적 진열

⑤ 구매 저항을 줄이는 합리적인 부문별 배치

⑥ 고객서비스 차원의 고객 공간의 확보

⑦ 고객의 통행 흐름을 우선하는 디자인으로 최대한 상품의 노출 기회 확대

⑧ 고객을 점포 내에 오래 머무르게 하며 통과구매, 충동구매 비율을 높이는 배치

2. 기본상품과 중점상품의 구분 진열

점포 입구에는 회전이 높은 주력상품과 중점상품을 진열한다. 점포 안쪽에는 고객의 판단이 필요한 목적구매 상품으로 준주력상품이나 부속상품을 진열한다. 고객이 매장에 들어와서 두루 돌아다닐 수 있도록 상품을 통해 고객을 유인한다.

상품을 진열할 때 원칙은 보기 쉽게, 찾기 쉽게, 구매하기 쉽게이다. 이러한 원칙이 지켜지지 않는 진열은 고객에게 도움을 주지 못하는 진열이다. 상품판매량에 정비례하는 진열 방식은 상품회전율을 높이고 많이 팔리는 상품의 품절방지와 재고감소 효과를 준다. 고객이 가격수준을 비교하여 구매할 수 있도록 동일 상품당 가격 라인의 수는 3~5개로 제한하여 진열하는 것이 유리하다.

① 기본상품

- **주력상품**: 판매 활동에 가장 역점을 두는 상품이다.
- **준주력상품**: 주력상품을 보조하여 꾸준히 팔리는 상품으로, 주로 편의품이다.
- **부속상품**: 상품회전율이 낮으나 안정적으로 팔리는 상품으로, 생활필수품이다.

② 중점상품

진열하는 데 중점상품은 '이번 달(또는 이번 주)은 이 상품을 사 주십시오.'라는 적극적 호소력을 가지고 있다. 자극상품이라고도 한다.

- **자극상품**: 기본상품 중 계절, 판매전략 등에 따라 고객유인을 위해 특별히 선정된 상품(중점상품으로 진열)이다.
- **중점상품 진열기준**

기획력	적극적 진열로 호소력을 높인다.
배치력	보기 쉽고, 손에 닿기 쉽고, 시선을 집중할 수 있는 곳에 배치한다.
상품력	상품 구색과 넓은 공간으로 흥미와 욕구를 가지게 한다.
연출력	상품 특성에 맞는 진열 방법의 연출, 계절상품은 계절감을 나타내기 위해 보조기구의 이용으로 실감 나게 연출한다.
설득력	상품설명, 가격표시 등으로 충동구매를 유도한다.

③ Gold Line

- **의의**: 유효진열의 범위 내에서 보다 보기 쉽고 손이 닿기 쉬운 범위의 높이이다. 보통 일어선 자세에서 허리와 무릎을 구부리지 않고 상품을 만질 수 있는 범위를 의미하며 가장 많은 판매가 가능한 진열공간이다.
- **범위**: 눈높이보다 20° 아래를 중심으로 그 위의 10°, 그 아래의 20° 사이를 말한다. 일반적으로 가장 보기 쉬운 위치는 눈높이보다 20° 아랫부분으로, 손으로 잡아보기 쉬운 장소이다. 보통 사람의 눈높이는 남성의 경우 160~180cm, 여성의 경우 150~170cm를 기준으로 한다. 시야의 넓이는 양쪽 눈을 기점으로 좌우 60°라고 한다.

효과적인 상품진열을 위해서는 사각지대(비 골드라인)를 최소화하며 골드라인의 상품 밀도를 높이고 중점상품 위주로 진열해야 한다.

3. 상품력을 높이는 방법

① 상품의 밀도를 높이기 위해 한 곳에 밀집진열(다른 공간을 비워두거나 다른 용도로 활용)

② 연관상품의 진열

- 용도, 색채, 계절, 가격, 고객연령층을 고려한 진열
- 상품끼리 적합한 조합, 코디네이션 진열

③ POP 광고(Point of Purchase)

- 판매촉진을 위해 게시하는 광고표시물
- 포스트, 진열대, 카탈로그, 사진, 현수막, 소액자 등
- 구매시점광고로 소비자에게 즉각적 효과(POP를 통해 정보를 얻고 실물을 보고 구매충동을 일으킴)

> **용도별 진열 방법(T-P-O-S)**
>
> 상품의 진열 방법에 있어서는 일괄구입이 용이하도록 용도별로 진열한다.
>
> - **TIME(사용 시기)**: 화장품 같은 경우 사용순서별로 진열
> - **PLACE(사용 장소)**: 현관용 · 침실용 · 화장실용 · 부엌용 등으로 묶어서 진열
> - **OCCASION(사용 목적)**: 옷을 예로 들면 정장용 · 예복용 · 통근용 등으로 구분하여 진열
> - **LIFE STYLE(생활 양식)**: 브랜드상품과 비브랜드상품 분리 진열

3 진열의 유형

1. 보충진열

전반적 상품에 대한 오픈 스톡(open stock) 형태의 진열양식이다. 쇼윈도우와 점포 내의 요소에 설치하는 시선집중포인트를 제외한 점포 내 전체에 배치된 상품들의 스톡 형태의 보충적인 진열을 의미한다. 그 공간은 점포 내의 대부분을 차지한다.

1) 보충진열을 전개하는 순서

① **기능적인 진열집기를 선택한다.** 매장 분위기에 맞춰 규제진열을 전개하는데 필요한 집기를 선택하는 것을 의미한다. 규제진열이란 보충진열이 매장에서의 스톡 형태의 진열이기에 집기는 사이즈와 디자인이 통일되고 많은 종류의 상품에 공통점·가동성이 있는 것을 선택하

여 효과적 진열을 전개하는 것을 말한다.

② **합리적인 상품분류를 한다.** 기능적 진열집기가 결정되고 그것들이 적당한 위치에 배열되었다면 다음에는 각각의 상품을 나누어 선택하기 쉽게끔 분류해서 진열하는 것을 말한다. 상품이 명확하게 분류되지 않으면 어디에 무엇이 있는지 알기 어려워 상품관리에 애로가 있으며, 고객 또한 상품을 선택할 때 불편을 느끼게 된다.

③ **상품가치를 효과적으로 높이는 진열을 한다.** 보충적 상품이라도 단순한 스톡이라는 형태로 상품을 정리·수납하는 것이 아니고 가능한 한 상품가치를 높이는 효과적인 진열을 전개하는 것이다. 이를 위해서는 상품의 얼굴(상품 전면 또는 보이고 싶은 특정 부분)을 보일 수 있는 진열, 즉 페이스(face)진열을 전개하는 것이다.

2) 보충진열의 방법

보충진열은 기능적인 설비와 집기를 결정하여 선택하기 쉽도록 분류하여 진열하고 거기에 허용되는 공간의 범위에서 상품가치를 높일 수 있는 페이스(face)진열을 전개하는 것이 바람직하다.

보충진열 이외에 중점상품을 진열하는 방법이 있다. 주력상품은 그 점포가 취급하고 있는 상품 중에서 주력이 되는 상품을 말한다. 중점상품은 점포에서 어떤 시기에 특정한 상품을 강하게 호소하는 것으로서 "일정 기간에 목표수량을 판매한다."는 것을 목표로, 테마를 잡고 상품범위를 결정하는 것이 필요하다.

2. 전시진열

중점상품을 쇼 디스플레이(show display) 형태로 진열하는 양식이다. 전시진열이란 점포 앞의 쇼윈도우와 점포 내의 요소에 설치된 시선집중포인트 부분에 중점상품을 진열함으로 점포의 그때그때 목표를 단적으로 보여주고 알리는 안내적 역할을 한다. 동시에 그 상품을 단기간에 더 많이 판매하고자 하는 목적을 가진 진열이다.

이를 위해서는 시각적으로 즐겁고 흥미, 연상, 욕망을 강하게 느끼게 하는 진열의 표현기술이 필요하다. 또 사람들의 시선을 끌어 매장에 들어오게 하는 유인역할이 있어야 한다. 그리고 점두의 쇼윈도우에 대한 중점상품의 전시진열을 호소력 있게 하기 위해서는 점포의 광고매체로서의 캐치프레이즈라는 인식이 중요하다.

중점상품의 전시진열을 전개하려면 다음의 광고적 · 심리적 효과를 고려해야 한다.

① 어떻게 하면 보다 많은 사람에게 주의 · 흥미 · 기억 · 행동을 느끼게 할 수 있는지, 그 응용 방법을 생각해야 한다. 진열은 점포 앞을 지나는 통행인 수만큼 전단광고를 배부하는 것과 같은 효과가 있다. 이 뿐만 아니라 점두에서의 상품진열은 상품이라는 현물 그 자체를 직접 보일 수 있다는 의미에서 전단광고 이상의 가치가 있다.

② 심리적 효과는 5가지 감각에 호소하는 것으로, 인간이 갖는 시각, 촉각, 청각, 후각, 미각의 감각기관 반응을 상품성격에 맞게 효과적으로 결부시키는 것이다.

이를 위한 구체적 방안은 다음과 같다.

① **시각효과**: 고객이 점내의 여러 곳을 두루 보게 된다는 사실을 인식하고 고객의 관심을 유도하는 방법을 강구해야 한다. 그리하여 보다 보기 쉽고 선택하기 쉬운 상태로 진열해야 하며 시각적으로 즐겁고, 멋있고 센스 있는 무드를 연출해야 한다.

② **촉각효과**: 고객이 상품을 만지거나 집어 들면 거의 팔 수 있는 단계가 된다. 고객이 상품과 접촉할 수 있도록 유도해야 한다. 신발은 신어볼 수 있고, 모자는 써볼 수 있고, 손목시계는 차볼 수 있도록 유도한다. 따라서 매장에는 고객이 손으로 직접 만져볼 수 있도록 하여 상품에 친근감을 느낄 수 있도록 전시해야 한다.

③ **청각효과**: 음악은 판매에 효과가 있는 것으로 알려져 있다. 음악은 상점에서 다루는 상품과 고객의 취향에도 맞아야 한다. 음악 이외의 소리로도 고객의 주의를 끌 수 있다. 장난감 가게는 장난감 소리를 내게 함으로써 고객의 관심을 유도할 수 있다. 레코드와 스테레오 등은 좋은 소리를 들려줄 때 그 상품에 대해 구체적인 관심을 가지게 된다. 대상과 상품에 맞는 유쾌한 점내 음향효과를 연출하는 것도 중요하다.

④ **후각효과**: 좋은 냄새가 구매를 촉진하는 경우도 있다. 화장품 등은 좋은 향기를 느끼게 하는 것이 바람직하다. 신선한 향기를 감돌게 해야 한다. 빵을 매장에서 굽게 되면 소비자의 후각을 자극하여 구매심리를 유발할 수 있다.

⑤ **미각효과**: 상품의 조합과 장식으로 맛이 다르게 보이도록 진열연출을 전개해야 한다. 식료품의 경우 고객이 직접 맛을 볼 수 있도록 하면 효과적이다. 시식을 하거나 시음을 통해 구매를 촉진하며 이것이 어려우면 소량판매도 시도해 볼 수 있다.

③ 서비스 사인을 게시한다. 점포가 고객에게 알리고 싶은 서비스 내용을 전하는 게시물이다. 성실함, 친절함을 말로 대신하여 점포의 신용을 높이는 표시이다.

Ⅲ 진열의 색채

1 색의 효과

1. 색의 감정효과(color effect for emotion)

색은 시각을 통해 지각되므로 생리적인 현상임과 동시에 심리적인 현상이다. 색채감정은 개성과 환경, 그리고 조건에 따라 서로 다른 감정을 갖게 된다.

1) 온도감(temperature of color)

따뜻한 느낌을 주는 색을 따뜻한 색(warm color)이라고 하며 노랑, 주황, 빨간색 계통이다. 물의 색을 연상하는 파란색 계통의 색은 찬 느낌을 주므로 차가운 색(cool color)이라고 하는데 이러한 감정은 순색 계통에서 일어난다.

색의 온도감은 심리적·물질적인 요인을 포함하고 있으나 실크(silk) 계통은 찬 느낌을 주고 울(wool) 계통은 따뜻한 느낌을 주는 것과 같이 소재의 표면에서도 강하게 느껴진다.

색의 자극 작용 측면에서 보면 따뜻한 난색 계통의 색은 자극적이고, 차가운 색은 조용하며 정적이다. 난색과 한색의 중간에 있는 자주색 계통의 색은 온도감이나 자극의 작용이 중성적이다.

2) 운동감(movement of color)

색채는 거리감과 운동감에 의해 똑같은 위치에 있는 색도 가까운데 있는 것처럼 또는 먼 곳에 있는 것처럼 느끼기도 하는데 다음의 4가지로 나누어 볼 수 있다.

- 전진색(advancing color): 팽창하게 보임 – 빨간색, 주황색, 노란색 등의 난색 계통
- 후퇴색(receding color): 수축하게 보임 – 자주색, 파란색, 남색 등의 한색 계통
- 수축색(contractive color): 과소평가되어 수축되어 보이는 색
- 팽창색(expansive color): 과대평가되어 팽창되어 보이는 색

전진색은 팽창해 보이고 후퇴색은 수축해 보인다. 실내에서 실제 면적보다 과대평가되고 팽창해 보이는 색의 성질을 팽창색이라 하고, 반대로 과소평가되어 수축해 보이는 색을 수축색이라고 한다. 여기에서 전진색과 팽창색은 공통된 성질을 갖는다. 주로 난색 계통으로서 빨간색, 주황색, 노란색 등이 이에 해당한다. 또한 후퇴색과 수축색도 마찬가지로 공통된 성질이 있다. 주로 한색 계통으로서 자주색, 파란색, 남색 등이다.

이러한 면에서 실내의 배색과 조명의 배색 등에 많이 이용된다. 예를 들면, 같은 크기의 방안에서도 후퇴색을 벽에 칠하면 훨씬 크게 보이며 밝은색이 어두운색보다 더 커 보인다. 또한 순색에서도 황색이 가장 커 보이며, 주황, 녹색, 적색, 청색, 자색 순으로 커 보인다.

3) 중량감

색채의 중량감이란 무겁게 또는 가볍게 보이는 시각적인 감각 현상에서 오는 것으로 명도에 따라 일어난다. 즉, 고명도일수록 가볍게 느껴지며 저명도일수록 무겁게 느껴진다. 예를 들어, 상품의 포장에서 노란색 계통은 가볍게 보이며 남색 계통은 무겁게 보인다. 이 중량감은 주로 자동차, 의상, 가구, 상품의 포장 등에 많이 응용된다.

4) 경연감(硬軟感)

경연감은 색채가 부드럽게 느껴지기도 하고 딱딱하게 느껴지기도 하는 것을 말한다. 색채에 있어서 특히 투명색의 저명도·고채도의 색은 딱딱함을 느끼게 하며, 난색 계통의 채도가 낮고 명도가 높은 색과 흰색이 많이 섞인 색, 즉 무채색이 많이 섞인 색은 부드러움이 느껴진다. 순색 계통에서 채도가 높고 한색과 저명도 계통은 딱딱함이 느껴진다.

5) 주목성

고명도·고채도의 색이나 자극적이고 적극적인 색의 심리작용을 갖는 따뜻한 색 계통은 주목성이 강하다. 또 주목성이 강한 색은 배색 관계에서도 배경색과 명도를 심하게 하고 특히 보색 관계에 있는 색채에서 효과가 강하다. 이것을 주의가치(attention value)라고도 한다. 일반적으로 순색·난색 계통이 흰색 계통보다 주목성이 우월하고, 명도와 채도가 높은 것이 주목성이 강하다. 하지만 주목성이 강한 색이라 하더라도 배경색에 따라 다른 효과가 나타나기도 한다.

6) 시인도

같은 크기와 모양으로 된 색채를 거리에 따라 굽히거나 넓혀서 보면 그 색을 느낄 수 있는 거리가 변함을 알 수 있다. 이때 지각되는 거리를 색의 시인도라고 한다. 일반적으로 색의 시인성은 같은 명도, 같은 채도의 색으로 비교하면 노란색이 가장 시인성이 높고 파란색과 빨간색은 낮다. 또, 조명의 명도가 다르면 눈의 감수성도 달라지기 때문에 낮은 명도가 되면 시인도는 노란색보다 초록색이나 파란색 등이 높아진다. 따라서 시인도는 색의 형이 크고 작음과 채도의 강약, 거리의 원근, 조도의 강약 등에서 일어나는 현상이라고 할 수 있다.

7) 판독성

파란색은 노란색에 비교하면 시인도가 매우 낮다. 그러나 흰색 배경 위에 파란색과 노란색의 색을 사용하여 같은 크기와 모양의 문자를 그려 놓고 보면 파란색 쪽이 더 선명하게 보인다. 이처럼 시각에 느껴지는 형태의 명료함을 판독성이라고 한다. 판독성은 보통 다른 색과의 대비 관계에 따라 결정된다.

8) 기억색(memory color)

기억색은 우리의 과거 경험에 의해 머릿속에 기억되어 있는 색을 말한다. 이러한 색들은 객관화된 색이다. 예를 들어, 사과는 빨갛게, 하늘은 푸르게 느껴지는 현상을 말한다. 이러한 기억색은 관념적이기 때문에 관념색이라고도 할 수 있다. 계절에 관해 연상되는 색채도 여기에 해당한다.

9) 강약색

색은 강력하게 느껴지는 색과 약하게 느껴지는 색이 있다. 강한 색은 pale, light, dull 등으로 표시되는 색을 말한다.

10) 색의 연상(association of color)

색의 연상은 그 사람의 환경, 경험, 기억 등에 지대한 영향을 받으며 나이, 성별, 학력, 직업 등에 따라 조금씩 다르다.

- **빨강**(red): 태양, 피, 자애
- **노랑**(yellow): 빛, 금, 해바라기, 개나리, 봄
- **초록**(green): 잔디, 보리밭, 청년, 야채, 5월, 새댁
- **파랑**(blue): 하늘, 물, 달밤, 여인의 옷, 남성
- **보라**(purple): 포도, 오랑캐꽃

11) 색의 상징적 표현(symbolical expression of color)

색의 연상은 관례적이고 고정된 감정이지만 그것이 일반화할 경우 색은 특정한 상징성을 갖게 된다. 이것은 우리의 마음에서 느껴지는 정서적인 반응과 규칙에 의한 사회적인 규범이다.

- **빨강**(red): 정열, 희열, 애정, 혁명, 야망, 유쾌, 위험
- **주황**(orange): 정의, 수확, 활동, 성취, 힘, 온화, 흥분, 약동, 초조
- **노랑**(yellow): 호사, 영광, 광명, 쾌활, 신성, 성실, 교만
- **초록**(green): 평화, 청춘, 이상, 지성, 친애, 삶, 신앙, 안전, 유쾌, 활기
- **파랑**(blue): 고요, 신비, 진리, 경고, 침착, 비애, 총명, 양심, 소극
- **보라**(purple): 고귀, 장엄, 우아, 영웅, 침울, 불안, 경솔
- **하양**(white): 순결, 평화, 무기력, 진실, 순수, 불변, 무궁신성, 담백
- **회색**(gray): 비애, 우둔, 절제, 겸손, 판단, 성숙
- **검정**(black): 엄격, 죄악, 공포, 사망, 삼엄, 증오, 고민, 적막, 음산

2 색상의 효과

색의 연상작용이나 상징적 효과는 심리적 작용이라고 볼 수 있다.

1) 빨강(red)

빨간색은 주목성이 높고 시인도도 우월하다. 위험이나 긴급함에 많이 활용되는 색이다. 안전색채 표시 중 화재방지, 소화, 소방차, 위험 또는 정지표시 등에 사용된다. 심리적인 요인으로는 자극성이 강하고, 흥분적이며 불안을 초래하고 신경을 긴장시킨다. 그 반면에 활성이 강하고, 감정적인 일을 일으키며, 동작하게 하는 색으로 창조적인 아이디어의 개발에 많이 사용되는 색이다.

그러나 이 색채에 장시간 노출되면 자극성이 강하여 인체의 생리작용의 평형이 깨지므로 혼란이 크다. 특히 강하고 높은 채도의 붉은 색으로 되어 있는 장소에서는 혈압과 맥박을 증가시키는 효과가 발생한다. 색채 심리학적으로 이야기하면 적색환경의 장소에서는 객관적인 경과시간보다 주관적인 경과시간이 길게 느껴지므로, 거실, 고급식당의 룸(room) 등과 같이 시간을

즐겁게 하는 자리는 침착한 적색 계통을 사용하는 것이 좋다. 또 중량, 면적, 체적 등이 과대 평가되는 색채이므로 몸에 살이 많은 사람은 붉은색 계통의 옷은 주의해서 입는 것이 좋다.

2) 주황(orange)

빨간색보다는 호소력이 약간 부족하나 시인성, 주목성이 우수하여 경계를 표시하는 색으로, 기계장치의 위험 부분, 전기장치의 노출 부분 등에 주로 사용된다. 밝은 계통의 주황색은 식욕 증진의 효과가 있어 병원, 학교, 주택, 공장 등의 식당에서 많이 사용한다. 추상적으로 쾌락, 환희, 의혹, 원기 등을 연상할 수 있다.

3) 초록(green)

생리적 영향은 중성이고 시인성은 크게 높지 않으나 노란색에 가까운 황록색은 시인성이 높다. 안전색으로서 응급처치실, 의무실, 휴게실의 위치를 가리키는 색으로 사용된다. 초록색 또는 청록색은 명도와 채도를 적당히 취하면 쾌적한 주거환경에 적합하고, 특히 명도의 차를 맞추어 밝은 주황색 계통과 배색하면 서로의 아름다움을 강조하게 된다. 추상적으로는 신식, 평화, 위안, 건전, 지성, 친애, 공평, 이상, 순정 등을 연상할 수 있다.

4) 파랑(blue)

파란색은 시인성, 주목성이 낮고 빨간색과 상반되는 성질을 가지고 있다. 파란색에 흰색의 배색은 판독성이 우수하여 교통표지 등의 보조색으로 쓰인다. 복장에서는 흰색과 조화가 잘 된다. 또 안전색으로는 경고를 의미하고, 수리 중의 기계를 표시하며 만져서는 안 되는 물건 등에 칠해진다.

파란색은 심리적으로 혈압을 낮추고 맥박수를 적게 하는 경향이 있으며, 이 작용은 시간이 지남에 따라 역으로 된다. 조명 광원 관점에서 보면 태양직사광에서는 발색이 좋으나 퇴색하기 쉬운 결점이 있다. 추상적으로는 냉담, 평정, 소극, 진실 등을 연상할 수 있다.

5) 보라(violet, purple)

빨간색과 파란색의 혼합으로 생기며 생리적으로는 중성이다. 시인성, 주목성은 낮고 안전 색채로 방사능의 위험을 오염으로부터 지키기 위한 표시색으로 쓰인다. 굴절각의 다른 장파장 광과 단파장 광의 혼합자극에 의해 생기는 색이므로 눈의 초점을 흐리기 쉽고 미감을 흔들리게 할 수 있다. 태양직사광에서는 선명하게 발색하나 형광등 밑에서는 약간 붉은 기를 띤다. 추상적으로는 고귀, 우아, 평안, 온후, 신비, 영원 등을 연상할 수 있다.

6) 무채색(achromatic color)

흰색, 회색, 검은색 등으로 심리적 효과는 중성이나, 흰색은 감정적으로 청결감이 있어 위생적인 장소에 쓰인다. 또 흰색은 반사율이 높아 자연감이 풍부한 색이므로 주택, 공장, 학교, 병원 등의 색채조절에는 제외할 수 없는 색이다. 회색은 모든 것에서 중성적이며, 특히 변하는 성질이 없고 수동적인 느낌을 주어 호감을 얻고 있다. 검은색은 소극적이나 유채색과 배색하면 이끄는 성질이 있어 보조색으로 쓰면 효과적이다.

3 색상과 진열

색상은 점포의 무드와 이미지를 창조하여 고객의 관심을 고조시키며, 상품진열과도 관계가 크다. 진열장이나 카운터는 흰색이나 회색 같은 중성색으로 하여 상품에 관심이 집중되도록 한다. 검은색은 보석과 같은 고급상품의 진열에 자주 사용되고, 순수함의 상징인 백색은 화장품과 관련하여 자주 쓰인다.

업종에 따라 다음과 같은 색상을 선택하는 것이 좋다.

1) 음식점

① 고객에게 편안한 내 집 같은 분위기

② 차가운 색: 청결감은 주지만 전체 분위기를 차갑게하므로 친근감 결여

2) 커피전문점

① 깔끔하고 청결한 이미지 필요

② 너무 편한 분위기: 너무 이동이 없으면 매출에 영향

③ 절제된 아름다움 추구가 바람직

④ 파스텔 계열이나 차가운 색 계열이 바람직

3) 식품류

① 싱싱하고 깨끗하며 신선한 이미지가 생명

② 푸른색 계통은 상품을 돋보이게 하고 상쾌한 이미지를 줌

4) 중년여성 대상 업소

① 고상하고 정감 어린 색상

② 포도주색 계열 선호

5) 청소년 대상 업소

① 명랑한 원색 계열

② 은은하고 세련된 파스텔 계열 선호

6) 중년남성 대상 업소

① 무겁고 칙칙한 색상 지양

② 중후하고 도시 감각의 회색 계열이 적당

③ 중년 취향의 원목을 가미

7) 여성내의점

① 여성스러움과 부드러운 분위기 조성

② 은은한 벽 색상 필요

8) 청바지전문점

① 젊은이들의 기호에 맞는 분위기 조성

② 밝고 강한 색상

Ⅳ 점포의 조명

1 조명과 색채

우리는 물체의 색이 사용되는 광원에 의해 서로 다르게 보인다는 것을 알고 있다. 물체의 색은 광선과 밀접한 관계가 있다. 일반적으로 물체의 색이 자연스럽게 보이는 것은 태양광선에 의한 것이다. 태양을 기준으로 물체의 색을 평가하게 된다. 조명은 크게 자연조명과 인공조명으로 나눈다.

1. 인공조명의 역사

인공조명의 역사는 인류가 불을 사용했던 때부터 시작된다. 최초에는 나무를 태워서 빛으로 사용했으나 차차 식물의 기름과 동물의 기름을 사용하였다. 현재도 석유램프나 가스 등을 사용하기도 한다. 전기에너지를 최초로 사용한 것은 대비(H. Davy)가 발명한 아크등(1808)인데 결점이 많아 조명의 주류를 이루지 못하였으며, 본격적인 조명 시대는 1879년 에디슨(T. Edison)에 의한 백열전구의 발명이다.

백열전구에 의한 조명, 즉 전구가 보급되면서 전기에너지의 수요가 비약적으로 증대하고 그것이 전력산업을 발전시키는 큰 계기가 되었다. 백열전구는 인류가 만든 최초의 가정용 전기기구이다. 불에서 백열전구까지의 인공 광원은 열이 포함된 발광현상으로 이용해 왔다. 열과 관계없는 형광램프는 1938년 General Electric 회사에서 만들었다. 한국에 들어온 것은 1960년대 전후이며 그 이후부터 수은램프, 형광등이 사용되고 있다.

2. 색온도

자연계의 최대 광원인 태양은 빛을 낼 뿐만 아니라 대량의 열을 발생시킨다. 인공 광원은 불의 발견부터 백열전구까지 열을 포함한 발광현상으로 이용해 왔다. 물체의 온도를 높이면 일반적으로 빛이 발생한다. 철에 열을 높이면 빨갛게 되는데, 이것은 고온에서 대량의 붉은 광선이 발생하기 때문이다. 이처럼 고온에서 빛이 발생하는 현상을 온도방사라고 한다.

온도방사에서는 물체의 온도에 의해 발생하는 빛의 색이 변한다. 물체의 온도를 높이면 차츰 빛이 달라진다.

일반적으로 암적(dark red) → 적(red) → 오렌지 → 노랑 → 흰색 → 흰색(+파랑)의 순서로 온도에 따라 색조가 변하는 데 이것을 색온도라고 한다.

3. 광원의 연색성

연색성이란 물체의 색을 어떻게 자연스럽게 보이는가 하는 것이다. 물체의 색은 조명의 광원에 따라 달라 보인다. 백열전등은 붉은빛 계통이며 푸른색 계통이 부족하다. 따라서 백열전구는 붉은색 계통이 생생하게 보이고 따뜻한 조명환경이 된다. 겨울이 긴 북부유럽에서는 백열전구의 조명을 많이 사용한다. 반대로 형광등의 조명은 붉은색이 어둡게 보이고 푸른색 계통이 강조되어 시원한 느낌이 있다. 더운 지방이나 여름에는 주택 조명에 형광등이 많이 사용된다.

4. 백열전구

백열전구는 1879년 미국의 에디슨(T. Edison)이 발명하였다. 그때는 카본램프(carbon lamp)로서 필라멘트를 사용하였으나 카본 온도가 너무 높아지지 않아 빛의 양이 적고 수명이 너무 짧았다. 1910년 텅스텐의 필라멘트 발명으로 텅스텐램프가 만들어졌다. 텅스텐은 증발하므로 불활성가스를 사용하게 된다.

백열전구에 소모되는 전기 중 95% 이상이 열과 램프 빛이 되고 빛전기는 불과 몇 %밖에 안된다. 백열전구를 개량한 것이 할로겐램프(halogen lamp)이다. 할로겐을 전구에 넣어 필라멘트의 소모를 억제하고 안정된 빛으로 램프의 수명이 길다.

5. 형광램프(형광등)

형광램프는 등 안쪽에 형광물감을 발라서 긴 유리관 내부에 아르곤가스와 수은을 넣고 그 양극에 전극을 붙여 전압을 가하면 유리관 내부의 아르곤가스에 의해 방전이 되고 수은 증기가 가득 찬다. 수은 증기 중의 아르곤가스는 강한 자외선이 발생하며, 이 자외선을 형광물감이 받아서 발광한다.

형광등의 종류에는 여러 가지가 있으며 형광램프의 스펙트럼은 굴곡이 자연광 스펙트럼보다 심하다. 형광램프는 수은 원자의 발광에 의한 것이다.

6. 수은램프

수은 증기 중에서 방전을 이용하는 방법이다. 수은 증기가 압력이 낮은 경우에는 자외선이 발생하나 증기의 압력이 높아지면 가시광선이 발생하여 효율이 강한 빛을 낸다. 이것은 가로등이나 광장 및 야외경기장 등에 사용된다.

7. 발광다이오드(LED) 조명

전기로 빛을 발하는 발광다이오드(LED) 소자를 이용한 조명 방법으로, 색의 기본 요소인 적색, 녹색, 청색, 백색까지 다양한 빛을 만들 수 있다. 기존 조명기구보다 에너지 소모를 획기적으로 줄일 수 있으며, 수명도 길다. 또한 유해 물질을 사용하지 않기 때문에 친환경적 제품으로 최근에 가장 많이 사용되고 있다.

2 조명의 기능과 차별화

1. 점포조명의 기능

조명은 점포 앞을 지나는 사람에게 진열된 상품과 점포를 잘 보이게 하며, 스포트라이트로 진열된 물건을 강조할 수 있다. 뿐만 아니라 고객을 사로잡아 점포 내로 들어오게 유도하며, 구매의욕을 일으켜 상품을 구매하도록 하는 역할도 한다. 점포 안은 전체적으로 밝게 하는 것보다 밝은 곳과 어두운 곳을 적절히 조절해 주력상품이 눈에 잘 띄게 하는 것이 좋다. 점포 안이 전체적으로 너무 밝게만 보이면 주의가 산만해져 구매 의욕이 떨어질 수도 있다. 쇼윈도 위와 카운터, 물품진열대 위쪽 등에 스포트라이트를 적절히 이용하면 훨씬 매력적인 매장으로 꾸밀 수 있다.

일반적으로 24시간 편의점, 의류점, 안경점, 화장품점 등은 환하고 밝은 백색 형광등을, 커피숍, 보석상 등은 은은한 조명을, 음식점, 서점, 문구점은 보통 밝기의 조명을 사용하는 것이 바람직하다.

상점의 조명과 관련하여 점검해야 할 사항은 다음과 같다.

① 고객이 상품에 집중할 수 있게 되어 있는가?
② 색깔은 잘 조화되어 있는가?
③ 상품들이 적절히 강조되고 있는가?
④ 종업원들이 일하는 데 불편이 없을 정도로 적당히 밝은가?
⑤ 조명이 상점 분위기와 어울리는가?(어두운 조명은 고급스러운 분위기를 조성하고, 할인매장에서는 강한 빛을 사용한다.)
⑥ 조명 에너지의 낭비는 없는가?

2. 점포조명의 차별화

점포의 조명 상태가 매출액을 좌우하기도 한다. 일반적으로 번창하는 점포는 밝고 청결하고 활기차다. 조명에 의해 분위기를 연출할 수 있으므로 주력상품과 유인상품을 눈에 잘 띄도록 조명을 밝게 하여 차별화가 이루어져야 한다.

조명의 기준이란 주변의 인접 점포와의 대비에서 결정하는 것인 만큼 적절한 조도의 결정 방법은 다음과 같다.

① 점두·점내 각 부분을 각각 적합한 밝기로 배분한다.

② 점포의 격에 상응하는 무드와 밝기에 의한 소구력을 높이기 위해서 조명의 변화나 빛의 대조를 만들어낼 수 있는 연구가 있어야 한다.

③ 상품의 질감, 입체감 등의 특징을 살려 매력적인 조명기술을 발휘한다.

④ 상품의 색채를 바르고 아름답게 보이기 위해서는 상품 종류에 적합한 조명을 선택한다.

⑤ 상품은 보기 쉽고 동시에 친근감을 줄 수 있게 하여야 하며, 직접 눈에 반사되어 불쾌감을 주는 조명은 피해야 한다.

⑥ 인근 점포 중에서 제일 밝은 점포와 인근 동업점포 중 제일 밝은 점포의 중간 밝기를 택하면 가장 이상적인 조도가 된다.

⑦ 판단 방법은 그 점포의 전반조명, 부분조명의 등수 또는 사용 위치에 따른 천장, 벽면, 바닥의 색을 조사한다. 점포조명의 전반적인 조도가 결정되면 조명의 배분과 조명 방식에 대해서 검토한다.

점내의 전반적인 조명과 점두의 윈도우 및 구석 정면의 집시 포인트는 조명에 변화를 주어 차별화해야 한다. 점두는 점포 앞을 지나는 사람의 눈길을 끌 수 있는 밝기의 조명이 필요하고, 구석 정면의 집시포인트는 고객을 점내 깊숙이 유도하는 데 필요한 밝기가 요구된다. 점포 전체를 평균적으로 조명을 하기 보다는 고객의 심리를 조명효과에 의해서 유도할 수 있도록 부분적으로 차별화된 조명을 설치하는 것이 좋다. 그리고 상품의 기능이나 특징을 잘 보여줘야 하는 상품은 그 부분을 스포트라이트 조명으로 밝게 해주어야 한다. 상품의 색에 대해서도 조명을 조절해 주는 것이 좋다.

3 조명의 방법

점포조명의 방식에는 기본조명이라 할 수 있는 전체적인 조명과 부분조명, 즉 특정 부분을 집중적으로 조명하는 형태가 있다. 그리고 배광이라는 입장에서 보면, 직접조명, 반직접조명, 간접조명, 반간접조명 그리고 전반확산조명으로 구분한다. 이 가운데 어떤 조명이 좋은가 또는 조명기구는 어떻게 부착하는 것이 좋은가는 그 점포의 조건(업종·업태·점포규격·취급상품), 천장 높이, 그 부분에 대한 색채 등에 의해서 결정되어야 한다.

기본조명에서 가장 이상적인 조명은 광원이 보이지 않는 간접조명에 의해서 적당한 광도를 유지하는 것이다. 그러나 이와 같은 방법은 극장이나 서비스업(고급 음식점)과 같이 너무 밝지 않아도 되는 경우는 가능하나 밝아야 하는 점포에서는 설비투자가 커지고 유지경비가 높아진다. 따라서 간접조명 이외의 방법으로는 되도록 광원이 보이지 않게 하는 것이 바람직하다.

1. 전반조명

점내 전부를 밝게 하는 일반적인 조명이다.

2. 부분조명

일정 부분, 이를테면 주력상품의 매장과 같은 곳을 더욱 밝게하여 활기 있는 조명을 하는 방법이다. 부분조명의 방법은 여러 가지 형태가 있으며, 그 주된 내용은 다음과 같다.

① **스포트라이트**: 특정 상품을 집중적으로 조명하여 그 상품을 부각시키는 방법, 이 경우 광원이 고객의 눈에 띄지 않도록 각도를 고려해야 한다.

② **다운라이트**: 밑부분을 중점적으로 조명하는 방법이며, 점두나 윈도우 또는 상품 조명으로 사용하고 전체조명의 밝기에 플러스하는 보조적인 역할을 한다.

③ **푸트라이트**: 밑부분에서 상품을 조명하는 방법으로 진열 면을 전체적으로 밝게 하는 데 도움이 된다. 이 조명을 천정의 빛보다 강하게 하면 무드 조명이 된다.

④ **백라이트**: 점내 정면이나 집시 포인트 등 특히 눈길을 끌게 하고 싶은 장소의 벽면에 밝게 반사시키는 방법으로, 유리 제품이나 투명성이 있는 의류 등의 무드 조명에 적합하다. 스테이지에 반투명의 유리나 아크릴판을 놓고 그 부분을 더 밝게 해주는 스테이지 라이트도 같은 타입의 조명이다.

⑤ **액센트라이트**: 조명기구 그 자체를 장식으로 활용하는 방법, 천장에서부터 내려뜨리는 펜던트와 또는 벽면에 붙이는 브래킷조명으로 명도는 밝지 않아도 좋지만, 점포의 무드나 상품과의 조화가 필요하다.

3. 보조조명

전반조명과 부분조명을 한 다음 다시 특별히 필요한 지점이나 진열상품을 뛰어나게 밝게 하거나 이색조명을 통해 상품에 입체감을 주는 조명 방법이다.

4 조명과 점포의 이미지

조명을 통해 점포의 이미지가 고객의 머릿속에 심어진다. 밝은 점포, 정돈이 잘 된 점포, 기분이 좋은 점포, 부담 없는 점포, 마음대로 고를 수 있는 점포가 오늘날의 점포에 대한 이미지가 되고 있다. 〈표 8-1〉은 효과적인 조명을 위한 지침이다.

표 8-1 효과적인 조명

밝기를 충분히 유지할 것	인근 점포나 동업종 점포와 비교해서 보다 밝게 한다.
골고루 밝게할 것	극단적으로 밝은 곳이나 어두운 곳을 만들지 않는다.
눈이 부시게 하지 말 것	역광이나 반사를 피한다.
적당한 음영을 만들 것	부드러운 음영을 만들어 상품의 진열 효과를 높인다.
퇴색성을 고려할 것	심한 열이나 빛은 상품을 퇴색시키므로 주의한다.
기분 좋게 조화를 이룰 것	빛의 심리적 효과를 이용한다.
미적인 효과를 겨냥할 것	기구의 미적 감각을 살린다.
설비비 · 유지비를 고려할 것	경제적인 것을 선택한다.

5 조명시설과 디자인

조명시설과 디자인은 건축디자인의 한 분야이다. 즉, 조명시설은 건축 내부 설계 분위기와 맞는 디자인이어야 한다.

① 매달아 놓는 식의 조명

② 천장에 붙인 조명

③ 천장 속의 조명

④ line 조명

⑤ corner 조명

⑥ 빛 천장의 조명

⑦ 스포트라이트, 다운라이트 조명

연습 문제

01 진열의 의의에 관해 설명해 보자.

02 진열의 목적과 방법에 관해 설명해 보자.

03 진열의 기본 요건에 관해 설명해 보자.

04 상품별 진열 방법에 대해 논의해 보자.

05 진열의 유형을 비교하여 설명해 보자.

CHAPTER 09

접객관리(접객판매)

I. 고객행동 이해

II. 상품판매와 접객자세

III. 접객기술

IV. 판매제시

Start-Up Story

온라인은 오프라인 흥행 가늠자…주목받는 편의점 'O4O 마케팅'

2030세대 반응 살피는 테스트베드 · 입소문용으로 온라인 활용

편의점업계에서 이른바 'O4O'(Online for Offline) 마케팅이 힘을 받는 모양새다. 온라인 플랫폼을 활용해 오프라인 매출을 극대화하는 전략으로, 오프라인 점포의 판매 비중이 90%에 달하는 편의점에 특히 유용한 마케팅 수단으로 활용된다. 편의점 주력 소비층인 2030세대가 즐겨 쓰는 온라인을 일종의 '테스트베드'로 삼아 반응을 살펴본 뒤 오프라인 매장에서 판매하는 사례가 대표적이다.

CU 애플리케이션 '포켓CU'. 출처: CU

4일 업계에 따르면 편의점 CU는 지난 1월 자체 애플리케이션 '포켓CU'에서 출시한 숙취 해소 젤리가 젊은 층으로부터 선풍적인 인기를 끌며 한정 수량이 매진되자 3월 말 해당 제품을 오프라인 매장에 배치했다. 온라인에서 상품력이 검증된 만큼 실제 매대에서도 잘 팔릴 것이라는 판단에서였다.

CU의 판단은 적중했다. 이 제품은 월간 기준으로 20%대의 높은 판매 신장률을 보이며, CU의 대표적인 차별화 상품으로 자리 잡았다. 온라인에 하루 이틀 먼저 제품을 출시해 '입소문'을 노리는 전략도 눈에 띈다.

CU의 연세우유크림빵 황치즈맛은 지난해 12월 오프라인 매대에 진열되기 이틀 전 포켓CU에서 예약구매 형태로 먼저 출시됐다. 온라인에서 상품 검색이 된 뒤 순식간에 소셜미디어(SNS)와 온라인 커뮤니티에서 회자했고, 예약구매 시작 10분 만에 2천 개가 팔려나가며 최단 시간 최다 판매량 기록을 세웠다.

이러한 인기는 오프라인으로도 이어져 한동안 디저트 카테고리 매출 1위를 유지했다. 고대 1905 맘모스빵, 백종원 고기짬뽕 등도 '선(先)온라인 후(後)오프라인' 마케팅으로 매출 상위권에 오른 상품이다.

CU는 이러한 성공에 힘입어 지난 2월 아예 온라인으로 상품을 먼저 판매해본 뒤 오프라인 출시 여부를 결정하는 신규 상품 소싱 프로세스를 도입했다. 온라인 판매 데이터가 상품에 대한 관심도와 수요, 나아가 상품의 흥행 여부를 예측해볼 수 있는 훌륭한 가늠자라고 봤기 때문이다.

다른 편의점들도 유사한 마케팅 전략의 효용을 경험했다.

세븐일레븐은 지난해 8월 자체 애플리케이션 '세븐앱'으로 포켓몬 피규어 3천 개를 먼저 출시해 판매 추이를 확인한 뒤 오프라인 매장에 공급해 준비한 물량 10만 개를 모두 팔아치웠다.

GS25의 주류 상품 '디사론노'도 온라인을 거쳐 오프라인 스타가 된 사례다. 칵테일 제조에 쓰이는 디사론노는 GS25가 2020년 7월 론칭한 온라인 주류 예약 · 주문시스템 '와인25플러스'에서 판매

돼 인기를 끌었다.

GS25는 해당 데이터를 통해 2030세대가 즐기는 '믹솔로지'(주류를 섞어 마시는 것), '홈술'(집에서 마시는 술) 트렌드를 감지, 디사론노를 전국 오프라인 매장에 재출시해 높은 판매고를 올렸다. 디사론노는 지금도 적지 않게 팔리는 '스테디셀러'다.

업계 관계자는 "오프라인 영업을 근간으로 해온 편의점이 모바일 플랫폼 기반의 이커머스 인프라를 갖추게 되면서 판매방식에도 변화가 일어나고 있다."라며 "이러한 'O4O' 마케팅 경향은 시간이 갈수록 더 뚜렷해질 것"이라고 내다봤다.

출처: 연합뉴스 2023. 06. 04.

I 고객행동 이해

1 고객심리 변화

고객은 상품을 구매할 때 심리적으로 몇 단계를 거친다. 고객이 처음부터 상품을 구매하는 것이 아니라 마음이 점점 변하며 구매하는 것이다. 상품을 구매하는 방향으로 마음이 움직이기도 하지만 반대로 상품을 구매하지 않는 경우도 있다. 구매심리 과정은 다음의 5단계를 거친다.

단계	구매심리 상태	판매접근 방법
주목 (attention)	• 사고 싶은 상품이 있다. • 더 자세히 알고 싶다.	• 고객이 의식하지 않게 한다. • 구경을 방해하지 않는다.
흥미 (interest)	• 디자인이 특이하다. • 가격은 얼마일까?	• 고객에게 자연스럽게 접근하여 유행에 대해 조언한다. • 구매 부담을 주지 않는다.
욕망 (desire)	• 가격은 비싸지만 구매하고 싶다.	• 고객의 구매결정을 도울만한 접근을 시도한다. • 가격에 대한 충분한 가치 또는 장기적인 유용성을 강조한다.
확신 (confidence)	• 바로 이것이다. • 사기로 한다.	• 구매결정에 대한 칭찬과 격려를 한다.
행동 (action)	• 상품 대금을 지급하고 상품을 구매한다.	• 정확한 상품 대금 수수와 감사의 인사를 통해 유쾌한 거래를 종결한다.

판매는 고객의 욕구 실현 과정과 관련 있다. 고객 욕구를 자극하고 그것을 만족시킬 상품선택과 평가에 대한 정보를 제공하여 불쾌한 소비 경험이 일어나지 않도록 해야 한다. 그리고 수시로 상품에 관한 정보와 A/S 제공으로 고객의 욕구 충족 과정에 관여하여 고정고객으로 만들어야 한다.

2 고객심리와 구매동기

1. 고객심리

점포에서 종업원을 만나는 고객은 마음속으로 다음 과정을 거친다.

1) 고객은 종업원에 대해 경계심을 가진다.

① 이 종업원이 나쁜 사람은 아닐까?

② 억지로 팔려고 들러붙지 않을까?

③ 산다, 안 산다, 옥신각신하기 싫은데!

고객은 종업원을 경계하고 냉담한 반응과 함께 거절하게 된다. 이것을 잘 이용하며 고객의 닫힌 마음의 문을 열게 해야 한다.

2) 고객은 대면 초기에 종업원을 평가한다.

옷차림과 행동을 관찰하여 마음속으로 평가한다. 여기서 좋은 평가를 받아야 한다.

3) 고객은 자기의 이익을 생각한다.

자신에게 이득이 되겠다고 생각되면 관심을 가진다. '이것이 자신에게 도움이 될 수 있다'라는 인상을 고객에게 심어주어야 한다.

4) 고객은 자기의 체면을 중요시하고 타인으로부터 존경받고자 한다.

여기에 대응하여 고객의 자존심을 만족시키는 고객접객을 해야 한다.

5) 고객은 신기한 것, 미지의 것에 관심을 가진다.

평범한 것에는 관심을 두지 않으므로 멋있는 배우, 능숙한 연출가로서의 접근이 필요하다. 새로운 아이디어로 참신하게 접근하는 판매기술을 개발해야 한다.

6) 고객은 돌부처가 아니라 피가 흐르는 인간이고 감정의 동물이다.

이성적이기보다 감성적 접근이 필요하다. 이에 대한 상황을 잘 이해하고 이용해야 접근은 성공하게 된다.

표 9-1 상품별 특성과 고객심리

분류	가격	구매횟수	구매절차와 시간	고객심리
전문품	고	큰맘 먹고 산다. (자동차, 피아노, 토지, 가옥)	신중하게 생각하기 때문에 시간이 걸린다.	충동적 구매는 없다. 상품의 합리성, 효용성, 지출에 따른 생활 설계 등을 충분히 고려하여 의사결정을 한다.
선호품	중	적다. (가방, 핸드백)	망설임 반, 충동구매 반	상품의 가격 범위가 넓기 때문에 일반적으로 고가품에는 전문품 반응을 나타내고 저가품은 일상용품의 반응을 보인다.
일상용품	저	많다. (식품, 일용잡화)	시간이 걸리지 않고 재빨리 끝낸다.	특히 저가품을 중심으로 충동구매가 많으며 감정적 동기와 기분에 의해 구매한다.

2. 구매동기

인간의 행동에는 그 동기가 있다. 동기는 욕구와 관계가 있다. 사람의 욕구는 강약의 차, 긴급도의 차이는 있지만 욕구가 없는 사람은 없다. 고객이 상품을 구매하는 것도 어떤 동기에 의해 나타난 행동의 결과이다.

인간은 단순히 상품을 소유하기 위해, 욕구의 만족, 상품을 사용해서 얻는 이익, 또는 상품의 소유에서 생기는 성과를 위해 상품을 구매한다. 예컨대 상인이 금전등록기라는 기계를 구매하는 것은 사업을 위한 자료를 받기 위해서 혹은 그 기계가 제공하는 서비스를 받기 위해서 이다. 또 보험설계사는 보험상품을 강조하는 것이 아니라 보호·퇴직·노후의 안정, 만일의 경우에 대한 보장을 파는 것이다. 종업원은 이처럼 욕망을 어떻게 충족시키는가를 강조하면 된다.

자동차나 밍크코트 등은 단순히 편리·위안·보온 등의 이익만을 생각하여 구매하는 것이 아니다. 소유의 자랑, 과시하고자 하는 욕구 충족을 위해 구매하기도 한다. 인간은 건전하고 합리적인 사고로만 상품을 구매하는 것이 아니라 이해하기 곤란한 불합리한 욕구 충족을 위해서도 구매한다는 것을 기억해야 한다.

구매동기는 고객이 구매행동을 유발하게끔 영향을 미치는 동인이다. 고객이 특정 상품이나 점포를 선택하는 이유로는 어떤 특정한 점포의 상품을 구매하도록 하는 기본적 동기(elementary motive)와 선택적 동기(selective motive)로 나눈다. 그리고 특정 상품을 구매하도록 하는 제품동기(product motive)와 특정 상점을 선택하도록 하는 애고동기(patronage motive)로 나누며 각각 감정적 동기와 합리적 동기로 구분하고 있다.

1) 감정적 제품동기

고객이 합리적인 이유를 생각하지 않고 막연한 기분이나 무드에 끌려 상품을 구매하는 경우이다. 예를 들면, 옆집에서 자동차를 산 것을 보고 나도 못 사겠느냐 하는 경쟁심 등이 이에 속한다.

2) 합리적 제품동기

고객이 가격이나 경제성 등을 따져 보고 합리적으로 상품을 구매하는 경우이다. 예를 들면, C사의 냉장고가 내구력이 있고 품질이 신뢰할 수 있어 구매했다고 하면 합리적 제품동기이다.

3) 감정적 애고동기

고객이 점포에 대해 깊이 생각하지 않고 고정관념과 감정으로 애용하는 경우이다. 예를 들면, A 양복점에서 유명 배우들이 양복을 맞춰 입기 때문에, 나도 그 양복점에서 맞춰 입었다고 하면 바로 감정적 애고동기에 속한다.

4) 합리적 애고동기

합리적 판단을 거쳐 그 이유를 생각하고 상품을 구매하는 경우이다. 예를 들면, B 상점이 가격표시제를 실시하고 가격도 저렴한데다 서비스가 좋아 그 상점에 가서 구매하는 것은 애고동기이다.

3 소비행동의 다양성

모든 고객이 동일한 욕구를 가지고 구매행동을 하지는 않는다. 고객의 소비행동 차이는 다음의 요인 때문이다.

1. 경제적 조건(소득수준의 차)

소득수준의 차이에 따라 소비행동도 영향을 받는다. 소득수준이 높을수록 소득수준이 낮은 고객에 비해 구매결정의 시간이 빨라진다.

2. 사회적 조건(소속된 사회적 집단의 차)

인간의 태도와 행동은 사회적 조건에 따라 영향을 받으므로 고객의 소비행동도 마찬가지다. 개인의 가장 가까운 사회집단은 가족이며 개인의 기초적인 태도 형성에 영향을 미친다. 가족, 친구, 이웃, 동료 등 늘 접촉하고 있는 비공식적인 대면 집단(소집단)도 개인의 욕구나 행동에 직접적인 영향을 준다.

개인이 그 집단에 소속하기를 원하는 준거집단은 선망의 대상으로 취미, 복장 소비생활에 영향을 미친다. 그리고 부, 권력, 전문성 등에 따라 나타나는 사회계층은 상, 중, 하로 나누어지며, 다시 2가지로 분류하여 6개의 사회계층으로 분류된다. 이러한 사회계층은 계층마다 상이한 소비패턴을 나타낸다.

3. 인구학적 조건

인구통계에서 분류지표로 사용되는 성, 연령, 학력, 배우자 관계, 노동상태, 산업, 직업 등에 따라 소비행동은 차이가 난다. 농민과 도시근로자의 소득 차이, 육아 때문에 시간을 뺏기는 주부와 취업 활동을 하는 주부는 생활 행동에 차이가 난다.

4. 여가시간

일상에서 여가시간이 얼마나 있느냐에 따라 소비행동에 차이가 생긴다. 흔히 레저소비는 여가를 전제로 하기 때문이다.

5. 욕구 수준

소비자는 자신이 설정한 생활상의 목표(예컨대, 교외에 자기 집을 갖는다든지 자동차를 산다든지)에 따라 소비생활을 설계하게 되므로 소비에 영향을 미친다.

6. 성격

성격이 보수적인가 진취적인가에 따라 소비행동에 차이가 있다. 사교적인 사람은 신제품을 빠른 시일 안에 구매하는 경향이 있다. 또 사물에 대한 관점이 낙관적인가 또는 비관적인가에 따라서도 사고와 행동에 영향을 받게 된다.

이와 같이 고객의 소비행동에는 다양한 요소가 작용하여 많은 차이를 나타낸다.

일반적으로 고객의 구매행동을 ① 품질중시형, ② 가격중시형, ③ 자주성 중시형, ④ 체면중시형 등의 고객집단으로 유형화하여 고객관리에 적용할 수 있다. 응대하는 고객이 어떤 유형에 속하는가, 각 유형의 고객이 어떤 구매행동을 하는가는 점포경영에 중요한 정보가 된다.

4 고객대응

종업원의 고객대응은 고객본위의 실천 사항이다.

1. 대기

① 양손을 겹쳐 앞에 모으고 똑바로 선다.

② 밝은 표정으로 고객을 주목한다.

[금지 사항]

① 한 곳에 여러 명이 몰려 서 있다.

② 고객을 힐끗힐끗 쳐다본다.

③ 고객을 보고 웃거나 수군수군 이야기한다.

④ 고객에게 무관심한 표정으로 서 있다.

⑤ 매대, 기둥, 행거 등에 기대고 있다.

⑥ 주머니에 손을 넣거나 팔짱을 끼거나 뒷짐을 진다.

2. 접근

① 고객에게 빠르게 접근한다.

[금지 사항]

① 부르면 마지못해 천천히 접근한다.

② 고객을 복장, 언어 등으로 차별하는 행동을 보인다.

③ 큰 소리로 이야기하면서 다가간다.

3. 상품제시

① 요구하는 상품은 즉시 꺼내 든다.

② 고객에게 가격표가 잘 보이게 공손히 두 손으로 보여준다.

③ "예, 잘 알겠습니다. 이것 말씀이십니까?"

④ "여기 있습니다."

[금지 사항]

① 상품을 천천히 꺼낸다(먼 산을 보면서, 잡담하면서 한 손으로 보여준다).

② 상품을 꺼내 말없이(잠자코) 고객 앞에 내놓는다.

③ 고객 질문에 퉁명스럽게 대답한다.

④ 고객의 말에 찬물을 끼얹는다(그것은 맞지 않습니다).

⑤ 품절입니다(말 붙일 틈도 없이 냉정히 거동한다).

⑥ 무표정한 얼굴로 상품을 건네준다.

4. 상품설명

① 상품지식을 충분히 활용하여 설명한다.

② 소재, 디자인, 색상, 기능 등을 숙지한다.

③ 생활 정보를 덧붙여 셀링포인트를 설명한다.

[금지 사항]

① 좋다고만 하고 자세히 설명하지 않는다.

② 오래 걸릴 때 싫다는 거동을 보인다. 고객과 논쟁한다.

③ 분별없이 고가품을 권유하거나 강매하려 한다.

④ 질문에 이해가 안 되는 설명을 한다.

⑤ 모르는데 적당히 대답하거나 도중에 설명을 중단한다.

5. 대금수령

① 가격을 재확인하고 말씀드린다.

② 받은 대금은 반드시 고객 앞에서 확인한다.

③ "감사합니다. 10,000원 받았습니다."

④ "잠깐만 기다려 주십시오."

⑤ 정중하게 대금을 받아 가볍게 머리 숙인다.

⑥ 신속하게 레지스트 펀칭을 한다.

[금지 사항]

① 금액을 확인하지 않고 받아 넣는다.

② 신용카드 구매에 싫은 표정을 지으며 느리게 행동한다.

③ 아무런 표정 없이 한 손으로 수취한다.

④ 낮은 소리로 투덜대며 영수증과 대조 없이 포장한다.

6. 포장

① 상품의 크기에 맞는 포장지로 보기 좋게 포장한다.

[금지 사항]

① 잡담하면서 느릿느릿한 동작으로 포장한다.

② 곁눈질하면서 상품을 난폭하게 포장한다.

③ 가격표를 붙인 채 포장한다.

7. 인도

① "오랫동안 기다리셨습니다."

② 받은 대금과 상품가격을 고객에게 재확인한다.

③ 쇼핑백은 손에 들기 쉽게 하여 두 손으로 인도한다.

④ "감사합니다. 거스름돈은 00원입니다."

⑤ 거스름돈과 영수증을 함께 건네준다.

[금지 사항]

① 느린 동작으로 접근한다. 한 손으로 상품, 영수증을 건네준다.

② 거스름돈을 잘못 거슬러준다.

③ 다른 고객의 영수증을 건네준다.

8. 전송

① "대단히 감사합니다. 또 들러 주십시오."

② 뒷모습에 다시 한 번 가볍게 머리를 숙인다.

[금지 사항]

① 설명한 상품을 그대로 방치하고 고객이 떠나기도 전에 사라져 버린다.

② 고객이 돌아서자마자 웃거나 잡담을 한다.

③ 귓속말로 수군대거나 손가락질을 한다.

Ⅱ 상품판매와 접객자세

1 경영정책에 대한 이해

종업원은 점포의 경영정책에 대해 이해하고 있어야 한다. 점포의 정책은 경영방침으로 사훈·사시·강령이라는 형식으로 표현한다.

1) 구체적 수치에 의한 목표 설정

관리자는 경영방침과 판매정책을 수치로 파악해야 하며 부서에 대한 계획목표는 구체적인 수치로 하달해야 한다.

① 점별·부서별·상품별 판매계획

② 상품회전율, 상품재고의 전년 동월 대비

③ 1인당 생산성, 매장 단위당 생산성

2) 판매정책의 기본조건 명확화

① 고객층, 취급상품, 제공 방법 등의 명확한 표시

② 머천다이징 계획, 서비스매뉴얼의 결정

③ 판매업무의 기본조건

2 매장의 장악

정확한 판매관리를 위해서는 매장 전체를 파악해야 한다. 매장의 장악이란 물적·인적 관리를 포함해 매장에서 판매업무를 능률적으로 운영하기 위해 관리자 또는 종업원이 점포 전반에 대한 상황을 파악하는 것을 말한다.

효과적인 접객관리를 위해서는 상품, 레이아웃, 판매기구, 포장지, POP, 프라이스 카드, 전표, 사무용품, 고객, 종업원관리 등 점포 전체를 파악해야 한다.

1) 발주업무의 매뉴얼화

발주업무를 시스템화하고 있는 경우 매뉴얼에 의한 실시가 이루어져야 한다. 품절로 인한 손실을 피하기 위한 체크이며, 상품마다 재고현황을 관리하는 것이 필요하다.

발주할 때는 상품명시, 발주수량, 납품일을 명확히 지시하고 확인해야 품절을 예방할 수 있다. 전화에 의한 오더(=주문)는 착오를 일으키기 쉽기 때문에 일반적으로 발주전표를 사용한다.

2) 검수업무의 철저

검수업무는 품질관리의 기본이자 로스예방의 관문이 된다. 바쁘다고 검품·검수에 소홀해서는 안 된다.

3) 정보관리

매장관리자는 매장에 관한 정보를 정확히 파악해야 하며, 간결하게 정리한 매출일보를 비롯해서 상품발주표, 납품전표, 재고정리표 등을 확인해야 한다.

고객의견, 불만 등 고객접객을 통해 수집되는 정보도 귀중한 소비자정보가 된다. 정보관리는 매장관리자의 중요한 업무다.

4) 접객감독

관리자는 고객에게 바람직한 접객이 이루어지는지, 판매와 직결되는 접객이 진행되는지? 등의 접객감독을 철저히 해야 한다. 종업원의 접객에 대한 감독은 관리자의 중요한 업무다.

3 상품지식

상품은 품질과 기능이 가격에 우선한다. 가격이 싸더라도 품질과 기능이 보증되지 않으면 상품가치는 없다. 생선류의 경우, 아침에 신선한 생선은 오후가 되면 급속히 그 신선도가 떨어지고 폐점 무렵에는 변질되어 상품가치가 없어지게 된다.

가치가 저하된 상품이나 품질이 나쁜 상품은 할인해서라도 판매한다는 것은 고객의 신뢰를 배반하는 부도덕한 행위이다. 설사 부주의로 판매한 경우라도 고객의 불신을 보상할 수는 없다.

고객에게 상품이 제시되면 고객은 구매결정에 필요한 상품지식과 생활정보를 얻고자 한다. 취급상품의 가격, 용량, 용도, 위치 등에 대해 충분한 교육을 받아야 고객에게 빠른 서비스를 제공할 수 있다. 폭넓은 상품지식은 추가적 매출도 가능하게 한다. 그러므로 언제, 어떠한 질문을 받아도 바로 응답, 서비스를 할 수 있는 지식과 정보를 갖춰야 한다.

1) 합리적 쇼핑정보

고객은 매장에서 자신이 원하는 상품에 대해 궁금한 것이 많다. 고객이 원하는 정보는 생활자로서의 지식이며, 쇼핑에 필요한 정보이다. 고객의 합리적 쇼핑이 될 수 있도록 상품지식 및 생활정보에 대해 정통해야 한다.

2) 상품선택정보

고객은 상품선택을 위한 정보를 원한다. 상품선택을 위한 디자인, 사이즈, 컬러, 용도 등 상품특성을 숙지해야 한다. 또한 고객은 다른 소재와의 비교 및 타사 제품과의 차이점, 가격에 대한 정보도 필요로 한다. 식료품이나 생필품 구매의 경우에는 양, 사이즈, 신선도, 가격 등이 비교대상이 된다.

3) 유사상품정보

고객은 유사상품에도 관심이 많다. 경쟁상품이나 유사상품의 가격, 용량, 사용법, 특성 등에 관한 지식도 숙지해야 한다.

4) 상품사용정보

고객은 상품의 특성, 성분, 종류, 가격, 용도, 사용법 등에 관한 정보를 원한다. 따라서 식료품은 신선도를 유지하는 보관법, 의류품은 세탁이나 다림질할 때 주의 사항, 잡화품은 용도와 취급법 등에 관한 정보를 제공해야 한다.

5) 품질·기능정보

고객에게 상품의 품질과 기능의 정보를 제공하며 판매를 통한 인간관계 구축과 인간미에 충실한 고객정보를 가져야 한다.

4 서비스 자세

충분한 상품구성과 상품선택에 필요한 공간·시간·적절한 매너에 의한 정보가 제공되면, 셀프서비스나 컨설테이션세일즈 등 서비스 차이는 그다지 문제가 되지 않는다. 고객에게 필요한 것은 상품이며, 상품을 선택하고 구매하기 쾌적한 장소가 된다.

서비스의 기본은 고객중심주의로, 상품과 점포의 격에 맞는 공간과 시스템을 매뉴얼에 따라 설정해야 한다.

고객대기부터 접근 방법, 고객과의 적당한 거리, 접객용어 훈련, 클로징 방법, 반품처리법 등 고객동기를 판매에 연결하는 방법을 확립하고, 교육과 훈련을 통해서 항시 점포의 격에 맞는 접객서비스를 유지해야 한다.

1) 서비스 주역은 고객

매장의 주역은 고객이며, 그 주역을 고무시켜 주는 종업원은 어디까지나 쇼핑을 돕는 존재이어야 한다.

2) 개인감정 배제

고객응대에 개인감정을 개입해서는 안 된다. 종업원이 개인감정을 가지고 접객하는 것은 용납될 수 없다. 감정은 자아의 표현이다. 자아는 집단 활동의 저해 요인이 되기 쉽다.

3) 고집은 조직을 조화시키지 않는다.

조직은 협조와 조화가 필요하다. 협조를 유지해 가는 것은 이성이다. 이성은 사고하는 것과 본능을 억제하는 작용을 한다. 설득력도 없으면서 흥분한다거나 독단으로 처리하는 행위는 서비스 자세가 아니다. 조직에서 자신의 의견을 고집하는 것은 조직의 협조와 조화에 방해가 된다.

4) 고객은 거래상의 우위성을 가진 존재

고객은 거래에서 우위를 가진 존재이다. 고객응대는 그 우위성에 대한 매너이다.

다음은 매장에서 고객의 우위성에 따라 삼가야 할 행동이다.

① 고객이 계산대에서 계산할 때 잡담하는 행위

② 고객접객 대신 킥킥 웃거나 전화 통화만 하는 자세

③ 고객의 얼굴은 보지 않고 다른 일을 하면서 응대하는 태도

④ 고객이 없다고 판매대에 기대어 있거나 종업원끼리 잡담하고 있는 나태한 분위기

5) 행동은 정중하고 경쾌하게

고객은 종업원의 표정 및 행동에 민감하다. 분위기가 좋고 업무처리가 신속한 점포는 고객을 대하는 태도 역시 정중하다. 이러한 접객태도는 고객에게 즐거운 쇼핑을 제공하며, 점포에 대한 믿음과 상품에 대한 신뢰를 형성한다.

6) 점포 내 고객은 상전이다.

오랜 단골고객에게도 언제나 예의바른 태도를 보여야 한다. 단골고객이라 하여 말을 함부로 한다든지 나이가 어리다고 반말을 하는 것은 고객응대의 기본을 무시하는 것이다.

친한 친구라도 점포 밖에서나 친구이지 점포 내에서는 고객이기 때문에 고객본위의 응대를 해야 한다. '고객은 나의 상전', '나에게 월급을 주는 사장'이라고 마음속으로 생각하며 응대해야 한다.

고객충성도를 높이는 활동

점포의 매출증대를 위해 고객충성도를 높이기 위한 실천 사항

- 가능하면 예약제를 이용하고 예약은 반드시 지킨다.
- 배달은 정해진 일자, 시간을 반드시 지킨다.
- 후일 연락하기로 한 약속은 반드시 이행한다.
- 불편 사항에 대한 처리결과는 반드시 전달한다.
- 시정되지 못한 사항이나 변경 사항은 반드시 사전에 양해를 구한다.

5 셀프 체크

종업원의 근무자세와 태도는 고객 측과 기업 측으로 나누어 볼 수 있다. 고객의 입장에서 종업원은 명랑·쾌활한 인상, 청결한 몸차림, 밝은 성격, 고객질문에 적절한 응답을 할 수 있는 풍부한 상품지식과 생활지식, 균형 있는 '아름다운 미' 감각을 가져야 하며 동작이 명쾌해야 한다.

기업의 입장에서 종업원은 경영자의 경영방침을 이해하고 직업인으로서 충분한 능력을 가지고 접객판매를 통해 기업이념을 실천하고 적절한 생산성을 올려야 한다.

셀프 체크는 종업원의 근무자세와 태도에 대해 직업인으로서 자신을 통제하는 것이다. 이 정도면 되겠지 하는 생각, 자기 판단으로 안이하게 처리하려는 사고방식, 자신에게 유리한 변명을 하는 점에 대하여 자기 자신을 점검하는 것이다. 단정한 몸차림과 호감을 주는 용모는 고객을 위해 가다듬어야 한다. 풍부한 상품지식과 민첩한 행동으로 계약조건의 내용을 잘 파악해서 실천해야 한다.

따라서 셀프 체크란 종업원에게 요구되는 기술과 교육을 기반으로 자신을 통제하고 관리하는 자기관리법이다.

1) 단정한 옷차림, 밝고 화사한 얼굴

종업원은 단정한 옷차림과 밝고 화사한 얼굴을 해야 한다. 옷차림이 단정치 못하면 고객에게 혐오감을 주어 상품구매에 대한 욕구를 저하시킬 수 있다. 머리도 잘 빗고 비듬이 없는 단정하고 윤기가 흐르는 두발 상태여야 한다. 신발도 깨끗하게 잘 닦고 구두 굽은 너무 높지 않은 적당한 높이로 안정감을 주어야 한다.

근무복을 갈아입은 후 세면을 하고 용모가 깨끗한지, 화장은 잘 되었는지, 옷깃에 머리카락은 없는지 거울을 보며 확인해야 한다. 복장은 깨끗하게 세탁하여 착용하고 밝고 화사한 얼굴을 유지해야 한다.

2) 상품과 점포 분위기에 맞는 복장

점포 분위기에 맞는 종업원의 옷차림과 용모는 상품과 점포에 대한 좋은 이미지를 형성한다. 옷차림과 용모가 상품과 점포 분위기에 맞지 않는다면 그 효과는 떨어지게 된다. 의류점의 종업원은 개성이 있는 독특한 패션을 해야 한다. 음식점의 종업원은 앞치마도 밝은색을 착용하여 청결감을 주도록 하며, 일반 식품소매점은 판매 및 상품진열에 편리한 작업복 형식의 옷차림이 적절하다.

3) 동일한 수준의 공평한 접객

고객에게 동일한 수준의 공평한 서비스를 제공해야 한다. 단골고객이라고 해서, 좀 더 비싼 상품을 구매한다고 해서, 나중에 온 고객을 먼저 응대해서는 안 된다. 부득이한 경우에는 먼저 온 고객의 양해를 구해 이해를 얻어야 한다. 그렇지 않으면 먼저 온 고객의 항의와 함께 불쾌감을 유발하고 점포이미지를 손상시킨다.

4) 철저한 상품관리와 접객매너

상품관리는 상품별로 매뉴얼화해야 한다. 상품의 품질과 기능은 점포의 판매조건이므로 절대 보증이 되어야 한다. 고객의 기쁨은 상품 그 자체의 구매에만 있는 것은 아니다. 때로는 판매공간 또는 종업원의 접객매너도 고객에게 기쁨을 준다.

비위생적 매장, 통일성 없는 상품진열, 먼지를 뒤집어쓴 듯한 포장, 고객의 선택 의사를 무시한 지나친 권유와 수다, 과대포장 등은 고객에게 좋은 인상을 줄 수 없으며 때로는 판매 거절을 당할 수도 있다.

5) 고객과의 약속이행

고객과의 약속은 지켜야 한다. 이행할 수 없는 것을 할 수 있다고 하면 고객은 실망하고 신뢰도가 저하되어 점포를 외면하게 된다. 고객과의 약속은 최대한 노력하여 지키며, 할 수 없다고 판단되면 고객을 설득시켜 이해를 구해야 한다.

또 고객이 원하는 시간을 맞추지 못할 때는 정중하게 사양하는 것이 바람직하다. 오래 기다리

판매관리자는 강력한 리더십 아래 공간과 물적·인적자원을 통솔하여 고객대기의 체계를 상시 유지할 수 있도록 지도·관리해야 한다. 내점객 수가 많은 피크타임에는 자칫 대기가 폭주해 한 사람이 여러 역할을 하는 작업의 다중현상이 생기게 된다. 이러한 경우에는 접객업무에 차질이 없도록 체계를 유지할 수 있어야 한다. 머천다이징 상황에서 최대 서비스는 고객을 기다리게 하지 않는 것이다.

1) 고객대기 범위

① 상품의 구색 갖추기

② 진열원칙에 따른 진열

③ 포장자재의 정비 및 준비

④ 매장공간의 보전

⑤ 개개인의 복장과 용모 체크

2) 고객대기 시 삼가야 할 사항

고객의 방문이 거의 없는 한가한 시간대에는 긴장이 풀려 해이해지게 마련이다. 마음의 한가로움은 무방하지만 부질없는 농담이나 게으름을 피워서는 안 된다. 고객대기란 준비가 다 된 판매체제를 의미한다. 머천다이징, 쾌적한 공간관리, 매장연출 그리고 적정한 인원의 배치와 관련해서 점포 전체의 마음가짐과 자세를 준비하고 있어야 한다.

2 어프로치 자세

고객의 내점이 눈에 띄면 즉시 고객응대 자세를 갖추는 것이 어프로치의 기본적 자세이다. 고객이 점포의 문을 열고 들어오는 시점에는 모든 행동을 중지하고 고객을 응대할 준비를 해야 한다.

접객에 있어 성의와 친근감 있는 매너가 없으면 어떠한 어프로치도 성과를 얻지 못한다. 친절은 고객의 마음을 열게 하는 접객의 기본이기에 방문목적을 알기 위해서는 친절하고 상냥한 접근이 필요하다.

매너는 예의임과 동시에 성의 표현이다. 말이 아닌 태도로 보여야 하며, 어프로치는 몸에 익히고 숙달해야 한다.

어프로치의 자세는 다음과 같다.

1) 친근한 환영의 말

커뮤니케이션의 실마리를 잡을 수 있는 친근하고 은근한 환영의 말을 한다.

2) 내점의 목적을 살펴본다.

고객의 방문이 윈도우 쇼핑의 연장인지, 목적을 가지고 온 내점인지 알아볼 필요가 있다. 윈도우 쇼핑에도 판매의 가능성은 의외로 크다. 상품구매를 예정하고 방문하는 고객은 자신의 사이즈와 기호에 맞는 상품을 구하는 것이 목적이므로 어프로치의 효과가 확실하다.

3) 고객이 관심을 가진 상품의 특성을 알아낸다.

고객이 사고 싶어 하는 상품의 특성, 다시 말해 고객이 점포 내를 살펴보거나 질문하는 것을 가지고 고객의 취미와 기호를 빨리 알아내야 한다.

4) 풍부한 상품지식과 정보를 가지고 접객한다.

고객은 쇼핑을 통해서 현명한 생활자가 되려는 마음을 가지고 있기 때문에 거기에 맞는 조언이 필요하다. 그러기 위해서는 풍부한 상품지식과 정보를 가지고 고객을 맞이해야 한다.

5) 적절한 판매제시를 해야 한다.

판매제시는 상품이나 서비스의 효용을 판매하는 것으로 '당신은 이 상품을 살 필요가 있다.', '구매하면 이익이 된다.' 등으로 고객의 구매 의욕을 일으켜야 한다.

판매제시는 고객의 욕구와 필요를 이해하고 경의를 표시하는 것이다. 상품이나 서비스의 이점과 가치를 고객의 구매동기와 일치시켜 고객의 욕구를 채워주고 이해시키는 것이다.

6) 대화는 중요한 기술이다.

근사한 말재간이나 불필요한 말로 고객의 기분을 상하게 하는 일이 없어야 한다. 고객과의 대화를 통해 고객이 목적한 상품에 접근시켜 가는 것이 기술적 요건이다.

7) 어프로치의 성공은 첫마디에 의해 결정된다.

어프로치의 성패는 50%가 첫마디에 의해 결정된다고 한다. 고객이 마음을 열어 자기의 의사를 명료하게 전달하는지, 아니면 입을 닫고 훑어만 보고 점포를 나가는지는 종업원의 첫마디에 달

려있다. 어프로치의 비결은 고객접객의 첫마디로 고객의 마음을 여는 것에 있다.

3 고객본위의 응대

고객이 판매상의 우위성을 가지는 것처럼 접객에 있어서도 그 우위성이 지켜져야 한다. 고객이 원하는 상품을 원하는 시기에 신속히 고객수준에 맞추어 제공하는 것을 말한다. 고객이 구입하기 곤란한 상품이나 이해하기 힘든 상품정보의 제공은 고객본위의 응대가 아니다. 매장 내에서는 항시 고객에게 우위적인 입장이 주어져야 한다.

고객본위의 응대를 위해서는 다음 사항을 지켜야 한다.

① 고객수준에 맞는 상품제시와 정보를 제공한다. 고객우위를 보증하면서 고객의 동기에 맞도록 고객의 가치관에 부응하는 상품제시와 상품정보를 제공해야 한다. 고객이 이해하기 힘든 정보나 상품선별에 곤란한 상품제시는 고객본위가 될 수 없다.

② 전문용어를 남용하지 않는다. 전문용어를 사용할 때는 해석을 붙여서 고객이 이해하기 쉽게 한다.

③ 고객이 어떠한 특성을 가진 상품을 바라고 있는가를 이해하고 그 패턴에 일치한 상품을 갖추어 제시한다. 성격이 다른 상품이나 고객의 희망이나 필요에 상반되는 상품들을 늘어놓고 제시하는 것은 부질없이 고객의 선택을 망설이게 할 따름이다.

④ 접객 중에는 다른 업무를 보지 않아야 한다. 접객 중 다른 일을 보는 것은 고객에 대한 실례가 된다. 그것이 사소한 동작이라도 고객에게는 불쾌한 일이며, 무엇보다 기다리게 하는 행위는 고객접객에 문제가 된다. 고객과 직접적인 관계가 없는 행위는 접객 중에는 피해야 한다.

⑤ 판매대금을 계산할 때 사적인 대화나 외부의 전화는 받지 않아야 한다. 고객의 입장에서 상품구매에 대한 대금지급 과정은 매우 중요한 절차이다. 이때 고객에 대한 불성실한 응대태도는 점포에 대한 신뢰도를 크게 하락시킨다.

⑥ 흉허물없는 무례한 태도를 취하지 말아야 한다. 커뮤니케이트를 높인다는 것과 흉허물없는 무례한 태도는 다르다. 전자는 인격을 존중하면서 고객의 욕구에 접근하고, 고객에게 필요한 정보제공을 통해 쇼핑을 원조하는 기능을 가진다. 후자는 흉허물없게 하여 종업원 자신의 공간을 고객과의 사이에 가지려는 의지이므로 고객의 인격은 그다지 중시되지 않는다.

종업원의 접객태도에 의해 그 점포가 평가되므로 주의해야 한다.

⑦ 정기적인 매너교육을 실시한다. 매너 지도는 교육과 실습으로 이루어지지만, 그것만으로는 충분하지 않다. 수시로 체크하고 고쳐나가야 한다. 때로는 외부의 전문기관이나 전문가에 의한 매너교육이 필요하다.

⑧ 고객에 대해 세심한 배려를 한다. 고객이 원하는 상품을 제시할 때 파손된 점은 없는지, 때가 묻지는 않았는지, 라벨이 퇴색되거나 낡지는 않았는지 등을 확인하고 최상의 상태로 상품을 제시해야 한다. 고객에 대한 세심한 배려가 있어야 한다.

고객은 고객본위의 응대가 이루어지지 않을 때 점포 서비스에 불만을 느끼고 다른 점포로 발길을 돌린다. 고객은 상품에 대한 불만보다는 서비스에 대한 불만이 고객감소를 가져오는 직접적 원인이 된다. 고객에 대한 접객 서비스가 얼마나 중요한지 알 수 있다.

고객감소 원인이 되는 불만 사항은 다음과 같다.

① 상품가격이 적절하지 못하다.

② 상품의 질이 나쁘다.

③ 고객서비스가 불량하다.

④ 고객접객이 부드럽지 못하다.

⑤ 교환 및 반품이 원만하지 못하다.

⑥ 종업원의 태도가 냉담하다.

⑦ 종업원의 상품지식이 모자란다.

⑧ 종업원이 고집을 피운다.

⑨ 종업원이 건방지고 불손하다.

⑩ 기타

4 세일즈 기술

1. 종업원의 제반 지식

유능한 종업원은 예상고객이 상품 및 서비스를 구매하고자 하는 욕구, 과거의 구매행동, 경쟁자가 제공하는 정보, 판매지역의 상황 등에 관해 많은 정보를 수집하고 분석하여 관리한다.

고객에 대한 정보는 나이, 성명, 주소, 직업, 교육 정도, 결혼 여부, 준거집단, 구매결정의 권한 등이 포함된다.

세일즈 기술은 고객과의 접근에서 자신감과 사명감을 바탕으로 소신 있는 행동을 하는 것이다. 자신감은 필요한 제반 지식이 있어야 가능하다. 고객의 마음을 잘 읽어 거기에 맞는 세일즈 기술로 대처할 때 상품이나 서비스가 판매될 수 있다. 판매는 고객의 마음과 세일즈맨의 두 톱니바퀴가 맞물리는 상관관계가 이루어져야 한다.

▲ 예상고객의 마음

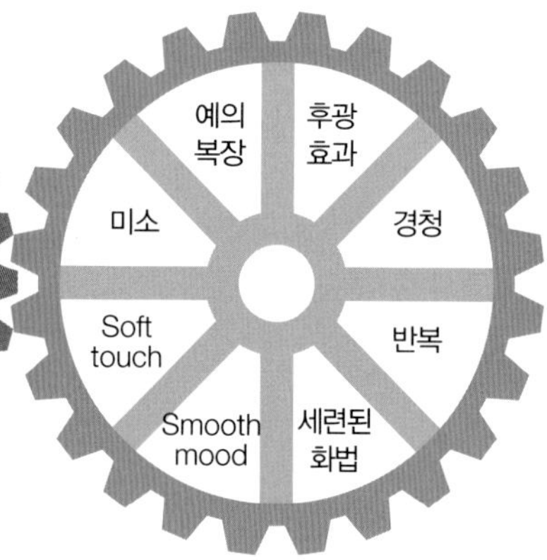

▲ 세일즈맨의 기술

1) 일반적 지식

① 회사의 연혁과 개요

② 경영방침

③ 사규

④ 업계의 동향

⑤ 상품유통에 관한 지식

2) 상품 관련 지식

① 자사의 상품구성

② 상품가격

③ 가격구성

④ 상품의 스타일, 디자인, 사이즈, 유행성

⑤ 상품 사용과 보존 방법

⑥ 상품의 제조공정, 원료, 재료

3) 고객 관련 지식

① 고객층에 대한 지식

② 표적고객의 소비성향

③ 구매행동에 관한 지식

④ 소비구조

⑤ 접객판매에 관한 지식(복장, 태도, 화제, 화술 등)

4) 판매실무 관련 지식

① 각종 전표류의 기재 방법(주문서, 납품서, 수령서 등)

② 금전관리업무

③ 판매기록

④ 상품관리

5) 판매기술 관련 지식

① 대응 기본자세와 방법

② 상품의 설명요령

③ 판매제시기법

6) 판매촉진 관련 지식

① 상품진열의 기초지식

② POP 광고

2. 세일즈 기술

종업원에 대한 경계심과 닫혀 있는 고객의 마음의 문을 열어 판매로 연결하기 위해 다음 사항을 숙지해야 한다.

1) 호의적인 인상

고객이 종업원을 처음 만나면 첫인상에서 순간적 평가를 한다. 마음에 든다든지, 싫다든지, 신용할 수 있다든지, 정직해 보인다든지 하는 평가는 판매에 영향을 미친다. 그러므로 단정한 복장과 예의를 갖추고 자신감과 호의적인 인상을 줘야 한다.

2) 미소

좋은 인상으로 고객을 접객하는 기본은 미소 띤 얼굴이다. 마음에서 우러나는 미소, 진실이 있는 미소는 얼어붙어 있는 마음도 녹인다고 한다. 고객응대 미소는 입을 조용히 다물고 눈과 눈가로부터 스며 나오는 자연스러운 미소여야 한다. 입을 벌리고 크게 웃는 것은 어지간히 친해지기 전에는 삼가야 한다. 좋은 인상의 미소는 몸에 밴 듯이 자연스럽게 우러나와야 한다.

3) 칭찬

고객과의 자연스러운 접근을 위해서는 부드러운 무드를 조성해야 한다. 이를 위해서는 칭찬을 적극적으로 활용한다. 칭찬을 받은 고객은 기분이 좋아져 분위기가 무르익게 되어 마음이 열린다. 칭찬을 자연스럽게 하기 위해서는 배려하는 마음이 필요하다.

칭찬에는 여러 가지 다양한 방법이 있으며, 사용하기에 따라 다양한 효과가 있다.

① **칭찬**: 장점이나 자랑거리가 있으면 아낌없이 대담하게 칭찬한다.

② **칭찬의 반복**: 한 번 했던 칭찬을 몇 번이고 되풀이하면 더욱 효과가 있다.

③ **특징을 지적하는 칭찬**: 어떤 특징을 집중적으로 칭찬하면 효과가 있다.

④ **간접칭찬**: 소문이나 다른 사람으로부터의 칭찬을 인용해서 칭찬하는 방법이다. 자연스럽게 상대방의 사회적 승인욕구를 충족시켜 주는 효과가 있다.

⑤ **비교칭찬**: 그러한 점은 아니고 대신 이러한 점이 훌륭하다고 하는 칭찬이다.

⑥ **소유물에 대한 칭찬**: 소지한 소유물을 치켜세워주면 기분이 좋아지는 칭찬이다.

4) 세련된 화술

화술은 상품을 판매할 때 상대를 설득하는 힘으로 그 비중이 크다. 세련된 화술은 고객을 움직이는 큰 힘이 된다.

세련된 화법의 기본원칙은 다음과 같다.

① 대화는 인격을 반영하는 거울이다. 이야기하는 사람의 인격을 알 수 있으므로 성실하게 대화해야 한다.

② 대화는 기교가 필요 없어 너무 잘하려고 애쓰지 않아도 된다.

③ 상대의 입장을 존중하며 대화를 한다.

④ 알기 쉽게, 기분 좋게 대하며 듣기 좋게 하는 이야기가 제일이다.

⑤ 효과적인 화술의 기법을 사용한다.

5) 외유내강

종업원의 자세는 고객의 반응에 따라 맞춰 가야 한다. 고객반응에 맞춰 타협도 하고 끈덕지게 목표달성을 위해 노력해야 한다. 처음부터 고정관념이나 자기의 주장을 강하게 고집하다 보면 고객과 충돌한다. 그렇다고 너무 유연하게만 하는 것도 바람직하지 않다. 강하게, 강하면서도 부드럽고 자연스럽게 외유내강의 자세를 유지하는 것이 판매의 기술이다.

6) 경청

대화하면서 가끔 고개를 끄덕이며 맞장구도 치고 때로는 가벼운 질문을 하면서 고객의 이야기를 경청해야 한다. 고객의 사정이나 무엇을 어떻게 생각하는지를 알게되어 더 가까움을 느끼게 된다. 고객이 하는 말을 들어주는 것이 고객 이해의 관건이 된다.

7) 반복방문

이웃사촌이란 말은 가까운 친척도 자주 보지 못하면 멀어지고, 자주 보는 이웃은 친척보다 더 가까워지게 된다는 의미이다. 처음부터 친숙할 수 없으므로 자주 만나고 이해하면서 더 가까워지게 된다. 끈기 있는 대면 노력은 만남 그 자체로도 의미가 있다.

8) 후광효과

고객접객에서 종업원의 좋은 점, 우수한 점은 고객의 인상에 남아 판매원의 그 이미지를 부각시킨다. 자신의 장점이나 우수한 점을 유효하게 사용하기 위한 PR을 자연스럽게 하는 것도 고객의 호감을 얻을 수 있다.

9) 감정이입의 활용

사람의 감정이 다른 사람에게 전달되는 것, 즉 행복한 사람의 웃음을 보면 함께 즐거움을 느끼게 되는 현상을 감정이입이라고 한다. 고객과의 관계에서도 이를 잘 활용하면 다양한 효과를 얻을 수 있다. 고객본위적 접객은 점포와 고객과의 사이가 더 가까워지고 친해질 수 있도록 한다.

5 반품취급

판매한 상품이 반품되는 경우가 종종 있다. 고객이 구매한 상품에 결함이 있거나 사이즈나 색상 등이 맞지 않는 것이 대개의 이유이다.

상품에 결함이 있는 경우는 점포 측의 책임이다. 제조상의 잘못이건 유통 과정에서 발생한 결함이건 납품 시 검수에서 체크되어야 한다. 또 점포 내에서 발생한 결함이라면 상품관리에 문제가 있는 것이므로 그 원인을 철저히 규명하여 관리체제의 개선에 피드백시켜야 한다.

고객의 상품선택이 마음에 들지 않아 반품한 경우도 있다. 디자인, 색상, 사이즈 등이 본인의 마음에 들지 않는다는 이유로 반품한 경우에는 해당 상품을 다시 매장에 진열해 판매할 수 있는 상품인지 아닌지를 확인해야 한다.

반품이유는 다음과 같다.

1) 점포 측 이유

① 제조상의 결함

② 유통 과정에서 발생한 결함

③ 납품 시 검사에서 체크하지 못한 결함

④ 점포 내에서 관리 부실로 인한 결함

2) 고객 측 이유

① 상품선택을 소홀히 한 경우

② 고객 자신의 가족에 대한 일방적 선택이 원인이 된 경우

③ 상품선택 시 생각과 선택 후 마음의 변화

④ 고객의 사용상 부주의

3) 반품취급 요령

① 점포 측의 책임이 있는 경우: 고객에 의해서 점포의 상품관리 결함이 지적된 셈이므로 정중한 사과와 함께 기꺼이 반품을 받아들이고 교환이나 환불을 해주어야 한다.

② 고객 측의 책임이 있는 경우: 명백히 고객 측의 책임이라는 것을 알고 있더라도 고객우위의 응대를 하여 고객이 바라는 상품으로 교환해 주도록 한다.

③ 반품 시에도 접객판매가 병행되어야 한다. 반품의 접수는 해당 영수증을 첨부하는 것을 원칙으로 한다. 하지만 너무 번거로운 절차는 고객이 까다롭다 느낄 수 있어 고객의 마음을 거스르는 것이 되므로 상황을 확인한 후 흔쾌히 반품에 응하는 것이 더 낫다.

④ 반품상품 접수 시 잘 체크해야 한다. 결함의 원인을 개선하기 위해 결함이 어디며 어떤 상태인가 확인해야 한다. 반품을 결함 개선의 필요 정보로 피드백하기 위해 반품 접수 시 결함상태 등을 체크해야 한다.

⑤ 반품의 상품가치 여부를 확인한다. 고객의 상품선택 소홀로 마음에 들지 않는다는 이유로 반품하는 경우 그 상품을 다시 매장에 진열해서 판매할 수 있는 상품인지 아닌지, 상품가치가 유지되는지를 확인해야 한다.

⑥ 반품은 판매의 실패가 아닌 접객의 계속이라는 것을 기억한다. 반품관리에 있어 평상시의 접객과 같이 고객본위의 응대를 해야 한다. 영수증 첨부를 원칙으로 자사 상품임을 확인한 후 교환하고, 반품으로 지적된 결함의 원인은 관리시스템의 개선에 반영하도록 원인을 파악해 보고해야 한다.

6 불평 · 불만처리

소비자주권과 함께 컨슈머리즘의 확대로, 소비자 의식이 높아지고 상품에 대한 관심과 지식이 많아지고 그 수준도 고도화되고 있다. 고객접객이 까다롭고 복잡해지며 고객의 불평·불만도 많아지고 있다. 임기응변식인 편법으로 적당히 대응하려는 생각이나 행위를 해서는 안 된다.

1) 고객의 불평·불만의 범위

고객의 불평·불만은 경영의 모든 면에 해당한다. 고객의 불평·불만은 점포의 입지, 점포구조,

레이아웃, 머천다이징, 상품진열, 조명, 조명기구, 접객, 포장자재, 포장기술, 판매원의 판매지식, 사인보드, POP, 프라이스 카드 등 광범위하다.

2) 불평·불만의 정도와 유형

고객의 불평·불만의 정도는 다양하며 각양각색이다. 점포는 고객의 불평·불만이 제기되면 접수하여 원인별로 분류하고 우선순위에 따라 처리해야 한다.

3) 고객의 불평·불만관리

① 고객의 입장에서 들어야 한다. 고객의 불평과 불만은 공손한 태도로 끝까지 들어주는 것이 필요하다. 고객은 자신의 불평·불만 사항을 누구에게 하소연하고자 한다. 때론 성난 어조로 강하게 항의도 한다. 고객의 입장에서 고객불만을 객관적으로 파악해야 한다.

② 신속히 처리한다. 불평·불만 사항이 있으면 의사결정을 신속히 하여 고객이 납득하게끔 응대하는 것만이 유리한 결과를 얻을 수 있다. 이는 고객의 불평·불만을 공손한 태도로 긍정적으로 들어주는 결과가 되어 고객의 호감을 얻게 되는 계기가 된다.

③ 잘못은 즉시 인정한다. 불평·불만이 있는 경우 먼저 무엇이 원인인지를 확인하고 그것에 대해 즉시 고객이 납득할 수 있도록 설명을 하고 양해를 얻어야 한다. 잘못이 있다고 판단되면 즉시 잘못을 인정하고 고객에게 사과해야 한다. 변명하거나 책임을 전가하면 작은 문제가 점차 악화되어 큰 문제로 비약될 수 있다.

④ 결과는 반드시 통보한다. 불평·불만 사항의 처리에 대해 e-mail, 우편물, 전화 등의 방법으로 고객에게 그 결과를 통보해야 한다. 점포를 막보기 식으로 단념한 고객이라면 불평·불만을 털어놓지도 않는다. 불평·불만이나 충고를 제시하는 고객은 아직도 점포에 대한 관심이 있는 고객이다. 오히려 고맙게 생각하고 그 성의에 답하도록 노력해야 한다.

⑤ 고객의 불평·불만이 자신의 권한 외의 문제인 경우, 성급하게 처리해서 나중에 분란의 소지가 되도록 하지 말고, 상사와 의논하여 그 지시에 따라 고객에게 설명하고 적당한 조치를 취해야 한다. 결코 자신의 독단으로 변명하거나 얼버무리는 것과 같은 설명을 해서는 안 된다.

⑥ 처리결과를 공시한다. 백화점이나 대형마트 등에서는 고객상담실을 설치해서 고객의 불평·불만을 처리하고 있다. 처리결과에 대해서는 점내에 게시하여 유사한 고객의 불평·불만 제기에 대한 해결사례가 되도록 일반인들에게도 알려야 한다. 고객본위 접객의 현장으로 인식되고 그 결과처리에 대한 신뢰를 얻을 수 있다.

⑦ 고객의 불평·불만은 매장 이외의 장소에서 접수하는 것이 좋다. 감정적으로 정리가 되지 않은 상황에서 불평·불만을 가진 고객은 흥분하고 격하기 쉽다. 자칫 매장에서 큰소리가 나오고 소란스러워지면 다른 고객의 접객과 판매에 지장을 주어 점포 이미지에도 영향을 미치게 된다. 불만에 찬 고객의 마음을 어느 정도 진정시켜 줄 여유가 필요하다. 판매장 이외의 장소에서 고객의 불평·불만을 들으면 이동 과정에서 차분한 분위기에 의해 고객의 흥분도 진정될 수 있다.

4) 불평처리단계

고객의 불평이나 불만은 다음의 단계로 처리하는 것이 바람직하다.

불평을 듣는다	• 불평 · 불만을 편견이나 고정관념 없이 진지하게 경청한다. • 문제점은 메모한다.
불평의 원인 분석	• 중심문제를 파악하고 중점적으로 배열한다. • 권한 내의 사항인지 확인하고 점포방침에 맞추어 본다.
해결책 강구	• 점포방침과 일치 여부를 확인한다. • 권한 외의 사항은 이관한다. • 충분한 설명과 연락을 진행한다.
해결책 전달	• 친절하게 설명하여 이해시킨다. • 권한 외의 사항 처리 시 과정 · 절차를 충분히 설명한다.
결과의 평가	• 처리결과에 대해 검토한다. • 해결 방안의 내용과 상대방의 반응을 평가한다.

5) 효과

고객의 불평·불만에 대한 원만한 조치는 고객에 대한 접객과 동시에 많은 사람에게 그것을 알려서 개선점과 점포이미지를 PR할 수 있다. 결과적으로 점포의 신용을 높이는 방법이 된다.

7 고객반대와 처리

판매에는 거절이 있게 마련이다. 고객 거절에 직면하더라도 비관하거나 당황하지 말고 오히려 거절하는 고객을 예상고객으로 생각하고 거절을 당연한 것으로 생각하는 여유가 필요하다. 고객의 거절을 받아들일 수 있는 종업원이 되려면 거절의 생리를 알고 이에 대응할 수 있는 능력을 길러야 한다.

날을 약속하는 것이 바람직하다.

6) 종업원반대

종업원반대는 고객이 종업원을 좋아하지 않기 때문에 판매기회를 상실하는 것을 말한다. 세련된 종업원이 유리한 판매제시를 하면 고객들은 압도되어 관심을 가진다.

7) 광고 및 판매촉진반대

상품광고 및 판매촉진에 대해 불만을 가져 구매를 지연하거나 중단하게 되는 것이다. 대처 방안으로 판매촉진보다는 다른 마케팅믹스의 요소로 대체해야 한다.

3. 반대처리의 방법

고객은 가끔 구매 과정에서 반대를 제기한다. 그 이유는 가격, 품질, 서비스 수준, 기타 여러 가지 원인이 있다. 이때 중요한 것은 고객반대에 대해 고객과 논쟁을 해서는 안 된다. 고객이 왜 그런 생각을 하는지에 대해 이해하고 고객의 반대를 수정하도록 하는 정보제공에 주력해야 한다. 예를 들어, 가격에 대한 반대가 있을 때 구매가 진정한 투자가 된다는 것을 알려줌으로써 극복할 수 있다.

반대처리의 방법에 대해서 Stan Kossen은 다음과 같이 분류하였다.

자료: Stan Kossen, Creative Selling Today, New York, Harper & Row Publishers, 1982, p. 231.

다음은 그림을 중심으로 한 반대처리에 대한 대응방안이다.

1) 직접적인 부인

'그렇지 않습니다', '아닙니다'하고 정면으로 고객의 의사를 부정하는 방법은 거절처리의 가장 기본적 방법이다. 고객반대에 관한 인신공격으로 해석되지 않도록 미소를 짓고 불쾌한 표정을 짓지 않아야 한다.

2) 간접적인 부인

보통 '예, 그러나 …' 또는 '인정합니다. 그러나 …'의 방법으로 말하는데 '그러나'라는 단어는 가능하면 피해야 한다. 부정적 의미로 사용되기 때문이다. 이 방법은 상대방의 자존심을 상하지 않고 자기의 주장을 이야기하는 전형적인 방법으로 광범위하게 사용되며 많은 상황에 적합하다.

3) 부메랑 또는 전이법(轉移法)

고객에 의한 반대가 오히려 구매해야 하는 이유로 되돌아오기 때문에 '전이법'이라고도 한다. 그것은 반대를 구매이유로 바꾸기 때문이다. 이 방법은 상품을 실연할 때 흔히 사용한다.

4) 보상법(補償法)

반대의 타당성은 인정하지만, 그것을 보상할 수 있는 이점을 지적하여 반대를 극복하는 방법이다. 구두를 구매하려는 고객이 그 가죽이 최고품질이 아니라고 반대하면, 가죽이 최고품질이 아님을 인정하고, 만약에 진짜 가죽이라면 가격이 엄청나게 비싸다고 재치 있게 지적한다. 저가격이 저가품을 보상하는 경우이다. 그림이나 도표로 제품의 이점과 불리한 점들을 설명하는 것도 좋은 방법이다.

5) 질문법

고객이 반대를 제기할 때 답변이 필요하다. 이때 사실에 관한 답변은 또 다른 반대를 불러일으킬 수 있으므로 질문법을 사용한다. 반대의 답변에 대한 질문형식은 그 밖의 반대를 초래하지 않을 뿐만 아니라 고객에게 자신의 반대에 답변하게 한다.

6) 무시

고객반대가 심각하지 않거나 그 반대가 어떠한 인정도 받을 가치가 없는 사소한 것이라면 미소를 짓고 화제를 다른 것으로 바꾸어 나가는 방법이다.

논쟁점을 회피하는 것은 때로는 효과적이지만 반대가 타당한 경우에는 사용해서는 안 된다.

7) 실례법(實例法)

고객의 조건이나 상태가 같은 제3자의 경험을 예로 인용하여 거절을 처리하는 방법이다. 예를 들면, 생명보험 판매에 많이 사용하는 것으로 크게 이익을 많이 본 실화를 인용하여 관심을 끄는 경우이다.

8) 자료전환법

견본이나 카탈로그 또는 자료통계 등을 보이는 것으로, 주의와 관심을 전환해 고객의 눈과 귀에 호소하면서 응대하는 방법이다.

8 계산대 고객접객

계산대에서의 접객은 판매행위를 마감하는 단계이다. 계산대에 계산하기 위해 다가온 고객에게 관심을 주지 않고 기계적으로 상품계산을 하려는 종업원을 어떻게 평가하겠는가? 고객에게 미소로 눈길을 주면서 반가운 인사를 하는 시간은 얼마 안 되지만 충성된 고객을 확보하는 중요한 고객접객의 기회이다. 계산 및 포장하는 계산대에서의 작업은 고객접객이 가장 중심적으로 이루어지는 시간이자 장소가 된다.

다음은 계산대에서의 고객접객에 있어 실천 사항이다.

1) 받은 돈은 복창하여 확인한다.

고객에 대한 서비스로 받은 돈의 금액을 소리 내어 복창하고 금전등록기에 등록한다. 이러한 행위를 통해 상호 간 정확한 금액의 수수를 확인할 수 있다. 고객은 구매품 가격을 확인할 수 있고 종업원의 계산 착오를 방지할 수 있다.

2) 거스름돈은 두 손으로 공손히 건네준다.

거스름돈을 건넬 때도 건네는 돈의 금액을 복창함으로써 정확한 금액을 건넬 수 있다. 이는 거스름돈 수수에 대한 착오를 없애고 상호 간에 신뢰와 판매의 정확한 종결을 가져와 점포에 대한 신뢰와 믿음을 유지할 수 있다.

'○○○원 받았습니다. 거스름돈은 ○○원입니다.'라고 이야기하며 영수증과 거스름돈을 두 손으로 정확히 전달해야 한다. 소액이라 하여 동전들을 계산대 위에 놓거나 한 손으로 건네서는 안 된다.

3) 상품은 두 손으로 직접 전해준다.

포장을 한 상품은 두 손으로 고객에게 직접 전달해야 한다. 계산이 끝났다고 해서 포장된 물건을 계산대 위에 밀쳐 놓고 고객이 집어서 가져가라는 태도는 고객의 불쾌감을 일으키게 한다. 고객은 사소한 것에서 감동한다. 정성껏 상품을 포장하고 무거운 것부터 봉투에 넣고 가볍거나 파손이 우려되는 상품은 위쪽에 놓는다. 입구까지 동선이 긴 경우에는 같이 들어주는 성의도 필요하다.

4) 금지 사항

잡담하면서 느릿느릿한 동작이나, 거친 동작으로 계산하거나 가격표를 부착한 채 포장을 해서는 안 된다. 또, 느린 동작으로 접근하여 한 손으로 상품, 다른 손으로 영수증을 건네준다거나 다른 고객과 헷갈려 상품과 영수증을 건네서는 안 된다.

5) 마지막 단계에서 인사

마지막 단계에서는 밝은 미소로 '감사합니다.'라는 감사의 인사를 해야 한다. 상품을 판매하고 계산까지 끝났으니 이제 알아서 가라는 태도는 지금까지 심어준 고객감동을 사라지게 한다. 또, 고객의 등 뒤에서 수군대거나 손가락질을 한다든지 잡담을 해서는 안 된다. 고객이 점포를 나서려고 할 때 좀 낮은 소리로 다시 한 번 '안녕히 가십시오. 또 들려주십시오.'라고 인사해야 한다.

9 판매의 종결(closing the sales)

1. 클로징의 의의

클로징은 판매에서 마지막 단계이다. 판매를 종결짓지 못하는 종업원은 능숙한 대화자는 되어도 훌륭한 종결자는 될 수 없다.

고객이 종결할 준비가 되어 있다고 여겨지면 언제라도 부분종결을 시도하고, 경우에 따라 고객이 종결할 준비가 되었는지 알아보기 위한 질문을 하는 등의 종결기법을 사용해야 한다.

2. 클로징 시 주의점

'클로즈 못하는 판매원은 자격이 없다'라는 말은 판매에 있어 클로징이 중요하다는 것을 나타낸다. 클로징할 때 주의할 점은 다음과 같다.

1) 자신감과 성공적 태도

종업원의 자신감은 큰 자산이 되고 성공적인 태도는 고객에 대한 호감을 얻게 된다. 판매를 클로징하기 위해 차분하게 확신과 믿음을 가지고 상대방의 마음이 어느 정도 움직이고 있는지, 그 반응을 확인해야 한다. "납품은 언제 할까요?" 흥정을 끝내고 상대방 동의를 얻는다는 자신감 있는 태도를 보여주어야 한다.

2) 클로징을 너무 끌지 말 것

클로징할 때는 고객이 그 상품을 구매함으로써 이익이 발생함을 이해시켜 구매하도록 해야 한다. 그러나 종업원은 판매에 대한 실패를 의식하기 때문에 최후 순간까지 클로징을 끌려고 한다. 될 수 있으면 고객의 구매결정을 위한 고객설득의 성과를 나타내려는 경향이 있다.

그러나 적당한 시기의 클로징은 고객으로부터 상품구매에 대한 아쉬움을 남기게 해서 차후의 판매기회를 기대할 수 있다.

3) 이미지 메이커

클로징의 단계에서 고객은 저울질한다. 고객은 구매하고자 하는 상품과 그 가격을 비교하면서 부담이 되더라도 그 상품으로부터 얻을 수 있는 이익이 있을 때 구매를 결정한다. 그러므로 고객이 그 상품을 구매함으로써 얻을 수 있는 이익, 기쁨, 혜택, 즐거움 등에 대해 이미지를 뚜렷하게 그리도록 리드해야 한다. 즉, 이미지 메이커로서의 활동을 해야 한다.

4) 고착된 아이디어는 금물

보편적인 클로징 실패의 원인은 고착된 아이디어 때문이다. 고착된 아이디어는 사고에 영향을 주기 때문에 해를 끼치는 불합리한 확신이 들어 의사결정의 불합리를 초래한다. 고객을 '불가능' 또는 '나에게는 안 맞는 고객이다'라고 속단하여 실패의 구실로 삼아서는 안 된다.

5) '지금이 구매의 적기이다'라는 강한 논거를 사용

예상고객이 구매결정을 빨리하도록 해야 한다. 고객의 '고려해 보겠습니다.' 등의 말에 물러나면 흥정은 실패하게 된다. 당장에 결정하지 못하는 이유를 찾아내 '왜?'라는 질문을 하여 예상고객이 승낙할 수 있게 해야 한다. 예를 들면, '지금 구매하면 10% 할인 혜택이 있습니다. 금주에 한해서입니다.'와 '지금 설비를 하면 내일부터 당장에 인건비가 크게 절약됩니다.' 등으로 당장 구매해야 유리한다는 강력한 논리를 준비해야 한다.

6) 경계심을 풀어 줄 것

처음부터 대량주문 때문에 망설이는 고객에게는 '소량주문도 됩니다.'라고 걱정을 덜어주면 대부분 거절하지 않는다. 소량주문이라 핀잔을 받지 않을까 하는 경계심을 풀어주면 고객은 안도감을 가지게 된다.

7) 감사인사와 종결

주문단계에서 부정적인 언어를 사용해서는 안 된다. '예, 곧 수속을 하겠습니다.' 등의 긍정적 언어를 사용해야 한다. 클로징이 끝난 후에는 상품구매에 대해 정중히 감사의 인사를 하고 물러나야 한다.

Ⅳ 판매제시

1 판매제시 원칙

고객에게 적절한 상품을 제시해야 한다. 효과적인 상품제시는 아래의 원칙을 지켜야 한다.

① 상품제시를 빠르게 한다. 고객의 필요에 따라 요구하는 상품을 빠르게 제시해야 한다. 기회가 무르익었을 때를 놓치지 않고 설득시켜서 상담을 성립시켜야 한다.

② 고객수준에 맞는 상품을 보여준다. 고객이 특정 수준의 상품을 구매하겠다는 의사를 밝히지 않는 한 중간 정도 수준의 상품을 제시하는 것이 무난하다.

③ 한꺼번에 너무 많은 질문을 하지 않아야 한다. 고객의 욕구를 파악하기 위해 지나치게 많은 질문은 반대를 유발할 우려가 있다. 적정수준의 질문을 해야 한다.

④ 고객이 제품을 직접 실연해보도록 한다. 고객이 제품을 직접 사용해보거나 만져보게 해서 확신이 들게 한다.

⑤ 제품의 취급요령이나 사용법, 수리법 등을 올바르게 설명한다. 제품의 취급요령이나 사용법, 또는 보관요령이나 수리법 등을 설명하면 신뢰를 얻게 된다.

⑥ 고객에게 제품이 갖는 이점(benefits)을 판다. 제품구매로 얻는 여러 가지 이점을 설명해서 고객이 비교할 수 있게 한다.

⑦ 쇼맨십을 사용한다. 제품 모델, 사진 슬라이드, VCR 등 시각적인 자료를 제시한다. 판매에 있어 보여주는 것이 말하는 것보다 더 효과적이다.

⑧ 말할 때 비유 표현을 사용한다. 훌륭한 상담은 직유, 은유 비유법을 사용한다. 예를 들어 '이 천은 철같이 오래간다.', '이 트랙터는 실제로 일하는 말이다.', '탤런트 ○○○처럼 보이는 것 같다.' 등의 비유 표현이 효과적이다.

⑨ 가끔 고객의 의향을 구한다. 고객을 이해시키기 위해 자주 질문법을 사용해야 한다('그 특징은 매우 편리할 것입니다. 안 그렇습니까?', '이 원료의 공급장치는 생산의 문제를 제거해 줄 것입니다. 안 그렇습니까?').

⑩ 고객이 쓰는 말을 사용한다. 판매제시는 고객이 이해하는 말을 사용해야 한다. 전문적인 용어나 특수화된 말은 그런 말에 익숙한 사람에게만 사용해야 한다. 표현어휘에 유의해야 한다.

2 커뮤니케이션 수단

커뮤니케이션 매체는 연설을 비롯하여 외관, 태도, 인쇄물, 눈에 보여주는 것 등 몸 전체로 호소하는 모든 것이 해당한다. 호감을 주는 외관, 상냥한 목소리, 능숙한 화술은 고객에게 아이디어를 전하는 수단으로 좋은 반응을 얻는 데 효과가 있다.

1. 인상

고객과의 첫 대면은 판매의 출발점이다. 종업원의 맥없이 늘어뜨린 어깨와 구겨진 옷차림의 초췌한 형상은 고객의 관심과 흥미를 잃게 한다. 반면에 활기가 넘치고 깔끔한 옷차림과 쾌활하면서도 능숙한 화술은 고객의 흥미를 끌게 된다. 종업원 외관은 판매 활동에 중요한 역할을 한다. 외관이 꾀죄죄하면 좋은 성과를 올리지 못한다. 복장은 인품을 대변한다. 그렇다고 외관에 치중하여 너무 화사하게 치장하면 경박한 인상을 줄 수 있으므로 주의해야 한다.

2. 종업원의 화술

고객설득과 상담을 위해 생각이나 의견을 나누는 원리를 알아야 한다. 품격이 낮은 말이나 상스러운 말을 사용해서는 안 된다.

고객에 대한 인사나 상품제시는 친근하고 부드러운 음성으로 해야 한다. 인사말을 너무 강조하거나 변명처럼 해서는 안 된다. 기계적인 딱딱한 어조는 단조롭고 호소력이 약하다. 가끔 목소리의 높낮이를 조절하면 회화에 변화를 주게 되며, 중요한 말을 한 후에는 약간 사이를 두고 말의 속도에 변화를 주거나 볼륨을 바꾸면 효과적이다.

3. 화술의 연습

과장된 말, 호들갑스러운 말은 피해야 한다. 쉬운 말이 커뮤니케이션의 기초이지만 초심자들은 어려운 말을 쓰기 좋아한다. 듣는 사람에게 흥미와 재미를 주고 관심을 끄는 화술을 익히기까지는 인내와 노력이 필요하다.

좋은 효과를 위해 전문용어를 사용할 수 있다. 고객 중에는 전문용어를 사용하는 종업원에게 강한 인상을 받는 사람이 있다. 예를 들어, 의사는 자신의 관록을 과시하며 의학 전문용어를 쓴다. 환자는 그런 의사일수록 실력이 있는 유능한 의사로 인식하여 안심한다.

3 상품제시 매너

상품제시의 매너는 에티켓임과 동시에 성의를 표현하는 행위로서 고객우위를 보증한다. 고객본위로 상품제시를 해야 한다. 상품은 고객의 정위치에서 제시해야 한다. 불쑥 내밀어주거나 던져주거나 하는 행위는 유의해야 한다. 칼과 같이 날 있는 도구는 날 부분이 위로 향하거나 끝이 고객에 향하는 등의 행위는 삼가야 한다. 고객에게 상품을 제시할 때 상품이 파손되지 않았는지, 때가 묻지 않았는지, 변색이나 변질은 되지 않았는지 등을 확인하고 최상의 상태로 제시해야 한다.

매너가 고객에게 주는 영향은 언어 이상의 작용을 한다. 고객은 언어보다도 접객태도에 의해 그 점포를 평가하므로 관리자는 부하의 접객태도에 주의해야 한다.

매너 지도는 교육과 실습으로 이루어진다. 매너는 마음의 표현이기 때문에 고객에게 불쾌한 인상을 주지 않아야 한다. 그러기 위해 상품관리, 매장관리가 적정하게 행해져야 한다.

4 고객과의 거리

매장은 고객을 위해 제공되기 때문에 고객의 공간을 확보해야 한다. 고객의 공간이란 고객이 상품선택을 자유롭고 손쉽게 할 수 있는 연출공간을 말하며, 거기에는 선택에 필요한 충분한 상품구색을 갖추고 있어야 하고 보조하는 기능이 마련되어 있어야 한다.

고객은 그 공간에서 자유로이 상품을 고르고 자기가 원하는 것을 구매한다. 접객기술에서 응대하는 종업원의 위치에 따라 공간을 가리고 좁혀버릴 우려가 있다. 접객기술로서 고객의 시야를 차단해서는 안 된다.

고객과의 거리는 매장에서 종업원이 고객의 공간을 침범하지 않으면서 접객효과를 높이는 데 알맞은 간격이어야 한다. 매너임과 동시에 판매상식이므로 지켜야 한다. 필요한 질문에 언제든지 응답할 수 있는 거리에 종업원이 있으면 편리하다. 그것은 점포의 서비스로 생각할 수 있다. 그러나 고객은 감시받는 것을 싫어하는 성질이 있다.

적절한 고객과의 거리는 상품의 레이아웃과 관련하여 적어도 고객의 시야를 침범하지 않는 범위 내에서 고객의 곁이라는 것으로 귀착된다. 알맞은 간격을 일률적으로 말할 수는 없지만 심리적인 고찰로 60cm 이상 1m 이내의 거리가 적당하다. 고객이 의식하지 않고 대화가 가능한 거리이다.

공간의 구분은 중요하다. 고객 동의가 없는 사적인 공간의 침범은 고객이 방어체제를 갖추어 쌍방 간의 커뮤니케이션 장애를 유발하기 때문이다. 대체로 4가지 형태의 공간이 있다.

① 사적 공간(intimate space): 60cm 이내

② 접객 공간(personal space): 100~120cm 이내

③ 사회적 공간(social space): 350~400cm 이내

④ 공식적 공간(public space): 350~400cm 이상

그림 9-1 공간의 형태

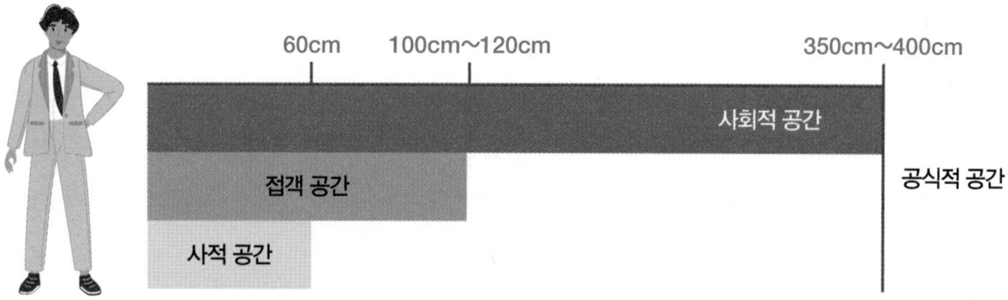

1. 사적 공간(intimate space)

사적 공간은 60cm 미만 혹은 팔 길이 정도의 간격으로 가장 민감한 지역(sensitive zone)이다. 그 공간은 가장 가까운 친구나 사랑하는 사람을 위한 공간이기 때문이다.

종업원의 접근에 대해 구매자는 구매자 지배를 시도하는 것으로 생각한다. 이 감정은 판매원에 대한 저항을 낳게 되므로 뒤로 물러나서 고객을 안심시켜야 한다.

2. 접객 공간(personal space)

낯선 사람이나 사업상 관계가 있는 사람이 들어오도록 허락되는 공간이다. 이 공간에 들어오는 위협을 감소시키기 위해 책상과 같은 장애물을 사용하기도 한다.

3. 사회적 공간(social space)

일반적으로 판매제시를 위한 공간이다. 구매자와 판매자 사이에 100~120cm 또는 그 이상을 유지하기 위하여 테이블을 사용하기도 한다. 고객의 정신적 장애를 피하기 위해 사회적 간격, 즉 200~250cm의 중간 정도에서 판매제시를 해야 한다.

4. 공식적 공간(public space)

집단에 대하여 판매제시할 때 사용되는 공간으로서, 교실에서 교사와 학생의 간격과 비슷하다. 사람들은 이 간격에서는 공간위협을 느끼지 않기 때문에 의사소통하기 쉽다.

5. 공간위협(space threats)

사람들은 공간위협을 느끼거나 공간침범을 받으면 그들의 공간을 방어해야 한다고 생각한다.

종업원이 고객 앞으로 바짝 의자를 당겨 앉거나, 고객의 책상에 기대거나, 책상 위에 있는 물건을 건드리거나 손을 대는 것은 고객의 공간을 위협하거나 침범하는 결과가 된다.

고객이 방어적 장벽을 만들지 않도록 해야 한다. 고객과 우호적 감정을 가지도록 지역 공간을 활용해야 한다. 고객과 친해질 수 있도록 책상 옆으로 의자를 옮겨 앉도록 양해를 얻어야 한다. 그러면 고객과 우정을 만들게 되고, 공간위협이나 공간침범이 되지 않아 판매원과 구매자 간의 협조적인 분위기를 만들 수 있다.

5 신뢰 형성

신뢰는 신용과 전문지식의 함수관계이다. 상품제시를 할 때 고객의 신뢰를 얻는 것이 중요하다. 고객에 대한 신뢰를 형성할 수 있는 기법은 다음과 같다.

1) 초기의 주장은 온건해야 한다.

초기의 강력한 주장은 구매자에 의해 이의 제기를 받을 수 있다. 초기의 주장이 온건하고 고객의 인정을 받게 되면, 그 뒤의 주장들은 더 대담할 수 있고 성과도 가져오게 된다.

지킬 수 없는 것은 약속하지 않아야 하며, 약속한 것은 반드시 지켜야 한다. '만족한 고객은 최선의 광고물'이지만 불만족한 고객은 '가장 나쁜 광고물'이 된다.

2) 테스트

고객의 신뢰를 얻기 위해 여러 가지 종류의 테스트를 한다. 정부의 연구소를 거치거나 자체 실험실을 거친 제품은 더 많은 신뢰감을 얻을 수 있다.

3) 추천서 사용

추천서는 효과적일 수 있다. 그것은 '만족한 고객은 최선의 광고물'이라는 격언에 근거하기 때문이다. 추천서는 고객들의 주의를 끌기 위한 광고에서 자주 사용된다.

4) 다른 사람들의 경험

다른 사람의 경험을 이용하여 고객이 그 이야기를 믿게 하는 방법이다. 지명도가 높은 유명인사나 인기 연예인들의 경험은 다른 사람들에게 영향을 미치므로 효과를 기대할 수 있다.

5) 공장견학 및 고객과의 대화

산업현장의 새로운 설비 운영을 홍보하기 위해 고객들이 참여할 수 있는 공장견학을 시행한다. 고객과의 대화를 상설기구화하여 각종 정보의 제공과 민원을 해소하기도 한다.

6) 실연(demonstration)

효용설명을 말로써 하는 단계에서 한 걸음 더 나아가 현품을 사용하여 더 실감나게 설명하는 것을 말한다.

연습 문제

01 고객심리와 구매동기에 대해 논의해 보자.

02 소비행동의 다양성에 대해 설명해 보자.

03 상품판매와 접객자세에 대해 논의해 보자.

04 접객기술에 대해 논의해 보자.

05 판매제시 원칙에 대해 설명해 보자.

씩 늘었다. 신종 코로나바이러스 감염증(코로나19) 사태 이후 '언택트 소비'가 확산하면서 지난달 주문량은 전월보다 50% 가까이 늘었다. 전체 이용자의 약 40%가 월 4만~6만 대의 정액 서비스를 이용하고 있다.

조 대표는 모바일 세탁 서비스가 세탁기 발명에 버금갈 만큼 큰 변화를 가져올 것이라고 보고 있다. 가사노동을 줄여 여성을 해방시킨 세탁기는 인류 최고의 발명품으로 꼽힌다. 그는 "모바일 세탁 서비스를 이용하면 세탁하는 데 2분이면 충분하다"라며 "세탁에 쓰던 시간을 더 가치 있는 일에 사용할 수 있고 세탁기를 사지 않아도 되는 만큼 주거 공간도 달라질 것"이라고 말했다. 사명을 의식주컴퍼니로 정한 것도 이런 회사의 비전을 담은 것이다.

조 대표는 머지않아 '가사노동의 외주화' 시대가 열릴 것으로 내다봤다. 1인 가구와 맞벌이의 증가, 개인의 삶을 중시하는 사회 분위기를 고려할 때 외주의 대상이 될 가사노동은 요리와 청소, 육아 등 전체 가사노동으로 확장될 수밖에 없다는 게 그의 생각이다. 그는 "가사노동의 외주화를 경험하는 가정을 늘려 되돌릴 수 없는 사회적 변화를 만들고 싶다."라며 "미래 사회는 개인 자신이 가치 있어 하는 일에 더 집중하고, 가사노동은 전문가나 기계에 맡기는 사회가 될 것"이라고 전망했다.

출처: 동아일보 2020. 04. 14.

I 고객관리의 개념

1 고객관리의 개념

환경의 변화에 따라 고객들의 요구는 다양해지고 있다. 고객 니즈에 민감하게 반응하고 적응하지 않으면 고객으로부터 외면당하고 생존의 위협을 받게 된다. 고객감동 서비스는 치열한 경쟁에서의 강력한 생존경쟁력이 되고 있다.

1. 고객감동 서비스 실천

점포사업은 사람들과 자주 만나야 하므로 진심 어린 태도나 말 한마디가 그들을 감동시키고 점포 이미지를 결정한다. 예절의 시작은 미소로 시작된다. 미소를 지으면서 밝고 예의 바른 마음으로 정성을 다해 '고객감동'의 서비스를 해야 한다.

항상 마음 편한 서비스, 정성을 다한 따뜻한 서비스를 해야 한다. 고객이 점포로 접근할 때나 상품을 고를 때 뚫어지게 쳐다보면 감시당하는 느낌을 주게 된다. 그러므로 시선은 되도록 마주치지 않고 고객의 코와 입술 사이의 인중을 바라보는 것이 가장 무난하다. 고객에게 지나치게 가까이 다가서는 것도 좋지 않다. 구매를 강요하는 듯한 분위기에 경계심이 생겨 영업에 도움이 되지 않는다. 진심에서 우러나는 미소야말로 고객관리의 최대무기이다.

표 10-1 정성이 깃든 접객 서비스 점검표

점검 사항	우수하다	적당하다	부족하다
몸가짐과 복장은 단정한가?			
머리모양은 청결한가?			
웃는 얼굴로 고객을 대하는가?			
정성이 깃든 태도인가?			
고객을 배려하는 접객을 하는가?			
고객의 입장에서 고운 말씨를 쓰는가?			
각 서비스단계가 정형화되어 있는가? • '어서 오십시오' 등 상냥하게 인사 • 안내는 직접 몸으로 정중하게 • 주문받기는 공손하고도 분명하게 • 주문 실수나 지체 시에 정중하게 사과 • 상품제공과 치울 때 바르고 상냥하게 • 계산 시와 퇴점 시 감사 인사하기			
고객의 요구 사항에 적절히 대처하는가?			
고객의 불평에 웃는 얼굴로 대하는가?			

2. 20 대 80 법칙 활용

이탈리아의 경제학자인 파레토는 '때때로 양적으로 작은 항목들의 가치가 다른 큰 항목들의 가치보다 훨씬 중요하다.'라고 하였다. 파레토는 백화점의 하루 매출의 80%가 그 백화점의 단골인 20%의 고객에게서 나온다는 것을 발견하면서 이를 '20 대 80 법칙'이라고 했다. 전체 중 20%의 투입으로 80%의 성과가 산출된다. 파레토 법칙에 따르면 중요한 20%를 찾아내 그들에게 투자해야 최대의 효과를 얻을 수 있다는 것이다. 1 대 1 마케팅을 지향하는 컨택마케팅에서 파레토 법칙의 의미는 상위 20%의 충성고객들을 만족시켜 기업의 가치를 향상시킨다는 의미이기도 하다.

환경 변화로 인해 고객관리의 필요성과 중요성이 더욱 요구되고 있다. 20 대 80 법칙 활동의 고객관리가 필요한 이유는 다음과 같은 환경의 변화에서 찾아볼 수 있다.

고객 특성 측면에서 보면 가격할인보다는 서비스와 편의성을 추구할 만큼 경제적으로 여유가 있는 고객 계층이 증가하고 있으며, 이들은 자신이 원하는 서비스를 받기 위해서 기꺼이 추가 비용을 부담할 용의가 있다. 고객 욕구도 세분화되고 다양화되면서 개별적이고 특별한 대우를 받기 원하는 고객들이 늘어나고 있다.

3. 고객생애가치분석을 통한 고객관리분석

고객생애가치(lifetime value)란 한 고객이 지속적으로 자사의 제품을 구매하는 것에서 발생하는 순이익을 말한다. 이것은 고객관리의 비용과 가능한 이익을 모두 포함하고 있어서 제안된 마케팅 프로그램의 성공 여부를 평가하는 척도가 된다. 고객생애가치를 계산하기 위해서는 처음 구매 후 다시 자사 제품을 구매하는 고객의 비율, 한 해에 고객들이 자사 제품구매에 지출하는 평균비용, 변동비, 할인율 등의 정보가 필요하다.

마케팅 전략마다 예상되는 고객의 생애가치 계산을 통해 마케팅 전략의 결과를 예상할 수 있다.

고객생애가치분석으로부터 얻을 수 있는 이점은 다음과 같다.

① 고객충성도를 높여 재구매율을 높이고, 새로운 마케팅 프로그램 실시로 기존 고객을 통한 매출을 증대할 수 있다.

② 마케팅 프로그램에 만족한 고객들이 자신의 주변 사람들에게 경험을 전파함으로써 구전효과를 높일 수 있다.

③ 효과가 높은 고객에게 선별적인 마케팅활동을 전개하므로 마케팅비용이 절감되며, 구매율이 높은 고객에게는 직접판매를 시도할 수 있어 유통비용을 절감할 수 있다.

2 고객정보와 관리

고객에 관한 정보를 수집하여 분류·정리하고 가공·활용하는 정보 활동은 고객관리의 범주에 속한다. 고객에 대한 정보 수집이나 그 활용에 그치는 것이 아니라 고객이 원하는 서비스가 무엇인지 파악하여 고객에게 도움을 주는 고객관리가 되어야 한다. 컴퓨터에 수록된 고객 데이터베이스를 바탕으로 고객과의 장기적인 관계 구축을 위한 전략을 수립하고, 점포가 나아가려는 방향을 설정하여 고객 영역의 범위를 확대하며 지속적인 고객 만들기를 진행해야 한다.

고객관리의 활동에 대하여 다음과 같이 정리할 수 있다.

권역 내의 고객에 대한 정보를 수집한다. 정보의 내용은 효과적인 마케팅활동을 위한 것이다.

① 가능 상품의 발견

② 점포에 대한 우호적 고객의 발견

③ 정보전달의 효과

④ 상품과 관련 서비스

권역 내의 고객정보를 한번 완전하게 작성하는 것보다 계속해서 완성해 가는 것이 바람직하다. 다음의 여러 활동에서 정보를 입수할 필요가 있다.

① 판매 시(계약서 작성 시)

② 납품 시(설치작업 중)

③ 정기 서비스 때

④ 고장 수리할 때

⑤ 정기적인 앙케이트

⑥ 그 외 특별한 경우

고객과 시장정보를 획득할 때마다 그 내용은 기록해야 한다. 고객정보는 점포의 재산으로 활용하기 쉽도록 관리해야 하며, 고객정보 활용은 가능 고객을 발견하기 쉬운 것이어야 한다.

고객정보는 기준에 따라 활성자료와 비활성자료로 별도 관리가 필요하다. 1년간 반응이 없는 고객은 일단 관리정보에서 빼고 2년이 지나도 반응이 없는 고객은 고객정보에서 삭제한다.

고객정보관리의 실무담당자가 바뀌는 일이 있으므로 고객정보의 입수, 내용 기록, 이의 활용 등 고객관리 전반에 걸친 관리기준을 만들어 두어야 한다.

영업 방법의 전환, 점포확충 등의 변화는 고객층의 변동과 직결되어 있으므로 그 변화에 맞춘 고객층을 개척해야 한다(이를테면 매장면적이 3배 이상 되면 종래의 고객 30~40%가 교체되는 것이다).

3 고객의 데이터베이스 구축

1. 데이터베이스 마케팅을 통한 고객충성도 강화

정보기술이 발달하면서 인터넷은 새로운 커뮤니케이션 수단이 되고 있다. 기존의 대중매체가 일방향성을 가진 것과 달리 인터넷은 쌍방향성을 가진 매체라는 점에서 고객관리에 큰 변화를 가져왔다.

인터넷을 이용한 고객관리는 목표고객에게 전달하는 능력이 뛰어나다. 인터넷의 쌍방향성을 이용하여 고객이 원하는 정보를 선별적으로 보내고, 고객이 이러한 정보를 받았는지 확인할 수 있다. 또한 고객의 반응을 즉각적으로 피드백 받을 수 있으며, 이것을 온라인으로 고객관리 데이터베이스에 축적·전환할 수 있다. 이를 통해 고객의 참여를 높이고 고객충성도를 높일 수 있다.

성공적인 고객관리를 위해서는 구축된 데이터베이스를 어떻게 사용할 것인가에 대한 계획이 있어야 한다. 일부 기업들은 고객 데이터베이스 활용에 대한 아이디어도 없이 그저 DM 발송용으로 고객 데이터베이스를 보유하고 있다.

고객 데이터베이스를 활용한 고객관리의 기본은 고객충성도를 높여 고객이 다른 기업이나 브랜드로 전환하지 않도록 하는 것이다. 고객과의 관계 강화를 통해 고객에 대한 배려나 혜택을 강조함으로써 고객이 서비스를 받고 있다는 느낌을 지속적으로 유지함으로써 이 또한 전략이 된다.

고객충성도를 높이는 구체적인 전략은 다음과 같다.

① 고객에게 멤버십카드를 발급함으로써 고객으로서의 일정한 지위를 갖게 한다. 예를 들어, 특정 호텔을 자주 이용하는 고객에게 멤버십카드를 발행하여 선호하는 객실이나 음식 등을 고객이 매번 설명하지 않아도 고객 선호에 맞게 서비스하는 것이다.

② 사교클럽이나 동호회 등을 조직하는 것도 고객충성도를 높이는 방법이다.

2. 고객 데이터베이스의 조건

효과적인 데이터베이스의 구축은 성공적인 고객관리를 위한 전제조건이 된다. 고객이 원하는 주문에 응대하거나 A/S의 목적으로 구축된 고객리스트는 고객 욕구를 파악하고 이를 활용하기 위한 업무용 고객자료가 된다.

데이터베이스가 고객관리의 자료로 그 역할을 다하기 위해서는 다음 조건을 갖추어 구축해야 한다.

1) 기업의 현실에 맞아야 한다.

모든 상황에 획일적으로 적용되는 데이터베이스는 없으며, 구축하고자 하는 기업의 고객 특성과 정보환경에 맞게 특화되어야 한다.

표 10-2 데이터베이스 유형

업무용 고객 리스트	고객의 주문 사항과 주기적인 청구서 발송에 사용되는 데이터베이스로서 고객번호(account) 위주로 관리된다.
고객서비스 데이터베이스	고객과의 거래기록, 고객의 서비스 요구 사항 등이 포함된다. 마케팅 데이터베이스 구축에 중요한 바탕이 된다.
마케팅 데이터베이스	인구통계학적 변수, 고객 설문조사 응답 내용, 판매촉진 참가내용 등이 포함된다. 마케팅 프로그램의 목적에 맞는 고객들을 탐색하고 분류하기 위한 용도로 사용한다.

2) 유연성이 있어야 한다.

데이터의 갱신과 변환이 지속적으로 가능해야 하며 첨가·수정·삭제하는 작업이 용이하게 이루어지는 확장성을 가지도록 구성해야 한다.

3) 데이터의 내용은 다양할수록 좋다.

데이터는 내용이 많을수록 가치가 있으므로 데이터의 내용은 다양할수록 좋다. 가능하면 고객의 모든 측면을 데이터화하는 것이 좋다.

4) 범용성을 가져야 한다.

구축된 고객관리의 데이터베이스는 점포 내의 어느 부서에서도 온라인으로 검색할 수 있어야 한다.

5) 신속한 검색이 가능해야 한다.

구축된 데이터의 크기와 관계없이 신속히 원하는 조건의 자료를 검색할 수 있는 구조를 갖추어야 한다.

6) 이익 측정이 가능해야 한다.

회계시스템을 포함하여 마케팅 데이터베이스로부터 발생하는 이익과 비용을 계산할 수 있는 구조를 갖추어야 한다.

7) 고객관리 부서에서 관리해야 한다.

고객관리 데이터베이스의 갱신과 유지, 접속 권한이나 우선순위 관리는 고객관리 부서에서 책임져야 원활한 마케팅활동과 고객서비스에 유리하다.

3. 고객관리 데이터베이스 구축 시 고려사항

고객관리 데이터베이스를 구축할 때 고려해야 할 사항은 다음과 같다.

1) 고객 관련 다양한 자료를 수집해야 한다.

고객관리 데이터베이스 구축을 위한 마케팅, 시장조사, 판매, 광고, 고객서비스가 모두 포함되어야만 창의적이고 활용도가 높은 고객관리 데이터베이스를 구축할 수 있다.

2) 표준 포맷을 개발해야 한다.

이는 고객으로부터 수집해야 할 정보의 항목을 포함하는 데 일반적인 고객정보로는 구매기록, 가족구성(나이·학력·자녀 수 등), 직업, 여가 활동(취미·스포츠 등), 보유 차종, 라이프스타일, 촉진 활동에 대한 응답 등이 있다. 가능한 한 많은 항목의 정보를 수집해야 향후 다양하고 풍부한 마케팅활동의 전개가 가능해진다.

3) 어떤 항목을 인덱스(index)화할 것인지 결정한다.

인덱스는 고객정보 검색에 활용되는 항목을 말한다. 주요 인덱스로는 나이, 성별, 전화번호, 가장 최근의 구매일자, 가장 고가의 구매제품 등을 들 수 있다.

4) 디자인 작업이 필요하다.

고객정보 자료의 내용을 화면이나 보고서로 출력하기 위한 디자인 작업이다.

5) 데이터베이스를 활용하기 위한 고객관리 프로그램을 개발한다.

현재 구축하는 데이터베이스가 향후 마케팅활동에 적합하게 구성되었는지 확인할 수 있다.

4 점포행사

점포에서 고객의 유치, 확보를 위한 여러 가지 방법 가운데 중요한 것은 점포 자체 행사를 개최하는 것이다. 이 자체 행사는 고객관리의 어떤 전략보다도 효과적으로 신규 고객을 확보할 수 있으며, 고객의 고정화·조직화에 큰 성과를 거둘 수 있다. 이전에는 조직에 파고 들어가는 세일즈가 성공했으나 지금은 한발 앞서 조직을 만드는 세일즈가 요청되고 있다.

점포 자체 행사는 어떤 일정한 룰이 있는 것이 아니라 어느 일정 지역에 위치한 점포가 지역의 실정에 맞게 아이디어를 창출해 진행해 나가야 한다.

요리강습회, 신제품 전시회, 강연회, 여행동호회, 팬클럽의 결성 등 다양한 자체 행사를 할 수 있다.

점포 자체 행사의 개최는 경비와 인력이 소요되나 상업적인 성과를 얻을 수 있을 뿐만 아니라 고객에게 봉사하는 점포로서의 이미지를 부각시킬 수 있다.

Ⅱ 고객의 유형

1 고객의 구매 변화

1. 구매패턴의 변화

고객의 욕구는 소득, 생활수준, 취미, 지식, 교양, 가족구성, 그리고 직장이나 고객 자신의 성격에 따라 다르다. 욕구의 다양화는 단순히 소득수준이나 취미, 교양, 세대구성이라고 하는 일차적인 요소에 따라 경향이 바뀌는 것이 아니라 생활구조 또는 생활양식의 변화에서 오는 소비의 배분이 크게 영향을 미치고 있다.

소비자의 상품선택기준은 한층 신중해지고 있으며, 관련된 많은 문제에 대해서도 민감한 반응을 보인다. 소비자의 구매패턴이 변함에 따라 판매자는 충분한 상품지식을 가지고 접객에 응하지 않으면 고객이 원하는 서비스를 제공할 수 없게 된다.

고객은 새로운 상품에 대한 경험이 없으므로 자신의 가치기준을 토대로 모든 것을 판단한다. 여기서 종업원의 적절한 어드바이스가 필요하다.

2. 고객의 타입 분류

고객의 욕구는 라이프스타일에 따라 패턴화해서 분류할 수 있다. 그러나 욕구를 표현하고 충족시키는 방법에 대해서는 사람에 따라 여러 가지 반응을 보인다. 이는 각자의 기질과 성격이 다르기 때문이다. 기질에는 4가지 타입이 있으며, 본질적이어서 쉽게 바뀌지 않는다.

2 고객의 유형

다양한 고객 형태에 따라 적합한 고객 대응 전략이 필요하다. 고객의 형태를 분류하면 다음과 같다.

1. 고객의 성격에 따른 분류

성격은 체험에 따라 영향을 받아 형성되지만 새로운 체험이나 관찰에 의해 어느 정도 변한다. 기질은 비교적 구분하기 쉬우나 성격을 명확히 유형화하기는 어렵다.

성격의 타입을 분류하면 다음과 같다.

1) 외향적 고객

낙천적이며 친밀성이 있으나 권위에는 약하다. 남의 말을 잘 듣는 형이며 임기응변적이다.

2) 내향적 고객

지적이지만 독창성이 없고 나서지 않고 표현이 적은 사람으로서 회의와 냉담, 선망과 질투가 강한 형이다.

3) 쟁취적 고객

완고한 면이 있어서 주위와 잘 어울리지 않는다. 자신에게는 놀라울 만큼 충실한 일면이 있고 결과만 몰두하며 자기중심적이다.

4) 예술적 고객

지적이며 순응성이 있고 호기롭고 인정미도 있다. 변덕스러운 점이 있는 것도 이 타입의 특징이다.

2. 고객의 특성에 따른 분류

1) 결단형 고객(decisive customer)

자신이 필요한 상품이 무엇인지 알고 있고 정의감이 강하며 종업원의 반대의견에 화를 내지 않는다. 고객 스스로 셀프서비스 하도록 하거나 판매제시를 하는 동안 고객의 욕구나 의견을 기술적으로 주입해 상품을 제시해야 한다.

2) 의구형 고객(suspicious customer)

매사에 의구심이 많아 남에게 이용당한다고 생각하며, 성격상 고분고분한 것을 싫어하고 구매의사결정을 할 때 남의 말을 신뢰하지 않고 의심이 많다. 상품의 사용법은 제조업체의 tags 나 label을 설명하면서 상품의 특징을 설명해야 한다.

3) 다혈질적 고객(angry customer)

심성이 고약하며, 아주 사소하고 조그마한 일에 화를 잘 내 마치 일부러 사람을 괴롭히는 것처럼 보인다. 고객을 접객할 때 논쟁을 피하고, 명백한 사실만 언급하며, 여러 가지 상품을 기분 좋게 보여줘야 한다.

4) 논쟁적 고객(argumentative customer)

논쟁하기를 좋아하며 종업원의 설명에 이의를 제기하며 상담 중 약점을 찾으려고 한다. 구매결정에 신중하며 시간이 걸린다. 이러한 고객을 접객할 때 제품이나 서비스에 대한 지식을 가져야 하며 간접적인 부인접근법이 효과가 있다.

5) 사실추구형 고객(fact finder customer)

상세하고 정확한 사실에 흥미를 느끼며, 종업원의 말 가운데 틀린 것이나 실수를 놓치지 않고 관찰하고 제품이나 서비스에 대해 상세한 설명을 듣는 것을 좋아한다. 사실에 입각한 자료를 제시하고 제조업자의 label이나 tags 혹은 제품번호에 대한 정보를 제공하여 효과적인 응대를 할 수 있다.

6) 내성적 고객(timid customer)

자제심이 강하고 감수성이 예민하다. 비싼 가격의 품목을 구매하지만 자신의 판단에 확신하지 못한다. 고객이 자신의 구매결정에 따른 만족감을 느낄 수 있도록 친절과 존경으로 접객한다.

7) 충동적 고객(impulsive customer)

결정이나 선택을 재빨리 하고 인내심이 없으며, 갑작스럽게 거래를 취소하기도 한다. 고객을 접객할 때 과다판매 또는 판매를 지연시키지 말고 판매를 빨리 종결지어야 한다.

8) 주저형(자제형) 고객

결정 능력이 부족하거나 잘못된 결정을 할까봐 근심과 두려움을 가지며 종업원의 조언이나 협조를 바란다. 고객의 욕구를 분석하여 이에 부응하는 제품의 장점을 설명해 줌으로써 고객이 새삼 표현하거나 제기하는 의혹에 하자가 없음을 인식시킨다.

9) 연기형 고객(procrastinating customer)

기본적 특성은 대체로 구매결정을 뒤로 미루거나 자신의 판단에 확신이 부족해서 자신감이 없다. 긍정적인 제의를 하여 고객의 판단이 옳다는 것을 인식시켜 의사결정을 하도록 도와준다.

10) 전가형 고객(buck-passing customer)

가족 구성원이나 다른 사람의 조언을 원하며 사실의 불확실성을 인정하지 않는다. 사실에 동의하고, 고객 스스로 의견을 진술하게 하여 판매종결을 유도한다.

11) 침묵형 고객(silent customer)

대체로 말이 없으며 생각을 많이 하고 관찰력이 뛰어나다. 대체로 무관심한 것처럼 보이지만 종업원의 진술에 귀를 기울이기도 한다. 고객에게 직접 질문을 시도하거나 제품이나 서비스의 특징을 설명하여 판매하도록 한다.

12) 오락형, 여가형 고객(just-shopping customer)

단순히 쇼핑이나 점포에 진열된 상품에 관한 정보를 얻고자 한다. 이들은 매우 충동적이며, 구매계획은 보통 세우지 않는다. 또한 이들은 점포 분위기와 점포 내 상품진열에 매력을 느낀다. 고객을 환영하고 진지하게 제품의 특징을 설명해 주며, 고객이 특별한 관심사에 신경을 쓰게끔 하여 효과적인 응대를 할 수 있다.

종업원은 고객과 대면하여 판매 활동을 전개하고 판매에 성공할 수 있도록 노력해야 하기 때문에 고객의 특성을 잘 알아서 대처해 나가야 한다.

종업원이 알아야 할 고객의 특성

① 고객기호: 고객의 기호
② 구매관습: 상품구매 방법
③ 상점 이용 빈도: 내점 횟수, 주기성, 타점 이용 수, 빈도
④ 상점에 대한 정착성: 부동고객, 유동고객, 고정고객
⑤ 고객의 외출 패턴: 쇼핑 특성, 노는 법

3. 고객의 유형별 적절한 응대

고객과의 관계에서 고객의 심리를 파악하는 한편, 고객 한 사람 한 사람의 특수한 사정까지 헤아려서 응대하는 유능한 종업원이 되어야 한다.

모든 고객은 '이렇게 대접받았으면…' 하는 공통된 심리가 있지만, 그 표현 방법은 각양각색이다. 이러한 고객의 욕구를 만족시키기 위해서는 상대방에 맞춘 고객 응대가 필요하다.

다양한 유형의 고객에게 성공적인 접객은 각각의 고객을 한 개인으로 여겨야 한다. 모든 사람을 일정한 유형으로 분류해서 동일한 방법으로 다루지 말아야 한다.

효과적인 의사소통을 통해, 기꺼이 고객을 돕고자 하는 마음을 전달해 성공적인 고객서비스를 할 수 있다. 사람에 초점을 맞추기보다 상황과 문제 자체에 집중할 수 있는 능력이 중요하다.

까다로운 고객을 응대할 때는 침착하게 전문가다운 모습을 보여야 한다. 화를 내고, 짜증을 내고, 목소리를 높이는 등 감정적으로 행동하는 고객은 대부분 종업원이 해결할 수 없는 구조, 과정, 조직 등에 화가 난 경우이다. 상황을 잘 파악하여 고객의 감정 상태를 배려하면서 말해야 한다.

1) 화가 난 고객

무조건 화부터 내는 고객에게는 일단 사과부터 하고 고객의 불만을 경청한다.

① 긍정적인 태도로 제공이 가능한 것을 제시한다.

② 고객의 감정을 인지하고 이해하려고 노력한다.

③ 고객을 안심시킨다.

④ 객관성을 유지해야 한다.

⑤ 원인을 규명한다.

2) 신경질적인 고객

신경질적인 고객에게는 말씨나 태도에 주의해서 상대를 자극하지 않도록 해야 한다. 예의를 지키고 친절하게 응대하면서 불필요한 대화를 줄이고 고객의 요구에 신속히 조치한다.

3) 무리한 요구 사항이 많거나 거만한 고객

무리한 요구를 하거나 거만한 고객에게는 고객의 의견을 경청한 후에 이쪽의 상황을 있는 그대로 설명한다.

① 목소리를 높이거나 말대꾸하지 말라.

② 고객을 존중하라.

③ 고객의 요구에 초점을 맞추고 확고하고 공정한 태도를 유지하라.

④ 종업원이 가능하고 할 수 있는 것을 말하라.

⑤ 융통성 있게 고객의 요구를 가능하면 들어주는 자세가 필요하다.

4) 깐깐한 고객

별로 말이 없으나 예의를 갖추면서 잘못은 꼭 짚고 넘어가는 고객에게 가볍게 응대해서는 안 된다. 깐깐한 고객에게는 정중하고 친절하게 응대한다. 잘못을 지적할 때는 반론을 펴기보다는 '지적해 주셔서 감사합니다.'하고 받아들이는 자세를 보인다.

5) 무례하거나 경솔한 고객

무례하거나 경솔한 고객에게는 침착하고 단호하게 대처해야 하며 전문가답게 행동한다. 고객의 높은 음성, 무례한 태도에 대해 차분히 응대한다. 더욱 깍듯하고 예의 바른 태도로 응대하는 자세가 필요하다. 다른 사람 앞에서 고객을 무안하게 만드는 행위는 고객을 더욱 화나게 만든다. 고객과 논쟁을 해서는 안 된다.

6) 수다스러운 고객

수다스러운 고객에게는 따뜻하게 성심성의로 응대하면서 대화의 초점을 맞춘다. 자유롭게 말할 수 있도록 개방형의 질문을 하되 대화의 조절을 위해서는 '예, 아니요'로 답할 수 있는 폐쇄형 질문을 한다. 대화시간을 관리해야 할 필요가 있다.

7) 뽐내고 싶어 하는 타입의 고객

자기를 과시하고 뽐내고 싶어 하는 고객에게는 인정하고 존중하는 태도를 취하여 충분히 뽐낼 수 있도록 하고 친절히 응대한다.

8) 조급한 성격의 고객

조급한 성격의 고객은 얼굴을 대하자마자 급하게 이것저것 요구하는 고객이다. 고객에 맞추어 민첩하게 행동하는 것이 중요하다. 서비스가 지연될 때는 적절한 상황 설명이 필요하다.

9) 말수가 적은 고객

말수가 적은 고객은 마음속으로는 여러 가지를 원하고 있어도 일단은 사양하고 좀처럼 확실한 의사표시를 하지 않는다. 진의를 살피듯이 조용하고 친절하게 물어보고 응대한다. 수동적인 고객에게는 적절한 질문으로 서비스를 리드해야 한다.

10) 활달하고 털털해 보이는 고객

활달하고 털털한 고객에게는 밝고 솔직하게 응대하는 것이 중요하다. 만만하게 생각하고 경솔하게 행동하는 경우 더 큰 불만을 초래하는 경우도 있다.

11) 의심 많은 고객

의심 많은 고객은 자기가 충분히 납득할 수 있을 때까지 질문을 하므로 대충 정확하지 않은 설명은 금물이다. 자신감을 가지고 확실한 태도와 언어로 응대해야 한다.

Ⅲ 전화를 통한 고객관리

전화응대는 점포의 이미지를 결정하는 중요한 요소로서 점포의 얼굴이며 고객과의 얼굴 없는 만남으로 고객접점의 최일선에 서게 된다. 판매직원의 전화응대가 성의 있고 친절하면 점포의 이미지와 신뢰도는 높아지게 된다. 전화를 올바르게 사용하고 항상 친절하고 예절 바르게 응대할 수 있는 매너가 필요하다.

1 전화를 받는 요령

1) 전화벨이 3회 이상 울리기 전에 받는다.

① 전화벨이 3회 이상 울렸을 때는 '늦게 받아 죄송합니다.'라고 먼저 말한다.

② 인사말과 점포명, 성명을 명확히 밝힌다. 조금 천천히, 정확히 말하여 상대가 되묻는 일이 없도록 한다.

③ 수화기를 받음과 동시에 메모 준비를 해야 한다.

④ 상대를 직접 대면하는 것과 같은 바른 자세를 한다.

2) 상대를 확인하고 용건을 듣는다.

① 들을 때는 차분하고 정확하게 경청한다.

② 찾는 사람이 없을 때는 용건을 메모한다.

③ 어떤 사람이 '난데, 김 팀장 있어?'라는 식으로 말할 때는 '저는 영업팀 ○○○입니다.'라고 밝히고, '지금은 안 계십니다. 실례하지만 들어오시면 누구시라고 전해 드릴까요?'라고 한다.

3) 응답은 책임 있게 한다.

① 요점을 명료하게 메모, 정리, 복창하여 내용을 재확인한다.

② 무성의하게 응답하지 말고 상대방이 이해하기 쉽게 답변한다.

③ 잘 모르는 내용일 때는 양해를 구한 다음 담당자를 바꾸거나 확인해서 연락드릴 것을 약속한다.

4) 끝맺음 인사를 한다.

① '(전화 주셔서) 감사합니다. 안녕히 계십시오.'

② 미해결된 전화 용건은 없는지 확인한다.

③ 상황에 따른 적절한 끝인사를 하고 상대방이 끊은 뒤에 조용히 수화기를 내려놓는다. 상대가 끊기 전에 내가 먼저 끊어버리면 상대에게 무례한 느낌을 줄 수 있으며, 혹 마지막 전할 말을 못 듣는 경우도 있을 수 있다.

2 전화를 거는 요령

1) 전화 걸기 포인트

① 고객의 시간, 장소, 상황을 고려한다.

② 전화를 거는 것은 남의 집을 방문하는 것과 같은 주의가 필요하다.

③ 전화를 걸 때는 식사 시간이나 너무 이른 시간, 심야 시간은 피한다.

2) 통화할 용건을 점검한다.

① 통화할 용건과 순서를 메모한다.

② 상대방의 전화번호, 소속, 성명, 직함 등을 다시 확인한다.

③ 5W1H(What, When, Where, Who, Why, How)를 염두에 둔다.

④ 음성을 가다듬고 자세를 바르게 한다.

3) 먼저 자신을 밝힌다.

① '안녕하십니까? 저는 ㅇㅇ점포의 판매원 ㅇㅇㅇ이라고 합니다.'

② '안녕하십니까? 영업팀 ㅇㅇㅇ입니다. ㅇㅇ건 때문에 전화드렸습니다.'

③ '죄송합니다만, ㅇㅇㅇ씨가 있으면 바꾸어 주시겠습니까?'

④ 상대를 확인한 후 지명인을 부탁한다.

⑤ 상대와 연결되면 인사를 하고 상대편이 지금 전화를 받을 수 있는 상황인지를 반드시 확인한다.

4) 용건을 말한다.

① 상대방 입장에서 관심 있는 부분을 간단명료하게 말한다.

② 결론을 미리 말한 뒤에 설명을 시작한다.

③ 용건에 관해 확인한다. 숫자, 시간, 장소, 이름, 연락처 등 주요 결정 사항은 반드시 재확인한다.

④ 상대가 자리에 없을 때는 반드시 돌아올 시간을 확인해둔다.

5) 끝인사

① 통화에 대한 감사인사와 적절한 끝인사를 한다.

② 원칙적으로 건 쪽에서 먼저 끊는다. 다만, 상대방이 윗사람일 경우에는 나중에 조용히 끊는다.

3 전화를 연결하는 요령

1) 찾는 사람이 있을 때

(김 팀장님 좀 부탁드립니다.)

① '네, 김 팀장님 곧 연결해 드리겠습니다. 연결 중 끊어지면 ○○○－○○○○번으로 전화해 주십시오.'

② 전화 받을 사람을 확인하고 전화를 연결할 때는 홀드버튼을 사용한다(연결음이 고객에게 들리지 않도록 주의한다).

③ 전화 통화 중에 다른 사람과 상의할 일이 생기면 양해를 구하고 상대방에게 대화가 들리지 않도록 송화기를 막는다.

④ 통화 중인 상태에서 고객에게 다른 직원을 연결할 필요가 있다면 고객이 다시 처음부터 설명해야 하는 불편을 사전에 줄여준다.

⑤ 일단 연결이 되면 기다리도록 하고 전화에 감사표시를 하며, 조용히 수화기를 내려놓는다.

2) 담당자가 통화 중일 때

① '지금 ○○○씨가 통화 중인데 괜찮으시다면 잠시만 기다려주시겠습니까?'

② 업무 중의 통화는 길지 않으므로 잠시 기다릴 것인가를 물어본다. 전화 받을 사람이 통화 중이거나 중요한 대화 중일 때는 상황을 상대방에게 알려주어 다시 전화하거나 기다리도록 한다. '죄송합니다만, ○○○씨가 통화가 길어질 것 같습니다. 메모 남겨주시면 곧 전화드리도록 하겠습니다.'

③ 바로 전화가 불가능할 경우 양해의 표현과 함께 메모를 받아 전화를 드리도록 한다.

3) 담당자가 부재중일 때

① '지금 ○○○씨가 부재중으로 2시쯤 돌아올 예정인데, 메모 남겨주시면 전해 드리겠습니다.'

② '잠시 자리를 비우셨습니다만, 메모를 남겨드릴까요?'

③ '지금 사무실에 안 계십니다. 제가 도와드릴까요? 메시지 남기시겠습니까?'

④ '지금 자리에 없습니다. 메시지 전해 드릴까요?'

⑤ '제가 도와드릴 수 있습니다.'

⑥ '나중에 다시 하세요.'와 같은 표현은 삼간다.

⑦ 부재중인 사유와 돌아올 시간을 알려주고, 용건을 정중히 묻는다(자신의 이름을 알려준다). 이때 조퇴라든가 병원에 있다거나 하는 개인적인 정보전달은 피한다.

⑧ 통화가 가능한 시간을 알리고 메시지를 받아 이쪽에서 전화를 거는 것이 도리에 맞다.

⑨ 메시지를 받을 때 이름, 회사명, 전화번호(지역번호), 간단한 메시지, 답신할 수 있는 시간, 전화 건 시간, 날짜, 받은 사람 이름 등을 받아 적어 놓는다.

⑩ 전화를 끊고 메시지를 수신자에게 전달한다.

4) 전화를 받을 사람이 보이지 않거나 멀리 있을 때, 담당이 아닐 때

① 전화 받을 사람이 즉시 받을 수 없을 때는 그 상황을 알려준다.

② 잘못 걸려온 전화는 친절히 응대하고, 상대가 필요한 곳을 알고 있다면 친절히 알려주는 것이 좋다.

③ 무조건 전화를 연결하는 것은 피해야 한다. 전화를 연결하기 전에 다른 직원에게 연결해도 될지 고객으로부터 항상 허락을 받는다.

④ 고객이 전화를 오래 기다리게 될 경우 고객의 의사를 물어본 후에 다시 통화하도록 한다. 또한 일단 전화를 다시 받았을 때는 전화를 건 사람에게 기다려준 것에 대해 감사를 한다.

5) 메모를 받아 전화할 때

(저는 ㅇㅇ점포의 홍길동이라 합니다.)

① '네~ ㅇㅇ점포의 홍, 길자 동자 님이세요.'

② 이름을 복창할 때는 한 자 한 자 정확히 발음하며, 성에는 字를 붙이지 않는다(전화번호가 ㅇㅇㅇ에 0012번입니다). '네~, ㅇㅇㅇ에 영영 하나둘 맞습니까?' 1, 2가 섞여 있거나 번호의 끝에 있을 경우는 '하나', '둘'이라고 말하는 것이 정확하다.

4 전화응대 예절

전화를 받을 때 자신이 점포를 대표한다는 마음으로 성의껏 응대해야 한다. 전화응대는 나의 친절을 표현하는 것이므로 음성, 말씨, 정중한 표현, 정확한 언어, 적당한 속도 등의 표현에 주의해야 한다.

① 대면 서비스와 마찬가지로 고객의 말을 적극적으로 경청하는 것이 중요하다.

② 메모를 받는 경우 중요한 내용일 때는 재차 확인한다. 번호, 금액, 수량, 일시, 장소, 품명 등을 말할 때는 강조하여 또박또박 말하면서 상대에게 정확히 전달되었는지 확인한다.

③ 바른말로 정확하게 표현하며, 유행어나 속어, 낯선 외국어 등은 피한다.

④ 통화 도중 끼어들거나 주변 사람의 대화를 엿듣고 같이 웃거나 하면 무례하고 의사소통이 단절된다.

⑤ 가끔 간격을 두고 말한다. 말을 하거나 질문할 때 잠시 간격을 두어 대화의 흐름을 여유 있게 하고 긴장감을 해소한다.

⑥ 전화 통화를 어떻게 마무리 짓는가는 전화상으로 전달되는 이미지에 큰 영향을 끼친다. 우선 상대에게 고맙다는 말과 긍정적인 말로 통화를 마무리한다. 좋은 이미지를 주려면 상대방이 수화기를 놓을 때까지 방심해서는 안 된다. '안녕히 계십시오.', '즐거운 하루 되십시오.'라는 마무리 인사말과 상대가 끊는 것을 확인한 후에 수화기를 내려놓는다.

⑦ 고객을 응대할 때 다음과 같은 무성의한 전화응대는 상대방이 전화상으로 충분히 느낄 수 있으므로 피한다.

- 옆 사람과 얘기하면서 하는 통화
- 음식물을 먹으면서 하는 통화
- 수화기를 턱과 어깨 사이에 걸치고 하는 통화
- 다른 작업을 하면서 하는 통화

5 전화의 효과적인 의사소통

1. 밝은 표정의 전화응대

전화응대의 기본은 밝은 얼굴에서 시작된다. 말하는 동안 미소를 짓고 항상 밝은 목소리로 응대한다. 전화 통화할 때 미소를 지으면 목소리의 톤과 고객이 받아들이는 느낌이 다르다.

표정뿐 아니라 어떻게 앉아 있느냐에 따라 음성의 명확함, 강도, 생동감이 달라진다. 바른 자세로 밝은 얼굴로 말하면 전화는 항상 긍정적인 톤으로 끝나게 된다.

2. 목소리도 고객응대에 따라 화장한다.

목소리뿐만 아니라 말투 역시 중요한데, 콧소리나 웅얼거리는 말투는 상대방에게 호감을 줄 수 없다. 표현을 분명하게 하고 목소리의 억양에도 신경을 써서 자신의 말이 신경질적이거나 짜증스럽게 들리지 않도록 주의한다. 목소리에도 따뜻함이 배어 있어야 하므로 전화상의 자신의 목소리를 녹음하여 주의 깊게 들어 볼 필요가 있다. 시간과 장소에 맞게 목소리를 화장하는 것이 필요하다. 호흡훈련·발성·발음·속도는 기본 화장이고, 억양·속도·변화·어조는 색조 화장에 해당하며 호감 가는 화법, 적절한 어휘의 선택은 향수나 고급 화장에 비유할 수 있다.

3. 전화 목소리는 상냥하고 자연스럽게 말한다.

판에 박힌 말이나 발표하듯 하지 말고 자연스럽게 대화체로 말한다.

1) 명확하게 말한다.

명료한 발음, 소리의 음량, 말하는 속도는 고객이 이해할 수 있게 해야 한다. 청량감 있고 자신감 있는 톡톡 튀는 밝은 목소리로 생동감 있게 이야기하는 것이 고객응대의 기본이다.

2) 목소리 변화를 활용한다.

상황에 맞게 톤과 볼륨을 적절히 조정하고 날카로운 소리, 콧소리를 없애고 음성을 잘 관리한다. 높고 낮음, 강약이 없는 기계적이고 사무적인 단조로운 목소리는 부자연스럽고 고객은 따분함을 느끼게 된다. 작게 말하다가 크게 말하는 것처럼 목소리로 포인트를 주면서 이야기한다.

고객의 관심을 지속적으로 끌기 위해서는 억양 변화를 이용하여 단조로운 어조의 말투를 피해야 한다.

표 10-3 음성의 특징

바람직한 음성의 특징	개선해야 할 음성의 특징
• 미소가 느껴지는 음성 • 부드럽고 친절한 음성 • 정확한 발음 • 힘 있는 음성	• 툭툭 내던지듯 퉁명스럽게 말하는 어투 • 발음이 부정확한 목소리(반토막말, 웅얼거림) • 너무 작거나 큰 목소리(울림, 높은 톤) • 거칠고 쉰 듯한 음성 • 단조롭고 무기력한 음성 • 금속성의 날카로운 음성 • 짜증 섞인 목소리

표 10-4 고객과의 전화응대 방법

상황	지양해야 할 응대	바람직한 응대
여보세요.	네, 말씀하세요.	네, ○○○입니다. 무엇을 도와드릴까요? 네, 안녕하십니까? 무엇을 도와드릴까요?
수고하십니다.	무응답, 네.	감사합니다. 무엇을 도와드릴까요?
거기 ○○죠? ○○맞죠?	네, 맞습니다.	네, 그렇습니다. 네, ○○○입니다. 무엇을 도와드릴까요?
감사합니다.	네.	네, 감사합니다. 네, 전화 주셔서 감사합니다. 네, 이용해주셔서 감사합니다.
기다리게 할 때	잠깐만요. 잠시만요.	죄송합니다. 잠시 기다려주시겠습니까? 죄송합니다. 잠시 기다려주시면 도와드리겠습니다.
기다리게 했던 전화를 다시 받을 때	네, 그런데요? 네, 말씀하세요.	기다리게 해서 죄송합니다.
이름을 물을 때	성함은요? 누구신데요?	실례지만, 성함이 어떻게 되십니까? 실례지만, 성함을 말씀해 주시겠습니까? 실례합니다만, 어디신지 여쭤봐도 되겠습니까? 실례합니다만, 누구시라고 전해 드릴까요?
말을 전할 때	누구라고 할까요?	전하실 말씀이 있으십니까? 메모 전해 드리겠습니다. 말씀 전해 드리겠습니다.
안 들릴 때	네? 여보세요? 뭐라구요?	죄송합니다. 다시 한 번 말씀해 주시겠습니까?

전화를 끊을 때	(무응답)	감사합니다. 전화 주셔서 감사합니다. 이용해주셔서 감사합니다.
(문의 시) 뭐 좀 물어보려고 하는데요.	말씀하세요. 뭔데요. 왜 그러시는데요.	네, 무엇을 도와드릴까요?

전화응대 체크리스트

확인 내용	우수하다	적당하다	부족하다
전화기 근처에 메모지와 펜이 준비되어 있는가?			
전화하기 전에 필요한 용건은 메모해 두었는가?			
날짜를 이야기할 때 요일까지 정확하게 전달하고 있는가?			
벨이 울리면 3회 이내에 받고 있는가?			
늦게 받았을 때 적당한 인사를 하는가?			
전화 받을 때 인사말, 회사 부서 이름을 말하는가?			
말의 속도를 조절하는가?			
목소리의 톤이 너무 낮거나 높지 않은가?			
분명히 말하는가?			
미소를 지으며 말하는가?			
중요한 용건은 복창하는 습관이 있는가?			
메모하면서 응대하고 있는가?			
경어는 적절히 사용하고 있는가?			
종종 고객의 이름을 사용하는가?			
상대방을 오래 기다리게 하지는 않는가?			
통화가 길어질 때 call back service를 유도하는가?			
끝맺음 인사말을 하는가?			
고객이 먼저 전화를 끊도록 하는가?			
수화기는 조용히 내려놓는가?			

Ⅳ 고객카드

고객관리의 방법으로 고객에 대한 정보를 관리하는 고객카드는 점포경영의 기본이 되며 고객카드가 완비되면 상권정비나 고객관리를 효과적으로 추진할 수 있다. 고객카드의 종류, 자료의 수집 방법, 상권의 규모, 수준에 따라 다양하게 이용할 수 있다.

1 고객카드 종류

고객카드는 루즈리프식, 카드식, 명함형 등 여러 가지가 있으나 카드식이 가장 편리하고 그 크기나 내용은 회사에 따라 또는 상품에 따라서 혹은 사용자의 이용 방법, 상권의 규모, 수준에 따라 여러 가지 종류와 양식이 있다.

1. 메모지식 고객카드

세일즈 담당자가 자기 수첩에 고객의 성명을 기입하고 여기에다 기호로 메모하는 방법이다. 이 방법은 담당자가 부담 없이 기입할 수 있고 자유로이 활용할 수 있다는 장점이 있다. 점포경영자는 이 메모지식 고객카드를 가지고 있는 담당자의 메모를 체크하고 또 점포의 정보를 메모하게 하는 것이 좋다. 또 작성자는 기입의 기본원칙을 정하는 것이 효율적이다.

2. 상권지도 이용법

상권지도를 고객카드 대신 이용하는 방법이다. 예를 들면, 고객관리지역을 상권지도에 표시하되 기호로 간단히 기재하는 것이다. 즉, 제품별 구분을 TV인 경우는 T, 냉장고인 경우는 R 등으로 표시하고 구매 가망 구분은 ①, ②, ③으로 나타내면 된다. 그러므로 TV 구매예정자로 1개월 내의 구매예정고객이라면 T ① 등으로 표시하면 된다.

3. 매출대장 이용법

현금판매대장 또는 월부계약서철에 의해 고객관리 양식을 발췌하는 시스템으로 이는 점포에서 실시하는 일반적인 방법이다. 매출대장에 의해 권유할 상품을 알 수 있고 신용도를 파악할 수 있어 효과적인 DM을 낼 수 있으나 일관성이 없다는 결점도 있다.

4. 카피(copy) 방식의 일람표

주민센터에서 동별 고객의 주소, 성명, 기타 사항 일람표를 뽑아 이를 다시 카피·수정하여 고객카드를 작성하는 방법이다.

5. 파일링(filing) 방식

지역별·고객별로 파일박스를 만들어 고객카드를 비치하고 매일 매일의 매상부터 A/S에 이르기까지 자료를 파일박스의 고객카드에 정리하는 방법이다. 고객명부를 쉽게 파악할 수 있고 관리도 쉽다.

2 고객카드 자료수집

고객카드를 작성하기 위해서 제일 먼저 해야 할 것은 고객리스트 작성이다. 고객리스트는 무엇보다도 정확해야 한다. 고객리스트 작성 방식은 다음과 같다.

1. 기억회복법

점포의 사장이나 판매원 또는 서비스맨 모두 각자가 생각나는 대로 매일 기입해 나가는 방식이다. 이 방식은 비과학적이며 불명확하다.

2. 전표전기법

과거의 판매대장, 서비스전표, 각종 납부대장의 성명과 주소에 의해 기입하는 방식이다. 그리고 월부계약서의 성명과 주소에 의해 기입한다.

3. 배달고객기입법

점포에서 현금판매를 하고 배달한 뒤 주소와 성명을 기입하는 방식이다. 배달 시에는 고객가정의 제품 보유현황을 알아볼 좋은 기회이므로 배달원을 교육해 사용하면 효과적이다.

4. 방문기입법

서비스하러 갔을 경우 혹은 점포의 방문계획에 따라 DM, 신제품 안내서, 판촉물 등을 가지고 직접 가정을 방문하여 주소와 성명, 그 외의 사항을 기입하는 방법으로 정확성이 가장 높은 방식이다.

3 고객카드 기재 사항

많은 고객카드를 가지고 있어도 그것이 단지 고객의 주소·성명의 한 줄뿐인 고객카드는 소용이 없다. 고객카드란 그 목적이 사용에 있으므로 누구든지 한눈에 고객 파악을 할 수 있어야 한다. 그러기 위해서는 자세한 고객정보를 기재해야 한다.

① 주소·성명을 비롯하여 직업이나 가족구성 사항은 반드시 기재해야 한다.

② 소유한 제품에 관해서 기재해야 한다. 그 제품의 구매 시기에 대해서도 알아둘 필요가 있으며, 가지고 있는 제품을 자사와 타사 제품으로 구분해서 기재하면 더욱 좋다.

③ 고객이 앞으로 구매하려고 생각하고 있는 제품을 기입한다. 또 고객의 취미나 특기 등도 기입하는 것이 좋다.

4 고객카드 작성 시 유의 사항

고객이 확보되고 증가함에 따라 고객카드 숫자도 늘어난다. 고객카드의 숫자가 늘어나면 카드관리가 문제된다. 나중에 이러한 번거로움을 겪지 않기 위해서는 처음부터 유의해서 고객카드를 만들 필요가 있다.

1) 사용하기 쉬워야 한다.

아무리 훌륭한 고객카드라도 그것이 100% 활용되지 못하면 가치가 없다. 그러므로 고객카드는 누가 어떤 방법으로 이용하고 관리하는가를 생각해서 작성해야 한다.

2) 장래를 생각해서 만들어야 한다.

지금 당장 사용하는 카드라도 내년에 사용할 수 없다면 고객카드로서는 실격이다. 종전에는 대학노트에 성명과 주소만 간단히 메모하던 것에서 이제는 전산화로 5년, 혹은 10년 후 대리점의 번영, 고객관리시스템의 변화 등을 고려해서 고객카드를 작성해야 한다.

3) 추가 기입할 수 있어야 한다.

고객은 항상 이동하고 있다. '한 번 기입하면 그만이다'라는 생각으로는 올바르게 고객카드를 작성할 수 없다. 고객이 새로운 상품을 구매할 때 또는 고객접객 활동 시 혹은 고객 서비스를 제공할 때 가족의 변동 사항 등을 파악해 계속 추가 기입할 수 있어야 한다.

4) 모두가 사용할 수 있어야 한다.

고객카드를 담당하는 종업원이 바뀌는 경우가 있다. 고객카드의 인수인계에 시간을 빼앗기는 것은 비경제적이다. 사무를 보는 사람이나 판매원, 서비스맨 등 점포에 소속되어 있는 사람은 모두 고객카드를 쉽게 사용할 수 있어야 한다.

5) 정확하게 기재해야 한다.

고객카드를 처음 작성하고 그 변동 사항을 추가 기입해야 되지만, 그보다 앞서 고객정보를 정확히 기재해야 한다.

예를 들어, 김경수라는 사람을 김경주로 해서 DM을 보냈을 때 고객의 기분을 상하게 해 오히려 역효과를 낼 수 있다. 확대해서 생각하면 고객상실의 우려도 있다. 그러므로 고객카드를 작성할 때는 항상 정확성에 신경을 써야 한다.

6) 고객이탈을 막는 고객카드가 되어야 한다.

고객은 유동성이 심하다. 보통 연중 20~30%의 고객변동이 있다. 그러므로 고객의 이탈을 막기 위해 고객에 대한 완전한 관리와 이들에 대한 대책이 있어야 한다.

5 고객카드 활용과 이점

1. 고객카드 활용

1) 고객응대에 활용한다.

상품의 소유 상황이나 가족구성 상황을 알고 있는 것만으로도 상품구매의 가능성을 추측하고 고객에게 쉽게 접근하는 화법을 쓸 수 있다.

고객응대에 쓰기 쉽도록 대장은 지구별·세일즈별로, 고객카드는 지구별·가나다순으로 정리하는 것이 좋다.

2) 구매실적 기록은 정확하게

장래에 제품을 새로 구매하는 시기, 수리시기 등을 파악하기 위해 상품구매 실적은 반드시 기록해야 한다. 상품구매뿐만 아니라, 고객응대 시 진학이나 결혼, 출산예정 등 가족의 변동 사항도 기록하여 고객관리에 참고해야 한다.

고객카드는 고객 전원의 정보가 있는 중요한 카드이다. 고객의 내용, 상품거래 및 수리 등과 이런 상품을 권하면 어떨까 하는 상품가망도를 측정하기 위해 훌륭한 역할을 하고, 고객응대 예정표를 만드는 데도 중요한 자료가 된다.

표 10-5 고객카드

작성일 20 . . .

<table>
<tr><td>성명</td><td colspan="2"></td><td>생년월일</td><td colspan="3">년 월 일 (당 세)</td></tr>
<tr><td>현주소</td><td colspan="6"></td></tr>
<tr><td>최종학교</td><td colspan="2"></td><td>직장명/직위</td><td colspan="3"></td></tr>
<tr><td rowspan="2">연락처</td><td colspan="2">Tel :</td><td rowspan="2">E-Mail</td><td colspan="3" rowspan="2"></td></tr>
<tr><td colspan="2">휴대폰 :</td></tr>
<tr><td>종교</td><td colspan="2"></td><td>성격/취미</td><td colspan="3"></td></tr>
<tr><td>건강</td><td colspan="6"></td></tr>
<tr><td rowspan="6">가족사항</td><td>성명</td><td>관계</td><td>연령</td><td>직업</td><td>거래 여부</td><td>비고</td></tr>
<tr><td></td><td></td><td></td><td></td><td></td><td></td></tr>
<tr><td></td><td></td><td></td><td></td><td></td><td></td></tr>
<tr><td></td><td></td><td></td><td></td><td></td><td></td></tr>
<tr><td></td><td></td><td></td><td></td><td></td><td></td></tr>
<tr><td></td><td></td><td></td><td></td><td></td><td></td></tr>
<tr><td rowspan="3">기계약</td><td colspan="3">당사</td><td colspan="3">타사</td></tr>
<tr><td colspan="3"></td><td colspan="3"></td></tr>
<tr><td colspan="3"></td><td colspan="3"></td></tr>
<tr><td rowspan="3">고객추천</td><td colspan="2">성명</td><td colspan="2">소속/직위</td><td colspan="2">연락처</td></tr>
<tr><td colspan="2"></td><td colspan="2"></td><td colspan="2"></td></tr>
<tr><td colspan="2"></td><td colspan="2"></td><td colspan="2"></td></tr>
</table>

(점포명:) 〈전면〉

고객응대 기록

고객응대 기록	고객응대 결과	비고	고객응대 기록	고객응대 결과	비고

<table>
<tr><td rowspan="3">신계약</td><td>카드 No.</td><td></td><td>계약기간</td><td colspan="2">20　　년　　월　　일
20　　년　　월　　일</td></tr>
<tr><td>제품명</td><td colspan="4"></td></tr>
<tr><td>계약자</td><td></td><td>납입 방법</td><td></td><td></td></tr>
</table>

<table>
<tr><td rowspan="2">거래 내역</td><td>1</td><td>2</td><td>3</td><td>4</td><td>5</td><td>6</td><td>7</td><td>8</td><td>9</td><td>10</td></tr>
<tr><td></td><td></td><td></td><td></td><td></td><td></td><td></td><td></td><td></td><td></td></tr>
</table>

<table>
<tr><td>고객제안사항</td><td colspan="2">제안에 대한 대처</td></tr>
<tr><td rowspan="2"></td><td colspan="2"></td></tr>
<tr><td>취급자</td><td></td></tr>
</table>

판매란

판매년월일	품명	수량	금액(현금, 외상)	비고

A/S란

<table>
<tr><td colspan="3">접수란</td><td colspan="2">처리란</td><td rowspan="2">비고</td></tr>
<tr><td>접수일자</td><td>품명</td><td>고장부분</td><td>수리일자</td><td>수리기사</td></tr>
<tr><td></td><td></td><td></td><td></td><td></td><td></td></tr>
<tr><td></td><td></td><td></td><td></td><td></td><td></td></tr>
<tr><td></td><td></td><td></td><td></td><td></td><td></td></tr>
<tr><td></td><td></td><td></td><td colspan="2"></td><td></td></tr>
</table>

〈후면〉

2. 고객카드 활용의 이점

고객카드의 사용으로 얻을 수 있는 이점은 다음과 같다.

1) 고객응대의 '지도'를 만든다.

매일매일 사람들과 만나고 친구가 되어 인간관계를 만드는 인간관계의 목록을 기록하는 것이 고객카드이다.

2) 고객접객이 쉬워진다.

① 유망한 고객을 잊어버리는 일이 없다.

② 유효하다고 생각하는 시기에 고객접객과 고객응대가 가능하다.

③ 성공률이 높은 순서대로 고객을 선택할 수 있으므로 종합적인 판매능률이 향상된다.

④ 한 사람의 고객에 대한 고객응대의 품질을 향상할 수 있다.

3) 계획을 세우기가 쉬워진다.

간편하고 수월하게 그리고 적절한 고객응대를 통해 고객만족계획을 세울 수 있다(카드만 뽑아 정리하면 된다). 한 건 한 건 준비한 다음에 방문하는 습관이 붙는다.

4) 실천력이 강화된다.

계획된 고객카드에 의해 예정된 순서대로 고객을 관리할 수 있다. 즉, 고객카드에 의하면 일에 대한 실천력이 강화된다.

5) 기술이 향상된다.

매일매일 카드에 기록하고 반성하는 습관은 판매기술 향상에 큰 도움이 된다.

연습 문제

01 고객관리의 개념에 대해 설명해 보자.

02 고객정보관리에 대해 논의해 보자.

03 고객의 유형에 대해 논의해 보자.

04 전화를 통한 고객관리 방법에 대해 논의해 보자.

05 고객카드를 통한 고객관리 방법에 대해 논의해 보자.

CHAPTER 11

판매촉진 및 광고전략

I. 판매계획

II. 판매촉진

III. 광고전략

IV. 인쇄물 홍보

V. 컨택트마케팅 홍보

VI. 인터넷 홍보

Start-Up Story

'언택트'로 변신 꾀하는 오프라인 매장들

'키오스크'부터 '드라이브 스루'까지
수제맥주를 포함한 F&B 매장의 진화

'언택트(Untact)'. 하나금융경영연구소가 2019년 '나 홀로 세대와 언택트 마케팅' 보고서에서 밝힌 2019년 소비 트렌드를 상징하는 키워드다.

비대면 또는 비접촉을 의미하는 언택트는 2030 세대의 소비 스타일을 바꿔놨다. 밀레니얼 소비자일수록 모바일 주문이나 비대면 서비스를 더 선호하면서 언택트를 활용한 마케팅도 활성화되고 있다.

주요 기업들도 언택트를 활용한 마케팅에 주목했다. 매장에 설치된 키오스크를 통해 소비자가 메뉴를 주문하고 결제하는 것이 이른바 '언택트 마케팅'의 대표사례다. 이러한 흐름은 금융, 배달 부문에서 주로 찾아볼 수 있다.

특히 최근 코로나19 사태로 대면 접촉에 대한 불안감이 커지면서 이러한 '언택트 마케팅'은 사회 전반으로 확산하는 추세다.

수제맥주도 스마트하게

브롱스 시청 시그니처점 셀프탭

국내 수제맥주 업계 1위인 브롱스의 시그니처 매장인 시청점은 기존 수제맥주 펍에서 한 단계 진화한 매장으로 고객에게 선보이고 있다. 1층은 셀프탭 비어, 2층은 일반 서비스를 제공하는 공간으로 구성했다. 이 중에서 셀프탭은 국내에서 보편화되지 않은 최첨단 시스템으로, 브롱스가 양조한 수제맥주 12종을 탭을 통해 마실 수 있게 돕는다.

소비자들은 신개념 셀프 서브 시스템인 셀프탭을 통해 자신의 취향에 맞는 다양한 수제맥주를 찾아 직접 골라 마실 수 있다. 고객은 입장 시 지급되는 팔찌를 원하는 맥주탭에 태그해 수제맥주를 원하는 만큼 마시면 된다. 결제는 마신 만큼 자동 누적된 금액을 가게 퇴장 전에 계산하면 된다.

한편 브롱스는 매장에서 직접 캔입한 수제맥주와 그에 어울리는 피자를 함께 테이크아웃해서 집에서도 효모균이 살아있는 신선한 수제맥주를 즐길 수 있도록 코로나19 시기에 맞춘 테이크아웃 프로모션도 진행하고 있다.

탄력받는 무인 주문시스템

KFC 키오스크

몇 해 전만 해도 키오스크는 영화관과 같은 티켓을 발매해야 하는 곳이나 몇몇 매장에서만 볼 수 있는 기기였다. 일부 고객들은 비대면 방식이 비인간적이라고 하지만 근래 F&B 매장은 키오스크 설치를 늘리고 있다.

KFC는 2017년 키오스크를 도입한 이래 불과 1년 만인 2018년에 특수 매장을 제외한 모든 일반 매장에 키오스크 설치를 마쳤다. 더불어 버거킹과 맥도날드 등 패스트푸드 전문점에서 키오스크가 보편화하고 있다.

한솥도시락도 2017년부터 키오스크를 도입하고 있다. 직장인이 붐비는 점심시간에 카운터에 긴 줄이 생기는 현상을 줄이고 주문과 결제를 수월하게 하는 장점이 있다.

한편 최근에는 태블릿으로 주문하는 시스템을 갖춘 매장들도 속속 등장하고 있다. 소비자들은 매장 내 테이블에 마련된 태블릿으로 주문은 간단히, 서비스는 빠르게 제공받을 수 있다. 서비스 요청 시, 직원을 호출해야 하는 번거로움도 줄일 수 있다.

매드포갈릭은 고객 편의성을 위한 태블릿 오더 시스템을 점점 확대해 차별화된 디지털 서비스를 제공하고 있다. 이미 매드포갈릭은 매장 방문고객을 대상으로 비대면 서비스에 대한 만족도 조사를 진행해 도출한 데이터를 기반으로 서비스를 지속적으로 개선해온 바 있다.

한편 페이코는 2019년 8월 모바일 무인 주문 결제 서비스 '페이코 오더'를 선보였다. 페이코 오더는 스마트폰에서 주문과 결제를 한 번에 처리할 수 있다. 오프라인 매장에서 온라인 주문처럼 주문할 수 있다.

소비자들은 테이블에 비치된 QR코드를 스마트폰으로 찍어 주문과 결제를 모두 할 수 있어 직원을 부르거나 줄을 서야 하는 수고를 덜 수 있다.

각광받는 드라이브 스루

스타벅스 드라이브 스루

차량에서 내리지 않고 제품을 주문하고 구매할 수 있는 드라이브 스루(drive through · 승차 구매)는 맥도날드, 버거킹 등 패스트푸드 브랜드도 매장을 늘리고 있다. 맥도날드는 2016년 200여 매장에서 현재 250여 곳에 이르고 있다. 패스트푸드라는 용어처럼 빠르게 주문하고 빠르게 서비스를 받으려는 고객의 편의성을 돕고 있다.

스타벅스 드라이브 스루 매장 방문고객 역시 점점 늘어나고 있다. 실제로 스타벅스커피 코리아는 2020년 1월부터 2월까지 드라이브 스루 매장을 방문해 주문하는 건수가 2019년 동기간 대비 32% 증가했다고 밝힌 바 있다.

스타벅스는 이미 사이렌 오더라는 모바일 주문 방식으로 매장의 업무 효율을 늘리고 있다. 사이렌 오더 주문 건수가 2020년 1월부터 2월까지 800만 건을 넘어서며 2019년 대비 25% 증가했다.

출처: 포춘코리아 2020. 04. 07.

I 판매계획

1 판매계획의 의의

시장조사를 통해 수요를 파악한 후 일정 기간의 판매수량, 판매가격, 판매이익 등을 결정하는 과정, 즉 판매예측을 통해 판매목표를 설정하고, 판매예산의 편성 및 지역별·판매원별로 판매할당을 하는 과정을 판매계획(sales planning)이라고 한다.

판매계획은 과거의 판매실적, 소비자의 구매력 변화, 시장에서의 경쟁상태, 상품매입의 여건 등을 고려하여 가능한 한 최대 목표를 설정하게 된다.

구분	내용
판매예측	일정 기간의 판매수량, 판매가격, 판매이익, 판매방침 등을 결정하는 과정
판매계획	과거의 판매실적 · 소비자의 구매력 변화, 동업자의 경쟁상태, 상품매입의 사정을 고려하여 목표를 설정하는 과정

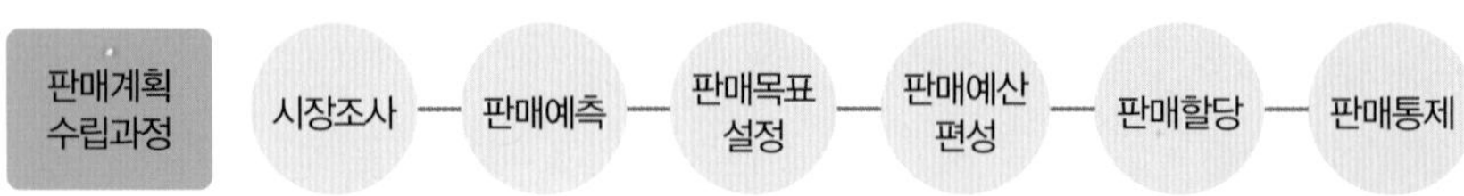

2 시장조사

시장조사에 포함되는 항목은 많지만 조사목적에 따라 조금씩 차이가 있다. 크게 제품에 대한 조사, 소비자에 대한 조사, 경쟁자에 대한 조사로 구분한다.

표 11-1 시장조사의 체계

구분	내용
제품조사	품질 · 제품의 특징, 디자인, 상표, 포장, 생산시기, 생산량 등의 분석
경쟁조사	경쟁업자의 공급능력, 시장점유율, 거래조건조사 등
소비자조사	소비자의 수, 고객계층별 구매비율, 구매동기, 소비자태도조사, 구매 관습조사 등
판매조사	상품별 · 계절별 · 지역별 판매액분석, 판매원 활동상황조사, 판매 방법의 효과, 판매비분석 등
판매경로조사	도매상 · 소매상의 거래조건, 유통마진조사, 유통경로 선택 등
광고 및 판매촉진조사	광고의 시기, 장소, 효과, 판매촉진정책의 효과분석 등
가격조사	경쟁상품의 가격조사, 가격반응조사 등
시장추세조사	상품의 유행성, 제품의 수명조기조사 등
정책에 관한 조사	판매가격정책, 마케팅정책, 광고정책, PR, 기타영업관계정책

3 소비자조사

소비자조사(consumer research)는 소비자가 사용하는 브랜드조사, 상품구매 실태, 소비동향에 대한 조사를 한다.

1) 브랜드조사(brand research)

소비자가 어떤 브랜드를 선호하는가, 그 브랜드를 얼마나 구매하는가를 조사한다.

2) 상품의 구매실태조사

특정 상품을 소비자가 언제, 어디서, 얼마만큼, 어떤 가격으로 구매하는가를 조사한다.

3) 소비동향에 관한 조사

특정 상품에 대한 소비자의 기호변화 등을 조사한다.

4 구매결정의 영향 요인

소비자가 상품이나 서비스를 구매할 때 구매자특성, 제품특성, 판매자특성, 상황특성 등에 영향을 받게 된다. 이를 구매결정의 영향 요인이라고 한다.

표 11-2 소비자 구매결정의 영향 요인

구매자특성	구매자 자신에 관계되는 요인으로 문화, 사회(직업, 준거집단), 개인(생활스타일), 심리 요인에 의한 영향
제품특성	제품이 갖는 기능, 특성, 스타일, 품질, 가격 등의 요인에 의한 영향
판매자특성	메이커, 소매점의 이미지, 서비스 등의 요인에 의한 영향
상황특성	구매의 시간적 긴급성, 계절, 기후, 경기변동, 대인관계 등의 사정이나 상황 등의 요인에 의한 영향

5 판매예측

미래의 소비자에게 판매할 상품의 양 또는 금액을 예측하는 것을 말한다. 판매예측은 과거의 판매실적에 의한 추세분석 및 상황분석을 통해 이루어지며 주로 판매할당, 생산계획, 이익계획, 자금계획 등의 경영계획을 수립하는데 기여한다. 판매예측의 방법으로는 통계적 예측, 계절지수에 의한 예측 및 경기변동에 의한 예측 등이 있다.

6 판매할당

사업연도 초기에 판매예측에 따라 연간 목표의 판매액 또는 판매량을 월별·지역별·상품별·판매원별·기간별·고객별로 할당한다.

판매부문별·판매원별 할당이 보편적으로 사용되며, 이러한 판매할당은 판매 부문의 각 종업원에게 판매 활동에 대한 목표와 책임감을 부여하는 효과가 있다.

Ⅱ 판매촉진

1 판매촉진의 의의

판매촉진(sales promotion)은 경쟁이 치열한 시장에서 제품이나 서비스의 구매를 촉진하고 고무시키는 유인 수단이다. 신선하고 기발한 아이디어를 어떻게 발휘하느냐에 따라 경쟁에서 더 유리해진다.

판매촉진은 '진열, 전시, 시범과 같은 통상적인 방법으로 소비자 구매를 자극하고 판매점의 성과를 자극하는 마케팅 활동'이라고 한다. 지속적 판매촉진 활동은 소비자 설득의 효과가 있어 소비자의 의사결정에 영향을 미친다.

2 판매촉진의 목표와 유형

판매촉진은 다음의 세 가지 목표를 달성하기 위한 활동이다.

① 판매원의 판매 노력을 지원한다.

② 제품을 마케팅하는 데 중간상인의 호응과 적극적인 지원을 얻는다.

③ 소비자의 제품구매를 유인한다.

훌륭한 판매촉진은 종업원이 매출액 증대 활동을 수행하게 하고, 중간상인으로부터 협동광고를 얻어내고, 소비자가 반복구매를 하도록 하는 활동이다.

1. 종업원에 대한 판매촉진

종업원을 자극하고 동기부여시켜 적극적인 고객접촉과 판매목표를 달성하도록 하기 위한 촉진 수단이다. 판매촉진 프로그램은 다음과 같다.

① 판매원회의

② 판매매뉴얼

③ 내부기관지(사내보)

④ 판매경연대회

2. 중간상인에 대한 거래점 촉진

제조업자가 자사의 제품을 취급하는 중간상들에게 제시하는 각종 촉진 수단이다. 중간상들에게 적절한 지원을 하여 매출확대와 수익증대를 도모하고 긴밀한 협조관계를 유도하는 효과를 기대할 수 있다.

구매활기와 자극을 목적으로 하는 거래점 촉진과 거래점에 대한 지원과 육성을 목적으로 하는 거래점 원조로 구분한다.

1) 거래점 촉진 방법

① 사례금

② 기관지

③ 매점 경연대회

④ 각종 초대회

2) 거래점 원조 방법

① 판매점의 경영지도

② 판매점 광고 활동의 지원

③ 판매원교육

④ 판매점회의

3. 소비자에 대한 판매촉진

소비자의 구매를 자극하고 환기하기 위한 마케팅 커뮤니케이션의 한 형태로, 제조업자나 도·소매상에 의해 소비자촉진이 행해질 수 있다.

소비자 구매를 유인하는 프로그램은 다음과 같다.

① 구매시점광고

② 견본 제공

③ 쿠폰 사용

④ 경연대회 및 추첨

⑤ 직접 우편광고

판매촉진 캘린더를 만들어 판촉행사 진행

점포의 판촉행사는 대부분 주기적으로 진행된다. 행사예산, 상품조달 및 광고기법을 결정하는 등 계획을 수립하여 진행해야 한다.

[판매촉진 캘린더]

월	행사명	행사 주제	행사 방법	예산
1	신년 세일			
2	밸런타인 데이			
3	신학기 세일			
4	봄맞이 세일			
5	어린이날 어버이날 스승의 날	소중한 이에게 감사의 마음을	기간 : 방법 : 포스터 제작 : 전단지 배포 :	
6	장마철 대비			
7	휴가철 세일			
8	여름용품 세일			
9	추석 세일			
10	야외용품 세일			
11	겨울맞이 세일			
12	송년 X-Mas			

※ 이 캘린더를 응용하여 사용

Ⅲ 광고전략

1 광고의 의의

1. 광고의 본질

광고는 일상생활에서 접하는 정보전달 수단으로, 현대사회에서 대량생산과 대량소비가 가능하게 하는 기능과 역할을 한다. 대량으로 생산되는 다종다량의 제품 중 소비자가 원하고 기호에 맞는 상품을 선택하는 것은 쉬운 일이 아니다.

기업의 입장에서 자사의 제품을 특화해 그 특성과 효용성을 소비자에게 효과적으로 전달하여 판매를 촉진하기 위해서는 광고의 활용이 필수적이다.

소비자는 광고를 통해 원하는 제품이나 서비스에 대한 정보를 얻게 되고 자신의 구매의사결정에 도움을 받을 수 있다. 또 기업은 광고를 통해 자사의 제품이나 서비스 또는 기업이미지를 잠재고객들에게 전달하여 판매증대와 기업이미지 제고에 효과를 거둘 수 있다.

이처럼 광고는 제품 또는 서비스 판매를 촉진할 목적으로 매체를 이용하여 정보를 전달하고 설득하는 수단이다. 매출 증대를 통해 경영이익을 추구하는 광고는 직접적 광고목적과 간접적 광고목적으로 구분한다.

직접적 광고목적은 광고하는 제품이나 서비스의 존재와 사용결과, 사용방법을 알려 고객이 구매하게 하고 직접적인 반응을 소비자에게 요구한다. 간접적 광고목적은 제품이나 서비스에 대한 사정을 알려 이해를 높이고 호의적인 태도로 전환시켜 간접적으로 자사제품을 구매하도록 유도한다.

광고가 필요한 경우

- 새로운 사업을 시작할 경우
- 새로운 상품이 출시되거나 기존 상품에 대한 고객의 인식이 부족한 경우
- 자사 또는 지점을 새로 개설할 경우
- 신상품의 예상 고객을 효율적으로 찾아내기 위한 경우
- 경쟁 광고주의 움직임이 매우 활발해 시장이 잠식당할 위험이 따를 경우
- 바람직한 기업이미지의 창조(브랜드 메이킹)가 필요하다고 생각될 경우
- 고객으로부터 경쟁업체의 상품이 많이 거론될 경우

2. 광고의 형태 및 방법

1) 상품광고 및 이미지광고

광고는 점포의 이미지 및 점포가 무엇을 파는 곳인지, 판매하는 상품에 대한 정보를 제공하고 욕구를 유발해 상품을 구매하게 한다. 즉, 점포와 상품에 대한 정보를 여러 가지 형태로 고객에게 알려 상품의 판매 활동을 촉진하는 수단이다.

상품광고는 상품의 판매를 촉진하기 위한 광고이며, 이미지광고는 점포의 좋은 이미지를 소개하여 고객들이 점포를 찾게 하는 광고이다. 예를 들면, 점포에서 사회봉사 활동을 추진한 사례와 지역사회를 위해 활동한 사례를 소개하여 점포의 이미지를 높이는 방법이다.

2) 알림광고, 비교광고

알림광고는 점포의 개점 초기에 위치 및 상품의 가격 및 특성을 알리는 광고이다. 이 광고는 개점 시점뿐만 아니라 신상품이 입점되었을 때에도 사용되는 광고이다. 비교광고는 타점포와 경쟁 관계에 있는 상품의 우수성(가격, 품질)을 소개하여 상품의 판매촉진을 유발하기 위해 사용되는 방법이다.

이 두 가지 광고의 포인트는 '적정한 시기'이다. 예를 들어, 인근에 경쟁점이 개점된다는 정보가 사전에 입수되면, 기존 고객을 빼앗기지 않기 위해 특매라는 방법으로 고객의 이탈을 방지할 수 있다. 보통 경쟁점의 오픈 전후 7일, 총 14일간 판매촉진 활동을 하는 경우가 효과적이다.

3. 광고의 원칙

자이펠트(R. Seyffert)는 광고 원칙을 기본적 원칙과 기술적 원칙으로 분류하고 있다.

표 11-3 자이펠트에 의한 광고의 원칙

기본적 원칙(제1 원칙)	기술적 원칙(제2원칙)
• 유효성의 원칙 • 진실성의 원칙 • 경제성의 원칙	• 목적명료성의 원칙 • 통일성의 원칙 • 영속성의 원칙 • 독창성의 원칙 • 현실성의 원칙 • 향상성의 원칙

2 광고의 기능

광고의 궁극적 목적은 판매량의 유지 또는 증대에 있으며, 궁극적으로 판매를 촉진하는 것이다. 광고의 기능은 다음과 같다.

① **신제품의 도입**: 예상 구매자에게 신제품 사용에 미리 익숙해질 수 있도록 그 유익성을 알려

신제품의 시장도입을 용이하게 한다. 그리고 유행의 변천을 선도하기도 한다.

② **시장의 확대**: 상품구매를 설득해 시장 확대를 시도하며, 대중에게 상품의 존재를 널리 알린다.

③ **판로의 확대**: 상품의 판매 활동을 촉진하여 판로의 확보를 용이하게 한다.

④ **구매 활동 조성**: 구매자에게 회사명과 제품성능을 알려 구매 활동을 용이하게 한다.

⑤ **상품제시**: 카탈로그를 통한 광고는 상품을 직접 제시하거나 진열하지 않더라도 상품을 제시하는 효과가 있다.

⑥ **정보제공과 설득**: 구매자에게 제품의 존재, 용도, 성능 등의 정보를 알려 구매 의욕을 자극하고 환기해 제품을 구매하도록 설득하는 효과가 있다.

광고는 교육, 문화 등 여러 사회 분야에서 다양한 기능을 수행하는 순기능을 가지고 있지만 반면에 불필요한 수요나 소비를 증대시켜 인플레이션이나 낭비풍토를 조장하여 물질만능주의를 강조하거나 과대광고나 퇴폐광고에 의한 퇴폐주의를 조장하는 역기능도 가지고 있다. 따라서 기업은 사회 공공적 책임으로서 광고에 대한 건전한 인식 및 활용이 요청된다.

> **DECOMAS(design coordination as a management strategy)**
> 기업의 실상과 사회가 그 기업에 대해 가지고 있는 기업의 이미지가 동일하게 하는 마케팅 전략

3 광고의 유형

1. 광고 주체에 따른 분류

광고는 개인뿐만 아니라 집단과 조직에 의해서도 이루어진다. 조직에 의한 광고 중 비영리조직에 의해 이루어지는 광고는 공공서비스 광고로, 공공의 복지를 촉진하기 위해 행해지는 광고이다.

2. 광고 표적에 따른 분류

1) 전국광고

광고의 표적과 광고주가 전국적인 광고를 의미한다. 자사상표를 광범위하게 알리고자 하는 제조업자의 광고를 지칭한다.

2) 지역광고

지역의 기업에 의해 또는 전국적 판매망을 가진 제조업자에 의해 그 지역 소비자의 인지도를 얻을 목적으로 시행하는 광고를 말한다.

3) 소매광고

지역광고와 동의어로 사용되기도 한다. 광고의 표적과 광고주가 소매점인 광고를 지칭한다. 소매광고는 광고가 미치는 지역적 범위가 좁고, 고객과 밀접한 관계를 맺으며 보다 정규적으로 행해진다. 광고의 내용은 주로 가격에 초점을 두고 있다. 소매광고는 즉시적 반응에 더 관심을 두고 있다.

4) 소비자광고

생산이나 재판매가 아닌 개인 혹은 가계의 소비를 목적으로 하는 광고이다. 대체로 완제품을 대상으로 최종소비자를 표적으로 하며 표적시장도 광범위하다.

5) 산업광고

각종 산업사용자를 표적으로 한 광고로, 대중매체를 이용하지 않고 업계지, 전문지 혹은 직접 우편광고에 의존한다.

6) 거래광고

도·소매상 혹은 유통업자에 대한 광고이다. 제조업자에 의해 행해지는 이 광고는 유통기관들이 자사제품을 취급하고 반복구매를 실시하며, 자사제품에 대한 집중적인 판매노력을 촉구한다.

7) 전문광고

의사, 건축가 등 전문직업인에 대한 광고를 말한다.

3. 광고 내용에 따른 분류

1) 제품광고

광고주가 그들의 제품이나 서비스에 대한 정보를 시장에 제공하거나 자극하는 광고이다. 광고에 대해 신속한 반응을 촉구하거나 장기간에 걸쳐 수요를 자극하는 것으로 상품의 존재와 이점을 알려 구매 욕구를 자극하는 광고이다.

2) 기업광고

특정 제품이나 서비스를 판매할 목적이 아니라 소비자 또는 사회대중으로 하여금 기업 또는 판매업자에 대해 호의적 태도를 보이거나 좋은 이미지를 갖도록 하는 광고이다. 주로 애고기업광고와 PR기업광고, 공공서비스기업광고의 유형으로 나눈다.

4. 광고 방법별 분류

1) 옥외광고

점포 외부의 포스터, 간판, 입간판, 게시판, 광고기구, 광고탑, 네온사인 등에 게시한 광고이다.

2) 점내광고

점포의 진열장, 마네킹, 계산대, 진열선반, 점포벽, 포장지 등을 이용한 광고이다.

3) POP 광고

구매시점광고 또는 점두광고라고 한다. 소매점의 점두 또는 점내에 간판, 진열, 전시 또는 점내광고 등에 의한 광고이다.

4) 직접우송

예상 구매자에게 개별적으로 전달하는 광고 형식으로 특정 광고물이 개인에게 전달되는 광고이다.

5) 포지셔닝광고

예상 고객의 마음속에 제품이나 기업이 어떤 위치를 차지하여 자리잡게 하는 광고이다.

4 광고매체홍보

광고매체의 특성을 활용하여 최소 비용으로 신뢰성이나 홍보효과를 최대한 얻을 수 있는 것은 광고매체홍보인데 유료로 하는 매체홍보와 무료로 하는 매체홍보가 있다.

1. 무료 광고매체홍보

무료 광고매체홍보는 대중매체에 기사로 실리는 방법이다. 신문·사보·잡지·라디오·텔레비전 등을 통해 무료로 기사가 나가게 되면 홍보효과를 톡톡히 볼 수 있다. 광고매체를 통해 상품이 홍보되면 자연스럽게 잠재고객들에게 알려질 뿐만 아니라 광고매체를 보고 찾아온 사람들로 인해 매출이 증대되고 더 많은 고객에게 서비스를 제공할 수 있다.

2. 유료 광고매체홍보

매체광고를 효과적으로 활용하기 위해서는 필요한 예산과 시간을 준비해야 한다. 유료로 매체광고를 할 때는 어떤 매체를 선정하는 것이 효과적인가를 고려해야 한다. 관련 업계의 소식지나 전문 잡지사 등의 출판물에 광고기사를 게재하는 것도 하나의 방법이다.

5 광고의 매체별 특성

광고의 성패는 최적의 매체선정에 달려 있다. 매체선정은 목표고객층을 결정하는 것부터 시작되며, 광고예산을 고려해서 수립해야 한다. 매체선정은 많은 고객층에게 가능한 싼값으로 강한 광고효과를 거둘 수 있어야 한다. 일반적으로 도달률(reach), 노출빈도(frequency), 총조달률(GRP), 광고기간(continuity) 등의 용어로 표현된다.

광고에 있어서 광고수단의 선택은 중요하다. 광고의 수단에는 서신, 전단지, 라디오, 야외광고, 신문, 잡지 등이 있다. 광고수단을 결정하는 요인은 무엇인가? 상품을 이용할 주요 대상이 누구인가를 결정하며 이들이 좋아하는 매체가 무엇인지를 결정해야 한다. 중고생을 대상으로 하는 광고를 성인용 잡지에 게재한다면 그 효과는 매우 적을 것이다. 이처럼 광고수단을 선정할 때는 각 수단의 장단점 확인하여 결정해야 한다.

1. 광고매체 구분

한국의 광고매체는 다음과 같이 특성별로 표로 만들어 구분할 수 있다.

표 11-4 광고의 매체 구분

구분	매체별	매체 유형
대량매체	전파매체	텔레비전, 라디오
	인쇄매체	신문, 잡지
기타 매체	인쇄매체	정기간행물매체: 사보, PR지, 연감, 전화번호부
		직접인쇄매체: 브로셔, 팸플릿, 포스터, DM
	설치물광고	옥외광고: 야립간판, 경기장간판, 옥상간판, 점두간판
		교통광고: 차내, 정거장, 도로, 차량, 와이드칼라
		전광매체: 네온사인, 아크릴간판, 와이드칼라
	SP매체	POP매체: 인테리어전시장, 카탈로그, 팸플릿, 포스터
		이벤트: 콘테스트, 패션쇼, 박람회, 강좌, 전시회
		스페셜티: 흡연부스용 재떨이, 캘린더, 시간표, 풍선
		제품포장: 포장, 레이블, 용기
	극장광고	극장CF, 전시

2. 광고매체별 특성

대량매체가 많이 사용되고 있으며 새로운 형태의 광고매체가 많이 개발되고 있다. 우리나라의 광고매체는 다음과 같이 구분할 수 있다.

표 11-5 광고매체별 특성 비교

광고매체	장점	단점
텔레비전	• 시청각과 동화상 효과의 극대화로 극적인 표현 가능 • 광범위한 커버리지와 도달률 • 높은 주목도와 수용도, 비교적 광고내용을 잘 믿음.	• 오래 지속하지 않으면 쉽게 잊어버림. • 메시지가 짧고 빨리 지나가버림. • 높은 제작비 • 장기계약에 따른 많은 예산 필요 • 표적고객 선별성이 낮음.
라디오	• 가격이 저렴하며 커버리지 넓음. • 프로그램의 선별을 통해 어느 정도 표적청중을 선별할 수 있음. • 융통성이 많고 신속하게 집행 가능	• 청각에만 의존하며 순간적으로 전달되기 때문에 주목도가 낮음. • 방송사와 프로그램 및 계약상황에 따라 요금이 일정하지 않음.

신문	• 광범위한 독자에 접촉할 수 있으며 신뢰도가 높고 다량의 정보 제공 • 1일광고가 가능하여 적시성 높음. • 광고규격이 다양하여 신축성 높음. • 쿠폰 등과 결합사용 가능	• 광고의 수명이 매우 짧음. • 광고를 보지 않는 경우가 많음. • 표적고객 선별성이 낮은 편임. • 많은 광고가 동시에 게재되어 혼동성이 높음.
잡지	• 독자의 특성을 고려하여 선별적인 표적청중에 어필할 수 있음. • 수명이 길고 반복하여 노출 가능 • 높은 표현력, 신뢰성, 권위 • 쿠폰과 결합사용 가능	• 실제 발행 부수와 독자의 수가 차이가 나는 경우가 많음. • 좋은 페이지(위치)를 확보하는 데 제약이 있음. • 긴 리드타임(발간기간)으로 적시성 낮음.
우편(DM)	• 표적고객을 선정할 수 있고 개별화하여 도달할 수 있음 • 다른 매체와는 달리 다른 광고가 같이 노출되지 않음 • 많은 정보 제공	• 1인당 노출 비용이 매우 높음. • 보지 않고 쓰레기로 처리되는 경우가 많음. • 낮은 신뢰성과 이미지
옥외광고	• 통행량이 많은 장소에 설치함으로써 경제성과 반복 노출도가 높음. • 좋은 입지를 선점하는 경우 경쟁광고를 피할 수 있음.	• 표적청중의 선별적 노출이 불가능함. • 메시지 전달 내용이 제한됨. • 장소적 제약과 낮은 노출시간 • 수동적 소비자에 접근 불가능
인터넷	• 전세계적인 통신망을 통해 24시간 광범위한 노출 커버리지 • 광고의 적시성과 interactive한 광고를 실시할 수 있음. • 멀티미디어를 이용한 다양한 형태의 정보 제공능력	• 특정 지역의 한정된 고객에게 광고 전달효과 미흡 • 청중들이 자발적으로 광고에 접근해야 하는 선택적 노출문제 • 구매의사 없을 시 광고제품에 대한 부정적 시각 • 정보의 신뢰성 문제 대두

3. 광고매체의 선정

매체를 잘못 선정하면 메시지를 효과적으로 전달할 수 없을 뿐만 아니라 광고비를 낭비하게 된다. 또한 어떤 매체를 이용하느냐에 따라 광고비 차이가 크게 난다. 따라서 표적고객, 광고목표, 제품특성, 전달하려고 하는 메시지, 예산에 따라 적합한 광고매체를 선정해야 한다.

광고매체는 방송매체, 인쇄매체, 전시매체로 구분한다. 방송매체에는 TV, 라디오, 유선방송 등이 있으며, 인쇄매체는 신문과 잡지, 그 외 각종 인쇄물, 전시매체는 포스터와 사인보드 등이 있다. 최근에는 컴퓨터와 스마트폰의 대중화로 인터넷을 이용한 광고도 효과적이다.

TV는 감성적·시각적 효과를 극대화하거나 흥미로운 표현을 중시하는 제품광고에 널리 이용되며, 라디오는 청소년층을 대상으로 한 심야방송과 출퇴근 및 업무 중에 라디오를 청취할 수 있는 직장인을 대상으로 한다. 잡지는 전문잡지를 중심으로 특정한 취미나 관심을 갖는 고객층을 대상으로 광고할 때 이용된다. 전시매체는 교통량이 많은 곳에 주로 설치하며 간단한 시각적 이미지를 높이는 데 중점을 둔다.

TV광고가 가장 많은 예산이 필요하고 라디오는 적은 비용으로도 가능하다. 신문은 광고의 크기와 횟수에 따라 매우 큰 차이를 보인다. TV의 경우는 장기계약을 해야 하며 광고물 제작비가 많이 소요되지만, 신문이나 잡지의 경우는 1회광고가 가능하고 제작비가 적게 든다.

광고매체는 매체별로 비용, 주 애독(시청)자, 노출빈도, 지리적 커버리지, 메시지 표현력 등에서 큰 차이가 있으므로 이러한 특성들을 고려해서 매체를 선정해야 한다.

6 창업의 홍보

1. 네트워크 마케팅의 실천

제품이나 서비스를 사용해 본 소비자가 스스로 점포의 종업원이 되어 다른 소비자에게 판매하는 과정이 이루어지는 마케팅 방법이다. 네트워크 마케팅을 효과적으로 수행하기 위한 방법은 다음과 같다.

① **친구, 가족, 이웃에게 알린다.** 가족들에게 창업에 관한 내용을 알리고 고객을 소개해 주기를 요청하는 방법이다. 가까운 곳에서 이해와 협조를 얻어야 효과적인 영업 활동이 가능하다.

② **다른 분야의 사람들에게 알린다.** 여러 분야의 사람들에게도 자신의 존재를 알린다면 점포이용의 기회가 증가할 수 있다. 지역사회에서 적극적으로 활동하는 것도 잠재고객과의 접촉을 가능하게 한다.

③ **공식적인 네트워크를 구축한다.** 상공회의소나 조합 같은 단체에 가입하는 것도 홍보 효과가 있다. 관련 정보도 얻고 협력도 요청할 수 있는 유관단체들을 이용한 공식적 네트워크를 구축하는 활동도 필요하다. 관련 업종의 협회지나 잡지 등을 이용할 수도 있다.

④ **경쟁점포에 관심을 가진다.** 경쟁점포는 경쟁자인 동시에 훌륭한 협조자도 된다. 많은 고객을 상대하다 보면 거절해야 할 경우도 있고, 일이 많아서 다른 점포에 넘겨야 할 때도 있다. 이때 고객의 요구 사항을 정확하게 해줄 수 있는 다른 경쟁점포로 고객을 보내주게 되면 고

객은 감동할 것이며 경쟁점포와도 좋은 관계를 유지함으로써 얻을 수 있는 이익이 있다.

⑤ **일상생활에서도 홍보 활동을 한다.** 지역 내의 잠재고객들에게 전단지를 배포하거나 각종 모임에서 명함과 같은 관련 자료 등을 배포하여 인지도를 높여야 한다.

2. 목표고객의 정확한 산정

목표시장과 고객에 대한 윤곽을 예상해서 체크한다. 창업에 있어 성공의 길은 고객의 연령, 고객의 특별한 욕구, 고객의 관심과 흥미를 파악하는 것이다. 적절한 대상을 상대로 한 광고는 비용절감과 효과를 기대할 수 있다.

3. 적은 비용으로 홍보

창업에 있어 무료 또는 아주 저렴하게 이용할 수 있는 광고매체 선정과 광고 방법을 모색하는 것은 바람직하다. 정류장이나 대합실 또는 휴게실에 비치된 잡지에 전단 끼우기와 전화기를 이용한 자동응답기 사용 등의 방법도 있다.

Ⅳ 인쇄물 홍보

인쇄물을 통한 홍보 방법에는 명함, 팸플릿, 카탈로그, 회보 등이 있다.

1 명함

명함을 건네줄 때는 기본적으로 지켜야 할 예절이 있다. 자신의 명함인지 확인하고 건네주며 자세는 두 손으로 공손히 예의를 갖추어 가슴높이로 명함을 들고 받는 사람이 바로 읽을 수 있도록 전달하며, 이름을 밝히며 건네야 한다. 상대방이 두 사람 이상일 경우에는 손윗사람부터 먼저 준다. 받을 때는 두 손으로 받으며 이때 자신의 명함도 건네준다. 받은 명함을 접거나 뒷주머니에 넣는 것은 실례이며 안주머니 혹은 명함첩에 넣는 것이 예의다.

명함의 홍보효과

- 성명, 사업체 이름과 주소, 전화번호 등의 기억에 도움이 된다.
- 연락할 수 있는 여러 가지 방법을 전달할 수 있다.
- 고객이나 지역사회, 그 밖의 여러 사람을 통해 소개받을 수 있다.
- 제공할 수 있는 서비스를 지속적으로 상기시켜 준다.

1) 명함의 기본 형태

명함에는 이름, 직함, 회사의 로고와 이름, 주소, 전화번호, 심지어 슬로건도 수록한다. 중요한 것은 자신만의 독특한 세일즈 메시지도 담을 수 있다는 것이다. 최근에는 사진, 배경그림, 색상 등의 특색을 살린 새로운 스타일의 명함도 있다.

2) 미니 전단으로의 명함

시각적으로 눈에 띄게 만들어진 명함을 게시판에 붙일 수 있어 작은 전단으로 사용할 수 있다. 글씨를 크게, 진하게, 눈에 띄는 그래픽 등의 기법도 추가하여 눈길을 끌 수 있도록 제작해야 한다.

3) 접을 수 있는 명함

명함의 다용도에 따라 전단지 효과도 있으므로 카드처럼 접고 펼 수 있는 형태로 제작한다. 일반명함보다 면 수가 많아 더 자세히 전달할 수 있다는 이점이 있다.

4) 양면명함

대개 명함의 한쪽 면만 사용하고 뒷면은 그냥 두거나 영문을 사용하기도 하는데, 영문 이름 외에 마케팅 메시지를 적어 명함의 효과를 높일 수 있다.

2 팸플릿

잠재고객에게 상품의 정보나 업체를 알리는 데 사용하는 소책자인 팸플릿은 취급하는 상품이나 서비스의 내용을 담고 있다. 팸플릿은 브로슈어(brochure)와 유사한 형태를 띠지만 브로슈어는 상품보다는 업무내용을 주로 담는다는 점에서 차이가 있다. 1면에는 회사소개와 상품소개를 간단히 넣고 나머지 면은 상품 또는 제품의 정보를 구체적으로 설명한다. 크기와 형태는 고객층과 제품의 성격, 자사의 이미지를 고려해서 결정한다.

팸플릿을 제작할 때에는 목표를 정확히 인식하여 팸플릿의 내용을 정리해야 하며, 다른 제품과 차별되는 강점을 강조해야 한다. 그리고 제품 사용 시 주의 사항을 전달하며 그 이점을 정리해야 한다.

3 카탈로그

카탈로그는 여러 제품을 함께 홍보하기 위한 것으로 개별적인 팸플릿보다는 비용이 적게 들며, 주로 점포에 마련해 두거나 주문 등을 받을 때 카탈로그를 보낸다.

카탈로그의 용도

- 구매 가능한 모든 상품 수록
- 특별품목을 기입한 정기세일
- 할인판매를 강조하는 상품소개
- 신상품의 특징과 가이드

이외에도 질 낮은 종이에 인쇄해서 상품을 소개하는 서큘러(circulars), 단면에 컬러로 인쇄하여 한 장에 판매상품 모두를 소개하며, 주로 절반 접어서 사용하는 브로드사이드(broadside), 백화점이나 대형할인점 등에서 광고할 때 특정 회사 제품의 설명문이 포함된 팸플릿을 제작하는 스태퍼(staffers) 등의 인쇄물도 있다.

4 DM(direct mail)

판매 활동에서 DM의 역할은 DM을 미리 발송함으로써 첫 방문 때 거절을 예방하고 방문사원의 자존심을 덜 상하게 한다. DM을 발송하기 위해 고객 명단을 확보해야 하는데 설문지나 이벤트 등을 통해 자연스럽게 고객이 참여하도록 유도하여 명단을 확보하는 것이 필요하다. 발송 시기는 월초나 월말은 피해 발송하는 것이 효과적이다. 단발성 DM은 효과가 적기 때문에 3~4개월 단위로 지속적으로 발송해야 하며, 발송할 때는 받는 사람이 봉투를 뜯게 하는 지혜가 필요하다. '내점하면 저를 불러 주십시오.', '이 봉투를 지참하신 분께 선물을 증정합니다.' 등과 같은 문구도 삽입하면 효과적이다.

1. DM광고의 특징

DM광고는 적은 예산으로 효과적인 광고 집행과 폭넓은 배포가 가능하다. 많은 정보 전달로 호소력이 높아 예상 고객을 설득할 수 있으며, 호감을 느끼게 한다. 타 광고매체와 비교해 경쟁력은 적지만, 시간적 탄력성이 크고 즉시 시행할 수 있다는 이점이 있다.

발송 리스트를 만드는 방법

- 내점 고객이 직접 기입하는 방법
- 고객에게 질문해 받아쓰는 방법
- 이벤트에 참가한 사람의 앙케트를 작성하는 방법
- 고객명부를 교환하는 방법
- 수집된 자료를 활용하는 방법
- 전단을 이용하는 방법
- 광고전문대행사를 통한 발송 방법

DM의 특성

- 선택성이 강하고 주목도가 높아 접속률이 높다.
- 조사 매체로 활용할 수 있다.
- 예산에 따라 탄력적으로 조정하여 실행할 수 있다.
- 시간적 탄력성이 크다.
- 자유성과 융통성이 있다.
- 즉시성과 효율성이 높고 효과가 지속적이다.
- 쉽게 만들 수 있으며 수정이 간편하다.

2. DM의 구성 요소

DM의 구성 요소는 다음과 같다.

1) 편지의 성격으로 구성

편지 성격의 DM은 고객들의 개인적인 관심에 호소할 수 있다. 신속한 대답을 얻도록 답변 기한을 정하면 효과적이다. 편지의 성격의 DM은 다음 사항을 고려해야 한다.

① 서두에 얻게 될 이익을 분명히 구체적으로 기술한다.

② 분량을 필요 이상으로 늘리지 않는다.

③ 형식적인 어법을 피하며 친근한 표현을 사용한다.

④ 고객에게 초점을 맞추어 작성한다.

⑤ 중요한 사항은 추신으로 작성한다.

2) 전단이나 팸플릿의 성격으로 구성

전단이나 팸플릿의 성격으로 구성하면 주장이 담기게 되어 많은 내용을 수록할 수 있다. DM 속의 전단은 게시판과는 달리 양면을 사용할 수 있어 가정에 배포되는 인쇄광고물의 성격을 띠게 되므로 광고 과정이 간단하면서도 신속하고 비용이 저렴하다.

3) 주문 · 대답 형식으로 구성

수취인이 주문을 하거나 추가정보 요청 편지를 발신인에게 다시 보내는 방법이다. 이름, 주소, 전화 · 팩스번호를 기입할 수 있는 공간을 마련하여 상세하게 써달라는 부탁을 한다. 카탈로그에 실린 다른 제품을 신청할 수 있는 공간과 함께 지급 방법을 알려주고 신용카드번호, 만기날짜, 서명을 위한 공간을 포함한다.

4) 제품 및 사후서비스에 대한 보증의 형식으로 구성

만족을 얻을 수 없거나 문제가 있을 때 언제든지 반환할 수 있다는 확신을 주어야 한다. 일정기간의 무상 수리처럼 보증기간을 제공하면 제품에 대한 신뢰도를 높일 수 있다.

5) 봉투

봉투는 효과적으로 만들어야 한다. 고객이 맞이하는 첫 번째 대면 기회이기 때문이다. 질문에 대한 답을 구하는 경우 '여기에 요청한 정보가 있습니다.'라는 문구를 덧붙이고 회신용 봉투를 첨부한다.

3. DM제작의 요령

① 단순한 것이 효과적이다. DM 내용물은 화려하고 복잡한 것보다는 단순하고 직접적인 것이 효과적이다.

② 고객의 수준을 고려한다. 눈에 거슬리는 문장이나 활자체는 고객의 거부감을 가져올 우려가 있다. 신용이 중요하며 비현실적인 주장은 효과가 없다.

③ 최대한 쉽게 제작한다. DM은 고객의 입장에서 쉽게 이해하도록 작성해야 한다. 상호, 주소, 전화번호, 가격, 수량, 배달에 관한 정보가 함께 수록되면 효과적이다.

④ 고객의 부담을 고려해서 제작한다. 수신자부담 전화번호를 수록하는 것도 효과적이다.

5 전단

한 장으로 된 상업용 인쇄물로, 간판에 이어 역사가 가장 오래된 광고 수단이다. 경비가 많이 들지 않고 간편해서 중·소규모의 광고주에게는 유용성이 높은 광고 수단이다. 전단의 배포 방법에는 신문에 끼워 넣기·호별배포·우송·가두배포·공중살포·점두배포 등이 있으며, 선전용 자동차나 샌드위치맨이 동원되기도 한다.

전단광고는 기획할 때부터 다른 전단과는 차별화가 이루어질 수 있도록 유익한 정보를 삽입하거나 디자인 등에서 고객이 반응을 보일 수 있도록 세심하게 기획해서 작성해야 한다. 튀지 않으면 전단의 효과도 기대할 수 없는 실정이다. 그만큼 판촉 활동도 치열해지고 있다는 증거다.

6 스티커

인쇄된 뒷면의 종이를 벗겨 목적한 장소에 붙일 수 있도록 접착 처리된 인쇄물을 말한다. 최근에는 유리 뒷부분에 붙이도록 인쇄 면에 접착처리가 되어 있는 것도 있다. 스티커는 배달업종이나 서비스업종 중 출장 서비스를 하는 업종들이 많이 사용한다.

7 인쇄물의 배포

인쇄물의 배포는 마케팅에서 중요한 활동이다. 만들어진 인쇄물을 어떻게 하면 효과적으로 잠재고객에게 전달할 수 있을지 고민해야 한다.

다음과 같은 방법으로 인쇄물 홍보를 이용할 수 있다.

① 방문객 부스에 비치하거나 벼룩시장 광고 이용

② 박람회, 콘서트, 기타 이벤트 행사장에서 배포

③ 잠재고객에게 보내는 우편물(direct mail)

④ 인터넷 게시판에 게재

⑤ 점두에 비치하거나 통행인에게 배포

⑥ 기존 고객에게 보내는 우편물에 첨부

V 컨택트마케팅 홍보

1 컨택트마케팅의 개념

컨택트마케팅이란 고객서비스 및 고객만족을 극대화하기 위해 전기통신매체, 컴퓨터, 정보통신매체, 데이터베이스를 근거로 한 고객지향의 현대적인 마케팅 개념이다. 이는 전화를 판매활동에 이용하는 전화판매와는 다르며, 전문지식을 갖춘 상담사가 컴퓨터를 결합한 정보통신기술을 활용하여 고객에게 필요한 정보를 제공하고 상품 소개, 고객의 고충처리, 시장조사 등 다양한 기능을 수행하는 마케팅 기법이다.

2 컨택트마케팅의 특성

1. 컨택트마케팅의 특성 및 장점

1) 특성

① 컨택트마케팅은 시간, 공간, 거리의 장벽을 해소할 수 있다.

② 당사자와 직접 대화를 할 수 있는 쌍방향 미디어로 시간, 공간, 거리의 장벽을 일시에 해소할 수 있다.

③ 시간의 확장 가능: 전화와 자동응답장치, FAX, 인터넷 등의 다른 미디어와 결합하여 24시간, 365일 연중무휴로 영업시간을 확장할 수 있다.

④ 시간 단축 기능

- 상품의 주문과 구매 시간을 절약하여 여가의 연장
- 기업은 판매를 위해 방문 시간을 줄이고 신규고객의 개발에 활용
- 스피드 마케팅 내지 타임 마케팅이라고 한다.

⑤ 고객지향 서비스를 할 수 있다.

⑥ 1:1의 관계를 통한 마케팅을 펼칠 수 있다.

⑦ 즉각적인 쌍방의 커뮤니케이션 마케팅이다.

⑧ 인간관계의 마케팅이다.

2) 장점

① 전화·컴퓨터라는 통신수단의 보급률이 매우 높다는 점이다.

② 비용을 절감할 수 있다.

③ 1:1 쌍방향 커뮤니케이션이 가능하므로 인간적 관계 형성이 될 수 있다. 또한 타매체와의 연동성을 가지면 더 효율적이다.

④ 고객과 지속적인 신뢰 관계를 구축할 수 있다.

⑤ 즉각적인 고객의 반응을 알 수 있으며, 빠르게 고객 불평불만을 처리할 수 있다.

2. 컨택트마케팅의 역할

① 시장조사: 전화·컴퓨터를 통한 시장조사

② 마케팅 커뮤니케이션: 신규고객 확보 노력

③ 상품개발 및 서비스 개선: VOC System

④ 애프터서비스(A/S): 데이터베이스를 통한 사후관리 철저

3 컨택트마케팅의 종류

1. 방향의 기능에 따른 분류

① 인바운드 컨택트마케팅은 고객이나 잠재고객으로부터 걸려오는 것으로 카탈로그를 통한 통신판매의 전화 접수, 광고의 반응, 각종 문의, 불만 사항 대응 등이 주된 업무이다.

② 아웃바운드 컨택트마케팅은 고객 또는 잠재고객에게 전화를 거는 능동적이면서 적극적인 마케팅 기법으로 잠재고객 찾기와 판매, 면담, 예약, DM 수신확인, 점포방문을 통한 권유, 각종 판매촉진 활동, 신제품의 안내, A/S, 시장조사, 의식조사 등에 광범위하게 활용된다.

2. 대상에 따른 분류

1) B to C(소비자 컨택트마케팅)

① Business To Consumer Contact marketing

② 일반 소비자를 대상으로 제품·서비스의 판매촉진, 고객서비스의 향상, 소비자 동향 조사, 자료수집 등을 목적으로 이루어진다.

2) B to B(기업 컨택트마케팅)

① Business To Business Contact marketing

② 기업체를 대상으로 제품서비스를 효율적으로 판매하거나 판매경로와 상권 확대를 도모하고 기업 간의 여러 가지 수·발주 업무의 원활한 처리를 위해 전화를 조직적으로 이용한다.

3. 수행 주체에 따른 분류

1) Inhouse Contact marketing(자체수행)

① 기업 내에 컨택트마케팅 센터를 설치하여 이곳에서 기업의 모든 컨택트마케팅 활동을 계획하고 실행하며 통제한다.

② 기업의 입장에서 여과기능 없이 고객의 반응을 바로 파악하여 융통성을 갖고 대응할 수 있다는 점이 최대 장점이다.

③ 비용 측면에서 막대한 고정 투자비가 소요되므로 이를 감당할 수 있어야 하고, 센터에 할당되는 작업량이 충분하면서도 안정적으로 공급되어야 한다.

2) Agency Contact marketing(외부기관 의뢰)

① 전문적인 컨택트마케팅 용역업체에 위탁하는 것으로, 컨택트마케팅 활동의 전문성을 최대한 이용할 수 있다는 점이 가장 큰 장점이다.

② 초기 투자비가 상대적으로 적게 든다.

③ 짧은 기간 동안 많은 고객을 접촉해야 하는 기업과 판매 후 지원시스템을 운용해야 하는 기업이 채택하는 것이 바람직하다.

4 상담사의 상담기법

1. 경청 능력 향상기법

1) 경청의 중요성

① 경청을 통해 의사소통을 정확하게 할 수 있다.

② 고객의 필요나 관심사, 말로 표현되지 않는 감정과 욕구를 확인할 수 있다.

③ 문제에 대한 해결의 아이디어를 얻을 수 있다.

2) 경청 능력 향상 방법

① 상품관련 지식 등 철저한 업무 준비를 한다.

② 산만한 주위 환경을 정리해야 한다.

③ 하나하나의 단어에 집중한다.

④ 스스로 말하는 것을 가급적 제한한다.

⑤ 고객을 머릿속에 그리며 고객 입장에서 같이 생각한다.

⑥ 어조의 변화를 통해 말속에 숨겨진 느낌과 감정까지 귀 기울여 포착한다.

3) 효과적인 경청기법

① 비판하거나 평가하지 않는다.

② 편견을 갖지 않고 고객의 입장에서 듣는다.

③ 고객에게 주의를 집중하고 듣는다.

④ 고객에게 계속적인 반응을 보이는 것이 좋다.

⑤ 고객의 말을 가로막지 않는다.

⑥ 주요 요점은 기록한다.

⑦ 속단하지 말고 냉정해야 한다.

⑧ 정확한 이해를 위해 고객이 말한 것을 복창한다.

⑨ 재진술의 법칙을 적극적으로 활용해야 한다.

2. 상담사의 상담기법

1) 질문기법

① 질문기법은 고객의 두려움을 완화시키고 친밀감을 형성한다.

② 질문기법은 고객을 대화에 참여시키는 효과가 있으므로 쌍방대화가 된다.

③ 질문기법은 대화의 접근 방법이 다양하다.

④ 질문기법은 판매종결에 필요한 정보를 파악할 수 있으며, 가장 강조해야 할 상품의 특성을 파악하는 데 유리하다.

2) SPIN 기법

① **상황질문**: 고객이 처한 상황 및 배경을 알아내기 위한 기본적인 질문이다.

② **문제질문**: 고객이 느끼는 문제나 불만, 어려움에 관한 질문을 하여 잠재적인 고객의 요구를 파악할 수 있다.

③ **시사질문**: 고객이 느끼는 문제와 관련된 결과 또는 영향에 관한 질문으로 문제질문을 심화시키는 질문이다.

④ **해결질문**: 고객의 문제해결을 위한 방법을 제안하여 현재의 요구를 확인시키는 질문이다.

3) FAB 기법

① **특징**(Feature): 상품 또는 서비스가 가지고 있는 독특한 기능 또는 특징에 대한 설명

② **장점**(Advantages): 고객의 욕구를 해결할 수 있는 상품 또는 서비스의 역할을 설명

③ **이점**(Benefits): 고객의 입장에서 얻을 수 있는 이익, 만족, 기대성과 등에 대한 설명

4) Rapport 형성기법

① 래포란 고객과 응대자 사이에 형성되는 친밀감을 말하며, 고객과 응대자 사이에 벌어진 틈을 이어주는 다리 역할을 한다.

② 래포란 고객과 응대자 간의 공감대를 말한다.

③ **래포 형성방법**: 성의 있는 관심을 가질 것, 자신의 개성을 이용할 것, 일을 즐겁게(긍정적) 할 것, 품위를 지킬 것 등이다.

5) 판매종결기법

① 판매종결이란 고객의 의사결정을 돕기 위해 자연스러운 주문요청을 하는 것이다.

② 판매종결이란 컨택트마케팅의 최종목표를 실행하는 과정이다.

③ 상담사의 높은 생산성 실현은 통화량보다 효과적인 판매종결에 있다.

④ 판매종결은 고객의 의사결정을 적극적으로 돕는 것이다.

6) 종결기법

① **항시종결기법**: 고객의 구매신호를 포착하여 언제나 종결할 수 있다는 마음가짐으로 응대한다.

② **재탐색기법**: 최종 요청을 거절했을 때 포기하지 말고 다시 탐색질문을 통해 기회를 포착한다.

Ⅵ 인터넷 홍보

인터넷의 발전과 함께 인터넷광고도 발전하고 있다. 인터넷 홍보는 기존의 홍보 방식과는 차별된 새로운 홍보 방법이다. 개인용 컴퓨터와 스마트폰의 보급이 대중화됨에 따라 컴퓨터 통신망을 이용해 정보를 얻는 사람들이 많아지고 있다. 맛있는 음식점, 분위기 있는 카페, 개성 있는 술집 등의 장점이 그 상점을 이용한 고객들뿐만 아니라 상점 경영자에 의해 직·간접적으로 소개되고 있다.

1 인터넷 홍보의 의의

인터넷은 PC와 스마트폰의 보편화로 인해 일상생활과 함께 하는 무궁무진한 정보의 보고(寶庫)이다. 인터넷 홍보는 인터넷의 장단점을 그대로 가지고 있다. TV나 신문처럼 단발성으로 지나가 버리는 것이 아니고 사용자가 인터넷에 접속하여 해당 사이트에 들어갈 때마다 언제든지 접할 수 있기 때문에 시간과 공간의 제약이 없다. 뿐만 아니라 동영상을 이용한 광고 관련 사이트를 상호 연결할 수 있으므로 효과적인 사용자 확보의 도구로 사용되고 있다.

인터넷 홍보는 인터넷에 홈페이지를 만들고, 방문객을 유인하기 위해 다른 대중미디어 또는 다른 인터넷상의 홈페이지에 광고하여 홍보하거나 부가적인 이벤트, 서비스 등 멀티미디어적인 특성을 살려 커뮤티케이션하는 활동을 말한다. 더 나아가 동영상을 게재하거나 광고 관련 사이트를 상호 연결할 수 있어 사용자 확보가 용이하다. 이뿐만 아니라 1대1의 마케팅 기법을 활용하여 특정 계층을 대상으로도 광고가 가능하다.

인터넷 홍보의 배경을 살펴보면 월드와이드웹(WWW)의 등장과 함께 인터넷이 홍보미디어로 인식되기 시작하였으며, 인터넷의 발전과 함께 인터넷광고도 새로운 홍보 방법으로 발전하게 되었다. 웹광고의 초기모델은 웹사이트 자체만으로 충분하였지만 상업적인 웹사이트가 많아지면서 단순한 웹사이트 제작만으로는 고객의 욕구를 충족시키기에 미흡했다. 이에 따라 고객을 유인할 새로운 방법이 필요한 스폰서 및 광고주와 웹으로 구성된 콘텐츠로 수입을 얻으려는 발행자와의 관계가 성립되었으며 결과적으로 스폰서를 통한 광고의 한 형태로 발전하게 되었다.

2 인터넷 홍보의 특징

인터넷 홍보는 온라인 홍보로, 그 특징은 다음과 같이 정리할 수 있다.

1) 브랜드(brand) 인지도 상승이 가능하다.

PC보급의 확대와 함께 다양하고 광범위한 대상에 대한 인터넷 홍보는 효과가 아주 크다. 긍정적인 홍보의 접근은 소비자에 대한 솔직한 반응을 가능하게 하므로 신뢰를 얻을 수 있다. 브랜드에 대한 확신으로 인해 상표충성도, 즉 브랜드 인지도가 높아지게 된다.

2) 쌍방향성 커뮤니케이션 미디어이다.

사용자의 요구에 따른 대화형의 광고이다. 기존의 광고매체가 일방향적이었다면 인터넷 홍보는 사용자의 의사에 따라 그 반응과 결과가 즉각적으로 광고주에게 되돌아가게 하는 쌍방향성 커뮤니케이션 미디어이다.

3) 1:1의 직접마케팅이 가능하다.

사용자의 히스토리(history) 추적이 가능하기 때문에 광고주와 소비자가 1:1의 직접적인 대화가 가능하게 되어 결과적으로 필요로 하는 마케팅활동을 전개할 수 있다.

4) 시간과 공간의 제약이 없다.

홍보에 대한 고객의 반응과 확인이 쉽고 빠르다. 가상공간에서의 무한한 정보를 바탕으로 한 상거래는 시간과 공간의 제약을 전혀 받지 않는다. 나아가 홍보에 대한 고객 반응을 쉽게 확인할 수 있기 때문에 결과에 대한 피드백이 쉽다.

5) 멀티미디어 광고로 풍부한 정보를 제공한다.

데이터 갱신이 쉽고 빠르다. 홍보내용의 형식과 정보의 양에 제한이 없기 때문에 멀티미디어 홍보로 풍부한 정보제공이 가능하다.

6) 저렴하고 경제적인 광고 수단이다.

기존의 매스미디어 홍보와 비교해 홍보비용이 저렴하다. 적은 비용으로 광범위하고 다양한 홍보 매체에 접근이 가능하기 때문에 홍보 효과는 어느 매체보다도 경제적이다. 대상에 대한 맞춤 홍보, 즉 Target Marketing이 가능하다.

3 인터넷 홍보의 형태

인터넷 홍보는 일반적으로 두 가지 방법으로 그 효과를 측정할 수 있다. 첫째는 페이지 뷰(page view) 방식으로 온라인 홍보(배너 홍보) 시장에서 가장 널리 사용되는 보편적인 방법이다. 배너 홍보가 포함된 페이지가 한 번 전송되면 사용자에게 노출된 것으로 간주하고 한 개의 노출로 기록되는 방법이다. 둘째는 클릭률(Ad Clicks) 방식이다. 사용자들이 실제로 홍보 배너를 클릭한 수를 자동으로 웹 서버에 기록하게 된다. 이를 기준으로 홍보 효과를 기록하는 방법이다.

온라인 홍보(배너 홍보)의 효과를 측정하는 웹사이트를 정리하면 〈표 11-6〉과 같다.

표 11-6 온라인 홍보(배너 홍보)의 측정 웹사이트

사이트명	URL	특징
Megellan	https://www.mckinsey.com/	웹사이트 평가와 검색엔진의 조합
Yahoo Internet Life Review	https://www.zdnet.com/yil	기사 형식의 사이트 추천
The 100 Top Websites	https://www.pcmag.com/picks	PC Magazine 추천
The Web 100	https://www.web100.com/	한 시간 단위의 온라인 투표 결과 발표
JARS.COM	https://www.jars.com	자바 애플릿 전문 평가 사이트
LYCOS TOP 5%	https://www.lycos.com/	사용자 중심 기준으로 배열
High Five	https://www.dialpad.com/highfive/	디자인의 기능성 중점 평가

인터넷 홍보의 형태는 다음과 같이 분류할 수 있다.

① **배너 홍보**: 웹페이지 상단 또는 하단에 나타나는 사각형의 그래픽 이미지로 작성된 홍보페이지이다.

② **배너노출서비스**: 배너교환서비스를 운영하는 회사에서 회원들을 모집하고 회원들에게 광고주 배너를 집어넣는 홍보중개서비스이다.

③ **배너 리퍼럴**: 개인들이 홍보 배너를 실어주면 홍보비의 몇 %에 해당하는 금액을 배당금 형식으로 서비스회사와 나누어 받는 것이다.

④ **맞춤형 정보제공서비스**: 푸시 서비스를 이용한 정보제공서비스이다. 메일이나 기타 푸시 프로그램을 이용해 원하는 종류의 정보만 정기적으로 제공하면서 배너 홍보를 함께 보내 홍보 효과를 내는 것이다.

4 배너 홍보의 형태 및 특징

배너 홍보는 일상적으로 가장 많이 이용하고 있는 방법으로, 배너를 제작해서 고객이 가장 많이 이용하는 위치에 노출함으로써 점포에 대한 소비자들의 인지도를 높이는 방법이다.

1. 배너 홍보의 형태

① **일반형**: 가장 보편적인 형태의 배너이다.

② **빅 배너**: 일반형보다 큰 배너로, 배너의 규격이 크기 때문에 노출에 무게가 실리고 이로 인해 인지도 향상과 정보전달에 효과적이다. 비용은 일반형과 비교해 아주 비싸지만 효과는 훨씬 높다.

③ **삽입형 배너**: 컴퓨터 화면의 중간에 위치하여 사용자들의 인지도가 높은 형태이다.

④ **돌출 이동형 배너**: 웹페이지를 방문할 때 화면에 돌출되어 움직이기 때문에 주목률이 높아 효과가 크다.

⑤ **팝업 배너**: Pop-Up 창에 홍보를 게재하는 것으로 주목률은 월등히 높지만 소비자의 저항을 가져올 수 있다.

2. 배너 홍보의 특징

① **Target Flexibility**: 홍보를 보여줄 대상을 선택할 수 있어서 방문자 전원에게 또는 홍보의 내용에 흥미가 있는 사용자에게만 홍보를 보여줄 수 있다.

② **Time Flexibility**: 홍보 게재 기간을 자유롭게 설정할 수 있으므로 홍보의 성격에 따라 효율성 있는 기간 조정이 가능하다.

③ **Creative Flexibility**: 광고 표현 시 여러 가지 기법을 사용할 수 있으므로 유연성이 있다.

④ **Measurement**: 사용자가 홍보를 본 횟수가 정확히 집계되므로 방문자 수, 구매자 수를 배너 홍보 접속자 수와 비교해서 홍보 효과에 대한 정확한 검증이 가능하다.

5 POP 광고

1. POP 광고 의의

"판매란 가르치는 것이다(selling is teaching)."라는 말처럼 상품을 많이 팔기 위해서는 그 상품과 그것을 파는 점포, 그것을 만드는 메이커의 좋은 점을 많은 사람에게 이해시켜야 한다.

POP 광고는 점포의 점두·점내에 직·간접으로 판매촉진을 위해 게시되는 광고 표시물이다. POP 광고는 구매시점광고 또는 고객에게 판매하는 시점에서의 광고로서 입지촉진, 상품(외식업의 경우 메뉴), 점포홍보, 메시지 게시판 역할을 한다.

또한 인적판매 활동의 보조 수단으로, 고객이 상품을 구매하는 행위를 유발하는 역할을 한다. 특히, 세일·가격할인·기획판매 등 이벤트 행사에서는 매우 중요하게 활용되고 있다. POP 광고를 시기적절하게 활용하면 최소의 비용으로 최대의 효과를 얻을 수 있다. 매스컴과는 달리 구매 시점에 눈앞에 매물이 있으므로 직접적이며 그 효과가 크다. POP 광고는 매스컴매체와 더불어 제5매체라고도 한다.

2. POP 광고의 필요성

POP 광고의 필요성과 그 효과는 다음과 같다.

1) 매출의 증대

POP 광고는 고객들이 이미 알고 있는 상표나 상품을 한 번 더 인식시켜 매출이 늘어나는 효과가 있다.

2) 예정 판매의 실현

메이커의 공장이나 생산공정, 경영이념이나 경영철학 등을 표시하는 표지물로 기업을 홍보하고 일정 기간 내에 목표하는 수량을 팔아 예정 판매를 실현한다.

3) 판매효율의 제고

감각이나 이성을 자극하는 표현을 써서 충동구매를 촉진하는 형태로 판매효율(단위면적당 매장효율, 판매원 1인당 효율)을 제고시킨다.

4) 소비자 의식의 제고

정보를 통해 상품의 특성·편리성 등의 상품지식에 대한 욕구를 충족시키는 DM과 매장에 게시하거나 고객의 동선을 조정·유도하는 안내표지판은 POP 광고로 활용하면 소비자 의식을 제고시킨다.

5) 자기 선택의 기회 제공

POP 광고는 더 많은 충동구매로 이어지는 효과가 있으며, 스스로 선택함에 의한 자유스러운 상품의 선택을 촉진하고 저항과 부담이 없는 쇼핑을 할 수 있도록 한다.

3. POP 광고 관리

POP 광고의 효과를 지속적으로 유지하기 위해서는 모니터링 활동을 수시로 하여 점포·제품 등에 대한 고객 반응을 체크해야 한다.

① POP 광고의 시각적인 효과가 충족되었는지 확인한다.

② 계절 감각이나 지역의 특성이 반영되었는지 확인한다.

③ 상품의 개성 및 특성이 표출되었는지 확인한다.

④ 점두나 점내에서 고객의 관심도는 어떠하였는지 확인한다.

⑤ POP 광고물의 색상·모양·디자인의 참신성은 어떠하였는지 확인한다.

⑥ 장치·시설 등은 참신하고 깨끗하였는지 확인한다.

⑦ 고객의 구매욕구(충동구매)가 발생하였는지 확인한다.

4. POP 광고 유형

1) 장소에 따른 POP 광고의 종류

① **점두 POP**: 점두에 설치된 POP로 건물 자체의 철골구조물, 이젤, 포스트대, 아이디어 사인모드 등을 비롯한 다양한 소재를 사용하여 고객의 눈길을 끄는 POP

② **벽면 POP**: 벽면에 붙여 사용하는 것으로, 벽면 포스트가 주종을 이루며 개성 있는 디자인으로 업소만의 특성을 표출할 수 있다.

③ **윈도 POP**: 업소의 외부 유리에 붙이는 POP로 스티커를 많이 사용한다.

④ **플로어 POP**: 점두에서 점내 플로어까지 여유 공간이 있다면 활용 가능한 POP이다.

⑤ **실링 POP**: 천장 공간에 매달아 사용하는 POP이다.

⑥ **카운터 POP**: 카운터나 레지스트 옆에 설치하는 POP로 메시지 전달을 위해 실시하기 좋은 방법이다.

⑦ **테이블 POP**: 외식업의 경우 메뉴선택에 가장 영향을 주는 POP 광고로, 인쇄물 형태에서부터 다양한 소재로 활용 가능한 POP 광고이다.

2) 소재에 따른 POP의 종류

① **배너(Banner)**: 점내와 점외에 많이 사용되며 제품의 특징과 정보를 플라스틱·천·종이 등

에 인쇄하거나 그 외의 방법으로 광고 표현을 한 깃발 형태의 POP 광고이다. 배너에는 장방형·삼각형·반원형 등 여러 종류가 있으며 크기도 다양하다. 배너는 아래로 늘어뜨리거나 벽이나 출입구 등에 걸어 사용한다.

② **행거(Hanger)**: 끈을 사용하여 밑으로 내려뜨려 점두 및 점내의 공간에 사용하는 POP이다. 음악이나 효과음 등의 소리가 나오는 사운드를 조합시키거나 전구나 형광등의 광원을 갖춰 밝기나 점멸 등의 방법을 활용한 것도 있다.

③ **모빌(Mobil)**: 매장에서 고객의 시선을 유도하고 계절감을 연출하는 역할을 하는 모빌은 행거의 일종이다. 평행밸런스를 응용하여 천장에서 아래로 늘어뜨린 형태로 작은 바람에 움직이는 효과를 내는 방법이다. 모빌에는 점두모빌, 점내모빌, 보조모빌 등이 있으며 보조모빌은 점두모빌을 보조하는 역할을 한다.

④ **포스터(Poster)**: 매장의 윈도나 벽면에 활용하여 상품안내 역할을 한다. 매장 내부 또는 점두에 계절감 또는 제품연출을 위해 만드는 것이 일반적이다. 스탠드형 POP 광고로 가로형과 세로형으로 나눌 수 있으며, 소재로는 종이·금속판 등이 활용되고 있다.

⑤ **워블러(Wobbler)**: 한쪽 끝이 양면테이프 등으로 고정되어 있고, 광고문안이 들어 있는 끝부분에 손이 닿거나 바람이 불면 흔들리도록 만들어진 워블러는 스윙스티커라고도 한다. 주로 점내에서 작은 움직임으로 고객들의 시선을 유도하는 역할을 한다. 즉, 작은 바람이나 진동에도 움직이도록 광고표시를 가는 낚싯줄과 같은 것으로 받친 POP 광고이다.

⑥ **스티커(Sticker)**: 인쇄된 뒷면의 종이를 벗겨내어 목적한 장소에 붙일 수 있도록 접착 처리된 인쇄물로, 주로 유리 또는 출입구에 부착하며 상품의 특성·용량 등을 표시하는 역할을 한다.

⑦ **사인(Sign)**: 점포의 이름이나 상품명을 강하게 표출시키기 위한 표지물의 총칭으로, 브랜드명 이외에도 광고 메시지나 부가 설명 등이 쓰여 있다. 점내에서 사용하는 소형 사인에서부터 점두나 매장 주위에서 사용하는 대형 사인까지 종류가 다양하다.

⑧ **인플레터블 POP**: 공기 또는 가스를 주입하여 입체적인 부분이 강조되도록 한 POP 광고의 총칭으로, 보통 '공기 튜브'라고 불리기도 한다.

⑨ **오픈용·행사용 POP**: 신규매장·오픈·바겐세일·특별행사 등에 사용되는 POP 광고로 현수막·배너·행거 등으로 매장을 연출한다.

⑩ **스탠드업(Stand-Up)**: 매장의 점두·점외·점내 등에 설치하여 소비자의 시선을 끌 수 있는 스탠드업 POP는 광고 캠페인의 캐릭터 등 특징이 있는 인물상을 실제 크기로 인쇄하여

만든 POP 광고를 말한다. 스탠드 방법은 조합형과 고정형이 있으며 KFC 점두에 있는 창업자 할아버지 POP를 생각하면 이해하기 쉽다.

⑪ **무빙(Moving) POP**: 광고의 효과를 높이기 위해 모터나 솔라 등을 사용하여 동적인 요소를 가미한 것들을 말한다. 회전 또는 반복 기능 등 다양한 응용 동작으로 소비자의 흥미를 유발해 시선을 끌 수 있다. 등신대 · 모빌 · 월 디스플레이 · 플로어 딧플레이 · 행거 등 다양한 곳에 응용할 수 있는 POP 광고이다.

⑫ **기타**

- 제품이 돋보이도록 제품 하단에 설치하는 POP 광고로, 종이나 천을 이용하여 매장 분위기를 연출하는 깔개, 카드형식으로 되어 있는 가격물(Set Price Card)은 가격표시 사인의 일종으로 가격표시가 주된 목적이며 일부에 광고 메시지를 삽입할 수도 있다.
- **Tag POP 광고**: 다용도 Tag나 제품안내 Tag 등도 주요 POP 광고이며 인기상품 · 기획상품 · 세일상품 등을 표시한다. 상품 판매촉진에 활용되는 Tag POP 광고는 상품의 특성 및 종류 등을 표시하며 주로 상품에 부착하여 고객에게 상품정보를 알려주는 POP 광고물이다.

5. POP 광고 사례

고객들의 소비지출에서 높은 비율을 차지하는 것이 충동에 의한 것이라고 한다. 따라서 꼭 필요한 상품을 구매하려고 찾아오는 손님뿐만 아니라 구매의 뚜렷한 목적이 없는 손님을 끌어들이는 것이 판매촉진의 테크닉이다.

이러한 테크닉은 상점 밖에서도 눈에 잘 띄도록 상점의 천장(천장의 공간) 같은 곳에 늘어뜨려서 재미있게 고안한 '행거 포스터'로 지나는 사람들의 눈길을 끌 수 있다. 예를 들면 "무더운 여름! 바야흐로 섬머패션의 계절"이라고 쓴 포스터를 붙이는 것은 고객을 유인하고 구매하도록 하는 광고 테크닉이다.

충동에 의해 상점에 들어서는 고객을 위해서 입구에 유도간판 같은 것을 세워 두면 좋다. 흔히 "어서 오십시오"라는 간판을 볼 수 있다. 친절하게 "마음 놓고 구경하셔요", "자유로이 관람하십시오"라고 하면 손님들에게 친근감을 줄 수 있다. 무거운 부담을 주지 않는 유인 방식이 필요하다.

일단 점포 내에 발을 붙인 고객은 종업원의 테크닉 여하에 따라 상품을 사도록 할 수도 있고 그

대로 되돌려 보낼 수도 있다. 강매의 인상을 주어서는 안 된다. 고객을 불쾌하지 않게 하면서도 상품을 구매하게 하는 기술이 필요하다.

친절한 안내와 상품소개, 자상한 설명은 종업원이 갖춰야 할 상술이며, 에티켓인 동시에 광고와 직결된다고 할 수 있다. 고객이 필요로 하는 상품이 진열된 진열대로 안내함으로써 고객이 제3자(종업원)의 간섭을 받지 않고 자유로운 상품선택의 기회를 주어야 한다.

상품 중에는 그 상품의 성격, 용도에 따라 팔리는 계절이 다른 것도 있다. 이러한 상품들은 제철에 잘 팔려야 한다. 나열식 카드의 적절한 사용은 이런 경우 좋은 효과를 볼 수 있다. 손님의 눈길을 끌기 위해서 다음과 같은 POP 광고가 필요하다. "9월이 오면, 당신이 필요한 그것은 바로 ㅇㅇㅇ"이라는 포스터에 화살표로 상품을 가리키는 방법이다.

고객은 무의식중에 이 표시에 따라 시선을 옮기게 되고, 여기서 상품을 보여주면 '정말 필요한 것이구나'라고 생각하고 사야겠다는 충동을 받게 된다.

상품이 상자 속에 들어 있어 고객에게 직접적인 충동을 주지 못하는 경우가 있다. 이러한 점을 고려해 다음과 같은 카드를 상자에 붙여서 어프로치를 노릴 수 있다. "상품을 보시려면 주저하지 마시고 종업원을 불러 주세요"라는 아담한 모양의 카드를 상자에 꽂거나 붙여 두면 호기심을 갖게 된다. 상품을 만지고 싶은 심리를 유발하여 만져보고 나면 사고 싶은 생각이 들 수 있다. 상품을 팔리게 하려면 상품을 쉽게 만져 볼 수 있도록 진열해야 한다. 물론 만지면 곤란한 상품은 제외된다. 요즘은 이런 점을 고려하여 투명 비닐이나 셀로판종이로 포장하여 시각적인 어프로치를 노리는 상품들도 많다.

고객은 가능한 한 스스로 상품을 선택하고자 하지만 상품정보가 부족하다 보니 구매할지 망설인다. 그래서 사지 않고 지나쳐 버릴 수 있다. 이런 점을 보완하기 위해 고객이 알기 쉽게 상품에 해당 상품의 질, 사용법 등을 친절하고 자상하게 써서 붙여 두는 것도 좋다.

효과적인 POP 광고의 사례를 보면 다음과 같다.

표 11-7 웹

번호	문구	설명
①	맞지 않은 경품권에 상금을	경품권이라면 흔히 맞지 않는 것으로 인식이 되어 있어서 큰 인기를 얻지 못한다. 그래서 맞지 않은 경품권에도 경품을 준다는 것이 이 아이디어이다.

②	이 전단 100원에 삽니다.	'이 전단은 100원에 삽니다'라는 타이틀을 내걸어 전단을 가지고 오는 손님에게는 매상 금액 중에서 100원을 빼준다는 아이디어이다. 될 수 있으면 전단에 손님의 이름과 주소를 적을 수 있는 자리를 마련하여 고객명부 자료로 삼으면 더욱 좋다.
③	5,000원 매상마다 특별 염가 구매권	한산한 날이나 비가 오는 날에 손님을 부르는 방법으로 5,000원어치 매상마다 특별 염가 구매권을 증정하는 방법이 있다. 이 구매권에는 큰맘 먹고 싸게 매긴 값을 적어 넣고 ○○일에 오시면 이 물품을 제공한다고 적어둔다.
④	부인용 우산 전 품목 5,000원 할인	이는 부인용 우산 전 품목에 대해 5,000원 할인세일이지만 양말 품목 20% 할인세일도 좋고 신사복 상하 전 품목 5만 원 할인이라도 좋다. 할인액은 그 상품에 따라서 결정한다.
⑤	전화 작전으로 매상을 올린다.	특매가 있을 때마다 전화가 있는 가정집에 전화를 걸어서 매상을 올리는 방법이다. 전문적으로 전화 담당하는 한 사람을 앉혀 놓고 미리 말할 내용을 결정해 놓은 다음 '○○상점입니다. 오늘 아침 전단을 보셨습니까? ×××의 내용입니다. 꼭 한 번 들려주시기를 바랍니다. 그럼 기다리겠습니다.' 하는 식으로 하면 된다. 그 효과는 상당히 크다.
⑥	이익은 현금으로 드립니다.	5만 원어치 사시는 분에게는 5천 원을 현금으로 드립니다. 1할 할인이 되는 셈이다. 1할 할인판매라 하지 말고 1할을 현금으로 돌려준다는 것에 아이디어의 묘미가 있다.
⑦	사진과 앨범을 드립니다.	전단에 상점의 안이나 점두에 손님의 사진을 촬영하여 그것을 게재한다. 사진 속에 있는 손님이 전단을 가게로 가지고 오면 그 사진과 앨범을 증정한다는 것이다. 사전 양해 없이 촬영한 것이므로, 사과의 의미로 사진과 앨범을 증정한다는 문구를 넣으면 좋다.
⑧	5만 원 이상 매상에 영화관 티켓 ×장	××입장권을 '오늘만 선착순으로 백 명에게 드립니다'는 캐치프레이즈로서 5만 원어치 이상 사는 손님에게 영화관 티켓을 주는 방법이다.
⑨	생일날에 1할 할인한 상품구매권 증정	단골손님 카드에 생일을 기록하여 두었다가 손님의 생일날에 DM으로 할인한 상품구매권을 동봉하여 우송한다. 할인구매권은 깨끗한 디자인으로 성의를 나타낸다.
⑩	Size를 찾습니다.	'현대백화점 3층 의류매장 라일락에서 20일부터 29일까지 매일 5명씩 만 14세 이상 만 19세 이하 고객에게 옷 size가 몸에 맞으면 무료로 드립니다'하는 행사를 진행할 수 있다.

6 다양한 인터넷 홍보기법

인터넷 홍보에도 다양한 기법을 이용한 솔루션 개발업체들이 등장하고 있다.

표 11-8 웹광고 솔루션 개발업체

업체명	URL	업체명	URL
㈜미디어웹	www.mediaweb.co.kr	보라웨어	www.boraware.kr
㈜이엠넷	www.emnet.co.kr	펜타클(전 드림원)	www.pentacle.com
아임웹	www.imweb.me	네임애드	www.namead.com

연습 문제

01 판매계획의 의의에 대해 설명해 보자.

02 구매결정의 영향요인에 대해 설명해 보자.

03 판매촉진의 목표와 유형에 대해 설명해 보자.

04 광고전략에 대해 논의해 보자.

05 인터넷홍보의 의의와 특징에 대해 설명해 보자.

참고문헌

- 김미영, 스타벅스 부럽지 않은 나만의 작은 카페 만들기, 한스미디어, 2015.
- 김세곤 외, 인간심리의 이해, 공동체, 2010.
- 김승일, 전략경영－사상과 기법－, 무역경영사, 2013.
- 김영갑 외, 외식사업 창업론, 교문사, 2015.
- 김영모, 2015 정부지원금 받기 프로젝트, 황금부엉이, 2015.
- 김영한, 스타벅스 감성마케팅, 넥세스북스, 2012.
- 김진양, 탐나는 동업, 나무, 2013.
- 김희철, 창업경영론, 도서출판 두남, 2012.
- 김형길 외, 창업경영, 도서출판 두남, 2012.
- 노기엽 외, 실전 준비를 위한 창업, 학현사, 2016.
- 민경호, 리더십이론과 개발, 무역경영사, 2011.
- 박세범 외, 소비자행동, 북넷, 2009.
- 박양근 외, 창업과 기업가정신, 삼영사, 2016.
- 박정근 외, 소자본창업과 경영, 세학사, 2016.
- 박주은 옮김, 제갈량의 경영전략, 다연출판사, 2008.
- 박평호, 애 키우는 엄마들을 위한 소자본창업 쉽게 배우기, 한스미디어, 2014.
- 박흥수 외, 신제품 마케팅전략, 박영사, 2009.
- 배기형, 생활 속의 경제학, 도서출판 두남, 2012.
- 서기원, 설득, 현대미디어, 2008.
- 서정현, 인터넷 쇼핑몰 창업 이보다 쉬울 수 없다, 원앤원북스, 2012.
- 서비스경영연구회, 글로벌 시대의 서비스경영, ㈜한국맥그로힐, 2010.
- 손봉석, 장사를 했으면 이익을 내라, 다산북스, 2014.
- 손봉석, 현금이 도는 장사를 하라, 다산북스, 2015.
- 손영화, 창업과 법, 삼영사, 2017.

- 안광호 외, 촉진관리, 학현사, 2009.
- 안운석 외, 경영학 이론과 사례, 대진, 2007.
- 야마모토 시게루, 사회적 기업 창업보고서, 생각비행, 2014.
- 업종별 창업 컨설팅, 한국세무사회, 2017.
- 오세조 외, 고객중심과 시너지 극대화를 위한 마케팅원론, 박영사, 2010.
- 오영애 외, 사례중심 유통의 이해, 도서출판 두남, 2014.
- 오영환 외, 창업개론, MJ미디어, 2015.
- 오종근 외, 창업과 경영, 대경, 2014.
- 유동근, 통합마케팅, 한경사, 2010.
- 유필화 외, 현대마케팅론, 박영사, 2009.
- 이건창, 현대경영의 이해, 무역경영사, 2013.
- 이상준, 장사하라, 황금부엉이, 2014.
- 이영호, 일본 최고의 장사꾼들, 무한, 2015.
- 이장희 외, 벤처기업과 기업가정신, 도서출판 라온, 2016.
- 이정학, 서비스마케팅, 대왕사, 2009.
- 21세기 북스, 설득의 심리학, 21세기 북스, 2008.
- 21세기 북스, 어떻게 창업하셨습니까?, 21세기 북스, 2014.
- 전기홍, 장사 잘 되는 카페, 마일스톤, 2013.
- 전하식, 경쟁시대의 핵심 고객관계관리, 도서출판 두남, 2012.
- 전하식, 고객관계관리, 도서출판 두남, 2012.
- 정용진, 커피전문점 창업하기, 크라운출판사, 2015.
- 조성민, 나는 스타벅스 보다 작은 카페가 좋다, 라온북, 2015.
- 최재식, 한 권으로 보는 창업의 해법, 한올출판사, 2015.
- 최재희, 소자본창업 어떻게 할까요?, 중앙경제평론사, 2014.

- 하명진, 프랜차이즈창업 상식 사전, 길벗(도), 2015.
- 허건, 독한 창업, 미래의 창, 2014.
- 한즈미디어, 인터넷 개인무역 소자본창업 쉽게 배우기, 한스미디어, 2014.
- 한즈미디어, 프랜차이즈창업 고수는 어떻게 성공하는가, 한스미디어, 2014.

INDEX

숫자

1차 상권 161
2차 상권 161
3차 상권 162
20 대 80 법칙 340

A~F

Agency Contact marketing 395
angry customer 348
argumentative customer 348
Artistic, The Creators 23
B to B 395
B to C 395
buck-passing customer 349
color effect for emotion 276
Conventional, The Organizers 24
decisive customer 348
DM(direct mail) 389
Enterprising, The Persuaders 24
fact finder customer 348
franchise 31
Franchise chain 47
franchisee 31
franchisor 31

G~L

Gold Line 270
Holland의 인성이론 22
Holland의 RIASEC 유형 25
impulsive customer 349
Inhouse Contact marketing 395
intimate space 333
Investigative, The Thinkers 23
just-shopping customer 349
lifetime value 341

P

personal space 333
POP 광고 271, 382, 402
procrastinating customer 349
public space 333

R

Realistic, The Do-ers 23
Regular chain 46
R. Seyffert 379

S~V

silent customer 349
social space 333
Social, The Helpers 24
space threats 333
suspicious customer 348
timid customer 348
Voluntary chain 47

ㄱ

가맹계약서 검토 사항 40
가맹계약자 31
가맹사업 31
가맹사업자 31
가맹점 47
가시성 183
가족 창업 15
가족, 친지, 친구에 의한 자금 224
간판 263

감정적 애고동기 296
감정적 제품동기 296
개성상인 5계명 21
개인기업 78
개인적 요인 22
개인 중심 창업 13
거래광고 381
결단형 고객 348
경영정책에 대한 이해 301
경쟁자분석 135
계산대 265
계산대 고객접객 326
고객감동 서비스 339
고객관리 339
고객대기 309
고객대응 298
고객반대와 처리 321
고객본위의 응대 312
고객분석 135
고객생애가치 341
고객심리 294
고객의 데이터베이스 구축 343
고객의 유형 346
고객정보와 관리 341
고객카드 361
고시촌 상권 175
고정자본 219
고정형식 사업계획서 140
공간위협 333
공공기관에 의한 직접 투자 214
공식적 공간 333
공증 203
관습형 24
광고매체 383
광고의 원칙 379
광고의 유형 380
광고전략 377
광고 활동 137
구매동기 295
권리금 192
근로복지공단 자금지원 236
금융기관에 의한 자금 224
금융기관 일반차입금 214
기반창업 71
기본 사업계획서 145
기본상품 270
기생상권 162
기술보증기금 237
기술보증기금 자금지원 236
기술성분석 137
기억회복법 362
기업광고 382
길거리 아이템 122

ㄴ

내부 장식 265
내성적 고객 348
내향적 고객 347
논쟁적 고객 348

ㄷ

다혈질적 고객 348
단일단위 프랜차이즈 45
담보제공 관리 230
대학가 상권 174
도매형 44
도 · 소매업 83
도심 번화가 상권 174
독립형 창업 13

동업계약서 14
동업에 의한 자금 223
동업자금 213

ㅁ

마케팅계획 137
매장의 장악 302
매출대장 이용법 361
매출액 추정 131
메모지식 고객카드 361
명함 387
모험창업 71
무점포 아이템 121
무점포 창업 14

ㅂ

바닥 267
반품취급 318
방문기입법 362
방문판매형 44
배달고객기입법 362
법인기업 78
벤처캐피탈 214
벽면 267
보조조명 287
보충진열 271
본인투자자금 213
부분조명 287
불평 · 불만처리 319
비교광고 379
비즈니스 패키지형 프랜차이즈 46

ㅅ

사무실 밀집지역 상권 173
사실추구형 고객 348
사업계획서 작성 81
사업 아이디어 8
사업 아이템 선정 98
사업자등록증 64
사업자의 유형 63
사업장 9
사업타당성분석 81, 128
사업타당성 평가 요소 129
사이버 창업 15
사적 공간 333
사회적 공간 333
사회적 요인 22
사회형 24
산업광고 381
상가건물임대차보호법 204
상가입지분석 182
상권 156
상권분석 체크리스트 163
상권의 설정 161
상권조사 162
상권지도 164
상권지도 이용법 361
상담기법 396
상세권 157
상품관리 245
상품광고 378
상품제시 매너 331
상품지식 303
상품판매형 프랜차이즈 46
상호 262
색상의 효과 279

색온도 283
색의 감정효과 276
생계형 창업자금 237
서비스업 85
서비스업 선정 104
서비스 자세 304
선입선출 방식의 진열 256
선천적 자질 17
선택창업 71
세일즈 기술 313
섹터(sector)형 44
셀프 체크 306
소매광고 381
소비자광고 381
소비자 욕구 108
소비자조사 373
소비행동의 다양성 296
소상공인마당 자금지원 234
손익관리 238
손익분기점 매출액 246
쇼윈도 264
수요예측 136
수표와 어음관리 233
스티커 392
시장성분석 134
시장조사 372
신뢰 형성 334
신용보증기금 237
신용보증재단중앙회 237
실버 아이템 122
실버창업 72
실재형 23

ㅇ

아파트 단지 상가 170
안정창업 71
알림광고 379
액센트 진열 274
약식 사업계획서 141
어프로치 자세 310
업종별 분류 13
엔드 곤도라 진열 256
엔젤 213
여름철 아이템 120
여성가족부 창업지원 236
여성창업자를 위한 아이템 119
연기형 고객 349
연색성 283
예술적 고객 347
예술형 23
오락형, 여가형 고객 349
오프라인 창업 15
옥외광고 382
완전 사업계획서 141
외부 장식 261
외식업 선정 106
외향적 고객 347
운전자본 219
유망 업종 92
유통업 13
유한회사 78
유행 업종 93
음식 및 서비스업 13
음식점 아이템 113
의구형 고객 348
의자와 테이블 266
이미지광고 378
인쇄물 홍보 387
인터넷 홍보 398

임대차계약 199
임차인의 권리 205
임차인의 의무 203
입구 263
입지선정 169
입지형 43

ㅈ

자금계획 211
자금관리 245
자금소요계획 218
자금소요계획 내역서 219
자금운용과 관리 228
자금조달계획 220
자기자본 223
자본 8
자유형식 사업계획서 141
자율체인점 47
자이펠트 379
자판기 아이템 118
재고진열 268
재래시장 상권 175
재무분석 138
쟁취적 고객 347
전가형 고객 349
전국광고 380
전단 392
전문광고 381
전문창업 71
전반조명 287
전시진열 268, 272
전진 입체진열 256
전표전기법 362
전화응대 352
점내광고 382
점포규모별 적정 업종 178
점포임대차계약서 202
점포입지 선정 184
점포장식 261
점포 전면 264
점포 조건분석 183
점포조사 195
점포 창업 14
점포층별 적정 업종 179
접객 공간 333
접객기술 309
접근성 182
정부재정자금 214
정책자금 225
제조업 13, 82
제품가격분석 135
제품광고 381
조명과 색채 282
종업원 관리 245
주식회사 78
주저형(자제형) 고객 349
주차장 265
주택가 상권 172
중소기업창업지원법 4
중소벤처기업진흥공단 자금지원 236
중점상품 270
지방자치단체의 창업지원 237
지역광고 381
지역단위 프랜차이즈 45
지역분할 프랜차이즈 45
지역형 44
지하철역 주변 상권 173
직영점 46
직접우송 382

진열 255
진취형 24
집기와 장비 266

ㅊ

창업 3
창업의 시기 70
창업의 절차 72
창업자 7, 16
창업자금 8
창업자 평가 129
충동구매 256
충동적 고객 349
취급점형 43
침묵형 고객 349

ㅋ

카탈로그 389
카피(copy) 방식의 일람표 362
커뮤니케이션 수단 330
컨택트마케팅 393
컴퓨터 관련 아이템 120
클로징 327

ㅌ

탐구형 23
통로와 계단 267
틈새 창업 아이템 116

ㅍ

파일링(filing) 방식 362
판매계획 372
판매비용계획 137
판매업 선정 102
판매예측 374
판매제시 329
판매진열 268
판매촉진 374
판매할당 374
판매화법 308
팸플릿 388
포지셔닝광고 382
프랜차이저 31
프랜차이즈 31
프랜차이즈 가맹점 48
프랜차이즈 본사 47
프랜차이즈 창업 13, 78
프랜차이즈 창업 절차 34
프랜차이지 31

ㅎ

학교 주변 상권 172
한국여성경제인협회 창업지원 236
합리적 애고동기 296
합리적 제품동기 296
합명회사 79
합자회사 79
현금흐름표 232
화장실 267
후천적 자질 17
후퇴 평면진열 256